핵심 800문장으로 완성하는 **고등 필수 구문**

CORE
구문 800 기본

이투스북

Words Preview

CHAPTER 02 시제

UNIT 06

village 마을
valley 계곡
right now 지금
practice 연습
shrink 줄다
due to ~ 때문에
habitat 서식지
loss 손실
bush 덤불
think of A as B A를 B로 생각하다
theory 이론
acceptance 동의, 수용
adapt to ~에 적응하다
inform A of B A에게 B를 알리다
ongoing 지속적인
highly 매우
predictable 예측 가능한
advance 발전시키다
expand 넓히다, 확장시키다
cosmos 우주
contribute to ~에 기여하다
cooperate 협력하다
deal with ~을 대하다
judgment 판단력

UNIT 07

shade 그늘
garage 차고
host 주최하다
therapy 치료
improve 향상시키다
quality 질
participant 참가자
notice 알아차리다
posture 자세
heavily 많이, 심하게
empire 제국

excel 뛰어나다
deliver 전하다
monster 괴물
smelly 냄새 나는
freeze 얼어붙다
beside ~ 옆에
original 원래의
assignment 과제, 숙제

UNIT 08

certificate 증명서
entry 참가
department 부서
judge 심사위원
competition 대회
depart 출발하다
on schedule 예정대로
steadily 꾸준히
economist 경제학자
predict 예측하다
impact 영향
policy 정책
effort 노력
impression 인상
advance 발전
automation 자동화
give up on ~을 포기하다
make a living 생계를 유지하다
consistent 꾸준한
philosopher 철학자
gaze into ~을 응시하다

UNIT 09

sales assistant 영업 보조원
lately 최근에
behavioral 행동의
effective 효과적인
public opinion 여론
in favor of ~을 지지하여
mechanic 정비공

security 안전
Black Friday 블랙 프라이데이(미국의 추수 감사절 연휴 이후 첫 금요일)
unofficial 비공식적인
human resource 인적 자원
criterion 기준 (pl. criteria)
infant 아기, 유아
gain 얻다
invaluable 매우 귀중한
a variety of 다양한
thermometer 온도계
quantitative 정량적인
measurement 측정

CHAPTER 03 조동사

UNIT 10

fluently 유창하게
device 기기
condition 조건
interact 소통하다
meaningfully 의미 있게
productively 생산적으로
vote 투표하다
election 선거
construction 공사, 건설
site 현장
lack 부족
mood 기분
evil 사악한
differently 다르게
suggest 보여 주다
moral 도덕적인
excellence 우수성
genetic 유전적인
component 요소
solution 해결책

Words Preview

extra 추가의
composer 작곡가
souvenir 기념품
conference 회의
experiment 실험
participant 참가자
scholarship 장학금
application 신청서
identical twins 일란성 쌍둥이
gene 유전자
contribution 공헌
Royal Society (영국) 왕립 협회
present 제공하다
significant 상당한
diversity 다양성
instruction 지시 사항
complete 완수하다
efficiently 효율적으로

UNIT 18

elect 선출하다
president 사장
tidy 정돈된
ancient 고대의
civilization 문명
intention 의도
remark 발언
speechless (충격 등으로) 말문이 막힌
sudden 갑작스러운
retirement 은퇴
investigation 수사, 조사
designate 지정하다
intellectually 지적으로
superior 우월한
modify 변형하다
gene 유전자
injured 부상당한
the wild 야생, 자연
rescue 구조
portrait 초상화

immense 거대한
construction 건설
railroad 철도
antibiotic 항생 물질
faith 믿음
justice 정의
challenge 어려움

UNIT 19

astronomy 천문학
chorus 합창단
romantic 낭만적인
atmosphere 분위기
anxiety 불안
result 결과
storm 폭풍
organic 유기농의
ingredient 재료
score 점수
memorable 기억에 남는
performance 연기
depression 우울증
decline 감소
purposeful 목적이 있는
playwright 극작가
literature 문학

CHAPTER 05 to부정사

UNIT 20

natural 자연스러운, 자연적인
blessing 축복(의 말)
control 통제하다
run away 달아나다, 도망가다
distraction 집중을 방해하는 것
support 지지하다
purpose 목적
set 설정하다
kindness 친절

empathy 공감
window box 창가의 화단
practical 실제적인
neglect 게을리하다
regular 규칙적인
motivation 동기
recreational 오락의
facility 시설
challenge 과제, 도전
abundant 풍부한
source 자원, 원천

UNIT 21

data 자료
determine 결정하다
select 선택하다
entirely 전적으로
book 예약하다
uncertain 불확실한
compete 경쟁하다
cooperate 협력하다
method 방법
preference 선호
steam 증기를 내다
pour 따르다
precisely 정확히
rating 등급, 평가
priest 성직자
carry out ~을 수행하다
religious 종교의
ceremony 의식
challenge 어려운 문제, 도전
arise 발생하다
uncertainty 불확실성
approach 접근하다

UNIT 22

hire 고용하다
lesson 교훈
planet 행성

surface 표면

land on ~에 착륙하다

look for ~을 찾다

traveler 여행자

look after ~을 돌보다

resident (입)주민

association 조합

setting 배경

hastily 서둘러

get the word out 소문나게 하다

exchange 교환

conform 부합하다, 순응하다

standard 기준, 표준

intense 거센, 강렬한

filter 거르다

unimportant 중요하지 않은

willingness 의향

disclose 공개하다

suddenly 갑자기

achieve 얻다, 성취하다

result 결과

gentle 친절한, 부드러운

ancestor 조상

harsh 거친

environment 환경

vote for ~에 (찬성) 투표하다

organization 조직, 단체

temple 사원, 절

complete 완수하다

deadline 마감 시간, 기한

intersection 교차로

argument 논쟁

the other person 상대방

tone 어조

camel 낙타

at the same time 동시에

amount 금액, 양

fully 충분히, 완전히

advance 발전하다, 진보하다

side by side 나란히

examine 검토하다

paper 문서, 논문

tell 구별하다, 식별하다

harm 해를 끼치다

participant 참가자

accept 받아들이다

social 사회의

cost 비용

effort 노력

reliable 믿을 수 있는

source 근원, 원천

CHAPTER 06 동명사

UNIT 23

principal 교장 선생님

pleased 기쁜

polite 예의 바른, 공손한

complex 복합의, 복잡한

compound 화합물

break down (물질을) 분해하다

decision 결정

passionate 열정적인

foolish 어리석은

parking spot 주차 공간

peak hour 가장 혼잡한 시간

reflect 반영하다

position 위치

convenient 편리한

nourishment 영양분, 영양물

replace 교체하다, 교환하다

faulty 고장 난

UNIT 24

instructor 강사

UNIT 25

practice 연습

argument 논쟁

careless 부주의한

beggar 거지

generous 관대한

considerate 사려 깊은

donate 기부하다

charity 자선 단체

consequence 결과

interact 상호 작용하다

material 재료

beforehand 미리

adequate 충분한

travel 이동하다, 여행하다

lung 폐

UNIT 26

terrified 두려워하는, 무서워하는

melt 녹이다

material 물질

UNIT 27

fight song 응원가

tradition 전통

duty 의무, 임무

strictly 엄격히

score 득점하다

fire extinguisher 소화기

save 구하다

raise 기르다

crop 농작물

require 필요하다

goal 목표

extend 내밀다, 연장하다

favorite 가장 좋아하는

rest 휴식하다

decorate 장식하다

respond 대응하다, 반응하다

effective 효과적인

score 득점하다

unbiased 한쪽으로 치우치지 않은

interest 이익, 관심

outcome 결과

encourage 장려하다

discovery 발견

interact with ~와 상호 작용하다

UNIT 28

sunset 일몰

porch 현관

chore (집안)일

drop out of school 학교를 중퇴하다

assignment 과제

instrument 악기, 도구

altogether 완전히, 전적으로

extra 추가의, 여분의

humid 습한

tourist destination 관광지

error 실수, 잘못

average 평균

professional 전문의, 직업(상)의

experience 경험하다

destroy 파괴하다

habitat 서식지

area 지역, 영역

UNIT 29

spot 자리, (지)점

deal with ~을 처리하다, 다루다

stressful 스트레스가 많은

situation 상황

calmly 침착하게

sunset 일몰

breathtaking 숨이 멎을 정도의

foundation 기초, 토대

organize 준비하다, 조직하다

charity 자선, 자선 단체

local community 지역 사회

heavy traffic 교통 혼잡

difference 차이(점)

resident 주민

specific 특정한

breed 품종

accurate 정확한

judgment 판단

knowledge 지식

CHAPTER 07 분사

UNIT 30

spot 발견하다

accept 받아들이다

damage 손상시키다

goods 상품, 제품

return 반품

receive 받다

support 지원

community 지역 사회

prepare for ~을 준비하다

approach 다가오다

code 암호로 하다

middle-aged 중년의

sweep 쓸다

yard 마당

cleanup 정화

immediately 즉시

get rid of ~을 제거하다

spill 유출하다, 엎지르다

brain 뇌

exhaust 지치게 하다

cross arms 팔짱을 끼다

reserved 과묵한

no longer 더 이상 ~ 않는

control 통제하다

reflect 반사하다

propose 제안하다

walking trail 산책로

UNIT 31

hold (회의시합 등을) 하다, 열다, 개최하다

audition 오디션

crowd 붐비게 하다

sort 종류

blow (바람에) 날리다

mess 엉망, 혼란

get out 빠져나오다

park 주차하다

explore 탐험하다

hiking trail 등산로, 하이킹 코스

plant 식물

producer 생산자

rocky 바위가 많은

rattlesnake 방울뱀

autobiography 자서전

describe 묘사하다

experience 경험

slave 노예

official 공무원

achieve 성취하다

reward 보상

ahead of ~ 앞에

shelf 선반

line 줄지어 놓다

eye level 눈높이

cover 덮다

contrast 대조(적인 것)

conservative 보수적인

feature 특징으로 하다

UNIT 32

publish 발표하다, 출판하다

literary 문학의

magazine 잡지

barely 간신히

soldier 군인

yarn 털실

hurricane 허리케인

blow (바람이) 불다

instrument 악기, 도구

speaker 연사

diversity 다양성

threaten 위협하다
assignment 과제
lab 실험실
habit 습관
accomplish 성취하다
goal 목표
pistachio 피스타치오
instead of ~ 대신에

UNIT 33

performance 연기, 공연
move 감동시키다
announce 발표하다
upcoming 다가오는, 곧 있을
totally 완전히
turn on ~을 켜다
attempt 시도
offer 제공하다
author 작가
gain 얻다
popularity 인기
exploration 탐험
progress 진행, 진전
adventurous 모험적인
poverty 가난
tend to ~하는 경향이 있다
dramatic 극적인
lifestyle 생활 방식
encounter 직면하다
result 결과
passenger 승객
flight 비행

UNIT 34

dolphin 돌고래
totally 완전히
package 꾸러미, 소포
pleasant 쾌적한, 기분 좋은
scent 향기
refill 다시 채우다

spot 장소
score 득점하다
praise 칭찬
full of ~로 가득 채워진
gentle 부드러운
mood 분위기
gossip 수다, 잡담
detail 세부 사항
glance 흘끗 보다
competitor 경쟁자
female 여성
well-being 안녕
lifeguard 안전요원
call for ~을 요청하다
notice 알아차리다
gather 모이다
overhead 머리 위로

UNIT 35

attract 이끌다
insect 곤충
gather 모이다
intently 집중해서, 열심히
reservation 예약
dine 식사하다
face 직면하게 하다
unfamiliar 익숙하지 않은
expert 전문가
advantage 유리함
break 고장 내다
appointment 약속
divide 분리하다
expression (얼굴) 표정, 표현
outcome 결과
loss 패배, 손실
stadium 경기장
comfort 편안함
mechanic 정비사
checkup 점검
purpose 목적

firm 회사
ideal 이상적인
carry out ~을 진행하다

 CHAPTER 08 명사절

UNIT 36

be full of ~으로 가득 차 있다
endless 무한한
possibility 가능성
constantly 끊임없이
expand 팽창하다
widely 널리
verbal 말의, 언어의
rehearsal 연습
stamp 우표
stick to ~에 달라붙다
envelope 봉투
force 힘
stage 단계
convince 확신시키다
massive 거대한
reasonable 타당한
evolutionary 진화의
biologist 생물학자
crucial 중요한
dive into ~에 몰두하다
regularly 정기적으로
significantly 상당히
striking 두드러진
characteristic 특징
stimulus 자극(*pl.* stimuli)
board 이사회
assume 단정하다
conflict 갈등

UNIT 37

invest 투자하다
risky 위험한

due to ~ 때문에

deadline 마감 기한

outdoor 야외의

concern 걱정

experience 경험

current 현재의

role 역할

move into ~로 옮겨가다

probably 아마도

artificial 인공의

worth it 그만한 가치가 있는

pursue 계속하다, 추구하다

master's degree 석사 학위

uniquely 특유하게

based on ~에 근거해서

activate 활성화하다

debate 논쟁하다

tutoring 개인 교습

effective 효과적인

in-person 직접 하는

run into ~와 우연히 마주치다

planet 행성

habit 습관

UNIT 38

debate 논쟁거리

situation 상황

policy 정책

psychologist 심리학자

sociologist 사회학자

friendship 우정

trust 신뢰하다

critical 중대한

incident 사건

blow (바람에) 날려 보내다

cover 위장, 감추는 것

belong (어떤 부류에) 속하다

figure out ~을 알아내다

parenting 육아

judgment 판단

lead 충고

distress 괴로움

depend on ~에 달려 있다

completion 완공, 완료

construction 공사, 건설

CHAPTER 09 관계사절

UNIT 39

prevent A from v-ing A가 ~하지 못하도록 막다

last 지속되다

predator 포식자

feed on ~을 먹고살다

pendulum (시계의) 추

swing 흔들리다

back and forth 왔다갔다, 앞뒤로

struggle 고심하다, 애쓰다

academically 학문적으로

emotionally 정서적으로

passion 열정

concentrate on ~에 집중하다

sacrifice 희생하다

pay attention to ~에 주의를 기울이다

climate 기후

satisfy 충족시키다

solution 해결책

force 강요하다

known as ~라고 알려진

conscious 의식적인

subconscious 잠재의식적인

UNIT 40

trust 신뢰하다

count on ~을 의지하다

persist 계속하다

real-time 실시간의

face 직면하다

deal with ~을 처리하다

admire 존경하다

difference 차이

field 분야

internal 내적인

pressure 압박(감)

normal 정상적인

useful 유익한

disappointment 실망

link 관련짓다

artificial 인공의

UNIT 41

author 저자

owner 주인

shatter 파괴하다

disaster 재난

athlete 선수

host 열다, 주최하다

landscape 풍경

automate 자동화하다

promote 장려하다

launch 시작하다

boycott 구매를 거부하다

violate 위반하다

ecological 환경 보호의, 생태계의

standard 기준

physics 물리학

ancient 고대의

architecture 건축(술)

preserve 보존하다

attract 유인하다

fiction 허구

inspire 영감을 주다

characteristic 특성

suited 적합한

telecommuting 원격 근무

UNIT 42

precious 소중한

importance 중요성

memory 기억력

store 저장하다

imply 의미하다, 넌지시 나타내다

interest 관심, 흥미

transform 탈바꿈시키다, 변형하다

lone 외로운

nut 괴짜

be supposed to-v ~하기로 되어 있다

misspelling 틀린 철자

publish 출판하다

mysterious 불가사의한

independently 독립적으로

fight for ~을 얻으려고 싸우다

believe in ~을 믿다

thanks to ~ 덕분에

industry 업계, 산업

UNIT 43

process 과정

gain 얻다

remarkable 훌륭한

assistant 조수

fake 가짜의

value 가치

amount 양

generate 발생시키다

target audience 목표 시청자

advertisement 광고

aim 목표로 삼다

interpret 해석하다

mean 의도하다

investigate 연구하다

extent 정도

cheating 부정행위

establish 설립하다

founder 설립자

determine 결정하다

process 처리하다

crop 농작물

rotation 윤작, 순환

order 순서

average 평균(의)

UNIT 44

novelist 소설가

bath 목욕

comfortable 편안한

communication 의사소통

department 부서

dream of ~을 꿈꾸다

equal 평등한

tell apart ~을 구별하다

individual 개체, 개인

personal 개인의

aroma 향기

in public 공개적으로

species (생물의) 종

significant 상당한

respond to ~에 반응하다

metaphor 비유

recognize 인지하다

view 관점

physical 신체의

classify 분류하다

race 인종

construction 구성

UNIT 45

liar 거짓말쟁이

childhood 어린 시절

vegetable 채소

scientific 과학적인

method 방법

lawyer 변호사

sandcastle 모래성

organic 유기농의

eggplant 가지

private 사립의

join 입사하다

staff 직원

effort 노력

toilet paper 화장지

dragon fruit 용과

consider 여기다

benefit 이로움

impress 감동을 주다

well-known 유명한

composer 작곡가

invite 요청하다

CHAPTER 10 부사절

UNIT 46

relaxed 편안한, 느긋한

worthless 가치 없는

active 활동 중인

missing (있어야 할 곳에) 없는, 분실한

fill in ~을 채우다

detail 세부 사항

beam 빛나다

analytical 분석적인

accomplish 성취하다

distraction 집중을 방해하는 것

UNIT 47

extra 추가의, 여분의

rarely 거의 ~하지 않다

each other 서로

truth 진실

whole 전체의

offensive 불쾌한, 모욕적인

merchant 상인

pretend ~인 척하다

disappoint 실망시키다

apply for ~에 지원하다

eyesight 시력

working-age 경제 활동 가능 연령[나이]

deal with ~을 처리하다[다루다]

successful 성공적인

deadline 기한, 마감 일자[시간]
magician 마술사
in public 공개적인
march 나아가다
toward ~을 향해
ethnic 민족적인
traditionally 전통적으로

UNIT 48
instruction 지시 사항
turn away from ~에서 돌아서다
starved 허기진, 굶주린
collapse 쓰러지다
various 다양한
criminal 범죄자
bush 수풀
show off ~을 과시[자랑]하다
take place 일어나다
mostly 대개
low-income 저소득의
inspiring 영감을 주는
motivated 동기부여가 된
well-attended 많은 사람들이 참석한
expand 확대하다
generalization 일반화
promote 촉진하다
cognitive 인지적인
particular 자세한 사항

CHAPTER 11 가정법

UNIT 49
decision 결정
competition 대회
wet 젖은
alive 살아 있는
atmosphere 대기
scatter (빛 등을) 확산시키다
lacking ~이 없는

emotion 감정
spell out ~의 철자를 전부 쓰다
chemical 화학의
equation 등식, 방정식
aware 알고 있는
upcoming 곧 있을, 다가오는
presentation 발표
in advance 미리
trade 거래하다
option 선택
possibility 가능성
ethical 윤리적인

UNIT 50
sensible 분별 있는
review 리뷰, 사용 후기
product 제품
light bulb 전구
candle 양초
achievement 성취, 업적
advice 조언
recover 회복하다
fluently 유창하게
conference 회의
diligent 성실한
secure 확보하다
scholarship 장학금
balcony 발코니
work one's way up 올라가다
sour (맛이) 신
flexible 유연한
transform 탈바꿈시키다
experiment 실험
emerge 나타나다, 나오다

UNIT 51
musical instrument 악기
expert 전문가
barter 물물 교환하다
silly 어리석은

entire 전체의
tell A from B A와 B를 구별하다
support 지지
accomplishment 성취
unimaginable 상상할 수 없는
laser 레이저
innovation 혁신
hostile (기후 등이) 부적당한, 적대적인
extreme 극단, 극도
temperature 온도
irrigation 관개
agricultural 농업의
emerge 출현하다

CHAPTER 12 비교 구문

UNIT 52
impact 영향
steam engine 증기 기관(차)
reward 보상하다
recognize 인정하다
publicly 공개적으로
negative number 음수
abstract 추상적인
positive number 양수
electric vehicle 전기 자동차
maintain 유지하다
conventional 전통적인, 종래의
hind 뒤의
monarch butterfly 제주왕나비과(科)의 나비
treat 대하다
in return 답례로
powerful 강렬한
acting 연기
captivate 사로잡다
condition 질병
athlete 운동 선수
likely to-v ~할 가능성이 있는
unacceptable 용납할 수 없는

rewarding 유익한, 보람 있는

collection 소장품, 수집품
Impressionist 인상주의의, 인상파의
wisdom 지혜
gain 얻다
prestigious 유명한
complex 복잡한
face 직면하다
well-meaning 호의의
prove 판명되다
revolutionary 혁명적인
quantity 수량
significant 중요한
factor 요소
broadcaster 방송사
artwork 예술 작품
gallery 미술관
face 직면하다
generation 세대
discovery 발견
groundbreaking 획기적인
period 기간
immaturity 미숙 (상태)
species (생물의) 종
heartwarming 마음이 따뜻해지는
gather 모이다
fireplace 난로

calm 침착한
emergency 비상 (사태)
freedom 자유
nutritional 영양(상)의
superior 우수한, 뛰어난
canned 통조림으로 된
similar 비슷한
instruction 지시 사항
employee 직원, 종업원

provide 제공하다
feedback 피드백
finalize 마무리하다
effort 노력
due to ~ 때문에
climate change 기후 변화
expose 노출시키다
address (문제 등을) 다루다

CHAPTER 13 it과 특수 구문

sharp 선명한, 날카로운
awaken (잠에서) 깨다
glance at ~을 흘긋 쳐다보다
spin a web 거미집을 짓다
rate 평가하다
applicant 지원자
negatively 부정적으로
call out ~을 부르다
run after ~을 뒤쫓다
superiority 우월성
accessible 접근 가능한
unbearably 견딜 수 없을 정도로
emergency call 비상 호출
radio 무전기
sandcastle 모래성
heat island phenomenon 열섬 현상(도
시의 온도가 주변의 다른 곳보다 높게 나타나는
현상)
urban 도시의

make up ~을 지어내다
detail 세부 사항
careful 사려 깊은
successful 성공적인
official 공식적인
announcement 발표

unexpected 예기치 못한
closure 폐쇄
on time 정각에
dedication 헌신
drive 이끌어 내다
additional 추가적인
funding 기금
doubtful 의심스러운
complete 완료하다
expert 전문가
reasonable 타당한
recover 회복하다
multiple 다수의
approach 접근법
advertisement 광고
professional 전문적인
dissatisfied 만족하지 못한
complain 불평하다

doubt 의심하다
edge 가장자리
monument 기념비
opportunity 기회
perseverance 인내심
challenge 어려움
critical 중요한
vertical 수직의
positive 긍정적인
proposal 제안
complex 복잡한
point out 언급하다
present 현재
closet 옷장
regardless of ~와 상관없이

analyze 분석하다
evaluate 평가하다
career 경력

Words Preview

poetry 시

explore 탐색하다, 탐험하다

opportunity 기회

current 현재의

relief 안도

negative number 음수

aspect 측면

separate 분리하다

product 산물

various 다양한

interaction 상호 작용

optimistic 낙관적인

outcome 결과

challenge 어려움

publish 출간하다

recognition 인정, 인식

occur 발생하다, 일어나다

order 순서

interval 간격

handle 다루다

instrument 악기, 도구

UNIT 59

cause 원인

destination 행선지, 목적지

botany 식물학

drama school 연극 학교

planet 지구, 행성

sandcastle 모래성

decision 결정

conduct 실시하다

numerous 수많은

workplace 직장

expand 팽창하다

freeze 얼다

gear 기어

consider 간주하다

high-end 최고급의

discovery 발견

perfectly 완벽하게

accurate 정확한

humble 겸손한

UNIT 60

employee 직원

treat 대하다, 다루다

discriminatory 차별적인

manner 방식

positive 긍정적인

attitude 태도

lifetime 평생

respond 반응하다

concerned 관심 있는

outcome 결과

literally 말 그대로

fire 해고하다

loss 상실

alternative 대안의

remedy 치료법

noticeable 두드러진, 현저한

completely 완전히

term 용어

scooter 스쿠터(소형 오토바이)

regulation 규정, 규칙

reality 실제, 현실

majority 대부분, 대다수

supplement 보충제

absorb 흡수하다

solid 단단한, 고체의

rubber 고무

bouncy 탄력 있는

clay 점토, 찰흙

bounce 튀다

핵심 800문장으로 완성하는 **고등 필수 구문**

CORE 구문 800 기본

WRITERS

전광훈 박선하 백기창

STAFF

발행인 정선욱
퍼블리싱 총괄 남형주
개발 김태원 김한길 박하영 고원 양진희
기획 · 디자인 · 마케팅 조비호 김정인 강윤정
유통 · 제작 서준성 김경수

CORE 구문 800 기본　　　202410 초판 1쇄　202501 초판 2쇄

펴낸곳 이투스에듀(주) 서울시 서초구 남부순환로 2547
고객센터 1599-3225
등록번호 제2007-000035호
ISBN 979-11-389-2644-7 [53740]

핵심 800문장으로 완성하는
고등 필수 구문

CORE 구문 800

왜 구문 학습이 중요할까요?

구문은 문장의 뼈대를 이루며, 이를 이해하고 활용하는 능력은 읽기, 쓰기, 듣기, 말하기 모든 영역에서 핵심적인 역할을 합니다. 구문을 잘 알면 문장 구조를 파악하는 능력이 향상되고, 이는 곧 복잡한 문장을 이해하고 자신 있게 독해에도 적용할 수 있는 능력으로 이어집니다.

이러한 구문 학습의 중요성을 고려하여, CORE 구문 800은 다음과 같은 특징을 가지고 있습니다.

3단계로 학습하는 고등 필수 구문

〈구문 설명 → 대표 문장 및 연습 문장 → 고난도 문장〉으로 학습하는 3단계로 구성하여 단계별 및 다회독 학습이 용이하게 하였습니다.

5개년 고1~3 학력평가, 모의평가 및 수능 예문 수록

최근 5년간의 고1~3 학력평가, 모의평가 및 수능 예문을 수록하여, 실전에서 출제된 문장을 통해 구문을 학습할 수 있도록 하였습니다.

학습한 구문을 적용 훈련할 수 있는 워크북 제공

본책 외에 수능 및 내신 문제에 자주 출제되는 다양한 유형의 문제를 풀 수 있는 워크북을 제공하여, 학습한 구문을 적용하고 확장 학습을 할 수 있도록 하였습니다.

How to Study

Step ① 필수 구문 포인트

❶ 도식화 설명으로 구문 패턴 학습
❷ 문장 음원 QR 코드 제시
❸ PLUS 심화 내용 학습

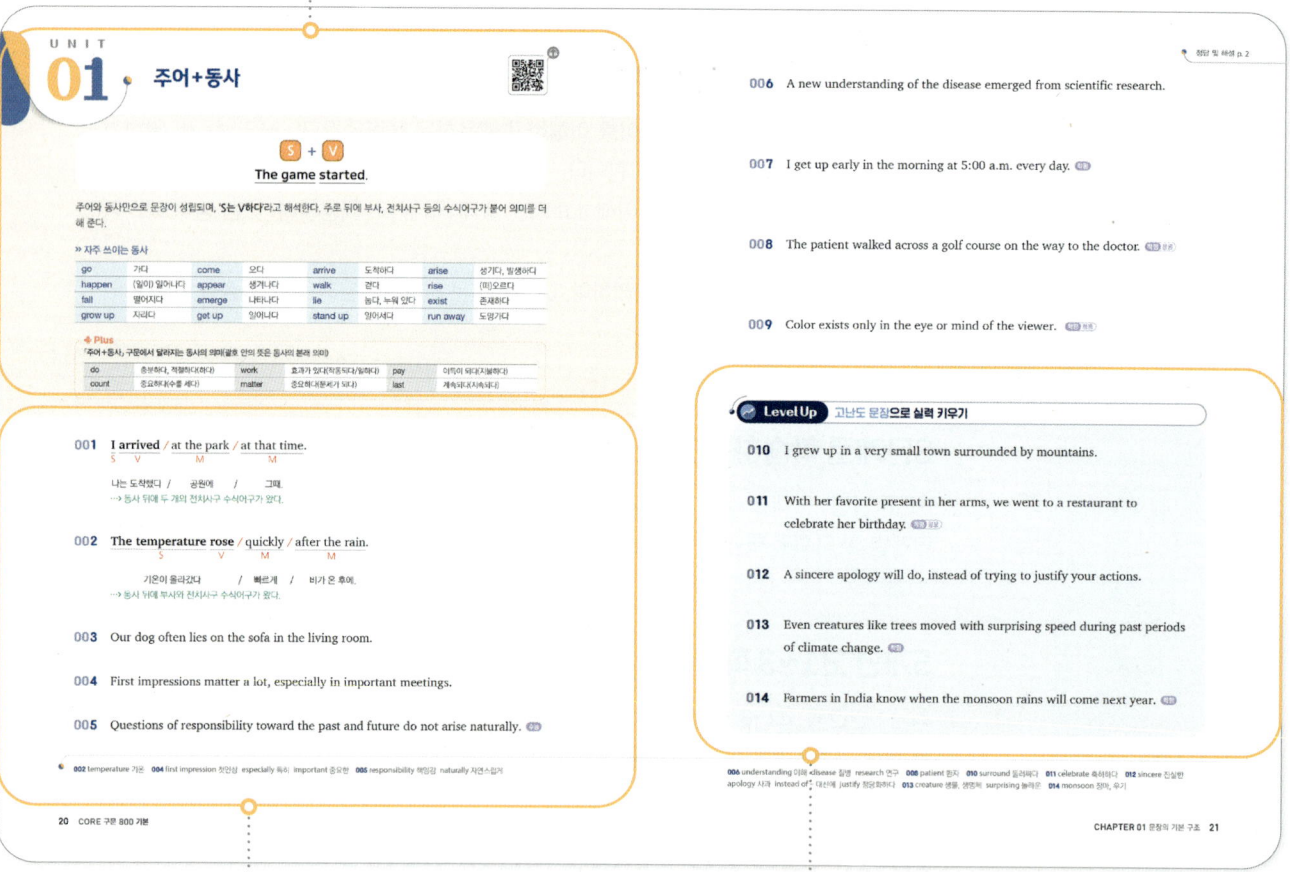

Step ② 대표 문장 및 연습 문장

❶ 대표 문장으로 구문 패턴 연습
❷ 연습 문장으로 학습한 구문 적용
❸ 심화 어휘 학습

Step ③ 고난도 문장

학습한 내용을 응용할 수 있는 고난도 문장 학습

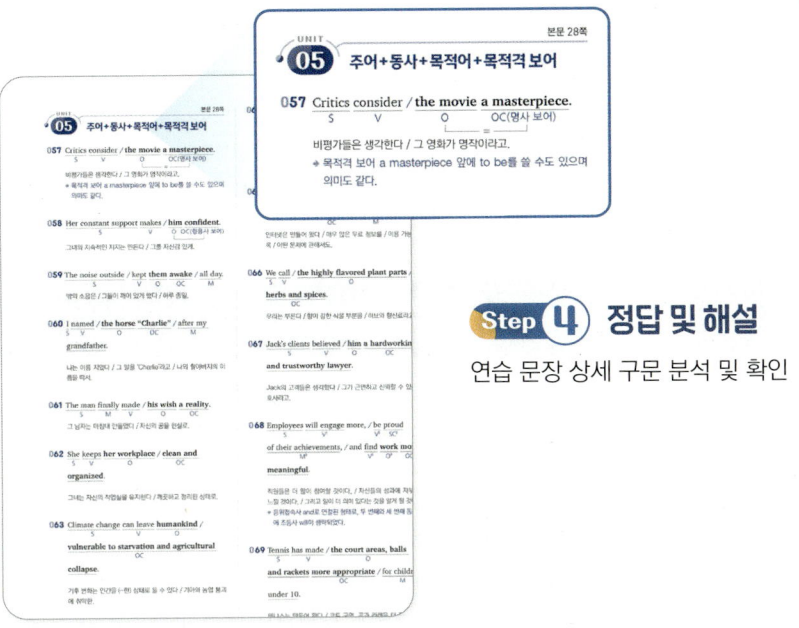

Step 4 정답 및 해설

연습 문장 상세 구문 분석 및 확인

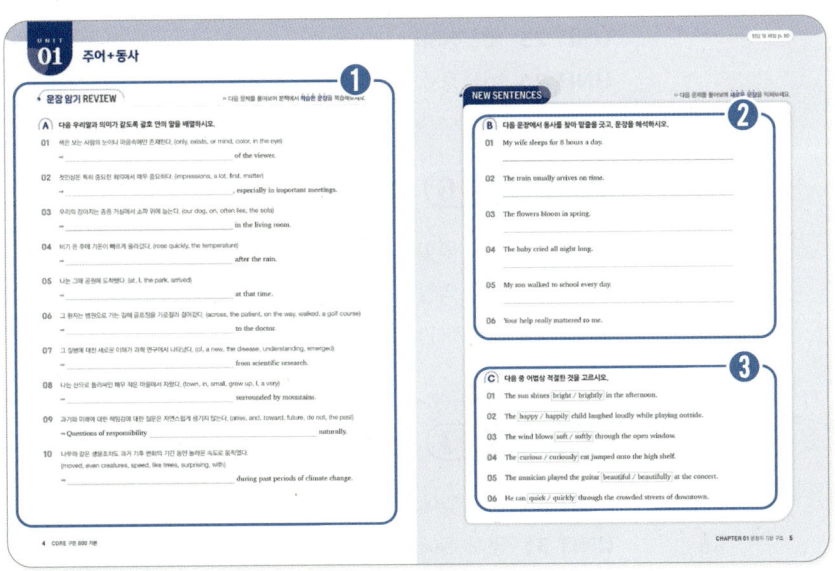

Step 5 WORKBOOK

1 학습한 본책 문장으로 배열 유형 학습
2 신규 문장으로 한 번 더 구문 적용 연습
3 수능 및 내신에 빈출되는 유닛별 맞춤 문제

기호 표기법

S	주어	S′	종속절의 주어	S¹, V¹…	중복 문장 성분
V	동사	V′	구 및 종속절의 동사	/	일반적인 끊어 읽기
SC	주격 보어	SC′	구 및 종속절의 주격 보어	//	절의 구분
O	목적어	O′	구 및 종속절의 목적어	( )	형용사구, 생략어구, 삽입어구
IO	간접목적어	IO′	구 및 종속절의 간접목적어	[ ]	형용사절
DO	직접목적어	DO′	구 및 종속절의 직접목적어	to-v	to부정사
OC	목적격 보어	OC′	구 및 종속절의 목적격 보어	v-ing	동명사/현재분사
M	수식어	M′	구 및 종속절의 수식어	p.p.	과거분사

Contents

Warming Up

구문 학습에 필요한 **기초 문법**

1 품사

1 명사

사물, 개념, 장소, 사람 또는 사물의 이름을 나타내는 말이다.
student, love, mother, school, pencil 등

명사는 셀 수 있는 명사와 셀 수 없는 명사로 구분할 수 있다.
셀 수 없는 명사로는 사람, 사물, 장소 등의 고유한 이름을 나타내는 **고유 명사**,
일정한 형태가 없는 **물질 명사**, 추상적인 개념을 나타내는 **추상 명사**가 있다.

Korea, Thomas, water, money, love, peace 등
명사는 문장 안에서 **주어**나 **목적어** 역할을 할 수 있다.
An umbrella is on the bench. 우산은 벤치에 있다.
He spends **a lot of money**. 그는 많은 돈을 쓴다.

2 대명사

앞에서 언급한 명사를 대신하는 말이다.
a student → he/she   dogs → they   a bike → it

대명사는 문장 안에서 **주어나 목적어** 역할을 할 수 있다.
My uncle is a teacher. **He** is kind. 나의 삼촌은 선생님이다. 그는 착하다.

3 동사

사람, 사물의 움직임이나 상태 등을 나타내는 말이다.

동사는 주어의 움직임을 나타내는 **일반동사**와 주어의 상태를 나타내는 **be동사**로 구분할 수 있다.
I **eat** breakfast at 8'o clock every morning. 나는 매일 아침 8시에 아침을 먹는다.
They **are** our club members. 그들은 우리 동아리의 멤버이다.

조동사는 **일반동사**나 **be동사** 앞에서 그 동사만으로 나타내기 어려운 의미, 즉 능력, 허가, 의무 등을
나타내는 말이다.
I **can** read English books. 나는 영어책을 읽을 수 있다.
You **must** put on your helmet. 너는 헬멧을 써야 한다.

4 형용사

사람, 사물, 동물의 모양, 성질, 상태, 수량 등을 나타내는 말이다.
pretty, cute, kind, many, much 등

형용사는 명사 앞에서 **명사를 꾸며주거나**, be동사 뒤에서 **문장의 주어인 명사를 보충 설명**한다.
This is a <u>new</u> dress. This dress is <u>new</u>. 이것은 새로운 드레스입니다. 이 드레스는 새 것입니다.

5 부사

장소, 방법, 시간, 빈도 등을 나타내는 말이다.
here, kindly, carefully, early, tomorrow, always 등

부사는 동사, 형용사, 다른 부사, 문장 전체를 꾸며준다.
He <u>gets up</u> <u>early</u>. (동사 수식) 그는 일찍 일어난다.

This book is **very interesting**. (형용사 수식) 이 책은 매우 흥미롭다.

She speaks **very slowly**. (다른 부사 수식) 그녀는 매우 천천히 말한다.

Luckily, **he passed the exam**. (문장 전체 수식) 운이 좋게, 그는 그 시험을 통과했다.

6 전치사

명사나 대명사 앞에 쓰여 장소, 시간, 방법 등을 나타내는 말이다.
on, under, at, during, by 등

「전치사 + 명사」는 전치사구로서 문장에서 **형용사나 부사 역할**을 한다.
There is a ball **under the bench**. (장소) 벤치 아래에 공 하나가 있다.
My family moved to Seoul **in 2022**. (시간) 나의 가족은 2022년에 서울로 이사했다.
I went to the library **by bus**. (방법) 나는 버스를 타고 도서관을 갔다.

Warming Up

7 접속사

단어와 단어, 구와 구, 문장과 문장을 연결하는 말이다.

and, but, or, because 등

My daughter is smart **and** pretty. (단어와 단어) 나의 딸은 똑똑하고 예쁘다.

You can go there by bus **or** on foot. (구와 구) 당신은 거기에 버스를 타거나 걸어갈 수 있다.

I like carrots, **but** he doesn't like them. (문장과 문장) 나는 당근을 좋아하지만, 그는 좋아하지 않는다.

접속사는 문장을 대등하게 연결하는 **등위접속사**와 의미상 주절에 이끌리는 문장을 연결하는 **종속접속사**가 있다.

The movie was sad, **so** I cried. (등위접속사) 그 영화는 슬퍼서 나는 울었다.

When I met him, he looked happy. (종속접속사) 내가 그를 만났을 때, 그는 행복해 보였다.

② 문장의 구성 요소

영어 문장은 주어, 동사, 목적어, 보어, 수식어의 5개의 요소로 이루어지며, 문장의 기본 구성 요소는 주어, 동사, 목적어, 보어이고, 수식어는 기본 구성 요소를 꾸며 주는 역할을 한다.

1 주어

주로 문장 맨 앞에 와 '누가', '무엇이'에 해당하며, 주로 명사와 대명사가 쓰인다.

<u>Sarah</u> runs. Sarah가 달린다.
주어(명사)

<u>He</u> is a student. 그는 학생이다.
주어(대명사)

2 동사

주로 주어 다음에 와 '~이다' 또는 '~하다'에 해당하며, 주어의 상태나 동작을 나타낸다.

She <u>is</u> angry. 그녀는 화가 났다.
동사(상태)

My dog <u>runs</u>. 나의 반려견이 달린다.
동사(동작)

3 목적어   주로 동사 다음에 와 동사의 대상이 되어 '~을, ~를'에 해당하며, 주로 명사나 대명사가 쓰인다. 동사 뒤에 목적어가 두 개 오는 경우에는 첫 번째 목적어를 간접목적어, 두 번째 목적어를 직접목적어로 구분하여 '~에게 ~을[를]'로 해석한다.

I drink **water**.   나는 물을 마신다.
　　　목적어(명사)

Julie loves **him**.   Julie는 그를 사랑한다.
　　　목적어(대명사)

Tommy gave **his girlfriend a rose**.   Tommy가 그의 여자친구에게 장미 한 송이를 주었다.
　　　간접목적어　　직접목적어

4 보어   주격 보어는 주로 동사 뒤에 오고, 목적격 보어는 목적어 뒤에 와 주어나 목적어를 보충 설명하며 주로 명사나 형용사가 쓰인다.

He is **a doctor**.   그는 의사이다.
　　　주격 보어(명사)

My friend is **kind**.   나의 친구는 친절하다.
　　　보어(형용사)

They called their dog **Charlie**.   그들은 그들의 반려견을 Charlie라고 불렀다.
　　　목적격 보어(명사)

She made her parents **angry**.   그녀는 그녀의 부모님을 화나게 만들었다.
　　　목적격 보어(형용사)

5 수식어   문장의 기본 구성 요소(주어, 동사, 목적어, 보어)의 앞뒤에 붙어 꾸며 주는 말로, 형용사(구)나 부사(구)가 쓰인다.

She became **a famous singer**.   그녀는 유명한 가수가 되었다.
　　　형용사
　　　(명사 수식)

The sun **rises in the east**.   해는 동쪽에서 뜬다.
　　　부사구
　　　(동사 수식)

Warming Up

③ 구와 절

구는 두 개 이상의 단어들이 모여 문장에서 형용사, 부사 등과 같은 하나의 품사 역할을 한다.
절은 단어가 모여 주어 부분과 술어 부분을 갖춰 문장의 일부 역할을 한다.

1 명사구

명사와 마찬가지로 문장 안에서 주어, 목적어, 보어의 역할을 하며, 주로 to부정사구, 동명사구가 해당한다.

Dancing to the music is a lot of fun. 음악에 춤을 추는 것은 매우 재미있다.
　　동명사구(주어)

I'm planning **to walk my dog** after dinner. 나는 저녁식사 후에 강아지를 산책 시킬 것을 계획 중이다.
　　　　to부정사구(목적어)

His dream is **to become a famous artist**. 그의 꿈은 유명한 예술가가 되는 것이다.
　　　　to부정사구(보어)

2 형용사구

형용사와 마찬가지로 문장 안에서 명사나 대명사를 수식하거나 보어의 역할을 하며, 주로 전치사구, to부정사구 그리고 분사구가 해당한다.

The girl **with the blue dress** is smiling happily. 파란 드레스를 입은 소녀가 행복하게 웃고 있다.
　　　　전치사구(명사 수식)

I have a book **to read** over the weekend. 나는 주말 동안 읽을 책이 있다.
　　　　to부정사구(명사 수식)

She became **excited** about the upcoming vacation. 그녀는 다가오는 휴가에 대해 신이 났다.
　　　　분사구(보어)

3 부사구

부사와 마찬가지로 문장 안에서 동사, 형용사, 부사 또는 문장 전체를 수식하며, 주로 전치사구, to부정사구, 그리고 분사구문이 해당한다.

The flight was delayed **due to bad weather**. 나쁜 날씨 때문에 비행이 연기되었다.
　　　　부사구(동사 수식)

The book is difficult **to understand**. 그 책은 이해하기에 어렵다.
　　　　부사구(형용사 수식)

Listening to music, he worked on his painting. 그는 음악을 들으며 그림 작업을 했다.
　분사구문
　(문장 전체 수식)

4 명사절

명사와 마찬가지로 문장 안에서 주어, 보어, 목적어의 역할을 하며, 주로 접속사 that, whether/if, 관계대명사 what 등이 이끄는 절이 해당한다.

What I ordered last week hasn't been delivered yet.   내가 지난주에 주문한 것이 아직 도착하지 않았다.
　　　　　주어

The problem is **that we don't have enough time**.   문제는 우리가 충분한 시간이 없다는 것이다.
　　　　　　　　　　　보어

I wonder **whether you completed your project**.   나는 네가 프로젝트를 완료했는지 궁금하다.
　　　　　　　　목적어

5 형용사절

형용사와 마찬가지로 명사를 수식하는 역할을 하며, 관계사절이 해당한다.

The woman **who lives next door** is a famous artist.   옆집에 사는 여자는 유명한 예술가이다.

I read the book **which you recommended**.   네가 추천했던 책을 읽었다.

The car **that he drives** is very expensive.   그가 운전하는 그 차는 매우 비싸다.

6 부사절

문장의 앞이나 뒤에서 문장 전체를 수식하여 부사 역할을 하며, 시간, 조건, 이유, 양보, 목적, 결과 등의 의미를 나타낸다.

When I get home, I'll go straight to bed.   집에 가면 바로 잠자리에 들 거야.
시간을 의미하는 부사절

If you aren't busy tonight, let's go to the movies.   오늘 밤 바쁘지 않다면 영화 보러 가자.
　　　조건을 의미하는 부사절

We had to cancel the picnic **because** it rained a lot.   우리는 비가 많이 와서 소풍을 취소해야 했다.
　　　　　　　　　　　　　이유를 나타내는 부사절

Warming Up

 끊어 읽기

문장이 길어질수록 여러 가지 수식어구(부정사구, 분사구, 전치사구)나 수식어절(관계사절)이 붙는다. 그래서 문장의 필수 성분인 주어와 동사, 목적어를 한눈에 파악하기가 힘들어진다. 해석에 있어서 가장 중요한 주어와 동사를 빠르고 정확하게 파악하기 위해서는 군더더기인 수식어구·절을 가려내야 한다.

1 올바른 끊어 읽기   끊어 읽기는 자연스럽게 이어 읽기를 위한 한시적이며 보조적인 방법이다.

① 의미 단위(덩어리)로 끊어 읽되 점점 그 단위를 넓혀 간다.
② 정동사는 정동사답게, 준동사는 준동사답게 해석한다.

종류	기능	형태	해석
정동사	일반적인 동사의 형태	be동사, 조동사, 일반동사	~이다, ~하다, ~였다, ~했다
준동사	동사 원형을 변형한 형태	부정사, 동명사, 분사	~인, ~하는, ~된

2 끊어 읽기의 원리

① 주어가 긴 경우에 주어가 끝나는 동사 앞에서 끊는다.

Learning new languages / takes time and effort.
　　새로운 언어를 배우는 것은　/　　시간과 노력이 든다.

② 보어나 목적어가 긴 경우에 앞에서 끊는다.

The problem / is that we don't have enough time.
　　문제는　/　　우리가 충분한 시간은 없다는 것이다.

She explained / what happened yesterday.
　그녀는 설명했다　/　　어제 무슨 일이 있었는지.

③ 전치사구 앞에서는 /로 끊는다.

His dream is to travel abroad / after graduation.
　그의 꿈은 해외여행을 하는 것이다　/　　졸업 후에.

④ **명사절 앞에서는 / 로 끊는다.**

She said / that Mars is the fourth planet from the sun.
그녀가 말했다 /   화성이 태양에서 네 번째 행성이라는 것을.

⑤ **부사절 앞에서는 // 로 끊는다.**

He attracted us // because he is very polite and humble.
그는 우리의 마음을 끌어당겼다 // 그가 매우 예의 바르고 겸손하기 때문에.

⑥ **형용사구는 ( )로 묶는다.**

The most effective way (to learn a new language) / is to start from a young age.
(새로운 언어를 배우는) 가장 효과적인 방법은   /   어릴 때부터 시작하는 것이다.

⑦ **형용사절은 [ ]로 묶는다.**

He is the friend [who always supports me / in difficult times].
그는 친구이다   [항상 나를 지지해 주는   /   어려운 시기에].

PART

동사

CHAPTER

01

문장의 기본 구조

✓ 필수 check point ☆

 S + V

The game started.

주어와 동사만으로 문장이 성립되며, '**S는 V하다**'라고 해석한다. 주로 뒤에 부사, 전치사구 등의 수식어구가 붙어 의미를 더해 준다.

» 자주 쓰이는 동사

go	가다	come	오다	arrive	도착하다	arise	생기다, 발생하다
happen	(일이) 일어나다	appear	생겨나다	walk	걷다	rise	(떠)오르다
fall	떨어지다	emerge	나타나다	lie	눕다, 누워 있다	exist	존재하다
grow up	자라다	get up	일어나다	stand up	일어서다	run away	도망가다

➕ Plus

「주어+동사」 구문에서 달라지는 동사의 의미(괄호 안의 뜻은 동사의 본래 의미)

do	충분하다, 적절하다(하다)	work	효과가 있다(작동되다/일하다)	pay	이득이 되다(지불하다)
count	중요하다(수를 세다)	matter	중요하다(문제가 되다)	last	계속되다(지속되다)

001 <u>**I arrived**</u> / <u>at the park</u> / <u>at that time</u>.
　　　S　　V　　　　M　　　　　M

나는 도착했다 / 공원에 / 그때.
┈┈▶ 동사 뒤에 두 개의 전치사구 수식어구가 왔다.

002 <u>**The temperature rose**</u> / <u>quickly</u> / <u>after the rain</u>.
　　　　　S　　　　V　　　M　　　　M

기온이 올라갔다 / 빠르게 / 비가 온 후에.
┈┈▶ 동사 뒤에 부사와 전치사구 수식어구가 왔다.

003 Our dog often lies on the sofa in the living room.

004 First impressions matter a lot, especially in important meetings.

005 Questions of responsibility toward the past and future do not arise naturally. 수능

---

002 temperature 기온　**004** first impression 첫인상　especially 특히　important 중요한　**005** responsibility 책임감　naturally 자연스럽게

006　A new understanding of the disease emerged from scientific research.

007　I get up early in the morning at 5:00 a.m. every day. 학평

008　The patient walked across a golf course on the way to the doctor. 학평 응용

009　Color exists only in the eye or mind of the viewer. 학평 응용

Level Up 고난도 문장으로 실력 키우기

010　I grew up in a very small town surrounded by mountains.

011　With her favorite present in her arms, we went to a restaurant to celebrate her birthday. 학평 응용

012　A sincere apology will do, instead of trying to justify your actions.

013　Even creatures like trees moved with surprising speed during past periods of climate change. 학평

014　Farmers in India know when the monsoon rains will come next year. 학평

---

006 understanding 이해 disease 질병 research 연구　**008** patient 환자　**010** surround 둘러싸다　**011** celebrate 축하하다　**012** sincere 진실한 apology 사과 instead of ~ 대신에 justify 정당화하다　**013** creature 생물, 생명체 surprising 놀라운　**014** monsoon 장마, 우기

UNIT 02 · 주어+동사+주격 보어

The food **tastes delicious**.

동사 뒤에 오는 주격 보어는 주어의 성질이나 상태를 설명하며, 주격 보어 자리에는 주로 명사나 형용사가 쓰인다. 'S는 SC이다 / S는 SC하게 V하다'라고 해석한다.

» 자주 쓰이는 동사

be, remain, stay, keep	~이다, ~인 채로 있다
become, get, grow, turn, come, go	~가 되다
seem, appear	~인 것 같다, ~처럼 보이다
look, feel, sound, smell, taste	~하게 보이다, 느껴지다, 들리다, 냄새가 나다, 맛이 나다

✚ Plus

주격 보어 자리에는 부사가 아니라 **형용사**가 와야 한다.
• She looks **happy** (○) / happily (×). 그녀는 **행복해** 보인다.
• The man remained **silent** (○) / silently (×). 그 남자는 **침묵한** 채로 있었다.

---

015 She **seemed very tired**.

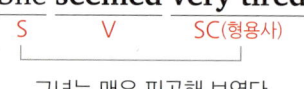

그녀는 매우 피곤해 보였다.

016 My son **became a doctor** / last year.

나의 아들은 의사가 되었다 / 작년에.

017 Suddenly, you feel more powerful and positive. 학평

018 Parents remain the primary socialization agents. 학평

019 Most of the soldiers looked pale and uncomfortable.

---

017 positive 긍정적인   **018** primary 주요한 socialization 사회화 agent 주체   **019** pale 창백한 uncomfortable 불편한

020 Please stay quiet during your classmates' presentations.

021 Jaroslav became the first Professor of Physical Chemistry at Charles University. 학평

022 The majority of us are quite ignorant about the surrounding environment. 학평 응용

023 Experts can get insensitive to the difficulty of a task for the beginner. 학평 응용

Level Up 고난도 문장으로 실력 키우기

024 He kept optimistic as he faced many challenges in his professional career.

025 Whether a product becomes toxic is something each individual can decide. 학평 응용

026 Dark chocolate tastes bitter because the cocoa varies widely in quality.

027 They can study different economies around the world, but each economy is unique, so comparisons are tricky. 학평

028 People cut back on their sleep because all of these other activities seem much more important. 학평

---

020 presentation 발표 **021** professor 교수 chemistry 화학 **022** majority 대다수 ignorant 무지한, 모르는 **023** insensitive 둔감한, 무감각한
024 optimistic 긍정적인 challenge 어려움 career 경력 **025** toxic 유독한 **026** bitter 쓴 vary 다양하다 quality 품질 **027** unique 고유한, 독특한
comparison 비교 tricky 까다로운 **028** cut back on ~을 줄이다

주어+동사+목적어

$$\boxed{S} + \boxed{V} + \boxed{O}$$

Alex **used my earphones**.

동사 뒤에 목적어가 오는 문장으로, 목적어 자리에는 주로 명사(구)가 쓰이며 '**S는 O을[를] V하다**'라고 해석한다.

» 「주어+동사+목적어」의 형태로 자주 쓰이는 구동사

turn on/off	~을 켜다/끄다	depend on	~에 의존하다, ~에 달려 있다	put off	~을 미루다	get on/off	~을 타다/~에서 내리다
take care of	~을 돌보다	think of	~을 생각하다	look for	~을 찾다	look forward to	~을 고대하다

» 전치사를 쓰지 않는 동사

discuss / explain ~~about~~	~에 대해 논의하다/설명하다
marry / resemble / contact ~~with~~	~와 결혼하다/닮다/연락하다
reach / enter / attend / answer ~~to~~	~에 도착하다/들어가다/참석하다/대답하다

✛ Plus

「주어+동사+주격 보어」와 「주어+동사+목적어」의 형태 모두 동사 뒤에 명사구가 올 수 있지만, 주어와의 관계에 따라 구분한다.
- Julia **became a doctor**. Julia는 의사가 되었다. (S=SC) → 주격 보어는 주어를 보충 설명
- Eric **knows the doctor**. Eric은 그 의사를 알고 있다. (S≠O) → 목적어는 주어가 하는 행위의 대상

---

029 The hotel staff **will take care of** / **your luggage**.
         S   V   O

        그 호텔 직원은 챙길 것이다   /   당신의 짐을.

030 We **discussed** / **the themes and characters** (of the book).
      S   V   O

      우리는 논의했다   /   (그 책의) 주제와 특징을.

031 The amount of friction depends on the surface materials. 학평

032 When it reaches the top, the bird bends its wings. 학평

033 I look forward to an improvement in this service soon. 학평 응용

---

029 staff 직원 luggage 짐 **030** theme 주제 character 특징 **031** amount 양 friction 마찰 surface 표면(의) material 소재, 물질
032 bend 구부리다, 접다 **033** improvement 개선, 향상

034 Don't think of a clear glass vase with fresh red roses in it. 학평 응용

035 That explains why a bat can live to be 30 years old. 학평

036 When she got on the boat, she felt a sense of relief. 학평

037 Shirley attended Brooklyn College and majored in sociology. 학평

Level Up 고난도 문장으로 실력 키우기

038 The lights were too bright, so I couldn't sleep and turned them off.

039 I was looking forward to getting together with my friends to watch the sports game.

040 He married the woman who had not only changed his life but had also made the world a better place.

041 Anyone who becomes ill or injured should contact a health care professional immediately for treatment.

042 The professor answered the student's question about a complex philosophical issue in a clear and understandable way.

---

034 vase 꽃병 **036** a sense of relief 안도감 **037** major in ~을 전공하다 sociology 사회학 **039** get together 모이다 **041** injured 부상당한 professional 전문가 immediately 즉시 treatment 치료 **042** complex 복잡한 philosophical 철학적인 understandable 이해하기 쉬운

UNIT 04 주어+동사+간접목적어+직접목적어

$$S + V + IO + DO$$
Jack gave **his mother a birthday present**.

동사 뒤에 목적어 두 개가 오는 문장으로, '**누구에게**'를 나타내는 간접목적어와 '**무엇을**'을 나타내는 직접목적어가 온다. '**S는 IO에게 DO를 V하다**'라고 해석한다.

✚ Plus

「간접목적어+직접목적어」 대신 「직접목적어+전치사+간접목적어」의 어순으로 바꿔 쓸 수 있다.

전치사 to를 쓰는 동사	show, give, lend, bring, teach, send, hand 등	She gave her son a pen. = She **gave** a pen **to** her son.
전치사 for를 쓰는 동사	make, buy, find 등	He made her a cake. = He **made** a cake **for** her.
전치사 of를 쓰는 동사	ask 등	I asked her some questions. = I **asked** some questions **of** her.

043 My father teaches **me** / **history**.
 S V IO DO

나의 아버지는 나에게 가르친다 / 역사를.
⋯▶ = My father teaches history to me.

044 Ms. Smith found **her** / **the pen**.
 S V IO DO

Smith 선생님은 그녀에게 찾아 주었다 / 그 펜을.
⋯▶ = Ms. Smith found the pen for her.

045 Christine always brought Leo some snacks.

046 I'll send you a link to the website. 학평

047 Human beings give meaning to the things around them. 학평

---

045 snack 간식 **046** link (인터넷) 링크 **047** human being 인간 meaning 의미

048 I asked the expert a few questions about nutrition.

049 He gave his favorite book to his friend as a thoughtful birthday present.

050 She called a taxi and gave the driver a five-dollar bill. 학평

051 Tommy asked his teacher some questions about math problems.

052 The term minimalism gives a negative impression to some people. 학평

Level Up 고난도 문장으로 실력 키우기

053 Kelly made a round table for her father as a gift on his 70th birthday.

054 Please give me a solution so that all the problems in my life will end. 학평

055 When our curiosity leads to something novel, the resulting reward brings us a sense of pleasure. 학평

056 "Happy birthday!" Camila said before her sister handed their dad a small parcel. 수능 응용

048 expert 전문가 nutrition 영양 **050** bill 지폐 **052** term 용어 minimalism 미니멀리즘(단순함과 필수적인 것에 초점을 맞추는 삶의 철학) negative 부정적인 impression 인상 **054** solution 해결책 end 끝나다 **055** curiosity 호기심 novel 새로운, 신기한 resulting 그 결과로 나타나는 reward 보상 pleasure 즐거움 **056** hand 건네다 parcel 꾸러미

주어+동사+목적어+목적격 보어

$$S + V + O + OC$$

She considers **the man her enemy**.

동사 뒤에 목적어와 목적격 보어가 오는 문장으로, 목적격 보어는 목적어의 성질 및 상태를 설명한다. 목적격 보어 자리에는 명사와 형용사가 오는 것이 일반적이다. 'S는 O를[가] OC라고[하게] V하다'라고 해석한다.

» 자주 쓰이는 동사의 해석

make	O를 OC로 만들다[되게 하다]	call / name	O를 OC라고 부르다 / 이름 짓다
consider, think, believe, find	O가 OC라고 생각하다	keep, leave	O를 OC인 상태로 두다

✦ Plus

「간접목적어+직접목적어」도 「명사+명사」의 형태이지만 「간접목적어≠직접목적어」라는 점에서 다르다.
- He gave **his son an apple**. 그는 자신의 아들에게 사과 한 개를 주었다. (his son ≠ an apple)
- He thinks **his mom a good cook**. 그는 자신의 엄마가 훌륭한 요리사라고 생각한다. (his mom = a good cook)

057 Critics consider / **the movie a masterpiece**.
  S   V   O   OC(명사 보어)
  비평가들은 생각한다 /   그 영화가 명작이라고.
  ···> 목적격 보어 a masterpiece 앞에 to be를 쓸 수도 있으며 의미도 같다.

058 Her constant support makes / **him confident**.
          S   V   O   OC(형용사 보어)
  그녀의 지속적인 지지는 만든다   /   그를 자신감 있게.

059 The noise outside kept them awake all day.

060 I named the horse "Charlie" after my grandfather.

061 The man finally made his wish a reality.

---

057 masterpiece 명작 **058** constant 지속적인 confident 자신감 있는 **059** noise 소음 awake 깨어 있는 **061** reality 현실

062 She keeps her workplace clean and organized.

063 Climate change can leave humankind vulnerable to starvation and agricultural collapse. 학평 응용

064 The management team believes the new plan effective for reducing costs.

065 The Internet has made so much free information available on any issue. 학평

066 We call the highly flavored plant parts herbs and spices. 학평 응용

Level Up 고난도 문장으로 실력 키우기

067 Jack's clients believed him a hardworking and trustworthy lawyer.

068 Employees will engage more, be proud of their achievements, and find work more meaningful. 학평 응용

069 Tennis has made the court areas, balls and rackets more appropriate for children under 10. 학평 응용

070 Insurance companies consider talking on a cell phone and driving very dangerous. 학평 응용

---

062 workplace 작업실 organized 정리된 **063** starvation 기아 agricultural 농업의 collapse 붕괴 **064** effective 효과적인 **065** available 이용 가능한 **066** highly 매우 flavored 향[맛]이 나는 spice 향신료 **067** hardworking 근면한 trustworthy 신뢰할 수 있는 lawyer 변호사 **068** engage 참여하다 meaningful 의미 있는 **069** appropriate 적합한 **070** insurance 보험

CHAPTER

02

시제

✎ **학습할 주요 개념을 먼저 정리하고 학습을 시작해 보세요!**

☑️ 필수 check point ☆

현재 / 현재진행시제

Bill **cooks/is cooking** dinner.

현재시제는 주로 현재 일어나고 있는 일이나 현재의 상태를 나타내며 '~한다, ~이다'라고 해석한다. 현재진행시제는 「am/is/are+v-ing」의 형태로, 현재 진행되고 있는 동작을 나타내며 '~하고 있는 중이다'라고 해석한다.

✦ Plus

현재시제는 반복적인 행동, 과학적인 사실, 또는 속담을 나타낼 때 사용되기도 한다. 또한 always, usually, often 등의 부사나 every와 같은 형용사와 함께 사용되는 부사구와 쓰이기도 한다.
- I **always eat** breakfast at 7 a.m. 나는 **항상** 오전 7시에 아침식사를 **한다**. (반복적인 행동)
- The sun **rises** in the east and **sets** in the west. 해는 동쪽에서 **떠서** 서쪽으로 **진다**. (과학적인 사실)
- Time **flies** like an arrow. 시간은 화살처럼 빠르게 **흘러간다**. (속담)

071 She **goes** / to the park / with her dog / every afternoon.
      S   V(현재시제)   M   M   M

그녀는 간다 /   공원에   / 자신의 반려견과 함께 / 매일 오후에.
⋯▶ 반복적인 행동을 나타내는 부사구 every afternoon과 함께 현재시제가 쓰였다.

072 I **am traveling** / from the village in the mountains / to the village in the valley.
      S   V(현재진행시제)   M   M
                                                                          학평

나는 여행 중이다 /   산속 마을에서   /   계곡 마을로.
⋯▶ from A to B: A에서 B로

073 She is talking on the phone right now.

074 Practice makes perfect, and no one is perfect.

075 Many animals are shrinking due to climate change and habitat loss.

---

072 village 마을 valley 계곡 **073** right now 지금 **074** practice 연습 **075** shrink 줄다 due to ~ 때문에 habitat 서식지 loss 손실

076 A bird in the hand is worth two in the bush.

077 We generally think of television as a way to relax. 학평

078 The scientist's theory is gaining acceptance in the scientific community.

079 Humans adapt to their environment through various mechanisms.

080 I am writing to inform you of an ongoing noise issue. 학평

📈 Level Up 고난도 문장으로 실력 키우기

081 People behave in highly predictable ways when they experience certain thoughts. 학평

082 Scientific research advances our understanding of the universe by expanding our knowledge of the cosmos.

083 Language contributes to our ability to cooperate with each other in dealing with the world. 학평 응용

084 We worry that the robots are taking not only our jobs, but also our judgment. 학평 응용

---

076 bush 덤불 **077** think of A as B A를 B로 생각하다 **078** theory 이론 acceptance 동의, 수용 **079** adapt to ~에 적응하다 **080** inform A of B A에게 B를 알리다 ongoing 지속적인 **081** highly 매우 predictable 예측 가능한 **082** advance 발전시키다 expand 넓히다, 확장시키다 cosmos 우주 **083** contribute to ~에 기여하다 cooperate 협력하다 deal with ~을 대하다 **084** judgment 판단력

UNIT 07 과거 / 과거진행시제

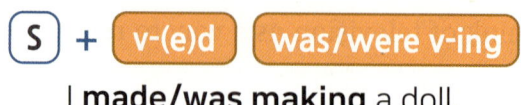

I **made/was making** a doll.

과거시제는 과거의 특정 시점에 완료된 일이나 과거의 상태를 나타내며 '~했다, ~였다'라고 해석한다. 과거진행시제는 「was/were+v-ing」의 형태로, 과거의 특정 시점에 진행 중이던 동작을 나타내며 '~하고 있었다'라고 해석한다.

» 과거 및 과거진행시제와 자주 쓰이는 부사(구)
ago(~ 전에), yesterday(어제), 「in+과거 연도」, 「last+명사」

---

085 Researchers **collected** data / on the sleep patterns (of 80,000 volunteers). 학평
　　　 S　　　 V(과거시제)　 O　　　　　　　　　　　　　　M

　　 연구자들은 자료를 수집했다　　 /　　　 (8만 명의 자원봉사자들의) 수면 패턴에 관한.
　···▶ 전치사 on은 '~에 관한'이라는 의미이다.

086 New players **were sitting** / in the shade / by the garage. 학평
　　　 S　　　 V(과거진행시제)　　　 M　　　　 M

　　 새로운 선수들이 앉아 있었다　　 /　 그늘에　 /　 차고 옆에.

087 She hosted a dinner party at her home last Friday.

088 I was reading a book in the library yesterday afternoon.

089 The group music therapy improved the quality of participants' life. 학평

---

086 shade 그늘　garage 차고　　**087** host 주최하다　　**089** therapy 치료　improve 향상시키다　quality 질　participant 참가자

090   McGraw noticed a change in their postures and faces.   `학평`

091   It was raining heavily when I arrived at the school.

092   The Inca empire excelled at delivering messages on foot.   `학평`

093   She won many prizes for her work, but never the Nobel Prize.   `학평`

094   More and more people were buying their bread from stores or bakeries.   `학평` `응용`

📈 Level Up   고난도 문장으로 실력 키우기

095   They moved to this city two years ago from a small town in the countryside.

096   The monster was ugly and smelly, and the guards froze in shock.   `학평` `응용`

097   The nurse brought a chair so that the soldier could sit beside the bed.   `학평`

098   She changed her original plan to do the assignment and decided to go to the shopping mall.   `모평` `응용`

---

090 notice 알아차리다 posture 자세   **091** heavily 많이, 심하게   **092** empire 제국 excel 뛰어나다 deliver 전하다   **096** monster 괴물 smelly 냄새 나는 freeze 얼어붙다   **097** beside ~ 옆에   **098** original 원래의 assignment 과제, 숙제

UNIT 08

미래 / 미래진행시제

$$\boxed{S} + \boxed{will} + \boxed{v} \boxed{be\ v\text{-}ing}$$

It **will rain/be raining** all day tomorrow.

미래시제는 「will+동사원형」의 형태로, 미래에 일어날 일을 나타내며 '**~할 것이다**'라고 해석한다. 미래진행시제는 「will be +v-ing」의 형태로, 미래의 특정 시점에 진행될 동작을 나타내며 '**~하고 있을 것이다**'라고 해석한다.

✦ Plus

will 이외에 미래를 나타내는 표현으로는 다음과 같은 것들이 있다.

be going to-v(~할 것이다)	She **is going to study** for her exam tonight. 그녀는 오늘 밤 시험 **공부를 할 것이다**.
be about to-v(막 ~하려고 하다)	The train **is about to leave**. 기차가 **막 출발하려고 한다**.
현재시제 및 현재진행시제	The concert **is starting** at 8 p.m. 콘서트는 오후 8시에 **시작할 것이다**.

099 <u>Every participant</u> **will receive** / <u>a certificate for entry</u>! 학평
　　　　S　　　　　　　V(미래시제)　　　　　　　　O

　　　모든 참가자는 받을 것이다　　　/　　　참가 증명서를!

100 <u>From next week,</u> / <u>you</u> **will be working** / <u>in the Marketing Department.</u> 학평
　　　　M　　　　　　S　　　V(미래진행시제)　　　　　　　M

　　　다음 주부터,　　/　　당신은 일하고 있을 것이다　/　　　마케팅 부서에서.

101 She is going to visit her friend in London next month.

102 The judges are about to announce the winner of the competition.

103 The flight is departing on schedule, and there are no changes.

---

099 certificate 증명서 entry 참가 **100** department 부서 **102** judge 심사위원 competition 대회 **103** depart 출발하다 on schedule 예정대로

104 The price of oil will rise steadily even in the future.

105 Economists will be predicting the impact of the new trade policy on the global economy.

106 Your effort will give a good impression on the interviewer. 학평

107 62 percent of jobs in America will be in danger due to advances in automation. 학평

108 There will be a food stand selling ice cream and snacks. 모평

Level Up 고난도 문장으로 실력 키우기

109 The restaurant is not going to change its menu during this season.

110 The artist is about to give up on her dream of making a living from her art.

111 Learning a new language will not be easy without consistent practice.

112 The philosopher will be thinking about the meaning of life as he gazes into the universe.

---

104 steadily 꾸준히 **105** economist 경제학자 predict 예측하다 impact 영향 policy 정책 **106** effort 노력 impression 인상 **107** advance 발전 automation 자동화 **110** give up on ~을 포기하다 make a living 생계를 유지하다 **111** consistent 꾸준한 **112** philosopher 철학자 gaze into ~을 응시하다

UNIT 09 현재완료 / 현재완료진행시제

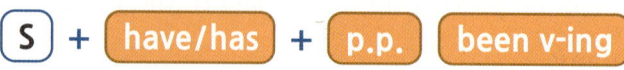

S + **have/has** + **p.p.** **been v-ing**

I **have studied/been studying** science for three hours.

현재완료시제는 「have/has+p.p.」의 형태로, 과거에 일어난 동작이나 상태가 현재까지 지속되거나 현재에 영향을 미치는 경우를 나타내며 **경험, 완료, 계속, 결과**의 네 가지 의미로 해석된다. 현재완료진행시제는 「have/has been+v-ing」의 형태로, 과거에 시작한 행동의 지속성에 초점을 맞추며, 행동이 얼마나 오랫동안 계속되었는지를 강조하는 데 사용된다.

》 현재완료시제의 의미

	해석	자주 쓰이는 부사구
경험	~해 본 적이 있다	once(한 번), before(전에), ever(언젠가), never(한 번도 ~ 않다)
완료	~했다	just(막, 방금), already(이미), recently(최근에), lately(최근에), yet(아직)
계속	~해 왔다, ~했다	since(~ 이래로), for(~ 동안), so far(지금까지)
결과	~했다(그 결과 지금 …이다)	

♣ Plus
현재완료시제와 과거시제는 과거에 시작된 행동이 현재까지 지속되는지의 여부에서 차이가 난다.
• The window **was broken**. (과거) → 창문이 과거에 깨졌는데 현재도 깨져 있는지는 알 수 없음
• The window **has been broken**. (현재완료) → 창문이 과거에 깨져서 현재까지도 깨진 상태

---

113 I **have worked** / as a sales assistant / for the last five years. 학평 응용
　　　S　　V(현재완료시제)　　　　M　　　　　　　　M

　　　나는 일해 왔다　　/　　영업 보조원으로　　/　　지난 5년 동안.

114 My hair **has been growing** / really fast / lately.
　　　S　　　V(현재완료진행시제)　　　　M　　　　M

　　　내 머리카락이 자라고 있다　　/　정말 빠르게　/　최근에.

115 Have you heard the news about the new project before?

116 She has been living in Paris for 5 years, with her family.

117 Behavioral changes have proved effective for some people. 학평

---

118   Public opinion has been developing in favor of the new policy.

119   The mechanic has fixed the broken door and tested it for security.

120   Since the early 1980s, Black Friday has been a kind of unofficial U.S. holiday. (학평)

121   Most of us have hired many people based on human resources criteria. (학평)

122   For all of human history, we have been the most creative beings on Earth. (학평)

📈 Level Up 고난도 문장으로 실력 키우기

123   The baby bottle has transformed a basic human experience for infants and mothers. (학평)(응용)

124   The country that ruled international baseball has not been on top since that uniform change. (학평)

125   The experiences I have gained as a safety manager have been invaluable. (학평)

126   Scientists have developed a variety of thermometers for making such quantitative measurements. (학평)

---

118 public opinion 여론 in favor of ~을 지지하여   **119** mechanic 정비공 security 안전   **120** Black Friday 블랙 프라이데이(미국의 추수 감사절 연휴 이후 첫 금요일) unofficial 비공식적인   **121** human resource 인적 자원 criterion 기준 (*pl.* criteria)   **123** infant 아기, 유아   **125** gain 얻다 invaluable 매우 귀중한   **126** a variety of 다양한 thermometer 온도계 quantitative 정량적인 measurement 측정

CHAPTER

03

조동사

☑️ 필수 check point ☆

$$ \boxed{S} + \boxed{can/may} + \boxed{동사원형} $$

I **can play** the piano.

조동사는 동사 앞에 쓰여 동사의 추가적인 의미를 더한다. 조동사 can은 능력, 허가/요청, 추측의 의미를 나타내고, 조동사 may는 허가/요청, 추측의 의미를 나타낸다. 각각의 과거형 could와 might는 추측을 나타낼 때 쓰이기도 한다.

» 조동사 can, may의 해석

can	능력	can(be able to)/can't	~할 수 있다/~할 수 없다
		could/couldn't	~할 수 있었다/~할 수 없었다
		will be able to/won't be able to	~할 수 있을 것이다/~할 수 없을 것이다
	허가/요청	can/can't	~해도 된다/~해서는 안 된다
		can	~해 주겠니? (주로 의문문)
		could	~해 주시겠어요? (정중한 요청)
	추측	could/can't	~일 수도 있다/~일 리가 없다
may	허가/요청	~해도 된다	
	추측	~일 수도 있다 (might)	

✚ Plus

조동사는 두 개 이상 연속으로 사용할 수 없으므로, 두 번째 조동사는 다른 형태의 표현으로 바꿔 쓴다.

· You **will can** handle it very well next time. (×)

　→ You **will be able to** handle it very well next time. (○) 당신은 다음에 그것을 매우 잘 다룰 **수 있을** 것이다.

---

127 I **can speak** / English and several other languages / fluently.
　　 S 　V 　　　　　　　　　　　O 　　　　　　　　　M

　　 나는 말할 수 있다 / 　　영어와 다른 몇몇 외국어를 　　 / 유창하게. 　　　　　〈능력〉

　　 ⋯⟩ = I am able to speak English and several other languages fluently.

128 Employees **may use** / their personal devices / for work-related tasks.
　　 S 　　　V 　　　　　O 　　　　　　　M

　　 직원들은 사용해도 된다 　/ 　자신들의 개인 기기를 　/ 　업무와 관련된 일들을 위해. 　〈허가/요청〉

129 You can buy conditions for happiness, but you can't buy happiness. 학평

130 People will be able to interact meaningfully and productively with them. 학평

---

127 fluently 유창하게 **128** device 기기 **129** condition 조건 **130** interact 소통하다 meaningfully 의미 있게 productively 생산적으로

131 Could you tell me how to vote in the election? 학평

132 The noise could come from the construction site across the street.

133 The cat can't eat all the food. I just filled the bowl this morning.

134 Children may bring in sweets, crisps, biscuits, cakes, and drinks. 학평

135 A lack of sleep may even cause mood problems. 학평

136 Someone evil might tell you why we can't do something.

Level Up 고난도 문장으로 실력 키우기

137 You can't enter this room because it is a staff-only area.

138 The witness might find himself or herself thinking about the event differently. 학평

139 Modern science could suggest that moral excellence may have a genetic component. 학평 응용

140 Creativity may lead to solutions that reduce a lot of work. 학평 응용

---

131 vote 투표하다 election 선거 **132** construction 공사, 건설 site 현장 **135** lack 부족 mood 기분 **136** evil 사악한 **138** differently 다르게
139 suggest 보여 주다 moral 도덕적인 excellence 우수성 genetic 유전적인 component 요소 **140** solution 해결책

must / should

S + must/should + 동사원형

You **must go** to the dentist now.

조동사 must는 의무의 의미로 '**~해야 한다**'라고 해석하고 have to로 바꿔 쓸 수 있다. 또한 강한 추측의 의미로 '**~임에 틀림없다**'라고 해석한다. should는 충고나 약한 의무의 의미로 '**~하는 것이 좋다, ~해야 한다**'라고 해석하고 ought to로 바꿔 쓸 수 있다. 또한 조금 더 강한 충고의 의미로 had better를 써서 '**~하는 것이 좋다**'라고 해석한다.

» must/should의 부정형 해석

must not	~해서는 안 된다	You **must not drive** too fast in front of the school. 학교 앞에서 너무 빠르게 **운전해서는 안 된다.**
don't have to (don't need to/need not)	~할 필요가 없다	You **don't have to wear** glasses. 너는 안경을 **쓸 필요가 없다.**
should not	~하면 안 된다	You **should not be late** for the meeting. 너는 그 회의에 **늦으면 안 된다.**
had better not	~하지 않는 것이 좋다	We **had better not ignore** the warning signs. 우리는 경고 표지판을 **무시하지 않는 것이 좋다.**

141 Jack **must finish** his homework / by tomorrow.
　　　S　　　V　　　　　O　　　　　　M

　　　　Jack은 자신의 숙제를 마쳐야 한다　　/　　내일까지.　　　　　　　　〈의무〉
⋯❯ = Jack has to finish his homework by tomorrow.

142 We **should respect** / other people's opinions and perspectives.
　　　S　　　V　　　　　　　　　O

　　　우리는 존중해야 한다　　/　　다른 사람들의 의견과 관점을.　　　　　　〈약한 의무〉
⋯❯ = We ought to respect other people's opinions and perspectives.

143 The restaurant must be popular because there's always a long line outside.

144 You had better walk to the shop to improve your health. 학평

145 Drivers must not exceed the speed limit on this road.

142 perspective 관점 **144** improve 향상시키다 **145** exceed 초과하다 limit 제한

146 The guests don't have to bring anything to the party.

147 One should not judge others based on their appearance.

148 We had better not talk about the project for security reasons.

149 You should check the nutrition facts label before consumption. 학평

150 Clothing doesn't have to be expensive to provide comfort during exercise. 학평

Level Up 고난도 문장으로 실력 키우기

151 A parent or a guardian must come with their child to receive the backpack. 학평

152 Participants must enter in teams of four and can only join one team. 학평

153 You don't have to finish all the food on your plate if you're full.

154 We ought to be more considerate of others' feelings, especially in times of difficulty.

---

147 judge 판단하다 appearance 겉모습 **149** nutrition facts label 식품 영양 성분표 consumption 섭취 **150** comfort 편안함 **151** guardian 후견인
153 plate 그릇 **154** considerate 배려하는, 사려 깊은 difficulty 어려움

will / would / used to

| S | + | will / would / used to | + | 동사원형 |

She **would read** a book every night.

조동사 will은 미래시제에 쓰이는 것 외에 주로 의문문으로 쓰여 요청의 의미로 '**~해 주시겠어요?**'라고 해석한다. 과거형 would는 will보다 더 정중하고 공손한 표현이다. would는 또한 과거의 반복적인 습관을 나타내어 '**~하곤 했다**'로 해석하고 used to로 바꿔 쓸 수 있다.

✚ Plus
would와 used to는 모두 과거의 반복적인 습관을 나타낼 수 있지만, 과거의 상태를 나타낼 때는 used to만 쓸 수 있고, '(이전에) ~이었다'라고 해석한다.
- Lily **would[used to] take a walk** after dinner. Lily는 저녁 식사 후에 산책을 하곤 했다.
- There **used to be** a library building here. 예전에는 여기에 도서관 건물이 있었다.

---

155 **Will** you **send** a few toys / for Fred / as well? 〔학평〕
　　　　V　S　　　　　　O　　　　M　　　M

　　　장난감 몇 개를 보내 주시겠어요　/ Fred를 위해 /　또한?　　　　　　　　　　　　　　　〈요청〉

156 They **would go** to the beach / on weekends.
　　　　S　　V　　　M　　　　M

　　　　　그들은 해변으로 가곤 했다　　/　주말마다.　　　　　　　　　　　　　　〈과거의 반복적인 습관〉
　…▸ = They used to go to the beach on weekends.

157 Would you come with me to the Market Day? 〔학평〕

158 She used to be a great singer, but she lost her voice. 〔학평〕

159 Will you buy some groceries on your way home?

---

159 grocery 식료품 on one's way ~하는 길에

160 Would you open the window to let in some fresh air?

161 On weekends, I would go to the library to borrow books and study.

162 Dear Santa, will you send a few smiles and laughs for my mother? 학평

163 When I was a child, my grandparents used to tell us stories about their old days.

164 Will you please close the door quietly during the exam?

Level Up 고난도 문장으로 실력 키우기

165 Will you be able to pick me up from the airport tomorrow around 3 p.m.?

166 The neighborhood used to be quiet and peaceful, but now it is full of traffic and noise.

167 Would you please explain the new policy changes to the team in detail during the next meeting?

168 The old man would sit on the roof of his house every morning. 학평

160 let in ~을 들어오게 하다   **165** pick up ~를 태우러 가다   **166** neighborhood 동네 peaceful 평화로운   **167** in detail 자세히   **168** roof 지붕

13 · 조동사+have p.p.

The news must have been false.

「조동사+have p.p.」는 과거의 일에 대한 추측이나 후회를 나타낸다.

» 「조동사+have p.p.」 해석

may[might/could] have p.p.	~했을 수도 있다, ~했을지도 모른다	She **might have missed** the train. 그녀가 기차를 **놓쳤을 수도 있다**.
must have p.p.	~했음이 틀림없다	He **must have forgotten** the appointment. 그는 약속을 **잊었음이 틀림없다**.
cannot[can't] have p.p.	~했을 리가 없다	They **cannot have arrived** already. 그들이 이미 **도착했을 리가 없다**.
should have p.p.	~했어야 했다 (하지 않았다)	We **should have taken** that opportunity. 우리는 그 기회를 **잡았어야 했다**.
should not[shouldn't] have p.p.	~하지 말았어야 했다 (했다)	You **should not have left** the door open. 너는 문을 열어 **두지 말았어야 했다**.

169 Jenny didn't answer her phone. She **might have left** it / in the office.
S   V   O   S   V   O   M

Jenny가 전화를 받지 않았다.   그녀는 그것을 놓고 왔을 수도 있다 /   사무실에.

170 He would never do / such a thing. The rumor **cannot have been** true.
S   V   O   S   V   SC

그는 절대 하지 않았을 것이다 /   그런 일을.   그 소문은 사실이었을 리가 없다.

171 I **should have saved** more money / for my retirement.
S   V   O   M

나는 더 많은 돈을 저축했어야 했다   /   나의 은퇴에 대비해.

172 She must have seen the look on my face. 학평

173 He could have taken the train instead of driving because of the traffic jam.

---

170 rumor 소문   **171** save 저축하다   retirement 은퇴   **173** traffic jam 교통 체증

174 She shouldn't have stayed up so late studying. Now she's exhausted.

175 They aren't there. They may have missed the bus this morning.

176 It's all my fault. I should have been more careful. 학평

177 Your argument cannot have been false, because it is based on facts.

178 You should have followed the recipe I gave you. 학평

Level Up 고난도 문장으로 실력 키우기

179 You may have seen headlines in the news about some of the things that AI-powered machines can do. 학평 응용

180 The project must have been completed yesterday because all the files are in the final folder.

181 Everything that you've done until now should have prepared you for this moment. 학평

182 The artist may have made some mistakes in his painting, but he is still proud of his work.

---

174 exhausted 지친   **175** miss 놓치다   **176** fault 잘못   **177** argument 주장   false 거짓의   be based on ~에 근거하다   **178** recipe 요리법
179 headline 표제   AI(=artificial intelligence) 인공 지능   power 구동하다   **180** complete 완료하다   **182** be proud of ~을 자랑스러워하다

CHAPTER

04

태

✎ **학습할 주요 개념을 먼저 정리하고 학습을 시작해 보세요!**

☑ 필수 check Point ☆

UNIT 14 · 수동태(주어+be동사+p.p.)

The house **was built** by my father.

주어가 동사의 행위의 주체인 것을 능동태라고 하고, 주어가 동사의 행위의 대상인 것을 수동태라고 한다. 즉, 수동태는 능동 태에서 동사의 행위를 당하는 목적어가 주어가 되는 문장 구조이다. 수동태 문장은 「S+be동사+p.p.(+by+행위자)」의 형태 로 쓰고, '(…에 의해) ~되다, 당하다'라고 해석한다. 행위자가 중요하지 않거나 일반 사람들일 때 주로 생략된다.

» 시제에 따른 수동태 형태 및 해석

현재시제	am/is/are+p.p.	~된다	The package **is delivered**. 소포가 **배달된다**.
과거시제	was/were+p.p.	~되었다	The problem **was solved** quickly. 그 문제는 빠르게 **해결되었다**.

183 The door **was opened** / by the wind.
　　　　　S　　　　　V　　　　　　M

　　　　　　　문이 열렸다　　　　/　　바람에 의해.
　···▷← The wind opened the door.

184 This charity event **is organized** / by the committee.
　　　　　　　S　　　　　　V　　　　　　　M

　　　　　　　이 자선 행사는 조직된다　　　/　　위원회에 의해.
　···▷← The committee organizes this charity event.

185 George Boole was born in Lincoln, England in 1815. 학평

186 Each image was displayed for a week at a time. 학평

187 Swimming was dominated by Americans at the time. 학평

---

184 charity 자선　organize 조직하다, 주관하다　committee 위원회　**186** display 전시하다　**187** dominate 지배하다

188 He was introduced to the world of jazz by a schoolmate. 학평

189 The experiment was conducted in a controlled environment.

190 He consulted many doctors and was treated by several of them. 학평

191 In all cases, 15 of the problems were solved correctly. 학평

192 The painting was sold on the first day of the gallery exhibition.

Level Up 고난도 문장으로 실력 키우기

193 I was impressed by the latest book you wrote about the environment. 학평

194 He was suddenly seized and found himself in the hands of a fierce giant. 학평

195 The day trip was canceled because the road was blocked by heavy snow. 모평 응용

196 People are influenced by the physical and social contexts in which they live. 학평

---

189 experiment 실험 conduct 수행하다 controlled 통제된 **190** consult 상담하다 treat 치료하다 **191** case 경우 solve 해결하다 correctly 정확하게 **192** exhibition 전시(회) **193** impress 감명을 주다 latest 최근[최신]의 **194** seize 붙잡다 fierce 사나운 giant 거인 **195** block 막다 **196** influence 영향을 주다 physical 물리적인 social 사회적인 context 환경

시제에 따라 다양한 수동태

$$S + have/has + been + p.p.$$

The building **has been built** by the architect.

수동태는 시제에 따라 다양하게 표현될 수 있다.

» 다양한 수동태 형태 및 해석

미래시제	will be+p.p.	~될 것이다
현재진행시제	am/is/are+being+p.p.	~되고 있다
과거진행시제	was/were+being+p.p.	~되고 있었다
현재완료시제	have/has+been+p.p.	~되어 왔다[~되었다]

+ Plus

조동사 수동태는 「조동사+be+p.p.」의 형태로, 조동사의 의미를 더해 해석한다.
- The machine **can be used** by anyone. 그 기계는 누구에 의해서든 **사용될 수 있다**.
- The rules **should be followed** by all participants. 규칙은 모든 참가자에 의해 **준수되어야 한다**.

---

197 Class parties **will be held** / on the afternoon of Friday. 학평
　　　 S　　　　 V　　　　　　　　　M

　　　 학급 파티는 열릴 것이다　　　 /　　　 금요일 오후에.

198 Your interview **has been delayed** / to next Wednesday. 학평
　　　 S　　　　 V　　　　　　　　 M

　　　 당신의 면접이 연기되었다　　　 /　　　 다음 주 수요일로.

199 The decision **must be made** / as soon as possible.
　　　 S　　　　 V　　　　　　 M

　　　 결정은 내려져야 한다　　　 /　　　 가능한 한 빨리.
　···▸ 조동사 must와 같은 의미를 가지는 have to와 need to도 수동태로 쓰일 수 있다.
　　　 = The decision has to[needs to] be made as soon as possible.

200 I am constantly being disrupted by individuals playing basketball late at night.
　　　　　　　　　　　　　　　　　　　　　　　　　　　　　　　　　 학평

201 Similar results have been found by other researchers. 학평

---

198 delay 연기하다, 미루다　**199** as soon as possible 가능한 한 빨리　**200** constantly 끊임없이 disrupt 방해하다 individual 사람　**201** similar 비슷한
result 결과 researcher 연구원

202 The class is open to all ages, but all children must be accompanied by an adult. 학평

203 The winning video will be played at the school festival. 학평

204 Several houses were being renovated in the neighborhood last summer.

205 Bookings will be accepted up to 2 hours before the tour starts. 학평

206 Our mood can be improved by simply lifting up the corners of our mouth. 학평

Level Up 고난도 문장으로 실력 키우기

207 You are being watched at all times in the digital age.

208 A more tolerant society should be adopted to respect the diversity of individuals.

209 His emotion has been transmitted through his body language.

210 Some products have to be consumed together, such as a lamp and a lightbulb. 학평 응용

---

202 accompany ~을 동반하다 **204** renovate 개조하다 **205** booking 예약 accept 받아들이다, 접수하다 **206** mood 기분 lift up ~을 올리다
207 watch 감시하다 at all times 항상 age 시대 **208** tolerant 관용적인 adopt 채택하다 diversity 다양성 **209** transmit 전달하다 body language 몸짓 언어 **210** consume 소비하다 lightbulb 전구

UNIT 16 구동사의 수동태

S + be동사 + p.p. + 전치사/부사

The boy **was taken care of** by his grandmother.

구동사 역시 수동태로 바꿔 쓸 수 있다. 동사를 「be동사+p.p.」의 형태로 쓴 뒤, 이어서 전치사나 부사 등을 그대로 쓰고 각 구동사의 수동 의미에 맞게 해석한다.

» 수동태로 자주 쓰이는 구동사

take care of	~을 돌보다	laugh at	~을 비웃다	make use of	~을 이용하다
look after	~을 돌보다	turn on/off	~을 켜다/끄다	look up to	~을 존경[존중]하다
bring up	~을 기르다, 키우다	turn down	~을 거절하다	look down on	~을 무시하다
ask for	~을 요청하다	put off	~을 미루다	look forward to	~을 고대[기대]하다

- The nurse **takes care of** the patient. 그 간호사는 그 환자를 **돌본다.**
  → The patient **is taken care of** by the nurse. 그 환자는 그 간호사에 의해 **돌보아진다.**
- The lights **were turned on** automatically. 그 불이 자동적으로 **켜졌다.**

---

211 The sound system **was turned off** / by the staff / after the concert.
        S   V   M   M

        음향 시스템이 꺼졌다   /   직원에 의해 /   콘서트 후에.

212 The next book in the series **is looked forward to** / by many readers.
        S   V   M

        시리즈의 다음 책이 기대되고 있다   /   많은 독자들에 의해.

213 The amateur singer was laughed at by the judges in the audition.

214 The children have been looked after by their grandparents during the day.

215 The teacher was looked up to by her students for her kindness and wisdom.

---

211 staff 직원 **213** judge 심사위원 **215** kindness 친절 wisdom 지혜

216 He was brought up with a strong sense of responsibility towards his family.

217 She was turned down for the job because she didn't have the required experience.

218 The meeting is put off until next week due to unforeseen circumstances.

219 A break was asked for by the employees due to the long working hours.

220 The upcoming concert is being looked forward to by fans of the band.

Level Up 고난도 문장으로 실력 키우기

221 He was looked down on by his colleagues because of his lack of experience.

222 We come to old age, where we must be taken care of as babies again. 한평

223 Freedom of speech is a basic right that has been looked up to by people throughout history.

224 Artificial intelligence is made use of by businesses to automate tasks and gain insights from data.

---

216 responsibility 책임감 **217** required 필요한 experience 경험 **218** unforeseen 예측하지 못한 circumstance 상황 **219** break 휴식
220 upcoming 다가오는 **221** colleague 동료 **223** freedom of speech 언론의 자유 **224** artificial intelligence 인공 지능 automate 자동화하다
insight 통찰

17 주어+be동사+p.p.+목적어

S + be동사 + p.p. + 목적어

The girl **was given** a doll by her parents.

「주어+동사+간접목적어+직접목적어」의 구조로 쓰이는 문장은 목적어가 두 개이므로 수동태도 두 가지 형태를 쓸 수 있다. 간접목적어가 주어가 될 때는 「주어+be동사+p.p.+목적어(직접목적어)」의 형태가 되고, 직접목적어가 주어가 될 때는 「주어+be동사+p.p.+전치사(to/for/of)+목적어(간접목적어)」의 형태가 된다.

» 직접목적어가 주어가 될 때 동사에 따라 달라지는 전치사

전치사 to를 쓰는 동사	give, bring, send, show, tell, teach 등	A gift **was given to Amy** by her friend. = Amy **was given a gift** by her friend.
전치사 for를 쓰는 동사	make, buy, cook, find 등	The keys **were found for the guests** by the manager.
전치사 of를 쓰는 동사	ask, inquire 등	The question **was asked of him** by the teacher. = He **was asked the question** by the teacher.

✚ Plus

make, buy, cook, find 등의 동사가 쓰인 「주어+동사+간접목적어+직접목적어」 구조의 문장을 수동태로 바꿀 때는 주로 직접목적어를 주어로 쓴다.

• The chef made us a special dinner. 그 요리사는 우리에게 특별한 저녁 식사를 만들어 주었다.
  → A special dinner **was made for us** by the chef. (○)   → We were made a special dinner by the chef. (×)

---

225 I **was given** some old pictures / by my father.
　　　　S　　V　　　　　　O　　　　　M

나는 몇 장의 오래된 사진을 받았다　/　나의 아버지에 의해.
⋯> = Some old pictures were given to me by my father.
　　← My father gave me some old pictures.

226 The handbag **was bought** / **for her** / as a birthday present.
　　　　　　S　　　　V　　　　　M　　　　　　M

핸드백이 구매되었다　　　/　그녀를 위해　/　　생일 선물로.
⋯> 간접목적어를 수동태의 주어로 쓸 경우, She was bought the handbag as a birthday present.가 되어 '그녀
　　(She)가 구매되는(was bought)' 맥락이 되기 때문에 수동태로 쓸 수 없다.

227 A review was asked of the manager by the supervisor.

228 Vincent is given a few extra vacation days for the holidays. 학평

---

227 review 검토 supervisor 감독관   **228** extra 추가의

229 The melody of the song was made for her by a famous composer.

230 Souvenirs and medals will be given to all participants. 학평

231 She was told the changes in the schedule for the conference.

232 In their experiment, participants were shown a two minute documentary film. 학평

233 The scholarship application was sent to the university by the local student.

234 Consider identical twins; both individuals are given the same genes. 학평

Level Up 고난도 문장으로 실력 키우기

235 For those contributions, in 1844, he was awarded a gold medal for mathematics by the Royal Society. 학평

236 How information is presented to people has a significant impact on their decisions.

237 Students were taught the importance of cultural diversity through open discussions.

238 When students were given clear instructions, they were able to complete tasks more efficiently.

---

229 composer 작곡가 **230** souvenir 기념품 **231** conference 회의 **232** experiment 실험 participant 참가자 **233** scholarship 장학금 application 신청서 **234** identical twins 일란성 쌍둥이 gene 유전자 **235** contribution 공헌 Royal Society (영국) 왕립 협회 **236** present 제공하다 significant 상당한 **237** diversity 다양성 **238** instruction 지시 사항 complete 완수하다 efficiently 효율적으로

주어+be동사+p.p.+보어

> S + be동사 + p.p. + 보어
>
> The painting **was considered** great by critics.

「주어+동사+목적어+목적격 보어」 구조의 수동태는 「주어+be동사+p.p.+보어」의 형태가 되고, 목적격 보어는 동사 뒤에 쓰여 그대로 보어 역할을 한다.

239 She **was elected** / the president of the company.
 　　 S 　　 V 　　　　　 C

　　　그녀는 선출되었다 　 / 　　 그 회사의 사장으로.
⋯▷← They elected her the president of the company.

240 The room **was kept** / clean and tidy.
 　　 S 　　 V 　　　 C

　　　그 방은 유지되었다 　 / 깨끗하고 정돈된 상태로.
⋯▷← They kept the room clean and tidy.

241 The ancient civilization in South America is called the Incan Empire.

242 The speaker's intentions were made clear by his final remarks.

243 Fans were left speechless after the player's sudden retirement.

---

239 elect 선출하다 **president** 사장 　**240** tidy 정돈된 　**241** ancient 고대의 **civilization** 문명 　**242** intention 의도 **remark** 발언 　**243** speechless (충격 등으로) 말문이 막힌 **sudden** 갑작스러운 **retirement** 은퇴

244 The documents were found important evidence for the investigation.

245 This building was designated a historical landmark by the local government.

246 One group was made intellectually superior by modifying the gene. `학평`

247 The injured hiker was left alone in the wild for days before rescue.

248 Julia Margaret Cameron is considered one of the greatest portrait photographers of the 19th century. `학평`

Level Up 고난도 문장으로 실력 키우기

249 The newly discovered dinosaur species was named "Titanosaurus" due to its immense size.

250 The construction of some famous hotels was made possible by the new railroad system. `학평` `응용`

251 These medicines are called "antibiotics", which means "against the life of bacteria." `학평`

252 Her faith in justice was kept strong despite the challenges she faced.

---

244 investigation 수사, 조사 **245** designate 지정하다 **246** intellectually 지적으로 superior 우월한 modify 변형하다 gene 유전자 **247** injured 부상당한 the wild 야생, 자연 rescue 구조 **248** portrait 초상화 **249** immense 거대한 **250** construction 건설 railroad 철도 **251** antibiotic 항생물질 **252** faith 믿음 justice 정의 challenge 어려움

by 이외의 전치사와 쓰이는 수동태 관용 표현

He **was satisfied with** his grades.

수동태의 형태 「be+p.p.」 다음에는 주로 「by+행위자」가 이어지는데, 전치사 by 대신에 다른 전치사가 쓰이는 경우를 관용 어구로 암기하는 것이 좋다.

» 수동태 관용 표현

be worried about	~에 대해 걱정하다	be covered with	~로 덮여 있다	be known as	~로 알려져 있다
be interested in	~에 관심을 가지다	be filled with	~로 가득 차다	be known for	~로 유명하다
be surprised at	~에 놀라다	be composed of	~로 구성되다	be known to	~에게 알려져 있다
be satisfied with	~에 만족하다	be made of[from]	~로 만들어지다	be related to[with]	~와 관련이 있다

---

253 He **was interested** / **in** astronomy / at an early age. 학평 응용
　　　S　　V　　　　　M　　　　　　M

　　그는 관심을 가졌다　　/　　천문학에　　/　　어린 나이에.

---

254 This community chorus **is composed** / **of** over 30 members. 학평
　　　　　　S　　　　　　V　　　　　　M

　　이 지역 합창단은 구성된다　　/　　30명이 넘는 구성원으로.

---

255 Paris is known for its romantic atmosphere.

---

256 Her anxiety could be related to the stress from her job.

---

257 I am very satisfied with your cleaning service. 수능

---

253 astronomy 천문학　**254** chorus 합창단　**255** romantic 낭만적인　atmosphere 분위기　**256** anxiety 불안

258 He was worried about the results of his job interview.

259 The ground was covered with leaves after the fall storm.

260 This special cake is made from organic ingredients.

261 She was surprised at the high score that she received on the exam.

262 The actor is known to movie fans for his memorable performances.

Level Up   고난도 문장으로 실력 키우기

263 As soon as the game started, he was filled with energy. 모평

264 The increase in depression may be directly related with the decline of purposeful physical activity. 학평 응용

265 The customers were dissatisfied with the slow service at the restaurant.

266 William Shakespeare has been known as the greatest playwright in English literature.

---

258 result 결과   **259** storm 폭풍   **260** organic 유기농의 ingredient 재료   **261** score 점수   **262** memorable 기억에 남는 performance 연기
264 depression 우울증 decline 감소 purposeful 목적이 있는   **266** playwright 극작가 literature 문학

PART

2

준동사

CHAPTER

05

to부정사

학습할 주요 개념을 먼저 정리하고 학습을 시작해 보세요!

☑ 필수 check point ☆

명사 역할을 하는 to부정사

To-v + V

To exercise regularly is good for health.

S + V + to-v

My dream is **to be** a graphic designer.

to부정사는 문장에서 명사처럼 쓰여 주어, 목적어, 보어 역할을 한다. 주어로 쓰일 때는 '~하는 것은, ~하기는'으로, 목적어로 쓰일 때는 '~하는[할] 것을'로, 보어로 쓰일 때는 '~하는 것, ~하기'로 해석한다.

» to부정사를 목적어로 자주 쓰는 동사

want	원하다	hope / wish	바라다	expect	예상하다	plan	계획하다	promise	약속하다
agree	동의하다	decide	결정하다	choose	선택하다	prepare	준비하다	need	필요로 하다

◆ Plus

to부정사구가 주어인 경우, 주로 주어 자리에 가주어 it을 쓰고, 진주어 to부정사구는 문장의 뒤로 보낸다. 해석은 to부정사구가 주어일 때와 같다.

· **To learn a new language** is interesting. 새로운 언어를 배우는 것은 흥미롭다.
→ **It** is interesting **to learn a new language**.

---

267 **To grow** older / is a natural part of life.

나이가 드는 것은 / 삶의 자연스러운 일부이다. 〈주어〉

···▶ to부정사구 주어는 단수 취급하여 단수동사 is가 온다.

268 He wanted / **to give** the man a last blessing. 〔학평〕〔응용〕

그는 원했다 / 그 남자에게 마지막 축복을 주는 것을. 〈목적어〉

···▶ the man: to give의 간접목적어, a last blessing: to give의 직접목적어

269 The role of a leader / is not **to control** people.

지도자의 역할은 / 사람들을 통제하는 것이 아니다. 〈주격 보어〉

270 It is impossible to run away from distractions. 〔학평〕

---

267 natural 자연스러운, 자연적인 **268** blessing 축복(의 말) **269** control 통제하다 **270** run away 달아나다, 도망가다 distraction 집중을 방해하는 것

271   She promised to support her friend in good times and bad.

272   The purpose of setting goals is to win the game. 학평

273   It is important to show kindness and empathy towards others.

274   My cousin likes to grow beautiful flowers in the window box.

275   We hope to give some practical education to our students. 학평

276   It is necessary not to neglect regular exercise during winter.

Level Up   고난도 문장으로 실력 키우기

277   The bear's motivation was to find food before the winter sleep. 학평 응용

278   You can expect to find toys for children from birth to teens. 학평

279   The city has planned to build new parks and recreational facilities in the area.

280   Our challenge is to learn to use the abundant source from the sun. 학평 응용

---

271 support 지지하다   **272** purpose 목적   set 설정하다   **273** kindness 친절   empathy 공감   **274** window box 창가의 화단   **275** practical 실제적인
276 neglect 게을리하다   regular 규칙적인   **277** motivation 동기   **279** recreational 오락의   facility 시설   **280** challenge 과제, 도전   abundant 풍부한
source 자원, 원천

의문사+to-v + V   S + V + 의문사+to-v

How to cook pasta is a skill.   You must decide **what to do** next.

「의문사+to부정사」는 문장에서 명사처럼 쓰여 주어, 목적어, 보어 역할을 한다. 「why+to부정사」는 잘 쓰이지 않는다.

» 「의문사+to부정사」의 해석

what+to-v	무엇을 ~할지	who(m)+to-v	누구를[누구에게] ~할지
which+to-v	어느 것을 ~할지	when+to-v	언제 ~할지
where+to-v	어디에서[어디로] ~할지	how+to-v	어떻게 ~할지, ~하는 방법

✦ Plus

「의문형용사(what, which)+명사+to-v」는 '어떤 ~을 …할지'라고 해석한다.
• I've already picked **what dress to wear**. 나는 어떤 드레스를 입을지 이미 골랐다.
• You must learn **which foods to avoid**. 당신은 어떤 음식을 피할지 알아야 한다.

---

281 She did not know / **what to do** with the data.
S   V   O′   V′   M′
                                   O

그녀는 몰랐다   /   그 자료로 무엇을 할지를.
···▶ 「의문사+to-v」는 「의문사+주어+should+동사원형」으로 전환할 수 있다.
   = She did not know what she should do with the data.

---

282 The question / is **whom to invite** to the party.
S   V   O′   V′   M′
                          SC

문제는   /   파티에 누구를 초대할지이다.
···▶ 보어 역할을 하는 「whom+to-v」는 '누구를 ~할지'라고 해석한다.

---

283 Determining which to select is entirely your decision.

---

284 When to book the flight for our trip is still uncertain.

---

285 They learn how to compete and cooperate with others. 학평

---

281 data 자료   **283** determine 결정하다 select 선택하다 entirely 전적으로   **284** book 예약하다 uncertain 불확실한   **285** compete 경쟁하다
cooperate 협력하다

286   Can you suggest what restaurant to try for lunch?

287   Choosing which method to use is a matter of preference.

288   In this class, you will learn how to steam and pour milk. 학평

289   This is precisely what to expect from rating systems. 학평 응용

Level Up 고난도 문장으로 실력 키우기

290   Priests wanted to know when to carry out religious ceremonies. 학평

291   Where to park the car used to be a challenge in this area.

292   They not only know what to do, but they also know how to do it. 학평

293   Risk often arises from uncertainty about how to approach a problem or situation. 학평

---

287 method 방법 preference 선호   **288** steam 증기를 내다 pour 따르다   **289** precisely 정확히 rating 등급, 평가   **290** priest 성직자 carry out ~을 수행하다 religious 종교의 ceremony 의식   **291** challenge 어려운 문제, 도전   **293** arise 발생하다 uncertainty 불확실성 approach 접근하다

형용사 역할을 하는 to부정사

The building is <u>an interesting place</u> **to visit**.

to부정사는 명사나 대명사 뒤에서 이를 꾸며주는 역할을 하며, '~할, ~하는'이라고 해석한다.

» 형용사 역할을 하는 to부정사와 (대)명사의 관계

(대)명사가 to부정사의 의미상 주어	*someone* **to repair** the bike (자전거를 **고칠** 누군가)
(대)명사가 to부정사의 의미상 목적어	*a large family* **to support** (**부양할** 대가족)
to부정사가 명사의 내용 설명	*a promise* **to leave** early (일찍 **떠나겠다는** 약속)
명사가 to부정사 뒤에 오는 전치사의 목적어	*a house* **to live in** (**살** 집)

294 We hired / *a chef* (**to prepare** the meals) / for the party.
S   V   S'   V'   O'   O   M

우리는 고용했다 /   (음식을 준비할) 요리사를   /   파티를 위해.
···> a chef는 to prepare의 의미상 주어이다. (a chef will prepare the meals ~)

295 *The lesson* (**to remember**) / is to be kind to others.
S   O'   V'   V   SC

      (기억할) 교훈은   / 다른 사람들에게 친절하게 대하는 것이다.
···> The lesson은 to remember의 의미상 목적어이다. (remember the lesson)

296 Some planets / do not even have / *surfaces* (**to land on**).
S   V   O'   O'   V'

어떤 행성들은   / 심지어 가지고 있지도 않다 /   (착륙할) 표면을.
···> surfaces는 전치사 on의 목적어이다. (land on surfaces)

297 Jenny is always looking for a chance to read.

298 The travelers needed a guide to show them around the city.

---

294 hire 고용하다   **295** lesson 교훈   **296** planet 행성   surface 표면   land on ~에 착륙하다   **297** look for ~을 찾다   **298** traveler 여행자

299 The old lady had no one to look after her at that time.

300 The residents' association has decided on a day to recycle. 학평

301 Choosing a setting for a novel is not a decision to make hastily.

302 One way to get the word out is through an advertising exchange. 학평

Level Up 고난도 문장으로 실력 키우기

303 The pressure to conform to the standards is likely to be intense. 학평 응용

304 Our brain loses its ability to filter unimportant information. 학평 응용

305 Our students will have the opportunity to develop their musical abilities. 학평

306 They show a willingness to disclose information about themselves to strangers. 학평 응용

---

299 look after ~을 돌보다 **300** resident (입)주민 association 조합 **301** setting 배경 hastily 서둘러 **302** get the word out 소문나게 하다 exchange 교환 **303** conform 부합하다, 순응하다 standard 기준, 표준 intense 거센, 강렬한 **304** filter 거르다 unimportant 중요하지 않은 **306** willingness 의향 disclose 공개하다

부사 역할을 하는 to부정사

V + to-v
He went home **to get** some rest.

형용사/부사 + to-v
She is anxious **to know** the result.

부사 역할을 하는 to부정사는 대개 동사, 형용사, 또는 다른 부사를 꾸며주어 목적, 감정의 원인, 판단의 근거의 의미를 나타낸다. 특히 목적의 의미를 나타내는 경우가 가장 많다.

» 부사 역할을 하는 to부정사의 해석

목적	~하기 위하여	in order to-v, so as to-v의 형태로 쓰기도 한다.
감정의 원인	~해서	앞에 감정을 나타내는 단어 glad, sorry, pleased, happy 등이 자주 쓰인다.
판단의 근거	~하다니	앞에 (un)kind, (im)polite, clever, lucky, careless, foolish, stupid 등이 자주 쓰인다.
형용사 수식	~하기에	앞에 easy, difficult, hard, impossible, safe, dangerous 등이 자주 쓰인다.

✚ Plus

「be+형용사+to-v」 형태의 관용어구가 쓰이기도 한다.

be anxious[eager] to-v	~하기를 간절히 바라다	be sure to-v	틀림없이 ~하다
be willing[ready] to-v	기꺼이 ~하다	be unwilling[reluctant] to-v	~하기를 꺼리다
be likely to-v	~하기 쉽다	be apt to-v	~하는 경향[가능성]이 있다

307 They went to Florida / **to see** the famous beaches.
 S   V   M   M

그들은 Florida로 갔다   /   유명한 해변을 보기 위해.   〈목적〉

308 The principal was pleased / **to hear** the good news.
 S   V   SC   M

교장 선생님은 기뻐했다   /   그 좋은 소식을 듣고서.   〈감정의 원인〉

309 The boy must be polite to say "please" and "thank you."

310 The complex sugar compounds are very difficult to break down. 학평

311 Some teens are more likely to make bad decisions. 학평

---

308 principal 교장 선생님 pleased 기쁜 **309** polite 예의 바른, 공손한 **310** complex 복합의, 복잡한 compound 화합물 break down (물질을) 분해하다 **311** decision 결정

312 I was glad to meet so many great and passionate guests.

313 The student was foolish not to listen to his teacher's advice.

314 Everyone is willing to use the new software for their work.

315 She was lucky to find a parking spot during peak hours.

Level Up 고난도 문장으로 실력 키우기

316 They change their names to reflect their position within their society.

학평 응용

317 Smartphones are convenient to use for staying connected on the go.

318 We did not need the burger in order to get our daily nourishment. 학평 응용

319 Our company is happy to replace your faulty toaster with a new toaster.

---

312 passionate 열정적인   **313** foolish 어리석은   **315** parking spot 주차 공간 peak hour 가장 혼잡한 시간   **316** reflect 반영하다 position 위치
317 convenient 편리한   **318** nourishment 영양분, 영양물   **319** replace 교체하다, 교환하다 faulty 고장 난

목적격 보어로 쓰이는 to부정사

$$S + V + O + \text{to-v}$$

The teacher advised me **to set** a clear goal.

목적어 뒤에 to부정사가 목적격 보어로 쓰여 목적어가 하는 동작을 나타내며, 'O가 ~하도록, ~하는 것을, ~하게'라고 해석한다. 이때 목적어는 to부정사의 의미상 주어가 된다.

» to부정사를 목적격 보어로 자주 쓰는 동사

tell	말하다	advise	조언하다	cause	초래하다	ask	요청하다, 부탁하다
expect	기대하다	get	하게 하다	order	명령하다	force	강요하다, 강제하다
persuade	설득하다	teach	가르치다	want	원하다	allow	허락하다, 허용하다

✚ Plus

목적격 보어로 원형부정사를 쓰는 경우는 다음과 같다.

사역동사(make, have, let)	He **made** the man **go** against his will. 그는 그 남자를 그의 뜻과는 반대로 **가게 했다.**
지각동사(see, hear, smell, feel 등)	Jenny **felt** her legs **tremble** with fear. Jenny는 두려움으로 다리가 **떨리는 것을 느꼈다.**
help (help는 목적격 보어로 to부정사도 가능)	I **helped** Susan **(to) carry** her groceries home. 나는 Susan이 그녀의 집으로 식료품을 **나르는 것을 도왔다.**

320 The instructor suddenly asked / me **to stop** the car.
S · V · O · OC (V' O')

그 강사는 갑자기 요청했다 / 나에게 자동차를 멈추도록.

321 Our coach wants / all of us **to achieve** good results.
S · V · O · OC (V' O')

우리 코치는 원한다 / 우리 모두가 좋은 결과를 얻는 것을.

322 She heard / the soldier **say** a few gentle words / then.
S · V · O · OC (V' O') · M

그녀는 들었다 / 그 군인이 친절한 몇 마디의 말을 하는 것을 / 그때.
⋯▶ 「지각동사 (hear) + O + 원형부정사」는 'O가 ~하는 것을 듣다'의 의미이다.

323 During this time, a poor diet caused her hair to fall out. 학평 응용

---

320 instructor 강사 suddenly 갑자기 **321** achieve 얻다, 성취하다 result 결과 **322** gentle 친절한, 부드러운

324 That ability let our ancestors survive harsh environments. (학평)(응용)

325 She persuaded them to vote for the new organization.

326 The old man would watch people go through the temple doors. (학평)(응용)

327 He ordered the workers to complete the task before the deadline.

328 The officer told the students to be careful crossing the intersection.

Level Up 고난도 문장으로 실력 키우기

329 Sometimes in arguments the other person can get you to be angry. (학평)(응용)

330 Emoticons allowed users to understand the tone of the message. (학평)(응용)

331 The man tried very hard but couldn't make all the camels sit at the same time. (학평)

332 The researchers had participants perform simple exercises during the study. (학평)(응용)

---

324 ancestor 조상 harsh 거친 environment 환경   **325** vote for ~에 (찬성) 투표하다 organization 조직, 단체   **326** temple 사원, 절   **327** complete 완수하다 deadline 마감 시간, 기한   **328** intersection 교차로   **329** argument 논쟁 the other person 상대방   **330** tone 어조   **331** camel 낙타 at the same time 동시에

to부정사의 의미상 주어

> **for/of+행위자** + **to-v**
>
> It was easy **for the students to solve** the problem.

주어와 to부정사 행위의 주체가 다를 때, 문장의 주어와 구별하여 「for/of+행위자(의미상 주어)+to부정사」의 형태로 쓰고 '~가 …하다'라고 해석한다. 가주어와 함께 쓰일 때는 「It+is/was+보어+for/of+행위자+to부정사」의 형태로 it은 해석하지 않고 진주어 to부정사구를 주어로 해석한다.

》「for+행위자+to부정사」와 「of+행위자+to부정사」의 비교

주격 보어의 자리에 사람의 성격을 나타내는 형용사가 올 경우, to부정사의 의미상 주어는 「of+행위자」의 형태로 쓴다.

easy, difficult, hard, important, (im)possible, convenient, dangerous, natural 등	for+행위자	to-v
nice, good, kind, wise, foolish, generous, careless, considerate 등	of+행위자	

✚ Plus

다음과 같은 경우에는 의미상 주어를 따로 명시하지 않는다.

1. 의미상 주어가 일반 사람들이거나 추측이 가능할 때
   - It's good **to have** supportive friends. 지지하는 친구들이 있는 것은 좋다.
2. 의미상 주어가 문장의 주어와 같을 때
   - I want **to see** a doctor. 나는 의사의 진찰을 받고 싶다. (I가 to see의 의미상 주어)
3. 의미상 주어가 문장의 목적어와 같을 때
   - I want **you to see** a doctor. 나는 네가 의사의 진찰을 받기를 원한다. (you가 to see의 의미상 주어)

333 It was hard / **for me to break** my old habit. 학평 응용
　　　　가주어　V　SC　의미상 주어　　진주어

　　(~은) 어려웠다 / 내가 나의 오랜 습관을 고치는 것은. → 내가 나의 오랜 습관을 고치는 것은 어려웠다.

　　⋯> break a habit: 습관을 고치다

334 It was very kind / **of you to help** me / with my project.
　　　　가주어　V　SC　의미상 주어　　진주어

　　(~은) 매우 친절했다 / 네가 나를 도와주는 것은 / 나의 프로젝트에 관해. → 네가 나의 프로젝트에 관해 나를 도와주는 것은 매우 친절했다.

335 It is difficult / **to learn** a new language / without practice.
　　　　가주어　V　SC　진주어

　　(~은) 어렵다 / 새로운 언어를 배우는 것은 / 연습 없이.

336 It will be impossible for you to win the argument. 학평

● **335** practice 연습　**336** argument 논쟁

337 Let's wait for the rain to stop before we go outside.

338 It was careless of her to leave her phone on the table.

339 There was nothing for the beggar to eat in the house.

340 It was natural for them to laugh together at the funny movie.

341 It was generous and considerate of you to donate to the charity.

Level Up 고난도 문장으로 실력 키우기

342 It is possible for a person to create consequences for his actions. 학평 응용

343 It is important for students to use and interact with materials in science class. 수능

344 It is difficult for them to imagine beforehand a new home and their new room. 학평

345 To ensure proper breathing, provide adequate space for air to travel to your lungs. 학평 응용

---

338 careless 부주의한　**339** beggar 거지　**341** generous 관대한　considerate 사려 깊은　donate 기부하다　charity 자선 단체　**342** consequence 결과
343 interact 상호 작용하다　material 재료　**344** beforehand 미리　**345** adequate 충분한　travel 이동하다, 여행하다　lung 폐

to부정사 구문

| too | + | 형용사/부사 | + | to-v |

She was **too** busy **to go** to the mall.

| 형용사/부사 | + | enough | + | to-v |

She ran fast **enough to catch** the bus.

>> to부정사 구문과 해석

too+형용사/부사+to-v = so+형용사/부사+that+S+cannot+동사원형	~하기에 너무 …한/하게, 너무 …해서 ~할 수 없는
형용사/부사+enough+to-v = so+형용사/부사+that+S+can+동사원형	~할 만큼/하기에 (충분히) …한/하게, ~할 정도로 …한
it takes (+행위자)+시간/돈/노력 등+to-v	(~가) …하는 데 시간이 걸리다/돈이 들다/노력이 들다

+ Plus

enough가 명사(구)를 수식할 때는 to부정사가 그 명사(구) 뒤에 와서 「enough+명사(구)+to-v」의 형태로 쓰이며, '충분한 ~'라고 해석한다.

• There was **enough** *time* **to play soccer** before we went shopping.

우리는 쇼핑하러 가기 전에 **축구를 할 만큼 충분한** 시간이 있었다.

---

346 We were **too** *terrified* / **to look** in the back. 학평
　　　　S　V　　　SC　　　　　V'　　　M'
　　　　　　　　　　　　　　　　M

　　　우리는 너무 두려웠다　　　/　　　뒤를 보기에. → 우리는 너무 두려워서 뒤를 볼 수 없었다.
　…▷ = We were so terrified that we couldn't look in the back.

347 The heat was *hot* **enough** / **to melt** the materials.
　　　　S　　V　　　SC　　　　　　V'　　　O'
　　　　　　　　　　　　　　　　　　M

　　　그 열은 충분히 뜨거웠다　　　/　　그 물질들을 녹일 만큼. → 그 열은 그 물질들을 녹일 만큼 충분히 뜨거웠다.
　…▷ = The heat was so hot that it could melt the materials.

348 **It takes** a great amount of money / **to build** a hospital.
　가주어　V　　　　　O　　　　　　　　　V'　　　O'
　　　　　　　　　　　　　　　　진주어

　　　(~은) 엄청난 돈이 든다　　　/　　병원을 건설하는 것은.
　…▷ = To build hospital takes a great amount of money.
　…▷ a great amount of: 엄청나게 많은

349 Last winter began too soon to fully enjoy the fall colors.

---

346 terrified 두려워하는, 무서워하는　**347** melt 녹이다　material 물질　**348** amount 금액, 양　**349** fully 충분히, 완전히

350 They do well enough in school to keep advancing. 학평

351 The road is wide enough for two people to walk side by side. 학평 응용

352 It took about two hours for the scientist to examine the paper.

353 He was too sick to tell whether or not I was his son. 학평

354 The manager didn't give me enough time to do the job.

Level Up 고난도 문장으로 실력 키우기

355 It takes all the running you can do to keep in the same place. 학평

356 The risk of harming human participants is too great to accept.

357 The individual is powerful enough to risk the social costs of such behaviors. 학평

358 It used to take some effort to find a reliable source of information. 학평 응용

---

350 advance 발전하다, 진보하다 **351** side by side 나란히 **352** examine 검토하다 paper 문서, 논문 **353** tell 구별하다, 식별하다 **356** harm 해를 끼치다 participant 참가자 accept 받아들이다 **357** social 사회의 cost 비용 **358** effort 노력 reliable 믿을 수 있는 source 근원, 원천

CHAPTER

06

동명사

학습할 주요 개념을 먼저 정리하고 학습을 시작해 보세요!

✓ 필수 check point ☆

명사 역할을 하는 동명사 1(주어, 주격 보어)

 +

Learning English takes time.

S + **V** + **v-ing**

His hobby is **playing** basketball.

동명사는 문장에서 명사처럼 쓰여 주어, 목적어, 보어 역할을 한다. 주어로 쓰일 때는 '~하는 것은, ~하기는'이라고 해석하고, 주격 보어로 쓰일 때는 '~하는 것, ~하기'라고 해석한다.

» 동명사의 동사적 성격

1. 보어를 갖는다.
   - **Becoming** an expert in cooking takes patience. 요리의 전문가가 **되는 것은** 인내심이 필요하다.

2. 목적어를 갖는다.
   - His favorite hobby is **playing** the guitar. 그가 가장 좋아하는 취미는 기타를 **치는 것**이다.

3. 부사의 수식을 받는다.
   - **Talking** loudly is not allowed in the museum. 큰소리로 **말하는 것은** 박물관에서는 허용되지 않는다.

✛ Plus

「be+v-ing」로 형태가 같은 현재진행시제와 동명사는 문장 안에서의 쓰임으로 구분한다.

1. 주격 보어로 쓰이는 동명사는 주어를 보충 설명하므로 주어와 대상이 같다.
   - Jenny's hobby **is reading** books. Jenny의 취미는 책을 읽는 것이다.

2. 현재진행형은 주어가 하고 있는 동작을 나타낸다.
   - Jenny **is reading** books. Jenny는 책을 읽고 있다.

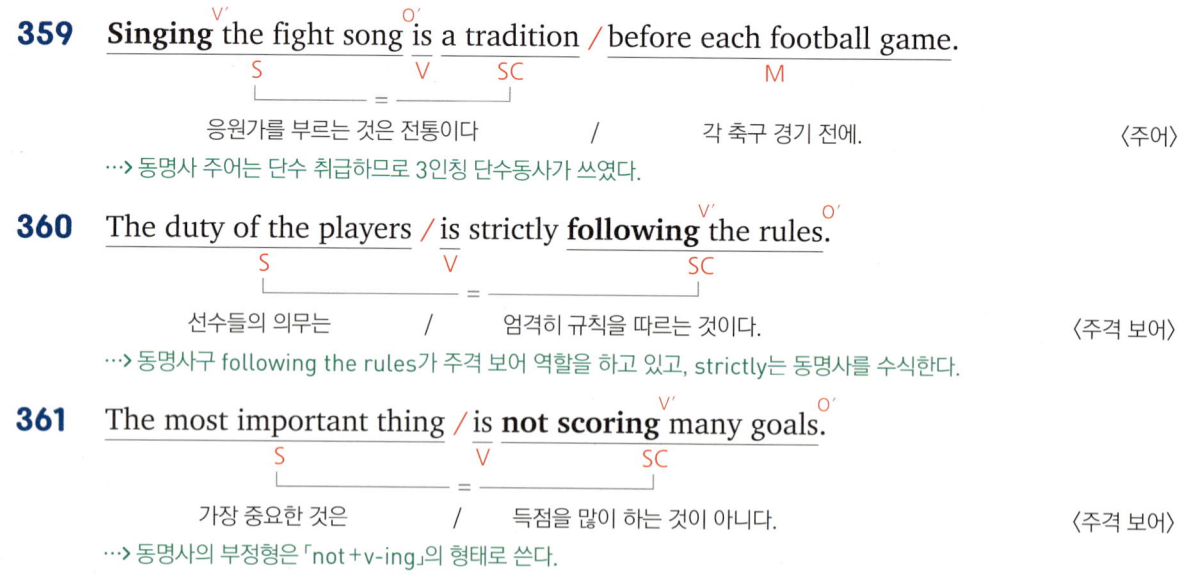

359 **Singing** the fight song is a tradition / before each football game.

응원가를 부르는 것은 전통이다 / 각 축구 경기 전에. 〈주어〉

⋯▶ 동명사 주어는 단수 취급하므로 3인칭 단수동사가 쓰였다.

360 The duty of the players / is strictly **following** the rules.

선수들의 의무는 / 엄격히 규칙을 따르는 것이다. 〈주격 보어〉

⋯▶ 동명사구 following the rules가 주격 보어 역할을 하고 있고, strictly는 동명사를 수식한다.

361 The most important thing / is **not scoring** many goals.

가장 중요한 것은 / 득점을 많이 하는 것이 아니다. 〈주격 보어〉

⋯▶ 동명사의 부정형은 「not+v-ing」의 형태로 쓴다.

362 Buying fire extinguishers is a good way to save lives.

359 fight song 응원가 tradition 전통 **360** duty 의무, 임무 strictly 엄격히 **361** score 득점하다 **362** fire extinguisher 소화기 save 구하다

363 Raising crops on this land will require a lot of hard work.

364 Anthony's goal this year is helping his cousin with his business.

365 Offering help is a simple matter of extending a helping hand. 학평 응용

366 One of our favorite ways of resting is watching movies together.

367 The girls' job was decorating the house together for Christmas.

Level Up 고난도 문장으로 실력 키우기

368 Responding with a cool answer is likely to be most effective. 학평 응용

369 The next image in your mind is catching the ball and scoring a goal. 학평 응용

370 Being unbiased means that you have no special interest in the outcome of the experiment. 학평

371 Encouraging active discovery in class allows students to interact with new information. 학평 응용

---

363 raise 기르다　crop 농작물　require 필요하다　**364** goal 목표　**365** extend 내밀다, 연장하다　**366** favorite 가장 좋아하는　rest 휴식하다
367 decorate 장식하다　**368** respond 대응하다, 반응하다　effective 효과적인　**369** score 득점하다　**370** unbiased 한쪽으로 치우치지 않은　interest
이익, 관심　outcome 결과　**371** encourage 장려하다　discovery 발견　interact with ~와 상호 작용하다

28 명사 역할을 하는 동명사 2(목적어)

> S + V + v-ing
>
> Tom likes **showing** his dogs to others.

동사의 목적어로 쓰이는 동명사는 '~하는[한] 것을, ~하기를'로 해석한다.

» 동명사를 목적어로 자주 쓰는 동사

avoid	피하다	consider	고려하다	deny	부인하다	enjoy	즐기다
admit	인정하다	finish	끝내다	practice	연습하다	mind	꺼리다, 신경 쓰다
quit	그만두다	stop	멈추다	give up	포기하다	put off	연기하다

» 동명사와 to부정사를 목적어로 쓸 수 있지만 의미가 달라지는 동사

remember		~한 것을 기억하다		remember		~할 것을 기억하다
forget	+v-ing	~한 것을 잊다		forget	+to-v	~할 것을 잊다
try		시험 삼아[그냥] 한번 ~해 보다		try		~하려고 노력하다[애쓰다]

stop은 목적어로 동명사만을 가지고, stop 뒤에 to부정사가 오면 '~하기 위해 멈추다'로 해석한다.

+ Plus

동명사와 to부정사를 목적어로 써도 의미 변화가 없는 동사는 다음과 같다.

like	좋아하다	love	몹시 좋아하다	hate	싫어하다	begin	시작하다
start	시작하다	continue	계속하다	prefer	선호하다	propose	제안[제의]하다

---

372 The old man enjoyed / **watching** sunsets / from his porch. 학평 응용
　　　　S　　　V　　　　V′　　　　O′　　　　　　M

그 노인은 즐겼다　　/　　일몰을 보는 것을　　/　자신의 집 현관에서.

---

373 I remember / **tasting** the delicious food / at the Korean restaurant.
　　　S　　V　　　　V′　　　　　O′　　　　　　　M

나는 기억한다　/　　맛있는 음식을 맛본 것을　　/　　　한국 음식점에서.
···▶ 동사 remember 뒤에 목적어로 동명사가 오면 '~한 것을 기억하다'라고 해석한다.

---

374 I don't mind cleaning the garage as my weekend chore.

---

375 One of his students is considering dropping out of school. 학평 응용

---

372 sunset 일몰　porch 현관　**374** chore (집안)일　**375** drop out of school 학교를 중퇴하다

376 Mark started working on his new assignment two hours ago.

377 It is a good idea to avoid using instruments altogether. 학평

378 I tried wearing a couple of extra jackets on a hot humid day. 학평 응용

379 She prefers visiting old cities to modern tourist destinations.

380 Harold will never forget making errors during his first week on the job.

Level Up 고난도 문장으로 실력 키우기

381 The purpose of building systems is to continue playing the game. 학평

382 Children quit playing ice hockey and tennis at the same age on average. 학평

383 She gave up becoming a professional dancer after experiencing a serious injury.

384 If we continue to destroy habitats with trails, the wildlife will stop using these areas. 학평

---

376 assignment 과제 **377** instrument 악기, 도구 altogether 완전히, 전적으로 **378** extra 추가의, 여분의 humid 습한 **379** tourist destination 관광지 **380** error 실수, 잘못 **382** average 평균 **383** professional 전문의, 직업(상)의 experience 경험하다 **384** destroy 파괴하다 habitat 서식지 area 지역, 영역

> **They went fishing in the morning.**

» 동명사 관용 표현과 해석

go+v-ing	~하러 가다	feel like+v-ing	~하고 싶다	cannot help +v-ing	~하지 않을 수 없다
be good[bad] at+v-ing	~하는 것을 잘하다 [못하다]	be worth+v-ing	~할 가치가 있다	be busy (in) +v-ing	~하느라 바쁘다
have difficulty (in)+v-ing	~하는 데 어려움을 겪다	It is no use [good]+v-ing	~해 봐야 소용없다	It goes without saying that ~	~은 말할 나위도 없다

＋ Plus

「전치사 to+v-ing」의 형태로 쓰이는 표현은 다음과 같다.

be devoted to+v-ing	~하는 것에 전념[헌신]하다	be[get] used to+v-ing	~하는 것에 익숙하다[익숙해지다]
look forward to+v-ing	~하기를 고대하다	object to+v-ing	~하는 것에 반대하다

---

385 Our children will **go hiking** / in the mountains / this weekend.
　　　　S　　　　　　V　　　　　　　M　　　　　　　M

　　　　우리 아이들은 하이킹을 하러 갈 것이다　/　　　산으로　　　/　　이번 주말에.

386 The family **felt like finding** a quiet spot / in the park.
　　　　S　　　　　V　　　　　　　O　　　　　　　M

　　　　　그 가족은 조용한 자리를 찾고 싶어 했다　　　　/　　공원에서.

387 They are bad at dealing with stressful situations calmly.

388 The sunset at the beach is worth watching; it's breathtaking.

389 Omar is looking forward to camping with John and Travis.

---

386 spot 자리, (지)점　**387** deal with ~을 처리하다, 다루다　stressful 스트레스가 많은　situation 상황　calmly 침착하게　**388** sunset 일몰　breathtaking 숨이 멎을 정도의

390 It goes without saying that honesty is the foundation of success.

391 We are busy organizing the charity event for the local community.

392 I am used to driving in heavy traffic after living in a big city for years.

393 You can't help thinking about the differences between Ohio and Kentucky.

Level Up 고난도 문장으로 실력 키우기

394 The residents objected to building a new factory near their neighborhood.

395 Now several associations are devoted to improving specific dog breeds.

396 It is no use trying to prepare for the task when you are short on time.

397 Students have difficulty in making accurate judgments of their own knowledge. 학평 응용

---

390 foundation 기초, 토대   **391** organize 준비하다, 조직하다 charity 자선, 자선 단체 local community 지역 사회   **392** heavy traffic 교통 혼잡
393 difference 차이(점)   **394** resident 주민   **395** specific 특정한 breed 품종   **397** accurate 정확한 judgment 판단 knowledge 지식

CHAPTER

07

분사

✎ 학습할 주요 개념을 먼저 정리하고 학습을 시작해 보세요!

☑️ 필수 check point ⭐

명사 앞에서 꾸며주는 분사

> 현재분사(v-ing) + N
> A **barking** dog kept me awake all night.

> 과거분사(v-ed) + N
> The **striped** skunk is the most common type.

분사에는 현재분사(v-ing)와 과거분사(v-ed)가 있고, 형용사와 마찬가지로 명사의 앞에서 명사를 꾸며준다. 현재분사는 「능동·진행」의 의미를 나타내어 '**~하는, ~하고 있는**'이라고 해석하고, 과거분사는 「수동·완료」의 의미를 나타내어 '**~된, ~해진**'이라고 해석한다.

» 자동사의 과거분사

상태의 변화나 운동(fall, fade, depart, retire, return) 등을 나타내는 동사와 같이 목적어를 가지지 않는 자동사의 과거분사가 명사를 꾸며주는 경우는 완료의 의미를 나타낸다.

• The **retired** man is spending more time with his grandchildren. 은퇴한 그 남자는 자신의 손주들과 더 많은 시간을 보내고 있다.

> **✚ Plus**
> 현재분사와 동명사는 다음과 같이 구분한다.
> **1.** 「현재분사+명사」는 동작이나 상태를 나타냄
> • I found **a swimming girl**. 나는 수영하는 소녀를 발견했다. (a swimming girl = a girl who was swimming)
> **2.** 「동명사+명사」는 용도나 목적을 나타냄(= 명사+for+동명사)
> • I went to **the swimming pool**. 나는 수영장에 갔다. (the swimming pool = the pool for swimming)

398 A **speeding** *car* was spotted / by the police car / on the highway.
　　　　S　　　　　　　　　V　　　　　　M　　　　　　　　M

　　　과속하는 차 한 대가 발견되었다　　/　　경찰차에 의해　　/　　고속도로에서.
⋯▸ car가 '과속하는' 주체이므로, 능동의 의미를 갖는 현재분사 speeding이 쓰였다.

399 The store refused / to accept the **damaged** *goods* / for return.
　　　　S　　　V　　　　　　O　　　　　　　　　　　　　M

　　　그 상점은 거절했다　　/　　그 손상된 물건을 받아들이기를　　/　　반품으로.
⋯▸ goods가 '손상된' 대상이므로, 수동의 의미를 갖는 과거분사 damaged가 쓰였다.
⋯▸ refuse는 목적어로 to부정사를 쓴다.

400 The returned soldier is receiving support from his community.

401 The musicians in the band prepared for the approaching concert.

---

398 spot 발견하다　**399** accept 받아들이다　damage 손상시키다　goods 상품, 제품　return 반품　**400** receive 받다　support 지원　community 지역
사회　**401** prepare for ~을 준비하다　approach 다가오다

402 You can use a mirror to send a coded message to a friend. 학평

403 A middle-aged woman swept up the fallen leaves in the yard.

404 The cleanup team immediately got rid of the spilled oil on the river.

405 Babies sleep all the time because their growing brains exhaust them. 학평 응용

406 They see a person with crossed arms and think, "Reserved, angry." 학평

Level Up 고난도 문장으로 실력 키우기

407 Sometimes a changing forest causes some plants and animals to increase.

408 There were no longer any controlled communications or even business systems. 학평 응용

409 Keep your eyes on the reflected image and not on your paper while you are writing. 학평 응용

410 The proposed walking trail would cut through the land, a home to a variety of species. 학평 응용

---

402 code 암호로 하다 **403** middle-aged 중년의 sweep 쓸다 yard 마당 **404** cleanup 정화 immediately 즉시 get rid of ~을 제거하다 spill 유출하다, 엎지르다 **405** brain 뇌 exhaust 지치게 하다 **406** cross arms 팔짱을 끼다 reserved 과묵한 **408** no longer 더 이상 ~ 않는 control 통제하다 **409** reflect 반사하다 **410** propose 제안하다 walking trail 산책로

명사 뒤에서 꾸며주는 분사

| N | + | 현재분사(v-ing) | | N | + | 과거분사(v-ed) |

Who is the woman **reading** a letter **written** in Korean?

분사가 단독으로 쓰이면 대부분 명사 앞에 오지만, 동사와 마찬가지로 목적어, 보어, 수식어구를 동반하면 명사 뒤에 오고, 분사구가 끝나는 부분까지 포함하여 해석한다.

» 명사 뒤에서 꾸며주는 분사의 의미

명사+현재분사+ ~ = 명사+주격 관계대명사+V'/ be v-ing	*A child* **sitting** in the first row smiled at me. = *A child* **who** sat in the first row smiled at me. 앞줄에 **앉아 있는** 한 아이가 나에게 미소를 지었다. *The boy* **playing** the piano is my brother. = *The boy* **who is playing** the piano is my brother. 피아노를 **치고 있는** 소년은 내 남동생이다.
명사+과거분사+ ~ = 명사+주격 관계대명사+be p.p.	My teacher **seated** in the back instructed me. = My teacher **who was seated** in the back instructed me. 뒤에 **앉은** 나의 선생님이 나에게 지시했다.

411 *The teachers* (**holding** the auditions) / gave each student a ball.
　　　　S　　　　　　　　　　　　　　　V　　IO　　DO

(오디션을 수행하는) 선생님들이　　　　/　　각 학생에게 공 한 개씩을 주었다.

⋯▶ = The teachers who held the auditions ~.
⋯▶ The teachers가 '수행하는' 주체이므로, 능동의 의미를 갖는 현재분사 holding이 쓰였다.

412 Soon we came / to *a wide street* (**crowded** with all sorts of cars).
　　　　M　S　V　　　　　M

곧 우리는 왔다　　　/　　(온갖 종류의 차들로 붐비는) 넓은 거리에.

⋯▶ = ~ to a wide street which was crowded with all sorts of cars.
⋯▶ a wide street이 '붐비는' 대상이므로, 수동의 의미를 갖는 과거분사 crowded가 쓰였다.
⋯▶ all sorts of: 온갖 종류의

413 That newspaper blowing all over the yard is making a real mess.

414 The woman couldn't get out because of the car parked behind her.

---

411 hold (회의·시합 등을) 하다, 열다, 개최하다 audition 오디션　**412** crowd 붐비게 하다 sort 종류　**413** blow (바람에) 날리다 mess 엉망, 혼란
414 get out 빠져나오다 park 주차하다

415   The team exploring different hiking trails left early in the morning.

416   Plants called producers make their own food from water and sunlight.

417   People walking in rocky areas sometimes come across rattlesnakes.

418   He wrote several autobiographies describing his experiences as a slave. 학평

419   The official told us about the new library planned for this neighborhood.

Level Up 고난도 문장으로 실력 키우기

420   This is the price we must pay for achieving the rewards lying ahead of us.
학평 응용

421   I used to have a shelf lined with salty crackers and chips at eye level. 학평

422   The Cubans were known for wearing uniforms covered in red from head to toe. 학평

423   It was a contrast to the conservative North American style featuring grey or white pants. 학평 응용

---

415 explore 탐험하다 hiking trail 등산로, 하이킹 코스   **416** plant 식물 producer 생산자   **417** rocky 바위가 많은 rattlesnake 방울뱀
418 autobiography 자서전 describe 묘사하다 experience 경험 slave 노예   **419** official 공무원   **420** achieve 성취하다 reward 보상 ahead of ~ 앞에
421 shelf 선반 line 줄지어 놓다 eye level 눈높이   **422** cover 덮다   **423** contrast 대조(적인 것) conservative 보수적인 feature 특징으로 하다

목적격 보어로 쓰이는 분사

$$S + V + O + OC(\text{v-ing/p.p.})$$

He watched the people **moving** slowly, and he found his camera **stolen**.

목적어 뒤에는 목적격 보어로 현재분사와 과거분사가 쓰일 수 있는데, 이때 현재분사는 진행 및 앞의 목적어가 행위의 주체임을 나타내고, 과거분사는 앞의 목적어가 행위의 대상임을 나타낸다. 「O+OC(현재분사)」는 O와 현재분사가 능동 관계를 이루어 'O가 ~하고 있는 것을'이라고 해석하고, 「O+OC(과거분사)」는 O와 과거분사가 수동 관계를 이루어 'O가 ~된 것을'이라고 해석한다.

» 분사를 목적격 보어로 자주 취하는 동사 및 해석

동사	현재분사	과거분사
지각동사(feel, hear, see, watch 등)	O가 OC하고 있는 것을 느끼다, 듣다, 보다	O가 OC된 것을 느끼다, 듣다, 보다
have, get, keep	O가 OC하게 하다	O가 OC되게 하다
catch, find	O가 OC하고 있는 것을 발견하다	O가 OC된 것을 발견하다
leave	O가 OC하고 있는 채로 두다	O가 OC된 채로 두다

424 I called them, // but I heard / their phones **ringing** / in the room.
S¹ V¹ O¹ S² V² O² OC² M²

나는 그들에게 전화를 걸었다, // 하지만 나는 들었다 / 그들의 전화가 울리고 있는 것을 / 방에서.
···▶ their phones가 '울리는' 주체이고 진행 중이므로, 진행 및 능동의 의미를 갖는 현재분사 ringing이 쓰였다.

425 The writer had / some of her stories **published** / in a literary magazine.
S V O OC M

그 작가는 (~하게) 했다 / 자신의 이야기 중 일부가 발표되게 / 문학 잡지에.
···▶ some of her stories가 '발표되는' 대상이므로, 수동의 의미를 갖는 과거분사 published가 쓰였다.

426 He barely saw the young soldier standing next to him. 학평 응용

427 In the living room, Tony caught the cat playing with a ball of yarn.

428 The building manager left the windows closed during the hurricane.

425 publish 발표하다, 출판하다 literary 문학의 magazine 잡지 **426** barely 간신히 soldier 군인 **427** yarn 털실 **428** hurricane 허리케인

429 She felt the wind blowing softly through her hair at the beach.

430 To get the class started, we need more instruments than we have now. 학평

431 They found the door locked when they arrived home after dinner.

432 The speaker raised his voice to make himself heard by all the people.

Level Up 고난도 문장으로 실력 키우기

433 It is sad to watch the diversity of life threatened by a forest fire.

434 The teacher kept the students working on their assignments quietly in the lab.

435 Many people find themselves returning to their old habits after accomplishing a goal. 학평

436 Leave good foods like apples and pistachios sitting out instead of crackers and candy. 학평

---

429 blow (바람이) 불다 **430** instrument 악기, 도구 **432** speaker 연사 **433** diversity 다양성 threaten 위협하다 **434** assignment 과제 lab 실험실
435 habit 습관 accomplish 성취하다 goal 목표 **436** pistachio 피스타치오 instead of ~ 대신에

감정을 나타내는 분사

v-ing/p.p. + N

The **exciting** movie was a hit.

V + v-ing/p.p.

People in the area looked **surprised**.

감정을 나타내는 분사는 문장에서 형용사로 쓰여 명사를 수식하기도 하고, 주격 보어나 목적격 보어 역할도 할 수 있다. 분사가 꾸며주거나 설명하는 대상이 감정을 느끼게 만드는 경우에는 현재분사(능동)를 쓰고, 감정을 느끼게 되는 경우에는 과거분사(수동)를 쓴다.

» 감정을 나타내는 분사 및 해석

현재분사		과거분사	
amazing	놀라운, 놀라게 하는	amazed	놀란
annoying	짜증 나게 하는	annoyed	짜증이 난
boring	지루하게 하는, 지루한	bored	지루해하는, 지루한
disappointing	실망스러운, 실망시키는	disappointed	실망한
exciting	신나게 하는, 신나는	excited	신이 난
frightening	무섭게 하는, 무서운	frightened	무서워하는, 겁먹은
interesting	재미있는, 흥미로운	interested	흥미 있어 하는
satisfying	만족하게 하는, 만족스러운	satisfied	만족한
scaring	겁먹게 하는	scared	겁먹은
surprising	놀라게 하는, 놀라운	surprised	놀란, 놀라는
touching	감동을 주는, 감동적인	touched	감동한

437 Your **amazing** *performance* / really moved us all / last night. 모평 응용
　　　S　　　　　　　　　　　　　V　　O　　　M

　　　　당신의 놀라운 연기는　　　／　정말로 우리 모두를 감동시켰다　／　지난밤에.
　⋯▶ performance가 '놀라운' 감정을 느끼게 만드는 것이므로, 능동의 의미를 갖는 amazing이 쓰였다.

438 We are **excited** / to announce our upcoming winter festival!
　　　S　V　　SC　　　　　　　V'　　　　　　　　O'
　　　　　　　　　　　　　　　　　　　　　M

　　　우리는 신이 난다　／　　　다가오는 우리의 겨울 축제를 발표하게 되어서!
　⋯▶ 우리가 '신나는' 감정을 느낀 것이므로, 수동의 의미를 갖는 과거분사 excited가 쓰였다.
　⋯▶ excited 뒤의 to부정사는 감정의 원인을 나타내며 '~해서'의 의미이다.

439 The party was totally boring until we turned on some music.

440 She became very annoyed with my attempts to offer advice.

---

437 performance 연기, 공연　move 감동시키다　**438** announce 발표하다　upcoming 다가오는, 곧 있을　**439** totally 완전히　turn on ~을 켜다
440 attempt 시도　offer 제공하다

441 The author's stories became interesting and gained in popularity.

442 By the end of the cave exploration, four students remained scared of the dark.

443 They don't feel satisfied with the slow progress of the project at all.

444 Her touching words are really making our life rich and satisfying.

445 You may find it exciting to try new adventurous activities like skydiving.

Level Up 고난도 문장으로 실력 키우기

446 Few people will be surprised to hear that poverty tends to create stress. 학평

447 At that moment, he noticed that every face looked interested in what he had to say. 학평

448 They make dramatic changes in their lifestyle, only to encounter two disappointing results. 학평

449 Nurses took care of passengers during flights because most people were frightened of flying. 학평 응용

---

441 author 작가 gain 얻다 popularity 인기 **442** exploration 탐험 **443** progress 진행, 진전 **445** adventurous 모험적인 **446** poverty 가난 tend to ~하는 경향이 있다 **448** dramatic 극적인 lifestyle 생활 방식 encounter 직면하다 result 결과 **449** passenger 승객 flight 비행

v-ing , + S + V

Practicing every day, he improved his tennis game.

분사구문은 「접속사+S+V」의 구문을 분사를 써서 간결하게 표현한 것으로, **문장 전체를 수식하는 부사구의 역할**을 한다. 문장의 주어는 분사구문의 v-ing와 문장 동사의 동작 행위의 주체이다. 분사구문은 문장의 앞이나 뒤, 혹은 주어와 동사 사이에 오며, 대개 콤마(,)로 구분해 준다.

» 분사구문의 해석
분사구문과 주절의 문맥을 잘 파악하여 가장 자연스러운 것으로 해석해야 한다.

시간	when(~할 때), after(~한 후에), as soon as(~하자마자)
이유	because/as/since(~하기 때문에, ~해서, ~하므로)
동시동작	as(~하면서, ~한 채로), while(~하는 동안)
연속동작	and(~하고 나서, 그리고 ~하다)
조건	if(만약 ~한다면)

✚ Plus
1. 분사구문의 부정형은 not이나 never를 분사 앞에 쓴다.
   Not knowing what to do, he kept silent. 무엇을 해야 할지 몰라서, 그는 잠자코 있었다.
2. 완료분사(having+p.p.)는 주절의 동사보다 앞선 시제를 나타낸다.
   Having been there before, I felt confident. 전에 그곳에 가 본 적이 있어서, 나는 확신이 있었다.

450 Looking into the dolphin's eye, / I felt totally safe. 학평 응용

돌고래의 눈을 들여다보았을 때, / 나는 완전히 안심이 되었다. 〈시간〉
···➔ = When I looked into the dolphin's eye, ~.

451 Feeling worried, / I went outside / and walked down the street. 학평

걱정이 되어서, / 나는 밖으로 나갔다 / 그리고 거리를 걸어 내려갔다. 〈이유〉
···➔ = As[Because] I felt worried, ~.

452 Smiling like a child, Marie handed the package to her brother.

453 She pushed her face into the grass, smelling the green pleasant scent. 학평 응용

---

450 dolphin 돌고래 totally 완전히 **452** package 꾸러미, 소포 **453** pleasant 쾌적한, 기분 좋은 scent 향기

454 Failing to follow the instructions, you might damage the device.

455 Not carrying much of water, we refilled our bottles at the next spot.

456 Having scored three points, he received praise from his teammates.

457 Being full of flowers, the basket created a gentle mood in the room.

458 Through gossip, we bond with our friends, sharing interesting details. 학평

Level Up 고난도 문장으로 실력 키우기

459 Glancing at her competitors, she discovered that three of them were female.

460 Not having heard from him for so long, she began to worry about his well-being.

461 The lifeguard, swimming as quickly as possible, approached the swimmer calling for help.

462 Noticing the dark clouds gathering overhead, Sarah decided to bring an umbrella with her.

---

455 refill 다시 채우다 spot 장소 **456** score 득점하다 praise 칭찬 **457** full of ~로 가득 채워진 gentle 부드러운 mood 분위기 **458** gossip 수다, 잡담 detail 세부 사항 **459** glance 흘끗 보다 competitor 경쟁자 female 여성 **460** well-being 안녕 **461** lifeguard 안전요원 call for ~을 요청하다 **462** notice 알아차리다 gather 모이다 overhead 머리 위로

다양한 형태의 분사구문

$$\boxed{\text{p.p./형용사 ~}} , \boxed{\text{S}} + \boxed{\text{V}}$$

Dressed as a pirate, he had a paper sword.

» 다양한 형태의 분사구문 및 의미

과거분사로 시작하는 분사구문	앞에 Being이나 Having been이 생략된 것으로, 주어와 분사가 수동의 관계이다.
	(Having been) **Written** in haste, this report has many errors. 급하게 **쓰여서**, 이 보고서는 오류가 많다.
주어가 주절의 주어와 다른 분사구문	분사구문의 주어와 주절의 주어가 다를 경우, 분사의 의미상 주어를 분사 앞에 쓴다.
	The weather **permitting**, we will go on a picnic. 날씨가 **괜찮으면**, 우리는 소풍을 갈 것이다.
「with+명사[대명사]+분사」	분사구문의 의미상 주어 앞에 with를 써서 '~인 채로, ~ 한 상태로'라고 해석한다.
	With his arms folded, James sat on the sofa. **팔짱을 낀 채로**, James는 소파에 앉았다.

✚ Plus

분사구문의 의미상 주어가 막연한 일반인(we, one, you, they)일 때 관용적으로 주어를 생략한다.

generally speaking	일반적으로 말하면	frankly speaking	솔직히 말하면
strictly speaking	엄밀히 말하면	judging from	~으로 판단하건대
putting it simply	간단히 말하자면	speaking[talking] of	~에 대해 말하자면
given[considering] that	~을 고려하면	granting[granted] that	~을 인정하더라도
supposing[providing] that	만약 ~이면	seeing that	~인 점에서 보면

463 **(Being) Attracted** by the food, / the insects came / around the table.

음식에 이끌려서, / 곤충들이 왔다 / 탁자 주위로.

⋯⋯> = As they were attracted by the food, ~.

464 The game **being** over, / we gathered on the field / for a photo.

경기가 끝났을 때, / 우리는 경기장에 모였다 / 사진을 찍기 위해.

⋯⋯> = When the game was over, we gathered ~.

465 **With their eyes closed**, / they listened intently / to the speaker.

자신들의 두 눈을 감은 채, / 그들은 집중해서 들었다 / 연사의 말을.

⋯⋯> = While their eyes were closed, they listened ~.

466 Strictly speaking, you need a reservation to dine at the restaurant.

---

463 attract 이끌다 insect 곤충 **464** gather 모이다 **465** intently 집중해서, 열심히 **466** reservation 예약 dine 식사하다

467 Faced with unfamiliar patterns, the expert's advantage disappears. 학평 응용

468 Her cell phone broken, she forgot all her appointments and schedules.

469 The work can be divided, with each worker performing one task. 학평 응용

470 Judging from his facial expression, he seemed pleased with the outcome.

471 Disappointed by the loss of their team, the fans quietly left the stadium.

Level Up 고난도 문장으로 실력 키우기

472 The runners, followed by several laughing children, crossed the finish line.

473 Generally speaking, we are creatures of habit, seeking comfort in familiar routines.

474 The plane having flown over nine hundred miles, the mechanic gave it a checkup.

475 With this purpose in mind, we believe your firm is ideal to carry out such a project. 학평

---

467 face 직면하게 하다 unfamiliar 익숙하지 않은 expert 전문가 advantage 유리함 **468** break 고장 내다 appointment 약속 **469** divide 분리하다 **470** expression (얼굴) 표정, 표현 outcome 결과 **471** loss 패배, 손실 stadium 경기장 **473** comfort 편안함 **474** mechanic 정비사 checkup 점검 **475** purpose 목적 firm 회사 ideal 이상적인 carry out ~을 진행하다

PART

3

절

CHAPTER

08

명사절

☑ 필수 check point ☆

접속사 that이 이끄는 절

That he lied is obvious.

접속사 that이 이끄는 명사절은 문장에서 주어, 보어, 목적어 역할을 하며, 'S'가 V'하는 것'이라고 해석한다.

» 접속사 that

1. 목적어로 사용되는 that절에서 접속사 that은 생략할 수 있다.
   • I can't believe (**that**) you have to leave this soon. 나는 당신이 이렇게 일찍 떠나야 한다는 것을 믿을 수 없다.

2. 접속사 that 뒤에는 문장의 필수 요소를 모두 갖춘 완전한 문장이 온다.
   • The simple truth is **that** everyone has his own opinion. 간단한 진실은 모두가 자기 자신의 의견을 가진다는 것이다.

✦ Plus

that절이 주어나 5형식의 목적어로 사용되면 가주어 it이나 가목적어 it을 대신 쓰고 that절은 문장 뒤로 보낸다.
• **It** is impossible **that** everyone is telling the truth. 모든 사람이 진실을 말하고 있다는 것은 불가능하다.
• I find **it** true **that** laughter is the best medicine. 나는 웃음이 최고의 명약이라는 것이 사실이라는 것을 안다.

---

476 I believe / **that** the world is full of endless possibilities.

나는 믿는다 /　　　　세상이 무한한 가능성으로 가득 차 있다는 것을.　　　　　　　　　〈목적어〉

⋯▶ that이 이끄는 명사절이 목적어로 사용될 때 that은 생략할 수 있다.

477 The message of the book / is **that** the universe is constantly expanding.

그 책의 메시지는　　　　/　　　　우주가 끊임없이 팽창하고 있다는 것이다.　　　　　　　　〈보어〉

478 It is widely believed that verbal rehearsal improves our memory. 학평

479 The problem was that the stamp didn't stick to the envelope. 학평

480 Iktomi told Odawa that there are good and bad forces in each stage of life. 학평 응용

---

476 be full of ~으로 가득 차 있다 endless 무한한 possibility 가능성 **477** constantly 끊임없이 expand 팽창하다 **478** widely 널리 verbal 말의, 언어의 rehearsal 연습 **479** stamp 우표 stick to ~에 달라붙다 envelope 봉투 **480** force 힘 stage 단계

481 Too often, we convince ourselves that massive success requires massive action. 학평

482 It seems reasonable that we all should share responsibilities for our own health.

483 Many evolutionary biologists argue that humans developed language for economic reasons. 학평

484 It is clear that understanding the basics is crucial before diving into complex topics.

📈 LevelUp 고난도 문장으로 실력 키우기

485 Many parents think that playing chess regularly can significantly improve problem-solving skills.

486 One striking characteristic of sleeping animals or people is that they do not respond normally to environmental stimuli. 학평 응용

487 The board members consider it important that everyone participates in the discussion.

488 Most people assume that conflict is bad and that being in one's "comfort zone" is good. 학평

---

481 convince 확신시키다 massive 거대한 **482** reasonable 타당한 **483** evolutionary 진화의 biologist 생물학자 **484** crucial 중요한 dive into ~에 몰두하다 **485** regularly 정기적으로 significantly 상당히 **486** striking 두드러진 characteristic 특징 stimulus 자극(*pl*. stimuli) **487** board 이사회 **488** assume 단정하다 conflict 갈등

접속사 whether / if가 이끄는 절

whether/if + S′ + V′

We do not know **whether** aliens really exist.

접속사 whether/if는 완전한 형태의 절과 결합하여 명사절의 역할을 할 수 있다. whether절은 문장 내에서 주어, 목적어, 보어, 전치사의 목적어 역할이 모두 가능하지만, if절은 동사의 목적어 역할만 할 수 있으며 'S′가 V′하는지'라고 해석한다.

» if절의 문장 내에서의 역할
- We do not know **if** aliens really exist. 우리는 외계인이 정말로 존재하는지 모른다. → 동사의 목적어 (○)
- **If** AI can be creative is a complex question. → 주어 (×)
- Our worry was **if** we could reach our destination in time. → 주격 보어 (×)
- Your success depends on **if** you learn from your mistakes. → 전치사의 목적어 (×)

✚ Plus
whether/if가 이끄는 명사절은 맨 뒤에 or not을 추가할 수 있다.
- We do not know **whether** aliens really exist **or not**. 우리는 외계인이 정말로 존재하는지 **아닌지** 모른다.

---

489 Whether we should invest / in this risky project / is still under discussion.
  S′   V′   M′   V   M
  S

우리가 투자해야 하는지는   /   이 위험한 프로젝트에   /   여전히 토론 중이다.

⋯▶ whether절이 주어로 사용되면 가주어 It을 주어 자리에 대신 쓰고 whether절은 문장 뒤로 보낼 수 있다.
⋯▶ = It is still under discussion whether we should invest in this risky project.

490 Due to the sudden changes, / I don't know / if we will meet the deadline.
  M   S   V   S′   V′   O′
                                               O

갑작스런 변경 때문에,   /   나는 모른다   /   우리가 마감 기한을 지킬지.

491 I wonder whether it will rain tomorrow during the outdoor concert.

492 My concern is whether she has enough experience for the job or not.

493 James hasn't decided if he should stay in his current role or move into a new one.

---

489 invest 투자하다 risky 위험한 **490** due to ~ 때문에 deadline 마감 기한 **491** outdoor 야외의 **492** concern 걱정 experience 경험 **493** current 현재의 role 역할 move into ~로 옮겨가다

494 I'd like to know whether there's a large print version of your magazine. 학평

495 Sadie looked up and tried to see if the black cloud was moving. 학평 응용

496 You probably never thought about whether using artificial light for reading was worth it. 학평

497 He is considering whether he should pursue a master's degree in computer science.

📈 Level Up 고난도 문장으로 실력 키우기

498 Situations are uniquely stressful for each of us based on whether or not they activate our doubt. 학평

499 Parents and teachers are debating if online tutoring is more effective than in-person tutoring.

500 Sometimes you run into people full of energy, and you wonder if they are from the same planet as you. 학평 응용

501 You don't know if the habit of getting up early will actually make your life better. 학평 응용

---

496 probably 아마도 artificial 인공의 worth it 그만한 가치가 있는 **497** pursue 계속하다, 추구하다 master's degree 석사 학위 **498** uniquely 특유하게 based on ~에 근거해서 activate 활성화하다 **499** debate 논쟁하다 tutoring 개인 교습 effective 효과적인 in-person 직접 하는 **500** run into ~와 우연히 마주치다 planet 행성 **501** habit 습관

의문사가 이끄는 절

who(m)/which/what + **V'**

I don't know **who** is the right person for this job.

when/where/why/how + **S'** + **V'**

She wondered **when** the meeting would start.

의문사가 이끄는 절은 문장에서 주어, 목적어, 보어가 될 수 있다. 의문대명사 who(m), which, what이 이끄는 명사절은 의문사의 역할에 따라 해석이 달라진다. 의문부사 when, where, why, how가 이끄는 명사절은 '**언제/어디서/왜/어떻게 S'가 V'하는지**'라고 해석한다.

» 의문대명사가 이끄는 절의 구조 및 해석

의문사 주어(S')+동사(V')	누가/무엇이 V'하는지	I wonder **what happened** yesterday. 나는 어제 **무슨 일이 일어났는지** 궁금하다.
의문사 목적어(O')+주어(S')+동사(V')	S'가 누구를/무엇을 V'하는지	I don't know **what he said**. 나는 **그가 무슨 말을 했는지** 모른다.
의문사 보어(SC')+주어(S')+동사(V')	S'가 누구/무엇인지	The question is **what the best solution is**. 문제는 **최선의 해결책이 무엇인지**이다.

» 의문형용사가 이끄는 절

which/what/whose는 형용사적으로 사용되어 명사를 수식하여 명사절을 이끌 수 있다.

• I don't know **what** color is the best match for me. 나는 **어떤** 색이 나에게 가장 잘 어울리는지 모른다.

---

502 **Who** cooks dinner / is always a big debate / in our house.

누가 저녁을 요리하는지가 /   항상 큰 논쟁거리이다   / 우리집에서는.

503 We understand / **what** we need to do / to improve the situation.

우리는 알고 있다 / 우리가 무엇을 해야 하는지 /   상황을 개선시키기 위해.

504 Have you ever wondered / **why** most children hate vegetables?

여러분은 궁금해한 적이 있는가 /   대부분의 아이들이 왜 채소를 싫어하는지?

505 Lauren asked Sadie which way they came from. 학평 응용

---

502 debate 논쟁거리 **503** situation 상황

506 The issue is what the effect will be of the new policy.

507 Artists often find it difficult to know when they should stop painting. (학평)(응용)

508 Psychologists and sociologists began to wonder how friendships form. (학평)(응용)

509 Whom we decide to trust in this critical situation could determine the success of our mission.

510 One day, an incident will blow your friends' cover, and then you will know where they truly belong. (학평)(응용)

Level Up 고난도 문장으로 실력 키우기

511 Once we understand who our children really are, we can figure out how to change our parenting style. (학평)(응용)

512 If I trust your judgment in music, I may follow your lead on which concert we attend. (학평)

513 Animals may experience distress when they don't know when food will appear. (학평)(응용)

514 When we will be able to move to the new office depends on the completion date of its construction.

---

506 policy 정책 **508** psychologist 심리학자 sociologist 사회학자 friendship 우정 **509** trust 신뢰하다 critical 중대한 **510** incident 사건 blow (바람에) 날려 보내다 cover 위장, 감추는 것 belong (어떤 부류에) 속하다 **511** figure out ~을 알아내다 parenting 육아 **512** judgment 판단 lead 충고 **513** distress 괴로움 **514** depend on ~에 달려 있다 completion 완공, 완료 construction 공사, 건설

CHAPTER

09

관계사절

✎ 학습할 주요 개념을 먼저 정리하고 학습을 시작해 보세요!

☑ 필수 check point ☆

UNIT 39 주격 관계대명사절

> 선행사 + **who/which/that** + V′
>
> A leader is <u>someone</u> **who** <u>makes</u> a difference in the world.

주격 관계대명사는 관계사절 안에서 주어 역할을 하며 바로 뒤에 동사가 온다. 관계사절은 앞의 선행사를 수식하므로, 'V′하는'으로 해석한다.

 » 선행사에 따른 주격 관계대명사의 종류

사람	who / that	John is *the boy* **who[that]** wears a white cap. John은 하얀 모자를 쓴 소년이다.
사물 및 동물	which / that	This is *the book* **which[that]** has inspired me most. 이것은 나에게 가장 많은 영감을 준 책이다.

✚ Plus

주격 관계대명사 뒤에 오는 동사는 선행사에 맞춰 수일치한다.
- We need to support *people* [**who** are socially lonely]. 우리는 **사회적으로 외로운 사람들**을 지원해야 한다.
- *The smartphone* [**which** is on the table] is not mine. 탁자 위에 있는 스마트폰은 내 것이 아니다.

---

515 <u>A gatekeeper</u> <u>is</u> *someone* [**who** prevents you / from being let in]. 학평 응용
　　　　S　　　V　　　　　　SC

　　　　　　　문지기는 [여러분을 막는 / 들어가지 못하도록] 누군가이다.
　　　…▶ ← A gatekeeper is someone. + He/She prevents you from being let in.
　　　…▶ 선행사가 someone이므로 주격 관계대명사 뒤의 동사를 prevents로 수일치했다.

516 <u>Dress</u> <u>warmly</u> / for *the program* [**which** will last for three hours].
　　　　V　　　M　　　　　　　　　　　　　M

　　　　　　따뜻하게 입어라　 /　　　　　　　[세 시간 동안 지속될] 프로그램을 위해.
　　　…▶ ← Dress warmly for the program. + It will last for three hours.
　　　…▶ 관계대명사 which 대신 that을 쓸 수도 있다.

517 Predators are animals that hunt and feed on other animals.

518 Imagine a pendulum which swings back and forth. 학평

---

515 prevent A from v-ing A가 ~하지 못하도록 막다　**516** last 지속되다　**517** predator 포식자　feed on ~을 먹고살다　**518** pendulum (시계의) 추　swing 흔들리다　back and forth 왔다갔다, 앞뒤로

519 Teachers can support students who are struggling academically or emotionally.

520 There lived a young king who had a great passion for hunting. 학평

521 You should concentrate on the things which are important in your life.

522 A true hero is a person who sacrifices himself for others.

523 There is no need to pay attention to things that have not happened yet.

Level Up 고난도 문장으로 실력 키우기

524 When the climate changes, the places that satisfy those requirements change, too. 학평

525 In Anglo society, people say *Thank you* to strangers who have just done something to help. 학평 응용

526 Problems that need solutions force us to use our brains in order to develop creative answers. 학평

527 The mind has parts that are known as the conscious mind and the subconscious mind. 학평

---

519 struggle 고심하다, 애쓰다 academically 학문적으로 emotionally 정서적으로 **520** passion 열정 **521** concentrate on ~에 집중하다
522 sacrifice 희생하다 **523** pay attention to ~에 주의를 기울이다 **524** climate 기후 satisfy 충족시키다 **526** solution 해결책 force 강요하다
527 known as ~라고 알려진 conscious 의식적인 subconscious 잠재의식적인

UNIT 40

목적격 관계대명사절

선행사 + who(m)/which/that + S′ + V′

I really liked <u>the movie</u> **which** we saw together yesterday.

목적격 관계대명사는 관계사절 안에서 목적어 역할을 하며 바로 뒤에 주어와 동사가 온다. 관계사절은 선행사를 수식하므로, 'S′가 V′하는'으로 해석한다.

» **선행사에 따른 목적격 관계대명사의 종류**

사람	who(m) / that	He is *the man* **who(m)[that]** she loves and trusts the most.
사물 및 동물	which / that	He bought *the toy* **which[that]** he had wanted for so long.

+ Plus

주격 관계대명사와 달리 목적격 관계대명사는 생략할 수 있으며, 이때 선행사 뒤에 관계대명사절의 주어와 동사가 바로 이어진다.
- Summer is *the season* [**(that)** children love the most]. (목적격 관계대명사 that 생략 가능)
- I thanked *all the people* [**that** gave me useful feedback]. (주격 관계대명사 that 생략 불가)

---

528 Your best friend is *the one* [**who(m)** you trust most (among your friends)].
S · V · SC

당신의 가장 친한 친구는 [(여러분의 친구 중에서) 여러분이 가장 많이 신뢰하는] 그 사람이다.

⋯⟩ ← Your best friend is the one. + You trust him/her most among your friends.

529 *The thing* [**which** you can do today] / may not be done / tomorrow.
S · V · M

[여러분이 오늘 할 수 있는] 그 일은 / 하지 못할 수도 있다 / 내일은.

⋯⟩ ← The thing may not be done tomorrow. + You can do it today.

530 *The shirt* [**(which[that])** I bought yesterday] is too small / for me.
S · V · SC · M

[내가 어제 구매했던] 그 셔츠는 너무 작다 / 나에게.

⋯⟩ ← The shirt is too small for me. + I bought the shirt yesterday.

531 He is the person who people can count on anytime.

---

528 trust 신뢰하다   **531** count on ~을 의지하다

532 You can do anything you want, if you just persist long and hard enough. 학평

533 Write down all the real-time challenges that you face and deal with. 학평

534 That which we call a rose, by any other name would smell as sweet. 모평

535 Who is the person that you admire the most in history?

536 At the event, we will be introducing new dishes that our restaurant will be offering soon. 학평

Level Up 고난도 문장으로 실력 키우기

537 Creating a difference that others don't have is a way to succeed in your field. 학평

538 The internal pressure you place on yourself to do well socially is normal and useful. 학평

539 The disappointment you're feeling may be linked to an exam you didn't pass. 학평 응용

540 Artificial light allowed us to live and work in big buildings that natural light could not enter. 학평 응용

---

532 persist 계속하다   **533** real-time 실시간의 face 직면하다 deal with ~을 처리하다   **535** admire 존경하다   **537** difference 차이 field 분야
538 internal 내적인 pressure 압박(감) normal 정상적인 useful 유익한   **539** disappointment 실망 link 관련짓다   **540** artificial 인공의

선행사 + **whose** + 명사

He is a musician **whose** songs are famous.

소유격 관계대명사는 바로 뒤에 오는 명사의 소유격 역할을 하며 관계사절이 선행사를 수식하여 '**명사가/를 ~하는**'으로 해석한다. 사람과 사물 선행사 모두 whose로 쓴다.

+ Plus
선행사가 사물이고 격식을 차린 문맥에서는 소유격 관계대명사로 of which가 사용될 수 있다.
• I am looking for *a car* whose price is not so high. 나는 가격이 그다지 비싸지 않은 차를 찾고 있다.
= I am looking for *a car* the price **of which** is not so high.

541 This is *the book* [**whose** author was on TV / the other day].

이것은 [저자가 텔레비전에 나왔던 / 지난번에] 그 책이다.
⋯▶ ← This is the book. + Its author was on TV the other day.

542 Who is the owner of *the house* [**whose** wall has fallen]?

[벽이 무너진] 그 집의 주인은 누구인가?
⋯▶ ← Who is the owner of the house? + Its wall has fallen.

543 We need to help people whose lives have been shattered by disaster.

544 The athlete whose performance broke records is training for the next Olympics.

545 An exhibition was hosted by the photographer whose work captured beautiful landscapes.

---

541 author 저자 **542** owner 주인 **543** shatter 파괴하다 disaster 재난 **544** athlete 선수 **545** host 열다, 주최하다 landscape 풍경

546 The government must support workers whose jobs are being automated.

547 The company whose policy promotes diversity launched a new training program.

548 We need to boycott goods whose production violates ecological standards.

549 She is the scientist whose research has changed our understanding of physics.

Level Up 고난도 문장으로 실력 키우기

550 We visited a town whose ancient architecture is preserved for tourists to see.

551 The city is trying to attract tourists whose spending benefits the local economy.

552 Here is a fiction novel whose main character was inspired by a real-life person.

553 The company wants to select employees whose characteristics are best suited for telecommuting. 모평 응용

---

546 automate 자동화하다 **547** promote 장려하다 launch 시작하다 **548** boycott 구매를 거부하다 violate 위반하다 ecological 환경 보호의, 생태계의 standard 기준 **549** physics 물리학 **550** ancient 고대의 architecture 건축(술) preserve 보존하다 **551** attract 유인하다 **552** fiction 허구 inspire 영감을 주다 **553** characteristic 특성 suited 적합한 telecommuting 원격 근무

관계대명사 what절

선행사(×) + **what**

He couldn't believe **what** he saw.

관계대명사 what은 선행사를 포함하며 관계대명사절에서 주어, 보어, 목적어 역할을 한다. '**~하는 것**'으로 해석한다.

✦ Plus
> 관계대명사 what은 the thing(s) that[which]으로 바꿔 쓸 수 있고, 앞에 선행사가 없다.
> • Creativity is **what** we need the most right now. 창의력은 우리가 지금 가장 필요한 것이다.
> = Creativity is *the thing* that[which] we need the most right now.
> → Creativity is *the thing* **what** we need the most right now. (×)

---

554 $\underset{S}{\underset{\underline{\hspace{4.5cm}}}{\underset{}{\text{What}}\overset{S'}{}\text{ is important}\overset{SC'}{}\text{ for you}}}$ $\overset{M'}{/}$ $\underset{V}{\text{is}}$ $\underset{SC}{\text{precious}}$ $/$ $\underset{M}{\text{to us.}}$

What is important for you / is precious / to us.

　　　　여러분에게 중요한 것은　　/　소중하다　/　우리에게.

⋯〉← The thing is important for you. ＋ It is precious to us.

---

555 $\underset{S}{\text{Magic}}$ $\underset{V}{\text{is}}$ $\underset{SC}{\underbrace{\text{\textbf{what}}\overset{O'}{}\text{ we all}\overset{S'}{}\text{ wish for}\overset{V'}{} / \text{ to happen}\overset{OC'}{}\text{ in our life.}\overset{M'}{}}}$ 〔학평〕

　　　　마법은 우리 모두가 소망하는 것이다　　/　　우리의 삶에서 일어나기를.

⋯〉← Magic is the thing. ＋ We all wish for it to happen in our life.

⋯〉「wish for ~ to-v」는 '~가 …하기를 소망하다'라는 의미이다.

---

556 She remembered what he said about the importance of the rules.

---

557 Memory means storing what you have learned. 〔학평〕

---

558 What a text implies often brings great interest to us. 〔학평〕〔응용〕

---

554 precious 소중한　**556** importance 중요성　**557** memory 기억력　store 저장하다　**558** imply 의미하다, 넌지시 나타내다　interest 관심, 흥미

559 The first follower is what transforms a lone nut into a leader. 학평

560 Life is about doing what you are *supposed* to do. 학평

561 What you've written can have misspellings, or errors of fact. 학평

562 In eighteenth-century Europe, the Catholic Church controlled what could be published. 학평

Level Up 고난도 문장으로 실력 키우기

563 They understood what the mysterious message they received in the mail could mean.

564 It's important that you think independently and fight for what you believe in. 학평

565 Thanks to technology, what was once considered the best experience is now the expected experience.

566 With years of experience, he knows what it takes to be a leader in this industry.

---

559 transform 탈바꿈시키다, 변형하다 lone 외로운 nut 괴짜 **560** be supposed to-v ~하기로 되어 있다 **561** misspelling 틀린 철자 **562** publish 출판하다 **563** mysterious 불가사의한 **564** independently 독립적으로 fight for ~을 얻으려고 싸우다 believe in ~을 믿다 **565** thanks to ~ 덕분에 **566** industry 업계, 산업

전치사+관계대명사절

선행사 + 전치사+whom/which + S′ + V′

This is <u>the pen</u> **with which** <u>Goethe</u> <u>wrote</u> his poems.

「전치사+관계대명사」는 관계사절 안에서 부사어구 역할을 하며 뒤에 완전한 절이 온다. 관계사절은 앞의 선행사를 수식하므로, 'S′가 V′하는'으로 해석한다. 이때 전치사 뒤에는 목적격 관계대명사가 쓰인다.

＋Plus

「전치사+관계대명사」는 관계사절 끝에 있던 전치사가 관계대명사 앞으로 이동한 것이다. 단, 관계대명사가 that일 때는 앞으로 전치사가 이동할 수 없다.

• This is the pen **which** Goethe wrote his poems **with**. 이것은 괴테가 자신의 시를 쓴 펜이다.
= This is the pen **with which** Goethe wrote his poems.
= This is the pen **that** Goethe wrote his poems **with**.
→ This is the pen **with that** Goethe wrote his poems. (×)

---

567 <u>Tom</u> <u>is</u> *the kind of person* [**for whom** family is important].
S   V   S′   V′   SC′
                                                              SC

Tom은 [가족이 중요한] 부류의 사람이다.
⋯▶ ← Tom is the kind of person. ＋ Family is important for the kind of person.

568 <u>Education</u> <u>is</u> *the process* [**by which** a person gains knowledge].
S   V   S′   V′   O′
                                                SC

교육은 [한 사람이 지식을 얻는] 과정이다.
⋯▶ ← Education is the process. ＋ A person gains knowledge by the process.

569 I have a remarkable assistant with whom I have worked for over 6 years.

570 There have been occasions in which you saw a fake smile. 학평 응용

571 My father is the person from whom I learned the value of hard work.

---

568 process 과정 gain 얻다 **569** remarkable 훌륭한 assistant 조수 **570** fake 가짜의 **571** value 가치

572 There are many places at which small amounts of energy are generated. 학평

573 The target audience is the group of people at whom advertisements are aimed.

574 What we are doing is not being interpreted in the way in which it was meant.

575 The researcher is investigating the extent to which cheating by college students occurs on exams. 학평 응용

Level Up 고난도 문장으로 실력 키우기

576 The person by whom a company is established is called the founder of the company.

577 The speed at which one is traveling will determine the ability to process detail in the environment. 학평

578 Crop rotation is the process in which farmers change the crops in a special order. 학평

579 The average age to which people may expect to live is higher than it has been in history. 학평

---

572 amount 양 generate 발생시키다 **573** target audience 목표 시청자 advertisement 광고 aim 목표로 삼다 **574** interpret 해석하다 mean 의도하다 **575** investigate 연구하다 extent 정도 cheating 부정행위 **576** establish 설립하다 founder 설립자 **577** determine 결정하다 process 처리하다 **578** crop 농작물 rotation 윤작, 순환 order 순서 **579** average 평균(의)

UNIT 44 · 관계부사절

선행사 + **where/when/why/how** + S′ + V′

The gym is a place **where** you can build your muscles.

관계부사는 관계사절 안에서 부사어구로 쓰여 장소, 시간, 이유, 방식을 나타낸다. 관계사절은 앞의 선행사를 수식하므로, 'S′가 V′하는'으로 해석한다.

» 관계부사의 종류 및 해석

장소	where	~하는/한 (장소)	This is the place **where** you can feel at home. 이곳이 여러분이 편안하게 느낄 수 있는 장소이다.
시간	when	~하는/한 (시간)	1969 was the year **when** man first walked on the moon. 1969년은 인간이 최초로 달 위를 걸었던 해였다.
이유	why	~하는/한 (이유)	My friend told me the reason **why** he was late. 내 친구는 나에게 자신이 늦은 이유를 말했다.
방식	how	~하는/한 (방법)	I can't understand **how**(= the way that) the machine works. 나는 그 기계가 작동하는 방식을 이해할 수 없다.

*방식을 의미하는 the way와 관계부사 how는 함께 쓸 수 없으며, the way that으로 쓸 수 있다.

➕ Plus

관계부사는 「전치사+관계대명사」로 바꿀 수 있다. 선행사가 일반적인 장소, 시간, 이유인 경우 선행사나 관계부사를 주로 생략한다.
- My friend told me the reason **why** he was late.   내 친구는 나에게 자신이 늦은 **이유**를 말했다.
= My friend told me the reason **for which** he was late.
= My friend told me **why** he was late.

---

580 This is *the house* [**where** the famous novelist was born].
　　S　V　　　　　　　M′　　　　　　　S′　　　　V′
　　　　　　　　　　　　　　　　　　SC

　　　　이곳이 [그 유명한 소설가가 태어난] 그 집이다.
　　⋯➤← This is the house. + The famous novelist was born in this house.

581 We could not understand / *the reason* [**why** she had failed the exam].
　　S　　　　V　　　　　　　　　　　　　M′　S′　　V′　　　　　O′
　　　　　　　　　　　　　　　　　　　　　O

　　　우리는 이해할 수 없었다　　/　　　　[그녀가 시험에 떨어졌던] 이유를.
　　⋯➤← We could not understand the reason. + She failed the exam for the reason.

582 The bath is a time when the child is comfortable with her imagination. 〔학평〕

583 We discussed how we could improve communication between different departments.

---

580 novelist 소설가　**582** bath 목욕　comfortable 편안한　**583** communication 의사소통　department 부서

584 The little boy had to see and hear the birds the way that the father wanted him to. 학평 응용

585 Martin Luther King Jr. dreamed of a nation where everyone would be equal and free.

586 Ants don't tell apart individuals by their personal aromas the way that hamsters do.

587 Making mistakes in public is one reason why we humans are smarter than every other species. 학평 응용

588 Significant work has been done on the way that the brain responds to metaphors.

Level Up 고난도 문장으로 실력 키우기

589 The reason why people love *The Little Prince* is that they recognize themselves in the story.

590 In a culture where people believe that they can have anything, there is no problem in choosing. 학평 응용

591 There comes a time when you need to stop fighting for your view. 학평 응용

592 The way that we use physical differences to classify people into different races is a cultural construction. 학평 응용

---

585 dream of ~을 꿈꾸다 equal 평등한 **586** tell apart ~을 구별하다 individual 개체, 개인 personal 개인의 aroma 향기 **587** in public 공개적으로 species (생물의) 종 **588** significant 상당한 respond to ~에 반응하다 metaphor 비유 **589** recognize 인지하다 **591** view 관점 **592** physical 신체의 classify 분류하다 race 인종 construction 구성

UNIT 45 콤마(,)+관계사절

선행사 + 콤마(,) + who(m)/which/whose/where/when

I discussed the problem with <u>my sister</u>, **who** is a lawyer.

콤마(,) 뒤에 오는 관계사절은 선행사를 수식하여 그 의미를 제한하지 않고 선행사에 대한 추가적인 정보를 제공한다. 따라서 콤마(,) 뒤에 who(m), which, whose로 시작하는 관계대명사절은 '**그리고/그런데 선행사는 ~하다**'라고 해석하고, 콤마(,) 뒤의 when, where로 시작하는 관계부사절은 '**그리고/그런데 그때/그곳에서 ~하다**'라고 해석한다. 이때 관계대명사 that, 관계부사 why와 how는 쓰이지 않는다.

» 관계사 *vs.* 「콤마(,)+관계사」 해석의 차이
- They have *two daughters* [**who** are twins]. 그들은 쌍둥이인 두 명의 딸이 있다. (아이가 두 명보다 더 많을 수 있다는 의미)
- They have *two daughters*, **who** are twins. 그들은 두 명의 딸이 있는데, 그들은 쌍둥이이다.

+ Plus
문장의 일부나 전체가 콤마(,) 뒤에 오는 관계사절의 선행사가 될 수 있다.
- Writers need *to be creative all the time*, **which** is not easy. (선행사 = to부정사구)
- *My concert was a success*, **which** made my parents proud. (선행사 = 앞 문장 전체)

---

593 There was *the king of Armenia,* / **who** wanted / to find the biggest liar. 학평 응용

　　　　Armenia의 왕이 있었다,　　　　/ 그런데 그는 원했다 / 거짓말을 가장 잘하는 사람을 찾기를.
⋯⟩ = There was the king of Armenia, and he wanted to find the biggest liar.

594 Ken was a friend (from *my childhood*), // **when** we lived / in the same village.

　　　　Ken은 (내 어린 시절의) 친구였다,　　　　// 그리고 그때 우리는 살았다 /　같은 마을에.
⋯⟩ = Ken was a friend from my childhood, and then we lived in the same village.

595 You need to eat lots of fresh vegetables, which are good for your health.

596 At the age of 23, Coleman moved to Chicago, where she worked at a restaurant. 학평

597 I still remember the scientific method, which I first learned about in elementary school. 학평 응용

---

593 liar 거짓말쟁이　**594** childhood 어린 시절　**595** vegetable 채소　**597** scientific 과학적인　method 방법

598 Harris talked to a lawyer about the fund, who helped him put the money in the bank. (학평)(응용)

599 Marilyn and her daughter, Sarah, took a trip to the beach, where Sarah built her first sandcastle. (학평)

600 We grow some organic vegetables, which include onions, eggplants, carrots, and tomatoes.

601 Lotte's relatives ran a private painting school, which allowed her to learn painting at a young age. (학평)(응용)

Level Up 고난도 문장으로 실력 키우기

602 In 1862 Thomas joined the staff of *Harper's Weekly*, where he focused his efforts on political cartoons. (학평)(응용)

603 In the bathroom, there was no toilet paper until the following weekend, when the cleaning people returned. (학평)

604 Dragon fruit, which is considered a superfood because of its benefits, has become popular among people.

605 Rosen's performances impressed some of the 20th century's most well-known composers, who invited him to play their music. (모평)

---

598 lawyer 변호사 **599** sandcastle 모래성 **600** organic 유기농의 eggplant 가지 **601** private 사립의 **602** join 입사하다 staff 직원 effort 노력 **603** toilet paper 화장지 **604** dragon fruit 용과 consider 여기다 benefit 이로움 **605** impress 감동을 주다 well-known 유명한 composer 작곡가 invite 요청하다

CHAPTER

10

부사절

✎ 학습할 주요 개념을 먼저 정리하고 학습을 시작해 보세요!

☑ 필수 check point ☆

시간과 조건을 나타내는 부사절

| 시간을 나타내는 접속사 | + | S′ | + | V′ |

I will go for a walk **when** the weather is nice.

| 조건을 나타내는 접속사 | + | S′ | + | V′ |

You need to go together **if** you want to go far.

부사절은 문장의 앞이나 뒤에서 문장 전체를 수식하여 부사 역할을 하는 절이다. 시간의 부사절은 주절의 상황에 대한 시간 정보를 제시하고, 조건의 부사절은 주절의 상황이 발생할 수 있는 조건을 제시한다. 해석은 접속사에 따라 다르게 한다.

» 시간과 조건을 나타내는 접속사의 해석

시간	when	~할 때	as	~할 때		조건	if	만약 ~한다면
	while	~하는 동안	since	~한 이후로			unless	만약 ~하지 않는다면
	before	~하기 전에	after	~한 후에			in case (that)	~하는 경우에
	until[till]	~할 때까지	as soon as	~하자마자			as long as	~하는 한

✚ Plus

시간과 조건을 나타내는 부사절에서는 현재시제가 미래의 의미를 나타낸다.

• I will still be here **when you come back**. (○) 당신이 **돌아올 때** 나는 여전히 여기에 있을 것이다.
  → I will still be here **when** you will come back. (×)

---

606 **When** I listen to this song, // I feel relaxed.
S′ V′ O′ S V SC

내가 이 노래를 들을 때, // 나는 편안한 기분이 든다.

607 Information is worthless // **if** you never actually use it. 학평
S V SC S′ V′ O′

정보는 가치가 없다 // 당신이 그것을 실제로 절대 사용하지 않으면.
⋯▸ it은 information을 대신한다.

608 As I opened the box, I saw a beautiful golden ring.

609 We won't be able to catch the train unless we leave now.

---

606 relaxed 편안한, 느긋한 **607** worthless 가치 없는

610 While we sleep, our brain remains active. 학평

611 Call me in case you have any problems during your trip.

612 There's only thirty minutes left until the show starts. 학평

613 After he moved to Chicago, he began taking photos of African Americans. 학평 응용

614 When information in the story is missing, our brains simply fill in the details. 학평

Level Up 고난도 문장으로 실력 키우기

615 The prince's face beamed with happiness as the poor man offered his small gift. 학평 응용

616 Since I was told that the apartment had been recently painted, I have never touched the walls. 학평 응용

617 As long as my mind and memories remain the same, I will continue to be the same person. 학평 응용

618 Analytical tasks are best accomplished when our energy is high and we are free from distractions. 학평

---

610 active 활동 중인 **614** missing (있어야 할 곳에) 없는, 분실한 fill in ~을 채우다 detail 세부 사항 **615** beam 빛나다 **618** analytical 분석적인
accomplish 성취하다 distraction 집중을 방해하는 것

이유와 양보를 나타내는 부사절

| 이유를 나타내는 접속사 | + | S' | + | V' |

We enjoyed the picnic **because** the weather was good.

| 양보를 나타내는 접속사 | + | S' | + | V' |

The concert still started on time **although** it rained heavily.

이유의 부사절은 주절의 상황이 발생하는 이유를 나타내며, 주절은 이에 대한 결과를 나타낸다. 양보의 부사절은 양보 또는 대조의 의미를 나타낸다.

» 이유와 양보를 나타내는 접속사의 해석

이유	because, as, since	~하기 때문에		양보	(al)though, even though	비록 ~이지만
	that	~하다니, ~해서			even if	비록 ~일지라도
	in that	~라는 점에서			while, whereas	~인 반면에

619 Maybe you are avoiding extra work // **because** you are tired. 학평

M S V O S' V' SC'

아마도 너는 추가적인 일을 피하고 있을지도 모른다 // 네가 피곤하기 때문에.

620 **Although** we rarely see each other, // we're still very good friends.

S' V' O' S V SC

비록 우리가 서로를 거의 안 보긴 하지만, // 우리는 여전히 매우 친한 친구이다.

621 Since Emma did not make enough money, she went back to live with her mother.

622 Even if we have some truth, we do not have the whole truth. 학평 응용

623 While some people think Ted is funny, others find him offensive.

---

619 extra 추가의, 여분의 **620** rarely 거의 ~하지 않다 each other 서로 **622** truth 진실 whole 전체의 **623** offensive 불쾌한, 모욕적인

624 Although he was awake, the merchant pretended to be in a deep sleep. 학평

625 She was disappointed that she didn't get the job she applied for.

626 Even though babies have poor eyesight, they prefer to look at faces. 학평

627 Whereas the working-age population increased during last decades, today it is not growing.

Level Up 고난도 문장으로 실력 키우기

628 These days I don't have time to read books as I have so much work to deal with.

629 The project was successful in that we achieved all our goals within the deadline.

630 While magicians hide their mistakes from the audience, in science you make your mistakes in public. 학평

631 Though we are marching toward a more global society, various ethnic groups traditionally do things quite differently. 학평

---

624 merchant 상인 pretend ~인 척하다 **625** disappoint 실망시키다 apply for ~에 지원하다 **626** eyesight 시력 **627** working-age 경제 활동 가능 연령[나이] **628** deal with ~을 처리하다[다루다] **629** successful 성공적인 deadline 기한, 마감 일자[시간] **630** magician 마술사 in public 공개적인 **631** march 나아가다 toward ~을 향해 ethnic 민족적인 traditionally 전통적으로

목적과 결과를 나타내는 부사절

목적을 나타내는 접속사 + S′ + V′

I stepped aside **so that** my brother could come in.

so + 형용사/부사 + that + S′ + V′

She was **so nervous that** she couldn't speak.

목적의 부사절은 주절의 상황에 대한 목적을 나타내며 결과의 부사절은 주절의 상황으로 인한 결과를 나타낸다.

» 목적과 결과를 나타내는 접속사의 해석

목적	so (that)	~하도록, ~하기 위해서	결과	so+형용사/부사+that	너무 ~해서 …하다
	in order that			so+형용사(+a/an)+명사+that	
	lest+S′+(should)+V′	~하지 않도록, ~하지 않기 위해		such(+a/an)(+형용사)+명사+that	

＋ Plus

접속사 so (that)는 목적을 나타내는 접속사로 쓰이지만, 문맥상 결과를 나타내는 접속사로도 쓰인다. 주로 목적의 의미를 나타낼 때는 접속사 앞에 콤마(,)가 없고, 결과를 나타낼 때는 앞에 콤마(,)가 있다.
• He studied hard **so** (**that**) he would pass the exam. 그는 시험에 합격하기 위해 열심히 공부했다. <목적>
• She exercised regularly, **so** (**that**) she lost weight. 그녀는 규칙적으로 운동해서, 체중을 감량했다. <결과>

632 I wrote down the instructions // **so that** I wouldn't forget them.
S   V   O   S′   V′   O′

나는 지시 사항들을 적었다   //   내가 그것들을 잊지 않기 위해.
···> them은 the instructions를 대신한다.

633 Light is **so** cheap // **that** you use it / without thinking. 학평
S V SC   S′ V′ O′   M′

전깃불이 너무 값싸서 // 여러분은 그것을 사용한다 /   생각하지 않고.
···> it은 light를 대신한다.

634 The boy turned away from the window lest anyone see him.

635 On my way home, I was so starved that I collapsed. 학평

636 I've planned various activities, so there will be something for everyone.

---

632 instruction 지시 사항   **634** turn away from ~에서 돌아서다   **635** starved 허기진, 굶주린 collapse 쓰러지다   **636** various 다양한

637 The criminal hid behind the bush lest the police should catch him.

638 Scientists show their mistakes off so that everybody can learn from them.

학평 응용

639 These changes take place over such a long time that we don't see them happening.

640 Drivers should avoid looking at their cellphone in order that they can avoid an accident.

📈 Level Up 고난도 문장으로 실력 키우기

641 A store or restaurant can be designed so that it welcomes mostly low-income or high-income customers. 학평

642 He gave so inspiring a speech that everyone in the audience felt motivated.

643 Our storytelling program has been so well-attended that we are planning to expand the program. 학평

644 Generalization promotes cognitive economy, so that we don't focus on particulars that don't matter. 학평

---

637 criminal 범죄자 bush 수풀 **638** show off ~을 과시[자랑]하다 **639** take place 일어나다 **641** mostly 대개 low-income 저소득의 **642** inspiring 영감을 주는 motivated 동기부여가 된 **643** well-attended 많은 사람들이 참석한 expand 확대하다 **644** generalization 일반화 promote 촉진하다 cognitive 인지적인 particular 자세한 사항

4

주요 구문

CHAPTER

11

가정법

☑ 필수 check point ☆

가정법 과거 / 가정법 과거완료

If + S′ + were/v-(e)d , S + would/could/might + v

If I **were** an eagle, I **would fly** high above the mountain.

If + S′ + had p.p. , S + would/could/might + have p.p.

If you **had left** earlier, you **might have caught** the bus.

가정법은 사실이 아닌 일을 가정하는 것으로, 직설법과는 다른 시제를 사용한다. 가정법 과거는 현재의 사실과 반대되는 일이나 실현 가능성이 거의 없는 일을 가정할 때 쓴다. 가정법 과거완료는 과거의 사실과 반대되는 일을 가정할 때 쓴다.

» 가정법의 형태와 해석

가정법 과거	If+S′+were/v-(e)d ~, S+would/could/might+v …	만약 ~한다면, …할 것이다
가정법 과거완료	If+S′+had p.p. ~, S+would/could/might+have p.p. …	만약 ~했더라면, …했을 것이다

＋ Plus
과거에 실현되지 않은 일이 현재까지 영향을 미치는 경우, if절에는 가정법 과거완료를 쓰고 주절에는 가정법 과거를 쓰는 혼합 가정법을 사용한다. '만약 ~했더라면, …할 것이다'라고 해석한다.
• **If** I **had listened** to you, I **wouldn't be** in this trouble. 내가 네 말을 들었다면, 나는 이런 곤경에 처하지 않을 것이다.

645 **If** you **knew** the truth, // you **could change** your decision.
              S′   V′   O′   S   V   O

        네가 진실을 안다면,   //   너는 너의 결정을 바꿀 수 있을 것이다.
    ⋯▶ = As you don't know the truth, you can't change your decision.

646 **If** she **had practiced** more, // she **would have won** the competition.
          S′   V′   M′   S   V   O

        그녀가 더 많이 연습했다면,   //   그녀는 대회에서 우승했을 것이다.
    ⋯▶ = As she didn't practice more, she didn't win the competition.

647 If I hadn't forgotten my umbrella at home, I wouldn't get wet in the rain now.

648 If my grandmother were still alive, she would be 100 years old this year.

645 decision 결정 **646** competition 대회 **647** wet 젖은 **648** alive 살아 있는

649 If the Earth had no atmosphere, there would be no gases to scatter sunlight.

650 If you were a robot, you would be perfect but still be lacking in emotions.

651 If I had known about the heavy traffic, I'd have left my house earlier.

652 It would take too long to write if we had to spell out chemical equations. 학평 응용

653 If I had been aware of the upcoming meeting, I would have prepared my presentation in advance.

Level Up 고난도 문장으로 실력 키우기

654 What would happen if you wanted a loaf of bread and all you had to trade was your new car? 학평

655 If you tried to consider all your options and possibilities, then you would never get anything done. 모평 응용

656 If I weren't afraid, what would I say about the most important challenge in this speech? 학평 응용

657 If AI were given the ability to feel, it would open up a world of ethical questions.

---

649 atmosphere 대기 scatter (빛 등을) 확산시키다   **650** lacking ~이 없는 emotion 감정   **652** spell out ~의 철자를 전부 쓰다 chemical 화학의 equation 등식, 방정식   **653** aware 알고 있는 upcoming 곧 있을, 다가오는 presentation 발표 in advance 미리   **654** trade 거래하다   **655** option 선택 possibility 가능성   **657** ethical 윤리적인

50 if가 생략된 가정법

| Were | + | S′ | , | S | + | would/could/might | + | v |

Were I an eagle, I **would fly** high above the mountain.

| Had | + | S′ | + | p.p. | , | S | + | would/could/might | + | have p.p. |

Had you **left** earlier, you **could have caught** the bus.

가정법에서 if절의 동사가 were 또는 had p.p.인 경우 if를 생략할 수 있는데, 이때 were와 had가 주어 앞으로 도치된다.
해석은 if가 쓰인 가정법과 동일하게 한다.

» if가 생략된 가정법의 형태

가정법 과거	Were+S′ ~, S+would/could/might+v
가정법 과거완료	Had+S′+p.p. ~, S+would/could/might+have p.p.

✚ Plus

if가 생략되어 주어 앞으로 도치되는 had는 일반동사가 아니라 과거완료를 이루는 조동사이다.
• If I had a car, I would pick you up at the airport. 내가 차가 있다면, 공항으로 너를 데리러 갈 것이다.
→ Had I a car, I would pick you up at the airport. (×)

---

658 **Were** he more sensible, // he **would make** better choices.
　　　　　V′　S′　　SC′　　　　S　　　V　　　　　O

　　　　　그가 더 분별이 있다면, 　　// 　　그는 더 나은 선택을 할 것이다.
　…▸← If he were more sensible, ~.

659 **Had** I **read** its reviews, // I **might never have bought** the product.
　　　　　S′ V′　　　O′　　　　S　　　V　　　　　　　O

　　　　　내가 그것의 리뷰를 읽었다면, 　// 　나는 그 제품을 절대 사지 않았을 것이다.
　…▸← If I had read its reviews, ~.

660 Were it winter, we would build a snowman and drink hot chocolate.

661 Had Edison not invented the light bulb, we might still be using candles today.

662 Were my grandparents still alive, they would be proud of my achievements.

---

658 sensible 분별 있는　**659** review 리뷰, 사용 후기　product 제품　**661** light bulb 전구　candle 양초　**662** achievement 성취, 업적

663 Had she followed the doctor's advice, she would have recovered much more quickly.

664 Were I able to speak French fluently, I would consider moving to Paris for a few years.

665 Had you taken the earlier train, you would have arrived at the conference on time.

666 Had he been more diligent in his studies, he might have secured a scholarship abroad.

Level Up 고난도 문장으로 실력 키우기

667 Were you afraid of standing on balconies, you would work your way up starting from the lower floors. 학평 응용

668 Had the prince offered the sour grapes to his friends, they might have made funny faces. 학평 응용

669 Were the educational system more flexible, it could transform the experiences of countless students.

670 Had the experiment continued, new and exciting results would have emerged from the research.

---

663 advice 조언 recover 회복하다 **664** fluently 유창하게 **665** conference 회의 **666** diligent 성실한 secure 확보하다 scholarship 장학금
667 balcony 발코니 work one's way up 올라가다 **668** sour (맛이) 신 **669** flexible 유연한 transform 탈바꿈시키다 **670** experiment 실험 emerge 나타나다, 나오다

다양한 형태의 가정법

| I wish | + | S′ | + | were·v-(e)d/had p.p. |

I wish I **were sitting** in front of a warm fire.

| S | + | V | + | as if[though] | + | S′ | + | were·v-(e)d/had p.p. |

He spent money **as if** he **won** the lottery.

| Without[But for] ~ | , | S | + | would/could/might | + | v/have p.p. |

Without plants, animals **would have** no oxygen to breathe.

» 다양한 형태의 가정법과 해석

I wish+S′+were·v-(e)d/had p.p. ~	~하면/~했다면 좋을 텐데
S+V ...+as if[though]+S′+were·v-(e)d/had p.p. ~	마치 ~한/~했던 것처럼 …한다
Without[But for]+명사, S+would/could/might+v ... = If it were not for ~ / Were it not for ~	만약 ~가 없다면 …할 것이다
Without[But for]+명사, S+would/could/might+have p.p. ... = If it had not been for ~ / Had it not been for ~	만약 ~가 없었다면 …했을 것이다

✚ Plus

가정법 과거의 시제는 주절의 동사 시제와 일치하고, 가정법 과거완료의 시제는 주절의 동사 시제보다 앞선 시제를 나타낸다.

• He looked at me **as if he saw a ghost**. 그는 유령을 본 것처럼 나를 쳐다봤다.
→ In fact, he didn't see a ghost. (유령을 본 것이 looked와 시제가 같음)
• He looked at me **as if he had seen a ghost**. 그는 유령을 봤던 것처럼 나를 쳐다봤다.
→ In fact, he hadn't seen a ghost. (유령을 본 것이 looked보다 앞선 시제)

671 **I wish** / I **knew** how to play / a musical instrument (like the piano or guitar).

(~하면) 좋을 텐데 / 내가 연주할 수 있는 방법을 안다면 / (피아노나 기타와 같은) 악기를.

672 He spoke to the audience // **as if**[though] he **were** an expert (on the topic).

그는 청중에게 말했다 // 마치 자신이 (그 주제에 대한) 전문가인 것처럼.

673 **Without**[But for] money, / people **could** only **trade** / by bartering. 학평 응용

돈이 없다면, / 사람들은 다만 거래할 수 있을 것이다 / 물물 교환에 의해서.
···▷ = If it were not for[Were it not for] money, ~.

---

671 musical instrument 악기 **672** expert 전문가 **673** barter 물물 교환하다

674 I wish I hadn't said silly things at the interview! 학평 응용

675 It appeared as though the entire sky had turned dark. 학평

676 Were it not for the law, we would not be able to tell right from wrong.

677 We can think about ourselves as if we were not part of ourselves. 학평 응용

678 Had it not been for my family's support, I could never have made most of my accomplishments.

679 The Internet and all digital media would be unimaginable without the laser. 수능

📈 Level Up   고난도 문장으로 실력 키우기

680 I wish there were two of me so that I could do all the things I want to do.

681 Working from home would never have been this easy without technological innovations.

682 But for wind, the Earth would become a strange land of hostile extremes of temperature.

683 Had it not been for irrigation systems, the first truly agricultural societies would not have emerged.

---

674 silly 어리석은 **675** entire 전체의 **676** tell A from B A와 B를 구별하다 **678** support 지지 accomplishment 성취 **679** unimaginable 상상할 수 없는 laser 레이저 **681** innovation 혁신 **682** hostile (기후 등이) 부적당한, 적대적인 extreme 극단, 극도 temperature 온도 **683** irrigation 관개 agricultural 농업의 emerge 출현하다

CHAPTER

12

비교 구문

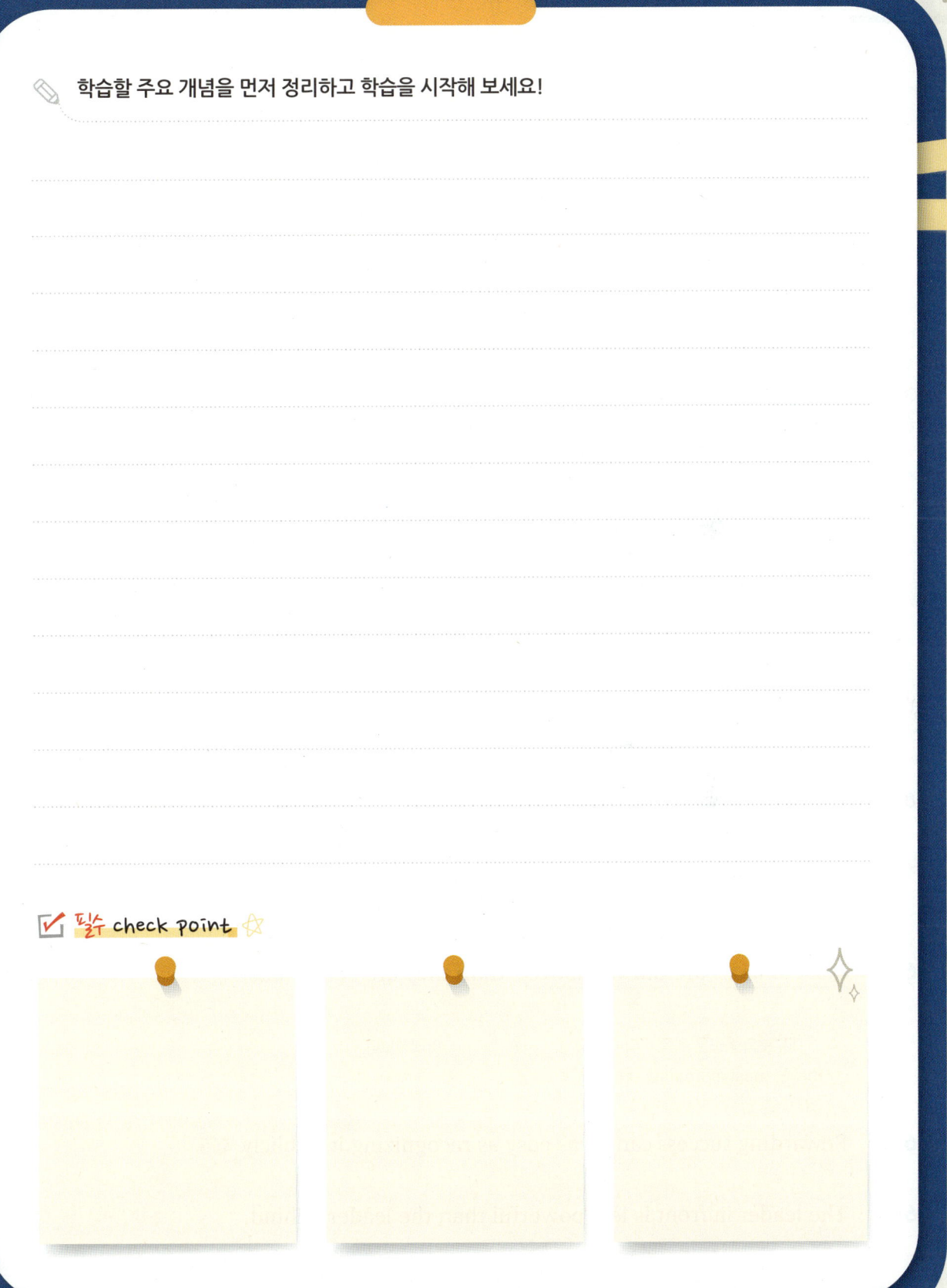

✎ 학습할 주요 개념을 먼저 정리하고 학습을 시작해 보세요!

☑ 필수 check point ☆

┌───┐
│   as + 원급 + as   │
│ The new software is **as efficient as** the previous one. │
│   │
│   비교급 + than   │
│ Traveling by train is often **cheaper than** flying. │
└───┘

비교 구문은 두 개 이상의 대상을 비교하는 구문으로, 형용사와 부사의 의미를 풍부하게 해 준다. 원급 비교는 「as+형용사/부사 원급+as」의 형태로 두 대상의 정도가 비슷하거나 동등한 것을 나타내며, '~만큼 …한/하게'라고 해석한다. 비교급 비교는 「형용사/부사 비교급+than」의 형태로 두 대상의 차이를 나타내며, '~보다 더 …한/하게'라고 해석한다. 비교 구문에서 비교하는 두 대상은 문법적으로 대등해야 한다.

» 원급/비교급 부정 및 해석

not as[so]+형용사/부사 원급+as	~만큼 …하지 않은/않게	She is **not as[so] tall as** her sister. 그녀는 자신의 여동생**만큼 키가 크지** 않다.
less+형용사/부사 원급+than	~보다 덜 …한/하게	She is **less tall than** her sister. 그녀는 자신의 여동생보다 **덜 키가 크다.**

✦ Plus

비교급 앞에 부사 much, even, still, far, a lot을 써서 비교급을 강조할 수 있으며, '훨씬 더 ~한/하게'라고 해석한다.
• She is **much taller than** her brother. 그녀는 자신의 남동생보다 **훨씬 더 키가 크다.**

---

684 The impact of AI is **as great** / **as** that of the steam engine.
　　　　 S　　　　　 V　　 SC

　　　　　　　 인공 지능의 영향은 크다　　　 /　　　 증기 기관의 영향만큼.
　 ┈➤ 비교 대상은 문법적으로나 의미적으로 서로 대등해야 하므로, that은 the impact를 대신한다.

685 Most animals are **darker** above / **than** they are below. 학평
　　　　 S　　　　 V　　 SC　　 M

　　　　　　　 대부분의 동물은 위쪽이 더 어둡다　　　 /　　　 아래쪽보다.
　 ┈➤ they는 most animals를 대신한다.

686 Rewarding success can be as easy as recognizing it publicly. 학평 응용

687 The leader in front is less powerful than the leader behind.

---

684 impact 영향 steam engine 증기 기관(차) **686** reward 보상하다 recognize 인정하다 publicly 공개적으로

688 Negative numbers are a lot more abstract than positive numbers. 학평

689 Electric vehicles are less expensive to run and maintain than conventional cars.

690 The hind wings of the monarch butterfly are lighter in color than the front wings. 학평 응용

691 If we treat others as well as we want to be treated, we will be treated well in return. 학평

692 Her singing is not so powerful as her acting, yet she captivates the audience.

Level Up 고난도 문장으로 실력 키우기

693 I visit my grandparents less frequently than I used to when I lived nearby.

694 Exercise can be as good a medicine as pills for people with conditions such as heart disease.

695 Athletes are less likely to participate in unacceptable behavior than are non-athletes. 학평

696 Doing an action at one point in time might be much more rewarding than doing it at a different time point. 학평 응용

---

688 negative number 음수 abstract 추상적인 positive number 양수 **689** electric vehicle 전기 자동차 maintain 유지하다 conventional 전통적인, 종래의 **690** hind 뒤의 monarch butterfly 제주왕나비과(科)의 나비 **691** treat 대하다 in return 답례로 **692** powerful 강렬한 acting 연기 captivate 사로잡다 **694** condition 질병 **695** athlete 운동 선수 likely to-v ~할 가능성이 있는 unacceptable 용납할 수 없는 **696** rewarding 유익한, 보람 있는

UNIT 53 최상급과 그 의미를 나타내는 원급 / 비교급

the + 최상급

The Eiffel Tower is **the tallest** building in Paris.

비교급 + than any other + 단수명사

The Eiffel Tower is **taller than any other** building in Paris.

최상급 비교는 「the+형용사/부사 최상급」의 형태로 셋 이상의 대상 중 하나의 정도가 가장 뛰어난 것을 나타내며, '**가장 …한/하게**'라고 해석한다. 이러한 최상급은 원급과 비교급을 활용하여 표현할 수도 있다.

» 원급과 비교급을 활용한 최상급 표현 및 해석

부정어 ~ as[so] 원급 as A	A만큼 ~하지 않다
부정어 ~ 비교급 than A	A보다 더 ~하지 않다
A 비교급 than any other+단수명사	A가 다른 어떤 (명사)보다 더 ~하다
A 비교급 than all the other+복수명사	A가 다른 모든 (명사)보다 더 ~하다

· **No other** building in Paris is **as[so] tall as** the Eiffel Tower. 파리의 어떤 다른 건물도 에펠탑**만큼** 높지 않다.
· **No other** building in Paris is **taller than** the Eiffel Tower. 파리의 어떤 다른 건물도 에펠탑**보다** 더 높지 않다.

---

697 This museum has / **the largest** collection of Impressionist paintings / outside of
　　　　　　S　　　　V　　　　　　　　　　　　　　　　　　O　　　　　　　　　　　　　　　M
France.

　이 박물관은 소장하고 있다 /　　　　　　인상주의 그림의 가장 많은 소장품을　　　　/ 프랑스 밖에서.

698 Nothing is as[so] great / as *the wisdom* (gained from life experiences).
　　　　　S　　V　　　SC

　　　어떤 것도 위대하지 않다　　/　　　　　(인생 경험에서 얻은) 지혜만큼.
　···> = Nothing is greater than the wisdom gained from life experiences.
　···> = The wisdom gained from life experiences is the greatest thing.

699 Josef Frank was the most prestigious designer at his design company. 학평 응용

700 This problem is more complex than any other issue we've faced.

---

697 collection 소장품, 수집품　Impressionist 인상주의의, 인상파의　**698** wisdom 지혜　gain 얻다　**699** prestigious 유명한　**700** complex 복잡한
face 직면하다

701 Advice from a friend or family member is the most well-meaning of all. 학평

702 No other technology has proven to be as revolutionary as the Internet.

703 The quantity of an audience is the most significant factor for broadcasters. 학평 응용

704 Her paintings are selling for a higher price than all the other artworks in the gallery.

705 What is the most important challenge facing my generation? 학평

🔼 Level Up 고난도 문장으로 실력 키우기

706 No other scientific discovery is more groundbreaking than the structure of DNA.

707 Humans already have a longer period of protected immaturity than any other species. 학평

708 No other family tradition is as heartwarming as gathering around the fireplace during the holidays.

709 Nothing could be farther from the truth than what he has concluded. 모평 응용

---

701 well-meaning 호의의 **702** prove 판명되다 revolutionary 혁명적인 **703** quantity 수량 significant 중요한 factor 요소 broadcaster 방송사 **704** artwork 예술 작품 gallery 미술관 **705** face 직면하다 generation 세대 **706** discovery 발견 groundbreaking 획기적인 **707** period 기간 immaturity 미숙 (상태) species (생물의) 종 **708** heartwarming 마음이 따뜻해지는 gather 모이다 fireplace 난로

원급과 비교급 표현

| as | + | 원급 | + | as | + | possible |

We need to finish this project **as soon as possible**.

| the | + | 비교급 | , | the | + | 비교급 |

The cooler the weather, **the more comfortable** the hike.

» 원급과 비교급을 활용한 표현 및 해석

A+배수사+as+원급+as+B = A+배수사+비교급+than+B	A가 B보다 – 배 더 ~한/하게
as+원급+as+possible = as+원급+as+주어+can/could	가능한 한 ~한/하게
the+비교급, the+비교급	…하면 할수록 더 ~하다
비교급+and+비교급	점점 더 ~한/하게

· This year's harvest was **three times as big as** last year's. 올해 수확량은 지난해의 수확량보다 세 배 더 많았다.
  = This year's harvest was **three times bigger than** last year's.
· We need to finish this project **as soon as we can**. 우리는 **가능한 한 빨리** 이 프로젝트를 끝내야 한다.
· The balloon got **bigger and bigger** and then burst. 그 풍선은 **점점 더 커지다가** 그런 다음 터졌다.

➕ Plus
자체적으로 비교의 의미를 가지고 있는 superior, inferior, senior, junior 등과 같은 표현 뒤에는 than 대신에 to를 쓴다.
  · Their customer service is **superior to** ours. 그들의 고객 서비스는 우리의 것보다 **더 뛰어나다**.

---

710 You should stay **as calm as possible** / during an emergency.
   S V   SC   M

   여러분은 가능한 한 침착함을 유지해야 한다 /   비상시에.
   ···> = You should stay as calm as you can ~.

711 **The further** out he got, // **the more** freedom he felt. 학평
    M¹   S¹ V¹   O²   S² V²

   그가 더 멀리 갈수록, // 그는 더 많은 자유를 느꼈다.

712 Their new office is twice as big as the old one.

713 The days are getting shorter and shorter as winter approaches.

714 The nutritional value of fresh fruit is superior to that of canned fruit.

---

710 calm 침착한 emergency 비상 (사태) **711** freedom 자유 **714** nutritional 영양(상)의 superior 우수한, 뛰어난 canned 통조림으로 된

715 He earns three times more than his brother, even though they have similar jobs.

716 We should make the instructions as clear as we can for the new employees.

717 The more you read about different cultures, the more you understand the world.

718 You must provide your feedback as soon as possible to finalize the document.

📈 Level Up 고난도 문장으로 실력 키우기

719 The better we understand something, the less effort we put into thinking about it. 학평

720 The weather is getting hotter and hotter each summer due to climate change.

721 As a parent, you should expose your children to other cultures as often as possible.

722 The longer you wait to address the problem, the more complicated it will become to solve.

---

715 similar 비슷한 **716** instruction 지시 사항 employee 직원, 종업원 **718** provide 제공하다 feedback 피드백 finalize 마무리하다 **719** effort 노력 **720** due to ~ 때문에 climate change 기후 변화 **721** expose 노출시키다 **722** address (문제 등을) 다루다

CHAPTER

13

it과 특수 구문

✎ **학습할 주요 개념을 먼저 정리하고 학습을 시작해 보세요!**

☑ 필수 check point ✯

대명사 / 비인칭 주어 it

> **대명사 it**
>
> Summer is hot, but **it** is my favorite time of the year.
>
> **비인칭 주어 it**
>
> **It** is very nice and sunny today.

대명사 it은 앞에 나온 명사를 가리키며, '그것'이라고 해석한다. 또한 it은 주어가 추상적일 때 비인칭 주어로 사용할 수 있는데 주로 날씨, 시간, 거리, 상황 등을 나타내고, 문장 안에서 따로 해석하지 않는다.

» It seems[appears] that 구문
「It seems[appears] that+S'+V'」 구문은 '~인 것 같다'라고 해석한다.
 • **It seems[appears] that** he forgot his keys. 그는 자신의 열쇠들을 잃어버린 **것 같다**.

---

723 The boy caught the ball / and threw **it** / back to me.
        S   V¹   O¹   V² O²   M²

      그 소년은 공을 잡았다   / 그리고 그것을 던졌다 / 나에게 다시.
    ···▶ it은 the ball을 대신한다.

---

724 How far is **it** / from your home to the airport?
        SC   V S   M

      얼마나 먼가요   /   당신의 집에서 공항까지?
    ···▶ it은 거리를 나타내는 비인칭 주어이다.

---

725 It seems that the line between art and not-art can't become a sharp one. 학평 응용

---

726 Matt suddenly awakened. He glanced at his clock. It was 3:23. 학평

---

727 When Iktomi finished speaking, he spun a web and gave it to Odawa. 학평

---

725 sharp 선명한, 날카로운　**726** awaken (잠에서) 깨다 glance at ~을 흘긋 쳐다보다　**727** spin a web 거미집을 짓다

728 Interviewers tend to rate applicants more negatively when it is rainy. 학평

729 If there are less than 5 people for the event, it will be cancelled. 학평

730 I called out and ran after the bus. But it was too late.

731 It appears that the technological superiority of *Homo sapiens* played a role. 학평

Level Up 고난도 문장으로 실력 키우기

732 Education is the key, and it should be accessible for every child, not just some.

733 It was an unbearably hot Chicago day when the emergency call came over the radio. 학평

734 Part of the joy of building a sandcastle is that, in the end, we give it as a gift to the ocean. 학평

735 Due to the heat island phenomenon, it is getting hotter and hotter in urban areas.

---

728 rate 평가하다 applicant 지원자 negatively 부정적으로 **730** call out ~을 부르다 run after ~을 뒤쫓다 **731** superiority 우월성 **732** accessible 접근 가능한 **733** unbearably 견딜 수 없을 정도로 emergency call 비상 호출 radio 무전기 **734** sandcastle 모래성 **735** heat island phenomenon 열섬 현상(도시의 온도가 주변의 다른 곳보다 높게 나타나는 현상) urban 도시의

> **It** + **be동사** + **to부정사구/명사절**
> **It** is important to experience life in its entirety.
>
> **S** + **V** + **it** + **형용사** + **to부정사구/명사절**
> Teens find **it** difficult to stop using their smartphones.

to부정구사나 명사절이 주어나 목적어로 사용되어 주어나 목적어가 길어지면, it을 가주어나 가목적어로 대신하고 진주어나 진목적어는 문장 뒤로 보낸다. 이때 it은 해석하지 않고 진주어나 진목적어를 it 자리에 넣어 해석한다.

» 가주어/가목적어 it

· **That** the world needs peace now is very clear.
  → **It** is very clear **that** the world needs peace now. **세상이 지금 평화를 필요로 한다는 것은 매우 분명하다.**
· We make **that** our goal is customer satisfaction clear.
  → We make **it** clear **that** our goal is customer satisfaction. **우리는 우리의 목표가 고객 만족임을 분명히 한다.**

✛ Plus
it은 어구를 강조할 때도 쓰이는데, 「it is[was]+강조할 어구+that ....」의 형태로, '...한/했던 것은 바로 ~이다/였다'로 해석한다.
· **It is the book that** he wants. 그가 원하는 것은 바로 그 책이다.

---

736 If you are lying, // **it** is not easy / to make up lots of details. 학평 응용
　　　　S′　　V′　　가주어　V　　SC　　　　진주어

여러분이 거짓말을 하고 있다면, // (~은) 쉽지 않다 / 많은 세부 사항을 지어내는 것은.

737 He found **it** strange / that such a young boy would be traveling alone.
　　　S　V 가목적어 OC　　　　　　S′　　　　　　　　V′　　M′
　　　　　　　　　　　　　　　　　　　진목적어

그는 (~을) 이상하다고 생각했다 / 　　그런 어린 소년이 혼자서 여행할 것이라는 것을.

738 It was your careful preparation that made our event successful.

739 If the dog sat near the patient, the patient found it easier to relax. 학평

740 It was still unclear when the official announcement would be made to the public.

---

736 make up ~을 지어내다 detail 세부 사항 **738** careful 사려 깊은 successful 성공적인 **740** official 공식적인 announcement 발표

741 The unexpected road closures made it difficult for them to arrive on time.

742 It is the dedication of every staff member that drives our company's growth.

743 Even with the additional funding, it remains doubtful that the project will be completed on time.

744 Most experts consider it reasonable that the economy will recover by the end of the year.

Level Up 고난도 문장으로 실력 키우기

745 If I say, 'Don't think of a white bear', you will find it difficult not to. 모평 응용

746 It is now clear that cancer takes multiple forms and that multiple approaches are needed.

747 Online advertisements do not always make it clear whether the seller is professional.

748 It is important to make it easier for dissatisfied customers to complain. 학평

---

741 unexpected 예기치 못한 closure 폐쇄 on time 정각에   **742** dedication 헌신 drive 이끌어 내다   **743** additional 추가적인 funding 기금 doubtful 의심스러운 complete 완료하다   **744** expert 전문가 reasonable 타당한 recover 회복하다   **746** multiple 다수의 approach 접근법 **747** advertisement 광고 professional 전문적인   **748** dissatisfied 만족하지 못한 complain 불평하다

부정어 + be동사/조동사 + S + 동사원형

Never will I forget this moment.

특정 어구를 강조하기 위해 문장 앞에 둘 경우, 주어와 (조)동사의 위치가 바뀌는데, 이를 '도치'라고 한다. 부정어가 문장 앞에 오면, 동사가 주어 앞으로 도치되지만, 해석은 **주어와 동사의 순서를 바로잡아 해석한다.** 대표적인 부정어로는 no, not, never, seldom/rarely(좀처럼 ~ 않는), little/hardly/scarcely(거의 ~ 않는), not only(~뿐만 아니라), only(오직) 등이 있다.

» 도치 구문의 형태

평서문	도치 문장
S+be동사	부정어+be동사+S
S+조동사+V (동사원형)	부정어+조동사+S+V (동사원형)
S+일반동사	부정어+do/does/did+S+V (동사원형)

✚ Plus
위치나 방향 등의 장소를 나타내는 부사구가 강조되어 문장 앞에 올 경우에도 도치가 되는데, 이 경우에는 동사가 일반동사라도 do/does/did를 쓰지 않고 주어와 동사의 위치만 바뀐다.
• An old man reading a book sat **behind the door.**
  → **Behind the door** sat an old man reading a book. 문 뒤에서 한 나이 든 남자가 책을 읽으며 앉아 있었다.

---

749   **Never** have I doubted / my parents' love for me.
부정어구 ⌐ S ⌐ V ⌐   O

나는 결코 의심한 적이 없다   /   나에 대한 부모님의 사랑을.
┈┈>← I have never doubted my parents' love for me.

750   **Not only** did he study hard, / but also helped his friends / with their studies.
부정어구 ⌐ S ⌐V¹ ⌐ M¹   V²   O²   M²

그는 열심히 공부했을 뿐만 아니라,   /   또한 자신의 친구들을 도와주었다   /   그들의 공부를.
┈┈>← He not only studied hard, but also helped his friends with their studies.
┈┈> not only A but also B: A뿐만 아니라 B도 또한

751   At the edge of the forest stood an ancient stone monument.

752   Seldom does my grandfather have the opportunity to travel outside the country.

---

749 doubt 의심하다   **751** edge 가장자리   monument 기념비   **752** opportunity 기회

753 Only through perseverance will we overcome these challenges.

754 Rarely do they consider the critical role of vertical transportation. 학평

755 Under the bridge was a small and hidden park with benches and trees.

756 Little did we expect such a quick and positive response to our proposal.

757 Only then did she understand the true meaning of the message.

Level Up 고난도 문장으로 실력 키우기

758 Seldom is such a clear answer given in these complex situations.

759 Stravinsky pointed out that only through music are we able to 'realize the present.' 학평

760 Here lies the key to the old closet that you were looking for.

761 Hardly ever does he miss his morning run, regardless of the weather.

753 perseverance 인내심 challenge 어려움 **754** critical 중요한 vertical 수직의 **756** positive 긍정적인 proposal 제안 **758** complex 복잡한
759 point out 언급하다 present 현재 **760** closet 옷장 **761** regardless of ~와 상관없이

UNIT 58 · 생략 / 공통 구문

> **(생략된 부분)**
>
> Tom wants to visit Paris, and Mary (**wants to visit**) Rome.
>
> **공통된 부분**
>
> We have to move with and not against **technology**.

생략 구문은 두 개 이상의 절로 이루어진 문장의 경우, 앞의 절에서 언급된 부분이 뒤의 절에서 반복되어 언급될 때 생략할 수 있는 구문으로, 생략된 부분을 포함하여 해석한다.
공통 구문은 두 개 이상의 문장에서 반복된 부분이 생략되어 공통된 관계를 갖는 경우로, 공통된 부분을 두 개의 절에 모두 적용해서 해석한다.

» 부사절의 「주어+be동사」 생략 구문
주절과 부사절의 주어가 같고, 부사절의 동사로 be동사가 사용된 경우, 부사절의 「주어+be동사」를 생략할 수 있다.
• They talked about their weekend plans, while (**they were**) waiting for the train.
　그들은 기차를 기다리면서 주말 계획에 대해 이야기했다.

---

762 Harry is working this morning, // and Martin is (**working**) this evening.
　　　S¹　　V¹　　　M¹　　　　S²　V²　　　　　M²

　　　　Harry는 오늘 아침에 일한다,　　//　　그리고 Martin은 오늘 저녁에 일한다.
　　⋯▸ Martin is 뒤에 working이 생략되었다.

763 You should analyze and evaluate **your failures** / to improve your career.
　　　S　　V¹　　　　V²　　　O　　　　　M

　　　　여러분은 자신의 실패를 분석하고 평가해야 한다　　/ 여러분의 경력을 향상시키기 위해.
　　⋯▸ your failures가 analyze와 evaluate의 공통된 목적어로 쓰였다.

764 John writes poetry in the garden, and Max in the living room.

765 Explore new opportunities within and beyond your current role.

766 She felt a great sense of relief, while taking a deep breath.

---

763 analyze 분석하다　evaluate 평가하다　career 경력　**764** poetry 시　**765** explore 탐색하다, 탐험하다　opportunity 기회　current 현재의
766 relief 안도

767 You can think about negative numbers, and you *have to* in all aspects of daily life. 학평 응용

768 There was a change in the child's behavior before and after he was separated from his parents.

769 We are also products of various interactions that are both within and outside of our control. 학평 응용

770 The team remained optimistic about the outcome, though facing many challenges.

Level Up 고난도 문장으로 실력 키우기

771 I don't know when Josh met his girlfriend, and Sarah her boyfriend.

772 In 1895, Dunbar published his second book which brought him national and international recognition. 학평 응용

773 Babies remember how often sounds occur, in what order, and with what intervals. 학평 응용

774 Allow children time to explore ways of handling and playing the instruments for themselves. 학평

---

767 negative number 음수 aspect 측면 **768** separate 분리하다 **769** product 산물 various 다양한 interaction 상호 작용 **770** optimistic 낙관적인 outcome 결과 challenge 어려움 **772** publish 출간하다 recognition 인정, 인식 **773** occur 발생하다, 일어나다 order 순서 interval 간격 **774** handle 다루다 instrument 악기, 도구

UNIT 59 · 삽입 / 동격 구문

> | 콤마(,)/대시(—) | + | 삽입 어구(절) | + | 콤마(,)/대시(—) |
>
> He is, **I am sure**, the greatest artist in the country.
>
> | 명사 | + | 콤마(,)/of/, or/that | + | 동격 어구(절) |
>
> **Lyon**, **a city in France**, is famous for its Festival of Lights.

삽입 구문은 문장의 의미를 보충하기 위해 문장 중간의 콤마(,)나 대시(—) 사이에 삽입된 단어, 구, 절이며, 삽입된 부분의 의미를 추가해서 해석한다.

동격 구문은 앞에 나온 명사의 의미를 보충하기 위해 덧붙인 명사구 또는 명사절이며, 명사 뒤에 주로 콤마(,)나 전치사 of와 or, 접속사 that을 붙여 보충 설명한다.

» 동격 구문의 형태 및 해석

A 콤마(,) 명사(구)	~인 A	My brother, **a doctor**, works in New York. **의사인** 나의 오빠는 뉴욕에서 일한다.
A of 명사(구)	~인 A, ~라는 A	The art **of painting** requires patience. **회화라는** 예술은 인내심을 필요로 한다.
A, or 명사(구)	A, 즉 ~	GDP, **or Gross Domestic Product**, measures economic performance. GDP, 즉 **국내 총생산은** 경제 성과를 측정한다.
A+명사절 that	~라는 A	No one can deny the fact **that practice makes perfect.** 아무도 **연습이 완벽을 만든다는** 사실을 부인할 수 없다.

✦ Plus
동격의 that과 자주 쓰이는 명사는 다음과 같다.

news that	~라는 소식	fact that	~라는 사실	idea that	~라는 생각	belief that	~라는 믿음

---

775 <u>Stress</u>, / **(I believe)**, / <u>is</u> <u>the main cause of many diseases.</u>
　　　　S　　　　　　　　　　V　　SC

　　　스트레스는, / (내가 믿기에), / 　　　많은 질병의 주요 원인이다.

776 **Paris**, / **the city of love**, / <u>is</u> <u>a popular destination</u> / <u>for couples.</u>
　　　　S　　=　　　　　　　　　　　V　　SC　　　　　　M

　　　파리는, / 　사랑의 도시인, / 　　인기 있는 행선지이다 / 　연인들에게.

777 In Shakespeare's time, botany, or the study of plants, was a popular science.

778 He entered drama school with the dream of becoming an actor.

---

779 We shouldn't forget the fact that our planet is getting warmer.

780 Whatever happens — good or bad — the proper attitude makes the difference. 학평

781 People can send a message that their culture is better than yours. 학평 응용

782 Sarah loved the idea of building another sandcastle closer to the water. 학평 응용

783 In making the decision, consider what you think is best for everyone involved.

Level Up 고난도 문장으로 실력 키우기

784 Sonya Lyubomirsky, professor of psychology at the University of California, has conducted numerous workplace studies. 학평

785 The fact that water expands when it freezes accounts for many of the changes in the world around us.

786 Until recently, bicycles had to have many gears, often 15 or 20, to be considered high-end. 학평

787 The discovery that man's knowledge is not, *and never has been*, perfectly accurate has made modern man humble. 모평 응용

---

779 planet 지구, 행성   **782** sandcastle 모래성   **783** decision 결정   **784** conduct 실시하다 numerous 수많은 workplace 직장   **785** expand 팽창하다 freeze 얼다   **786** gear 기어 consider 간주하다 high-end 최고급의   **787** discovery 발견 perfectly 완벽하게 accurate 정확한 humble 겸손한

부정 구문

> no/none/nothing/never/nowhere
>
> **Nothing** can stop us from chasing our dreams.
>
> not + all/every/always/necessarily/completely
>
> Organic food is **not necessarily** more nutritious.

전체 부정 구문에는 no, none, nothing, never, nowhere 등의 부정어가 쓰이고, 해석은 '**누구도/아무도/어떤 것도/결코/어디에서도 ~하지 않는다**'라고 해석한다.

부분 부정은 not이 all, every, always, necessarily, completely 등과 함께 쓰이고, 해석은 '**모두가/항상/반드시/완전히 ~인/한 것은 아니다**'라고 해석한다.

» not이 any, at all, in the least 등과 함께 쓰이면 전체 부정을 나타낸다.
  • The movie was **not** interesting **at all**. 그 영화는 전혀 재미가 없었다.

➕ Plus
  neither는 전체 부정을 나타내고, not과 both가 함께 사용되면 부분 부정을 나타낸다.
  • **Neither** of them was invited to her birthday party. 그들 중 누구도 그녀의 생일 파티에 초대받지 못했다.
  • She did**n't** invite **both** of them to her birthday party. 그녀가 그들 둘 다 자신의 생일 파티에 초대하지 않았다. (한 명만 초대받을 수 있음)

---

788 **No** employees will be treated / in a discriminatory manner.
             S   V   M

어떤 직원도 대해지지 않을 것이다   /   차별적인 방식으로.

789 It may **not always** be easy / to have a positive attitude. 학평
가주어 ┗━━ V ━━┛ SC   진주어

항상 쉬운 것은 아닐지도 모른다   /   긍정적인 태도를 가지는 것이.

790 Most people will never have enough education in their lifetime. 학평

791 Not every animal responds to the same type of pain with the same behavior.

792 She is not in the least concerned about the outcome of the World Cup.

---

788 employee 직원 treat 대하다, 다루다 discriminatory 차별적인 manner 방식 **789** positive 긍정적인 attitude 태도 **790** lifetime 평생
791 respond 반응하다 **792** concerned 관심 있는 outcome 결과

793 Kevin literally had nowhere to go if he was fired from his current job.

794 He had never realized that an animal, too, felt the pain of loss. 학평

795 I have tried many alternative remedies, but none seems to have any noticeable effect.

796 Sometimes we may not completely agree with someone, but we can accept some of their points.

Level Up 고난도 문장으로 실력 키우기

797 Some scientific answers can never be provided in black-or-white terms. 학평

798 Scooter companies provide safety regulations, but the regulations aren't always followed by the riders. 학평

799 In reality, the large majority of supplements may not be completely absorbed by your body. 학평 응용

800 A solid rubber ball would be too bouncy, and a solid ball made of clay would not bounce at all. 학평

---

793 literally 말 그대로 fire 해고하다 **794** loss 상실 **795** alternative 대안의 remedy 치료법 noticeable 두드러진, 현저한 **796** completely 완전히 **797** term 용어 **798** scooter 스쿠터(소형 오토바이) regulation 규정, 규칙 **799** reality 실제, 현실 majority 대부분, 대다수 supplement 보충제 absorb 흡수하다 **800** solid 단단한, 고체의 rubber 고무 bouncy 탄력 있는 clay 점토, 찰흙 bounce 튀다

Memo

Memo

Memo

김지훈	알앤비	김근아	블루힐영어학원	노현서	앨리잉글리쉬아카데미	옥지윤	더센텀영어학원
김형표	표쌤영어학원	김기목	목쌤영어교습소	박난정	제일학원	윤지영	잉글리쉬무무영어교습소
문상헌	에이원영어	김미나	메이쌤 영어	박성희	청담프라임학원	윤진희	위니드영어전문교습소
박계민	영광중학교	김민재	열공열강 영어수학 학원	박정민	율영수학원	이미정	탑에듀영어교습소
박규정	베네치아 영어	김유환	범어지성학원	박지현	더브라이트학원	이상석	엠베스트se공부습관365학원
박주연	아이린영어학원	김종석	보습학원	박효진	박효진 영어	이순실	하단종로엠학원
박지연	케일리 영어	김지영	김지영영어	심효령	삼부가람학원	이영준	개금국제학원
배세왕	BK영수전문학원(고등관)	김하나	하나로운영어	안수정	궁극의 사고	이혜린	스카이영어학원
변민준	The 채움영어	김희정	탑에이스학원	오봉주	새미래영수학원	임정연	안은경영어학원
성유진	국영수과오름학원	노태경	윙스잉글리쉬	유수민	대치이강	장혜인	민락늘봄이엠학원
손누리	이든샘영수학원	문창숙	지앤비(GnB)스페셜입시학원	윤예숙	전문과외	정승덕	학장중학교
신보연	위잉글리시영어	민승규	민승규영어학원	이보배	비비영어교습소	정영훈	제이앤씨영어전문학원
장가은	앨리스영어학원	박고은	스테듀입시학원	이성구	청명대입학원	채지영	리드앤톡영어도서관학원
장미	잉글리시아이 원리학원	박라율	열공열강영어수학학원	임혜지	파라곤어학원	최승빈	다온학원
정상원	정상학원 영천분원	박소현	워싱턴어학원	장유리	삼성영어셀레나 도안학습관	최우성	초이English&Pass
정선린	포항항도중학교	박예빈	영재키움영어수학전문학원	장윤정	이지탑학원	최이내	전문과외
정진욱	현일고등학교	박지환	전문과외	정예슬	소로영어	탁아진	에이블영어국어학원
정현주	필즈수학영어학원	방성모	방성모영어학원	정윤희	Alex's English	하현진	브릿츠영어학원
천예슬	그린트리영어교습소	백재민	에소테리카 영어학원	정현지	전문과외		
최동희	전문과외	서정인	서울입시학원	정혜수	쌜리영어	**서울**	
허미정	레벨업영어 교습소	신혜경	전문과외	최성호	에이스영어교습소	가혜림	위즈스터디
		심경아	전문과외	한형식	서대전여자고등학교	강경표	최선어학원 중계캠퍼스
광주		엄재경	하이엔드영어학원	허욱	Ben class(전문과외)	강은	더이룸학원
고태연	원더영어	우유진	이듀 잉글리쉬	황지현	공부자존감영어입시학원	강이권	네오어학원
김도엽	스카이영어전문학원	원현지	원샘영어교습소			강준수	전문과외
김병남	위즈덤 영어	유경아	티나잉글리시	**부산**		강현숙	토피아어학원 중계지점
김영연	AnB영어학원	유지연	에스피영어	강민주	에듀플렉스 명륜점	강호영	인투엠학원
김원경	전문과외	윤이강	윤이강 영어학원	고경원	JS영수학원	공진	리더스
김유경	프라임 아카데미	이가나	이나영어교실	김경희	거제동 니키영어	김경수	탑킴입시컨설팅진학지도
김유희	김유희영어학원	이근성	헬렌영어학원	김대영	엘리트에듀 학원	김명열	대치명인학원 은평캠퍼스
김인화	김인화영어학원	이동현	쌤마스터입시학원	김도담	도담한영어교실	김미은	오늘도맑음 영어교습소
김종익	전문과외	이미경	전문과외	김도윤	코어영어교습소	김미정	전문과외
김혜원	엘위스 영어학원	이샛별	전문과외	김동혁	코어영어수학전문학원	김배성	정명영어교습소
나혜영	윤선생우리집앞영어교실 동천빛고을	이수희	이온영어교실	김동휘	장정호 영어전문학원	김상희	스카이플러스학원
문장엽	엠제이영어수학전문학원	이승현	학문당입시학원	김미혜	더멘토영어교습소	김선경	마크영어학원
박주형	광주 봉선동 한수위 영어	이지현	지니영어	김소림	엘라영어학원	김성근	더원잉글리시
봉병주	철수와영수	이헌욱	이헌욱 영어학원	김소연	전문과외	김성연	대치청출어람학원
송수빈	전문과외	이현지	리즈영어	김은정	클라라 잉글리쉬	김승환	Arnold English
신지수	온에어영어학원	인솔내	제인영어학당	김재경	탑클래스영어학원	김영재	제니퍼영어 교습소
심연우	문미승 영어클리닉	임형주	사범대단과학원	김진규	의문을열다	김용봉	SKY PLUS 학원
양신애	윤학당오름국어영어학원	전윤애	올리영어교습소	김효은	김효은 영수 전문학원	김은영	LCA 영어학원
오승리	이지스터디	전윤영	뮤엠영어 경동초점	남재호	제니스학원	김은정	전문과외
오평안	상무지산한길어학원	전지영	제이제이영어	류미향	류미향입시영어	김은진	ACE영어교습소
우진일	블루페스 영어학원	정대웅	유신학원	문희진	베아투스학원	김정민	W영어
유현주	유즈영어교습소	정용희	에스피영어학원	박미진	MJ영어학원	김종현	김종현영어
윤상혁	하이엔드 영어 사회 학원	진보라	메이킹어학원	박수진	제이엔씨 영어학원	김지윤	비타윤영어
이미정	롱맨 어학원	최효진	너를 위한 영어	박인혜	정철어학원	김태성	전문과외
이현미	IGSE풍암아카데미	한정아	능인고등학교	박정아	전문과외	김현지	전문과외
이현창	진월유앤아이어학원	황윤슬	사적인영어	박지우	영어를 ON하다	김혜영	스터디원
임지상	상무 외대어학원			박지은	박지은영어전문과외방	나영은	전문과외
전솔	서강고등학교	**대전**		박창현	오늘도,영어그리고수학	노현희	전문과외
채성문	마하나임영수학원	Tony Park	Tony Park English	배슬기	전문과외	도선해	중계동 영어
한기석	이유국어영어한문학원	고우리	영어의꿈	배찬міні	에이플러스 영어	류하영	유니슨영어
한방엽	531학원인산학원	김근범	딱쌤학원	백은비	비앙카 영어	맹혜선	휘경여자고등학교
		김기형	상승학원	변혜련	전문과외	명가은	명가은 영어하다 학원
대구		김민정	전문과외	성장우	전문과외	문명기	문명기 영어학원
강영미	강선생영어	김아영	전문과외	손소희	에스 잉글리쉬 사이언스	문슬기	문쌤 전문영어과외
강정임	공부방	김영철	빅뱅잉글리시리더스	송석준	스카이영수전문학원	박기철	한진연 입시전략연구소
곽민경	조성애세움영어수학학원	김주리	위드제이영어	송호롱	최상위영어교습소	박남규	알짜영어교습소
권보현	씨즈더데이어학원	김현지	영어과외	안정희	GnB어학원양성캠퍼스	박미애	명문지혜학원
권오길	공부를 디자인하다	나규성	대전 비전21학원	예다슬	전문과외	박미정	위드멘토학원
권익재	제이슨영어교습소	남영종	엠베스트SE학원 대전 전민점	오세창	범천반석단과학원	박병석	주영학원
권하련	아너스이엠에스학원	노지혜	제일학원	오지은	이루다영어	박선경	씨투엠학원

박소영	JOY	조미영	튼튼영어마스터클럽구로학원
박소하	전문과외	조미지	책읽는영어교습소 제니쌤영어
박솔이	Sole English	조민석	더원영수학원
박숭규	이지수능교육	조봉현	대치명인학원 중계캠퍼
박정미	드림영어 하이수학학원	채보경	개인과외
박정효	성북메가스터디학원	채상우	클레영어
박준용	G1230학원	채에스더	문래중학교 방과후
박지훈	청담어학원	최미림	밀리에듀영어학원
박진경	제이즈잉글리쉬	최민주	전문과외
박찬경	펜타곤영어	최유송	목동 씨앤씨학원
박현진	e. Class	최정문	한성학원
반향진	세레나영어수학	최형미	전문과외
배지은	빛나는영어교습소	최희재	표현어학원
배현경	전문과외	표효진	전문과외
백미선	최종호어학원	하다님	연세 마스터스 학원
백희영	대치정영어학원	한성호	티포인트에듀
신경훈	탑앤탑수학영어학원	한인혜	레나잉글리쉬
심나현	성북메가스터디	한혜주	함영원입시전문학원
안미영	스카이플러스학원	허미영	삼성영어 창일교실 학원
양하나(바이올렛)	목동 씨앤씨	홍대균	홍대균 영어
엄태열	대치차오름학원	홍영미	성북상상학원
오유림	헬리오 오쌤 영어	홍형근	강남 대치 영독학원
오온경	전문과외	황선애	앤스영어학원
용혜영	SWEET ENGLISH 영어전문 공부방	황혜진	이루다 영어
유경미	서울		
유연이	오세용어학원	**세종**	
유은주	리프영어	강홍구	세종시 더올림 입시학원
윤성	대치동 새움학원	김세인	이룸영어교습소
윤은미	CnT영어학원	방종영	세움학원
이계훈	이지영어학원	성민진	EiE 반곡 캠퍼스
이남규	전문과외	손대령	강한영어학원
이명순	Top Class 영어	안성주	더타임학원
이상윤	주연학원		
이석원	지구촌고등학교	**울산**	
이선미	범블비 영어 교습소	강상배	전문과외
이선정	제이나영어학원	김경수	핀포인트영어학원
이성택	엠아이씨영어학원	김경현	에린영어
이수정	영샘영어	김문정	천곡고려학원
이승혜	스텔라 영어	김은주	공부발전소학원
이승희Edward	임팩트7영어학원 목동	김주희	하이디영어교습소
	2단지 고등관	김한중	스마트영어전문학원
이연주	Real Iris Class	서예원	해법멘토영어수학학원
이은선	드림영어하이수학학원	송회철	꿈꾸는고래학원
이은영	한국연예예술학교	엄여은	준쌤영어교습소
이자임	자몽영어교습소	윤주일	고도영어학원
이정혜	수시이룸교육	이서경	이서경영어학원
이지윤	전문과외	이수현	제이엘영어학원
이철웅	비상하는 또또학원	이승준	전문과외
이혜정	이루리학원	이은민	스마트영어전문학원
이희영	이샘아카데미 영어교습소	이재은	잉크영어학원
임광영	러셀 메가스터디	임재희	임재희영어전문학원
임서운	형설학원	정은선	한국esl어학원
임소례	윤선생영어교실우리집앞신내	정혜미	전문과외
	키움영어교습소	조승현	스마트영어전문학원
임은옥	전문과외	조충일	YBM 잉글루 울산연양 제1학원
임해림	그레이스학원	최아현	jp영어학원
장서인	함께 자라는 스마트올클래스	한건수	한스영어
전지영	탑클래스영수학원	허부배	비즈단과학원
정경록	미즈원어학원		
정연우	전문과외	**인천**	
정유하	크라센어학원	강재민	스터디위드제이쌤
정재욱	씨알학원	김미경	김선생영어/수학교실
조길영	이앤조영어	김민영	YBM Homeschool 영종자이센터

김민정	김민영어	김나은	애플영어학원
김서애	제이플러스영어	김보경	최영훈영수학원
김선나	지니어스영어학원	김설아	전주 에듀캠프학원
김영태	에듀터학원	김수정	베이스탑영어
김영호	조주석수학&영어클리닉학원	김예원	옥스포드 어학원
김옥경	잉글리쉬 베이	김예진	카일리영어학원
김주영	아너스영어학원	이경훈	리더스영수전문학원
김지연	송도탑영어학원	이수정	씨에이엔영어학원
김현미	송도탑영어학원	이진주	전문과외
김현섭	전문과외	이한결	DNA영어학원
김현준	JKD영어전문학원	이효상	에임하이영수학원
나일지	두드림하이학원	장길호	장길호영어학원
문지현	전문과외	조예진	에이펙스 영어학원
박가람	전문과외	조형진	대니아빠앤디영어교습소
박나혜	TOP과외	최미화	MH노블영어학원
박민아	하이영어 공부방	최석원	전주에듀캠프학원
박승민	대치세정학원	한주훈	알파스터디영어수학전문학원
박주현	Ashley's English Corner	황보희	에임드영수학원
신나리	이루다교육학원		
신은주	명문학원	**제주**	
신현정	GMI 어학원	Brian T.K	Top Class Academy
오희정	더제니스엣지영어학원	고보경	제주여자고등학교
윤효주	잉글리시브릿지	고승용	진정성학원제주노형센터
윤희영	세실영어	김진재	함성소리학원
이가희	S&U영어	김평호	서이현아카데미학원
이미선	고품격EMEDU	김현정	유비고영어학원
이수진	전문과외	문재웅	문&YES 중고등 내신수능 영어
이영태	인천부흥고등학교	배동환	뿌리와쌤
이은정	인천논현고등학교	이승우	늘다올 학원
이진희	이진희영어	이윤아	에이투지어학원
장승혁	지엘학원	이재철	함성소리학원
전혜원	제일고등학교	임정열	엑셀영어
정도영	스테디 잉글리시	정승현	J's English
정춘기	정상어학원	지광미	지샘입시영어학원
조윤정	인천이음중학교		
최민솔	영웅아카데미	**충남**	
최민지	빅뱅영어	강유안	전문과외
최수련	업앤업영어교습소	고유미	고유미영어
최창학	학산에듀넷	김인영	더오름영어
최하은	정철어학원	김일환	김일환어학원
홍영주	홍이어쎈영어	김창현	타임영어학원
		박서현	EIE고려대어학원
전남		박재영	로제타스톤 영어교실
강용문	강용문영수입시전문	박희진	박쌤영어과외
김숙진	지니샘공부방	우경희	우쌤'클라쓰
김아름	전문과외	윤현미	비비안의 잉글리쉬 클래스
김은정	BestnBest 공부방	이규현	글로벌학원
김임열	태강수학영어학원	이상진	마틴영어학원
김재상	나주혁신위즈수학영어학원	이영롱	대승학원
박민지	벨라영어	이종화	오름에듀
박주형	해룡고등학교	임진주	원더크라운영어학원
배송이	JH공터영어전문학원	장성은	상승기류
손성호	아름다운 11월학원	장완기	장완기학원
양명승	엠에스어학원	정래	(주)탑씨크리트교육
오은주	순천금당고등학교	조남진	천안 불당PYO영어국어학원
이상호	스카이입시학원	채은주	위너스 학원
이용	해룡고등학교		
이정원	앤더슨 영어학원	**충북**	
조소을	수잉글리쉬	김보경	더시에나영어학원
차형진	상아탑학원	박광수	폴인어학원
		박수열	전문과외
전북		박현자	박샘영어
길지만	비상잉글리시아이영어학원	신유정	비타민 영어클리닉

3단계로 학습하는 고등 필수 구문 800

구문 설명 » 대표&연습 문장 » 고난도 문장

CORE 구문 800

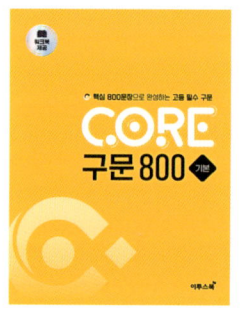

중2~중3 **기본**

· 우선순위 빈출 구문
· 문장 구성 요소 중심의 구문 학습

· 중학 수준의 어휘
· 평균 10~15 단어의 문장 길이

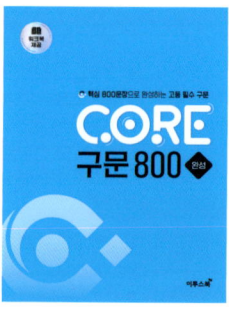

예비고~고2 **완성**

· 고득점 대비 주요 구문
· 다양한 문장 구조 중심의 구문 학습

· 고1 수준의 어휘
· 평균 15~20 단어의 문장 길이

◆ 5개년 고1~3 학력평가, 모의평가, 수능 예문 수록 ◆

가르치기 쉽고 빠르게 배울 수 있는 **이투스북**

www.etoosbook.com

○ **도서 내용 문의**
홈페이지 > 이투스북 고객센터 > 1:1 문의

○ **도서 빠른 정답**
홈페이지 > 도서자료실 > 정답/해설

○ **도서 정오표**
홈페이지 > 도서자료실 > 정오표

○ **선생님을 위한 강의 지원 서비스 T폴더**
홈페이지 > 교강사 T폴더

핵심 800문장으로 완성하는 **고등 필수 구문**

C.ORE

구문 800 기본

WORKBOOK

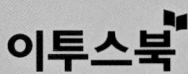
이투스북

핵심 800문장으로 완성하는 **고등 필수 구문**

CORE

구문 800 기본

WORKBOOK

PART

1

동사

문장 암기 REVIEW

» 다음 문제를 풀어보며 본책에서 학습한 문장을 복습해보세요.

A 다음 우리말과 의미가 같도록 괄호 안의 말을 배열하시오.

01 색은 보는 사람의 눈이나 마음속에만 존재한다. (only, exists, or mind, color, in the eye)

➡ _____ of the viewer.

02 첫인상은 특히 중요한 회의에서 매우 중요하다. (impressions, a lot, first, matter)

➡ _____, especially in important meetings.

03 우리의 강아지는 종종 거실에서 소파 위에 눕는다. (our dog, on, often lies, the sofa)

➡ _____ in the living room.

04 비가 온 후에 기온이 빠르게 올라갔다. (rose quickly, the temperature)

➡ _____ after the rain.

05 나는 그때 공원에 도착했다. (at, I, the park, arrived)

➡ _____ at that time.

06 그 환자는 병원으로 가는 길에 골프장을 가로질러 걸어갔다. (across, the patient, on the way, walked, a golf course)

➡ _____ to the doctor.

07 그 질병에 대한 새로운 이해가 과학 연구에서 나타났다. (of, a new, the disease, understanding, emerged)

➡ _____ from scientific research.

08 나는 산으로 둘러싸인 매우 작은 마을에서 자랐다. (town, in, small, grew up, I, a very)

➡ _____ surrounded by mountains.

09 과거와 미래에 대한 책임감에 대한 질문은 자연스럽게 생기지 않는다. (arise, and, toward, future, do not, the past)

➡ Questions of responsibility _____ naturally.

10 나무와 같은 생물조차도 과거 기후 변화의 기간 동안 놀라운 속도로 움직였다.

(moved, even creatures, speed, like trees, surprising, with)

➡ _____ during past periods of climate change.

NEW SENTENCES

» 다음 문제를 풀어보며 새로운 문장을 익혀보세요.

B 다음 문장에서 동사를 찾아 밑줄을 긋고, 문장을 해석하시오.

01 My wife sleeps for 8 hours a day.

_____

02 The train usually arrives on time.

_____

03 The flowers bloom in spring.

_____

04 The baby cried all night long.

_____

05 My son walked to school every day.

_____

06 Your help really mattered to me.

_____

C 다음 중 어법상 적절한 것을 고르시오.

01 The sun shines bright / brightly in the afternoon.

02 The happy / happily child laughed loudly while playing outside.

03 The wind blows soft / softly through the open window.

04 The curious / curiously cat jumped onto the high shelf.

05 The musician played the guitar beautiful / beautifully at the concert.

06 He ran quick / quickly through the crowded streets of downtown.

문장 암기 **REVIEW**

>> 다음 문제를 풀어보며 본책에서 학습한 문장을 복습해보세요.

A 다음 우리말과 의미가 같도록 괄호 안의 말을 배열하시오.

01 갑자기, 여러분은 더 강력하고 긍정적으로 느낀다. (and, feel more, positive, powerful)

➡ Suddenly, you _____ .

02 나의 아들은 작년에 의사가 되었다. (a doctor, became, last year)

➡ My son _____ .

03 부모는 여전히 주요한 사회화 주체이다. (agents, remain, socialization, primary, the)

➡ Parents _____ .

04 그녀는 매우 피곤해 보였다. (tired, seemed, very)

➡ She _____ .

05 대부분의 병사들은 창백하고 불편해 보였다. (uncomfortable, looked, and, pale)

➡ Most of the soldiers _____ .

06 우리 대부분은 주변의 환경에 대해 매우 무지하다. (quite, environment, about, ignorant, the surrounding, are)

➡ The majority of us _____ .

07 반 친구들의 발표 동안 조용히 해 주세요. (presentations, during, stay, your classmates', quiet)

➡ Please _____ .

08 전문가들은 초보자를 위한 일의 어려움에 대해 둔감해질 수 있다. (of a task, insensitive, to the difficulty, get)

➡ Experts can _____ for the beginner.

09 그가 자신의 직업적 경력에서 많은 어려움에 직면했을 때, 그는 긍정적이었다.

(challenges, he, optimistic, as, faced, kept, many)

➡ He _____ in his professional career.

10 다크 초콜릿은 코코아가 품질이 매우 다양하기 때문에 쓴맛이 난다.

(the cocoa, varies widely, tastes, because, bitter)

➡ Dark chocolate _____ in quality.

NEW SENTENCES

B 다음 밑줄 친 부분이 어법상 옳으면 ○, 틀리면 × 로 표시하고 바르게 고치시오.

01 He felt <u>warmly</u> and comfortable in his new winter coat.

02 The children remained <u>quiet</u> during the entire performance.

03 The cake looks <u>beautifully</u> with the intricate decorations.

04 The sky became <u>darkly</u> before the storm.

05 The flowers in the garden smell <u>fresh</u> after the rain.

06 The wind usually blows <u>strongly</u> during the rain.

C 다음 문장이 해당하는 문형을 고르시오.

01 He jogged in the park this morning. ☐ S V   ☐ S V SC

02 The room became quiet after they left. ☐ S V   ☐ S V SC

03 The young lady looked beautiful in her dress. ☐ S V   ☐ S V SC

04 Everyone at the party danced all night long. ☐ S V   ☐ S V SC

05 His long excuse sounded very ridiculous. ☐ S V   ☐ S V SC

06 The old man seemed proud of his son. ☐ S V   ☐ S V SC

문장 암기 **REVIEW** » 다음 문제를 풀어보며 본책에서 학습한 문장을 복습해보세요.

A 다음 우리말과 의미가 같도록 괄호 안의 말을 배열하시오.

01 나는 곧 이 서비스에서의 개선을 고대한다. (to, this service, look, in, an improvement, forward)

➡ I _____ soon.

02 마찰의 양은 표면 소재에 달려 있다. (on, materials, depends, the surface)

➡ The amount of friction _____.

03 그 호텔 직원은 당신의 짐을 챙길 것이다. (luggage, will, your, of, care, take)

➡ The hotel staff _____.

04 우리는 그 책의 주제와 특징을 논의했다. (and, the book, the themes, discussed, of, characters)

➡ We _____.

05 Shirley는 Brooklyn College에 다녔고 사회학을 전공했다. (Brooklyn College, majored, and, sociology, attended, in)

➡ Shirley _____.

06 그는 자신의 삶을 변화시켰을 뿐만 아니라 세상을 더 나은 곳으로 만들기도 했던 그 여성과 결혼했다.

(had, married, his life, who, changed, the woman, not only)

➡ He _____ but had also made the world a better place.

07 그녀가 배에 탔을 때, 그녀는 안도감을 느꼈다. (of relief, she, felt, got on, a sense, the boat)

➡ When she _____, _____.

08 신선한 빨간 장미꽃이 들어 있는 투명한 유리 꽃병을 생각하지 말아라.

(fresh red roses, a clear, with, think of, glass vase)

➡ Don't _____ in it.

09 아프거나 부상당한 어느 누구든 즉시 치료를 위해 의료 전문가에게 연락해야 한다.

(a health care, should, professional, contact)

➡ Anyone who becomes ill or injured _____ immediately for treatment.

10 그 교수는 복잡한 철학적 문제에 대한 학생의 질문에 명확하고 이해하기 쉬운 방식으로 대답했다.

(the student's, issue, about, answered, a complex, question, philosophical)

➡ The professor _____ in a clear and understandable way.

NEW SENTENCES

» 다음 문제를 풀어보며 새로운 문장을 익혀보세요.

B 다음 밑줄 친 부분이 어법상 옳으면 ○, 틀리면 × 로 표시하고 바르게 고치시오.

01 The team will <u>discuss about</u> the new marketing strategy at the meeting tomorrow.

02 He <u>married with</u> his best friend from high school last month.

03 He <u>answered to</u> all the questions on the exam correctly.

04 The guide <u>explained</u> the historical significance of the monument to the tourists.

05 The students <u>attended to</u> a workshop on public speaking last weekend.

06 He strongly <u>resembles</u> his father in appearance.

C 다음 문장이 해당하는 문형을 고르시오.

01 We climbed the mountain last summer. ☐ S V S C ☐ S V O

02 The park remains a popular spot for local residents. ☐ S V S C ☐ S V O

03 We visited our grandparents during the holidays. ☐ S V S C ☐ S V O

04 The quality of teaching depends on class size. ☐ S V S C ☐ S V O

05 The passage of time changed everything. ☐ S V S C ☐ S V O

06 The student became the class president after the elections. ☐ S V S C ☐ S V O

주어+동사+간접목적어+직접목적어

문장 암기 REVIEW

» 다음 문제를 풀어보며 본책에서 학습한 문장을 복습해보세요.

A 다음 우리말과 의미가 같도록 괄호 안의 말을 배열하시오.

01 Christine은 항상 Leo에게 약간의 간식을 가져다 주었다. (Leo, snacks, brought, some)

➡ Christine always _____.

02 Smith 선생님은 그녀에게 그 펜을 찾아 주었다. (the pen, her, found)

➡ Ms. Smith _____.

03 나의 아버지는 나에게 역사를 가르친다. (history, me, teaches)

➡ My father _____.

04 나는 그 전문가에게 영양에 대한 몇 가지 질문을 물었다. (about, a few, the expert, nutrition, asked, questions)

➡ I _____.

05 제가 당신에게 그 웹사이트 링크를 보내 드릴게요. (a link, you, to the website, send)

➡ I'll _____.

06 인간은 그들 주변의 사물에 의미를 부여한다. (them, the things, give, around, to, meaning)

➡ Human beings _____.

07 그녀는 택시를 부르고 기사에게 5달러 지폐를 주었다. (bill, the driver, gave, a five-dollar)

➡ She called a taxi and _____.

08 Tommy는 자신의 선생님에게 수학 문제에 관한 몇 가지 질문을 물었다.

(about, his teacher, math, questions, asked, problems, some)

➡ Tommy _____.

09 미니멀리즘이라는 용어는 일부 사람들에게 부정적인 인상을 준다. (people, impression, to, gives, some, a negative)

➡ The term minimalism _____.

10 Kelly는 자신의 아버지를 위해 그의 70세 생신 선물로 원형 탁자를 만들었다.

(her father, made, as, a round table, for, a gift)

➡ Kelly _____ on his 70th birthday.

NEW SENTENCES

>> 다음 문제를 풀어보며 새로운 문장을 익혀보세요.

B 다음 문장에서 간접목적어와 직접목적어를 찾아 밑줄을 긋고, 문장을 해석하시오.

01 She showed me her new photos.

_____

02 The teacher sent all the parents invitation cards for Sports Day.

_____

03 I bought my friends and family presents.

_____

04 The company gave its employees a bonus.

_____

05 I offered him a basket of apples.

_____

06 I asked the teacher a question about science.

_____

C 다음 문장이 해당하는 문형을 고르시오.

01 I gave him my cell phone number. ☐ S V O ☐ S V IO DO

02 Kelly made dinner for her family. ☐ S V O ☐ S V IO DO

03 She gave the answer to the question. ☐ S V O ☐ S V IO DO

04 We bought our parents a new TV for their anniversary. ☐ S V O ☐ S V IO DO

05 The professor explained the lesson to his students. ☐ S V O ☐ S V IO DO

06 I gave them the keys to the house and garden. ☐ S V O ☐ S V IO DO

문장 암기 REVIEW

» 다음 문제를 풀어보며 본책에서 학습한 문장을 복습해보세요.

A 다음 우리말과 의미가 같도록 괄호 안의 말을 배열하시오.

01 밖의 소음은 그들이 하루 종일 깨어 있게 했다. (awake all day, them, kept)

➡ The noise outside _____.

02 그 남자는 마침내 자신의 꿈을 현실로 만들었다. (wish, made, his, a reality)

➡ The man finally _____.

03 비평가들은 그 영화가 명작이라고 생각한다. (the movie, a masterpiece, consider)

➡ Critics _____.

04 나는 나의 할아버지의 이름을 따서 그 말을 'Charlie'라고 이름 지었다.
("Charlie", the horse, my, named, grandfather, after)

➡ I _____.

05 그녀의 지속적인 지지는 그를 자신감 있게 만든다. (him, makes, confident)

➡ Her constant support _____.

06 우리는 향이 강한 식물 부분을 허브와 향신료라고 부른다. (herbs, plant, spices, the highly, parts, and, flavored, call)

➡ We _____.

07 인터넷은 어떤 문제에 관해서도 매우 많은 무료 정보를 이용 가능하도록 만들어 왔다.
(so much, has made, available, free, information)

➡ The Internet _____ on any issue.

08 그녀는 자신의 작업실을 깨끗하고 정리된 상태로 유지한다. (clean, workplace, keeps, organized, and, her)

➡ She _____.

09 Jack의 고객들은 그가 근면하고 신뢰할 수 있는 변호사라고 생각했다.
(lawyer, believed, a hardworking, him, trustworthy, and)

➡ Jack's clients _____.

10 보험 회사는 휴대폰으로 통화하면서 운전하는 것이 매우 위험하다고 생각한다.
(on a cell phone, consider, dangerous, and driving, talking, very)

➡ Insurance companies _____.

NEW SENTENCES

» 다음 문제를 풀어보며 새로운 문장을 익혀보세요.

B 다음 문장에서 목적어와 목적격 보어를 찾아 밑줄을 긋고, 문장을 해석하시오.

01 The teacher found the answer incorrect.

_____

02 Despite numerous reminders, the chef left the soup cold.

_____

03 Without any discussion, my father painted the fence green.

_____

04 Sally always calls her husband a liar.

_____

05 They named their first baby Sylvia.

_____

06 The president's sudden arrival left the meeting room quiet.

_____

C 다음 문장이 해당하는 문형을 고르시오.

01 The committee appointed him chairman. ☐ S V IO DO ☐ S V O OC

02 The teacher gave the students a pop quiz. ☐ S V IO DO ☐ S V O OC

03 Many people consider her an expert in her field. ☐ S V IO DO ☐ S V O OC

04 I will make you proud of me. ☐ S V IO DO ☐ S V O OC

05 He built his family a large house. ☐ S V IO DO ☐ S V O OC

06 We find the new software system a crucial tool in the office. ☐ S V IO DO ☐ S V O OC

문장 암기 REVIEW

» 다음 문제를 풀어보며 본책에서 학습한 문장을 복습해보세요.

A 다음 우리말과 의미가 같도록 괄호 안의 말을 배열하시오.

01 연습이 완벽을 만들고, 완벽한 사람은 없다. (perfect, no one, makes, perfect, and, is)

→ Practice _____, _____.

02 그녀는 지금 통화 중이다. (the phone, right now, is, on, talking)

→ She _____.

03 기후 변화와 서식지 상실 때문에 많은 동물이 줄어들고 있다.

(due to, and, shrinking, habitat loss, are, climate change)

→ Many animals _____.

04 손안의 한 마리 새가 덤불 속의 두 마리의 가치가 있다. (the bush, worth, in, two, is)

→ A bird in the hand _____.

05 그녀는 매일 오후에 자신의 반려견과 함께 공원에 간다. (the park, her dog, to, with, goes)

→ She _____ every afternoon.

06 인간은 다양한 메커니즘을 통해 자신들의 환경에 적응한다.

(through, adapt to, various, their, mechanisms, environment)

→ Humans _____.

07 우리는 일반적으로 텔레비전을 휴식의 한 방법으로 생각한다. (as, think of, to relax, television, a way)

→ We generally _____.

08 그 과학자의 이론은 과학계에서 동의를 얻고 있다. (the scientific, acceptance, gaining, in, is, community)

→ The scientist's theory _____.

09 나는 당신에게 지속적인 소음 문제를 알리기 위해 글을 쓰고 있다. (to inform, am, you, writing)

→ I _____ of an ongoing noise issue.

10 과학 연구는 우주에 대한 우리의 지식을 넓힘으로써 우주에 대한 우리의 이해를 발전시킨다.

(the universe, of, our, advances, understanding)

→ Scientific research _____ by expanding our knowledge of the cosmos.

NEW SENTENCES

» 다음 문제를 풀어보며 새로운 문장을 익혀보세요.

B 다음 문장에서 동사를 찾아 밑줄을 긋고, 문장을 해석하시오.

01 Mammals breathe oxygen from the air.

_____

02 Medical research is improving our understanding of the human body.

_____

03 Experts are debating the long-term effects of artificial intelligence on society.

_____

04 Water boils at 100 degrees Celsius.

_____

05 We are conducting a survey to assess customer satisfaction.

_____

06 I always drink a cup of coffee in the morning.

_____

C 다음 중 어법상 적절한 것을 고르시오.

01 Knowledge is / was power, and ignorance is bliss.

02 He walks / walked to the gym with his friend every morning.

03 The Earth rotates / rotated on its axis once every 24 hours.

04 When in Rome, do / did as the Romans do.

05 Home is / was where the heart is, and the world is a book.

06 She drives / drove to work every day, but today she is taking a bus.

문장 암기 REVIEW ≫ 다음 문제를 풀어보며 본책에서 학습한 문장을 복습해보세요.

A 다음 우리말과 의미가 같도록 괄호 안의 말을 배열하시오.

01 나는 어제 오후에 도서관에서 책을 읽고 있었다. (in, reading, a book, was, the library)

➡ I _____ yesterday afternoon.

02 새로운 선수들이 차고 옆에서 그늘에 앉아 있었다. (sitting, in, were, the shade)

➡ New players _____ by the garage.

03 McGraw는 그들의 자세와 표정의 변화를 알아차렸다. (their postures, a change, and, in, noticed, faces)

➡ McGraw _____ .

04 그녀는 지난 금요일에 자신의 집에서 저녁 파티를 주최했다. (her home, a dinner party, hosted, at)

➡ She _____ last Friday.

05 집단 음악 치료는 참가자들의 삶의 질을 향상시켰다. (the quality, participants', improved, life, of)

➡ The group music therapy _____ .

06 잉카 제국은 걸어서 메시지를 전달하는 데 뛰어났다. (delivering, at, on foot, excelled, messages)

➡ The Inca empire _____ .

07 간호사는 그 군인이 침대 옆에 앉을 수 있도록 의자를 가져왔다.

(brought, so that, could, the soldier, a chair, sit)

➡ The nurse _____ beside the bed.

08 점점 더 많은 사람들이 상점이나 빵집에서 자신들의 빵을 사고 있었다.

(buying, stores, their bread, from, were, bakeries, or)

➡ More and more people _____ .

09 내가 그 학교에 도착했을 때 비가 많이 내리고 있었다. (was, arrived, at, when, raining heavily, I, the school)

➡ It _____ .

10 그녀는 과제를 하려던 자신의 원래 계획을 바꿨고 쇼핑몰에 가기로 결정했다.

(her, the assignment, original, to do, changed, plan)

➡ She _____ and decided to go to the shopping mall.

NEW SENTENCES

B 다음 밑줄 친 부분이 어법상 옳으면 ○, 틀리면 ✕ 로 표시하고 바르게 고치시오.

01 He <u>organizes</u> a surprise birthday party for his best friend last month.

02 The athlete <u>broke</u> the world record during the championship finals.

03 The guide <u>provides</u> maps so that the tourists could navigate the city.

04 We <u>hike</u> in the mountains when we spotted a rare bird species.

05 The company <u>launched</u> its revolutionary product in 2023.

06 We <u>are having</u> dinner when the earthquake struck last night.

C 다음 중 어법상 적절한 것을 고르시오.

01 The storm | is / was | fierce and destructive, and the residents fled in panic.

02 She | is conducting / conducted | a series of experiments to test her hypothesis last summer.

03 It | snows / was snowing | heavily when they reached the ski resort.

04 He changed his original travel schedule and | decides / decided | to extend his stay.

05 She | is / was | studying for her final exams all day yesterday.

06 I | visit / visited | Paris two years ago for the first time.

문장 암기 REVIEW

» 다음 문제를 풀어보며 본책에서 학습한 문장을 복습해보세요.

A 다음 우리말과 의미가 같도록 괄호 안의 말을 배열하시오.

01 경제학자들은 세계 경제에 미칠 새로운 무역 정책의 영향을 예측하고 있을 것이다.
(the impact, predicting, will, the new, be, of, trade policy)

→ Economists _____ on the global economy.

02 모든 참가자는 참가 증명서를 받을 것이다! (a certificate, for, will, entry, receive)

→ Every participant _____ !

03 비행기는 예정대로 출발할 것이고, 변경 사항은 없다. (on schedule, no, there, is departing, and, changes, are)

→ The flight _____, _____.

04 심사위원들은 대회의 우승자를 막 발표하려고 한다. (the winner, of, announce, are about to, the competition)

→ The judges _____.

05 그녀는 다음 달에 런던에 있는 자신의 친구를 방문할 것이다. (visit, in London, is going to, next month, her friend)

→ She _____.

06 그 예술가는 예술로 생계를 유지하겠다는 자신의 꿈을 막 포기하려고 한다.
(give up on, making a living, is about to, of, her dream)

→ The artist _____ from her art.

07 그 식당은 이번 시즌 동안 메뉴를 변경하지 않을 것이다. (during, change, going to, its menu, is not, this season)

→ The restaurant _____.

08 자동화의 발전으로 인해 미국 내 일자리의 62%가 위험에 처할 것이다.
(due to, will be, in automation, in danger, advances)

→ 62 percent of jobs in America _____.

09 아이스크림과 간식을 파는 가판대가 있을 것이다. (a food stand, ice cream, will be, snacks, and, selling)

→ There _____.

10 꾸준한 연습 없이는 새로운 언어를 배우는 것은 쉽지 않을 것이다. (consistent, easy, will, practice, be, without, not)

→ Learning a new language _____.

NEW SENTENCES

» 다음 문제를 풀어보며 새로운 문장을 익혀보세요.

B 다음 문장에서 동사를 찾아 밑줄을 긋고, 문장을 해석하시오.

01 The flight will arrive in New York at 5 p.m. tomorrow.

_____

02 They will be traveling around Europe next month.

_____

03 By 2050, about 70% of vehicles on the road will be electric.

_____

04 Our family is leaving for vacation to the beach this weekend.

_____

05 We will be moving to our new headquarters by the end of this quarter.

_____

C 다음 밑줄 친 동사가 나타내는 시제를 고르시오.

01 The concert is starting at 8 o'clock, so please arrive early. ☐ 현재 ☐ 미래

02 I am going to visit my grandparents this weekend. ☐ 현재 ☐ 미래

03 My mother is cooking a delicious dinner in the kitchen. ☐ 현재 ☐ 미래

04 They are about to make an important announcement. ☐ 현재 ☐ 미래

05 Every student is receiving a laptop for their studies next semester. ☐ 현재 ☐ 미래

06 Researchers are studying the negative effects of social media. ☐ 현재 ☐ 미래

문장 암기 REVIEW » 다음 문제를 풀어보며 본책에서 학습한 문장을 복습해보세요.

A 다음 우리말과 의미가 같도록 괄호 안의 말을 배열하시오.

01 당신은 이전에 새로운 프로젝트에 대한 소식을 들어 본 적 있으신가요? (the new project, the news, about, heard)

➡ Have you ＿＿＿＿＿＿＿＿＿＿＿＿＿＿＿＿＿＿＿＿＿ before?

02 최근에 내 머리카락이 정말 빠르게 자라고 있다. (really, growing, has been, fast)

➡ My hair ＿＿＿＿＿＿＿＿＿＿＿＿＿＿＿＿＿＿＿ lately.

03 나는 지난 5년 동안 영업 보조원으로 일해 왔다. (have, a sales assistant, as, worked)

➡ I ＿＿＿＿＿＿＿＿＿＿＿＿＿＿＿＿＿＿＿ for the last five years.

04 행동 변화가 일부 사람들에게는 효과가 있음이 입증되었다. (proved, some people, effective, have, for)

➡ Behavioral changes ＿＿＿＿＿＿＿＿＿＿＿＿＿＿＿＿＿＿＿.

05 정비공은 고장난 문을 고치고 안전을 위해 그것을 시험했다. (and, has fixed, it, tested, the broken door)

➡ The mechanic ＿＿＿＿＿＿＿＿＿＿＿＿＿＿＿＿＿＿＿ for security.

06 그녀는 자신의 가족과 함께 5년 동안 파리에 살고 있다. (living, 5 years, for, in Paris, has been)

➡ She ＿＿＿＿＿＿＿＿＿＿＿＿＿＿＿＿＿＿＿, with her family.

07 그 새로운 정책을 지지하는 여론이 발전해 오고 있다. (in favor of, has been, the new policy, developing)

➡ Public opinion ＿＿＿＿＿＿＿＿＿＿＿＿＿＿＿＿＿＿＿.

08 젖병은 아기와 엄마의 기본적인 인간 경험을 변화시켜 왔다.

(a basic, and, has transformed, infants, human experience, mothers, for)

➡ The baby bottle ＿＿＿＿＿＿＿＿＿＿＿＿＿＿＿＿＿＿＿.

09 인류의 모든 역사에서, 우리는 지구상에서 가장 창의적인 존재였다. (beings, creative, have been, the most)

➡ For all of human history, we ＿＿＿＿＿＿＿＿＿＿＿＿＿＿＿＿＿＿＿ on Earth.

10 우리 대부분은 인적 자원 기준에 근거하여 많은 사람을 고용해 왔다.

(many people, based on, human resources criteria, have hired)

➡ Most of us ＿＿＿＿＿＿＿＿＿＿＿＿＿＿＿＿＿＿＿.

NEW SENTENCES

» 다음 문제를 풀어보며 새로운 문장을 익혀보세요.

B 다음 밑줄 친 현재완료의 의미를 골라 쓰시오.

> 경험   완료   계속   결과

01 I <u>have lost</u> my keys, so I can't get into my apartment.

02 We <u>have visited</u> that museum twice this year.

03 We <u>have</u> already <u>booked</u> our flights for the vacation.

04 She <u>has worked</u> on this project since last summer.

05 They <u>have won</u> the lottery, so they're now millionaires.

06 We <u>have not heard</u> from her since she moved abroad.

C 다음 중 어법상 적절한 것을 고르시오.

01 He studied / has studied Japanese for five years and is now fluent.

02 He learned / has learned to play the guitar when he was a teenager.

03 She was painting / has been painting portraits professionally for over a decade.

04 She works / has worked at the same company since graduating college.

05 I was studying / have been studying French for six months now.

06 They move / have moved to a new house recently, so they need to update their address.

문장 암기 REVIEW » 다음 문제를 풀어보며 본책에서 학습한 문장을 복습해보세요.

A 다음 우리말과 의미가 같도록 괄호 안의 말을 배열하시오.

01 사람들은 그들과 의미 있고 생산적으로 소통할 수 있을 것이다. (interact, productively, be able to, meaningfully, will, and)

➡ People _____ with them.

02 직원들은 업무와 관련된 일들을 위해 자신들의 개인 기기를 사용해도 된다.

(work-related, personal, their, tasks, may, devices, for, use)

➡ Employees _____.

03 나는 영어와 다른 몇몇 외국어를 유창하게 말할 수 있다. (and, other languages, speak, English, can, several)

➡ I _____ fluently.

04 그 소음은 길 건너편에 있는 공사 현장으로부터 온 것일 수도 있다.

(the street, come, the construction site, from, could, across)

➡ The noise _____.

05 선거에서 투표하는 방법을 저에게 말씀해 주시겠어요? (me, the election, how, tell, in, to vote)

➡ Could you _____?

06 그 목격자는 자신이 그 사건에 대해 다르게 생각하고 있다고 발견할지도 모른다.

(find, about, himself or herself, might, the event, thinking)

➡ The witness _____ differently.

07 사악한 누군가가 왜 우리가 무언가를 할 수 없는지를 여러분에게 말할 수도 있다.

(why, can't, do, you, might, we, tell, something)

➡ Someone evil _____.

08 수면 부족은 심지어 기분 문제를 일으킬 수도 있다. (problems, mood, even cause, may)

➡ A lack of sleep _____.

09 이 방이 직원 전용 구역이기 때문에 여러분은 이 방에 들어갈 수 없다.

(area, it, because, enter, a staff-only, this room, can't, is)

➡ You _____.

NEW SENTENCES

B 다음 문장에서 동사 부분을 찾아 밑줄을 긋고, 문장을 해석하시오.

01 We will be able to visit the new museum next month.

_____

02 The recipe may require ingredients that are hard to find.

_____

03 The storm could cause significant damage to coastal areas.

_____

04 The cat can climb to the top of that tall tree with ease.

_____

05 They will be able to communicate more effectively after taking the course.

_____

C 다음 밑줄 친 부분의 의미를 골라 쓰시오.

능력	허가/요청	추측

01 We will be able to reduce our carbon footprint by using public transportation.

02 Could you please turn down the music? It's too loud.

03 They may not understand the consequences of their actions.

04 You may leave early today if you finish all your work.

05 When I was a child, I couldn't ride a bicycle without training wheels.

06 She can't still be at the restaurant; it closed over an hour ago.

≫ 다음 문제를 풀어보며 본책에서 학습한 문장을 복습해보세요.

A 다음 우리말과 의미가 같도록 괄호 안의 말을 배열하시오.

01 Jack은 내일까지 자신의 숙제를 마쳐야 한다. (tomorrow, his homework, must, by, finish)

➡ Jack _____.

02 당신은 당신의 건강을 향상시키기 위해 그 상점에 걸어가는 것이 좋다.

(to improve, had better, your health, the shop, to, walk)

➡ You _____.

03 우리는 다른 사람들의 의견과 관점을 존중해야 한다. (and, other people's, perspectives, respect, opinions, should)

➡ We _____.

04 운전자는 이 도로에서 제한 속도를 초과해서는 안 된다. (exceed, on this road, must, the speed limit, not)

➡ Drivers _____.

05 그 식당은 항상 밖에 긴 줄이 있기 때문에 인기가 있음에 틀림없다.

(because, popular, must, a long line, be, there's always)

➡ The restaurant _____ outside.

06 손님들은 파티에 아무것도 가져올 필요가 없다. (to the party, don't, bring, have to, anything)

➡ The guests _____.

07 우리는 보안상의 이유로 그 프로젝트에 대해 말하지 않는 것이 좋겠다.

(security reasons, talk about, not, for, the project, had better)

➡ We _____.

08 사람은 다른 사람을 그들의 겉모습을 근거로 판단해서는 안 된다.

(judge, not, based on, others, their appearance, should)

➡ One _____.

09 당신은 섭취 전에 식품 영양 성분표를 확인해야 한다.

(the nutrition facts label, consumption, check, before, should)

➡ You _____.

NEW SENTENCES

B 다음 문장에서 동사 부분을 찾아 밑줄을 긋고, 문장을 해석하시오.

01 Students need not bring their own laptops to the exam.

_____

02 We must preserve historical landmarks for future generations.

_____

03 You must not forget to lock the doors before leaving.

_____

04 You ought to apologize for your behavior at the meeting.

_____

05 Hikers had better bring plenty of water on long trails.

_____

06 Travelers should respect local customs when visiting foreign countries.

_____

C 다음 중 문맥상 적절한 것을 고르시오.

01 You | must / don't have to | attend the party if you're not feeling well.

02 Children | ought to / need not | eat a balanced diet for proper growth.

03 You | should / had better not | miss the last train to get home.

04 Guests | don't have to / must not | bring gifts to the wedding ceremony.

05 The team | ought to / need not | practice more before the big game.

06 To sleep well at night, we | must / don't need to | reduce our caffeine intake.

문장 암기 **REVIEW** » 다음 문제를 풀어보며 본책에서 학습한 문장을 복습해보세요.

A 다음 우리말과 의미가 같도록 괄호 안의 말을 배열하시오.

01 집에 오는 길에 식료품 좀 사다 주시겠어요? (your way, groceries, home, some, buy, on)

➡ Will you _____ ?

02 그녀는 예전에 훌륭한 가수였지만, 그녀는 자신의 목소리를 잃어버렸다.

(a great singer, her voice, lost, be, used to, she)

➡ She _____, but _____ .

03 신선한 공기가 들어올 수 있도록 창문을 열어 주시겠어요? (the window, fresh air, to let in, some, open)

➡ Would you _____ ?

04 그들은 주말마다 해변으로 가곤 했다. (the beach, go, on, to, would, weekends)

➡ They _____ .

05 또한 Fred를 위해 장난감 몇 개를 보내 주시겠어요? (send, toys, Fred, a few, for)

➡ Will you _____ as well?

06 내가 어렸을 때, 나의 조부모님은 우리에게 자신들의 과거에 관한 이야기를 들려주곤 했다.

(us, old days, stories, used to, their, about, tell)

➡ When I was a child, my grandparents _____ .

07 사랑하는 산타에게, 나의 어머니를 위해 미소와 웃음을 좀 보내 주시겠어요?

(a few, my mother, smiles, for, and, laughs, send)

➡ Dear Santa, will you _____ ?

08 그 노인은 매일 아침 자신의 집 지붕에 앉아 있곤 했다. (the roof, sit, of, on, would, his house)

➡ The old man _____ every morning.

09 내일 오후 3시쯤에 공항에서 저를 태우러 올 수 있을까요? (me, the airport, pick, be able to, up, from)

➡ Will you _____ tomorrow around 3 p.m.?

10 주말마다, 나는 책을 빌리고 공부하기 위해 도서관에 가곤 했다.

(the library, study, to borrow, would, to, and, books, go)

➡ On weekends, I _____ .

NEW SENTENCES

» 다음 문제를 풀어보며 새로운 문장을 익혀보세요.

B 다음 밑줄 친 조동사의 의미를 골라 쓰시오.

미래	요청	과거의 습관

01 The meeting <u>will</u> start at 10 a.m., according to the latest schedule.

02 They <u>would</u> go camping every summer when they were younger.

03 <u>Would</u> you mind leaving us alone for a few minutes?

04 I <u>will</u> finish the project by the end of this week.

05 We <u>would</u> celebrate our anniversary at a fancy restaurant every year.

06 <u>Will</u> you do me the pleasure of coming to the dinner with me?

C 다음 중 문맥상 적절한 것을 고르시오.

01 I will / would call you as soon as I arrive at the hotel tomorrow.

02 He would / used to be afraid of heights, but overcame his fear.

03 She will / would spend hours reading comic books when she was a child.

04 This old building would / used to be a school before.

05 He will / would smoke, but he quit five years ago.

06 When I was younger, I will / would often take long road trips during the holidays.

문장 암기 REVIEW

» 다음 문제를 풀어보며 본책에서 학습한 문장을 복습해보세요.

A 다음 우리말과 의미가 같도록 괄호 안의 말을 배열하시오.

01 그는 교통 체증 때문에 운전하는 대신에 기차를 탔을 수도 있다. (have, driving, the train, taken, instead of, could)

➡ He _____ because of the traffic jam.

02 그녀는 내 얼굴 표정을 봤음이 틀림없다. (on my face, the look, seen, must, have)

➡ She _____ .

03 그녀는 너무 늦게까지 공부하면서 깨어 있지 말았어야 했다. 지금 그녀는 지쳤다. (shouldn't, have, so late, stayed up)

➡ She _____ studying. Now she's exhausted.

04 그것은 모두 내 잘못이다. 내가 더 조심했어야 했다. (more careful, have, should, been)

➡ It's all my fault. I _____ .

05 그들은 거기 없다. 그들은 오늘 아침에 버스를 놓쳤을 수도 있다. (the bus, missed, this morning, have, may)

➡ They aren't there. They _____ .

06 나는 나의 은퇴에 대비해 더 많은 돈을 저축했어야 했다. (saved, more money, my retirement, should, for, have)

➡ I _____ .

07 네가 지금까지 해 온 모든 것은 이 순간을 위해 너를 준비시켰어야 했다. (for this moment, prepared, should, have, you)

➡ Everything that you've done until now _____ .

08 당신의 주장은 사실에 근거하고 있기 때문에, 거짓이었을 리가 없다. (false, is based on, cannot, have, facts, been, it)

➡ Your argument _____ , because _____ .

09 그 화가는 자신의 그림에서 몇 가지 실수를 했을지도 모르지만, 그는 여전히 자신의 작품을 자랑스러워한다.
(have, in his painting, made, some mistakes, may)

➡ The artist _____ , but he is still proud of his work.

10 너는 내가 너에게 주었던 요리법을 따랐어야 했다. (should, followed, the recipe, have)

➡ You _____ I gave you.

NEW SENTENCES

» 다음 문제를 풀어보며 새로운 문장을 익혀보세요.

B 다음 빈칸에 들어갈 문맥상 가장 적절한 조동사를 골라 쓰시오.

must	should	cannot	should not

01 He _____ have been exhausted after running the marathon.

02 The package _____ have arrived by now; I wonder what's causing the delay.

03 You _____ have eaten that expired food; it was a bad decision.

04 He _____ have been the thief; he was with me the entire time.

05 The movie _____ have been really popular because the theater was full of people.

06 They _____ have taken a wrong turn; they're an hour late.

C 다음 중 문맥상 적절한 것을 고르시오.

01 The concert must / should not have been amazing; everyone's praising it.

02 You cannot / should have seen the look on her face when she got the surprise gift.

03 I must / should not have ignored the warning signs; now my car needs major repairs.

04 I may / cannot have left my wallet at the restaurant; I can't find it anywhere.

05 Severe drought cannot / must have caused starvation all over the country.

06 You should / should not have backed up your data before updating the software.

UNIT 14 수동태(주어+be동사+p.p.)

문장 암기 REVIEW

» 다음 문제를 풀어보며 본책에서 학습한 문장을 복습해보세요.

A 다음 우리말과 의미가 같도록 괄호 안의 말을 배열하시오.

01 바람에 의해 문이 열렸다. (was, the wind, by, opened)

→ The door _____.

02 각 이미지는 한 번에 일주일 동안 전시되었다. (displayed, a week, for, was)

→ Each image _____ at a time.

03 그는 학우에 의해 재즈의 세계로 소개되었다. (a schoolmate, the world, introduced, by, of jazz, to, was)

→ He _____.

04 이 자선 행사는 위원회에 의해 조직된다. (the committee, organized, by, is)

→ This charity event _____.

05 수영은 당시에 미국인들에 의해 지배되었다. (was, Americans, by, dominated)

→ Swimming _____ at the time.

06 그 실험은 통제된 환경에서 수행되었다. (conducted, environment, controlled, in, a, was)

→ The experiment _____.

07 그 그림은 갤러리 전시회의 첫날에 팔렸다. (on, the gallery exhibition, was, the first day, sold, of)

→ The painting _____.

08 나는 당신이 환경에 대해 썼던 최근의 책에 의해 깊은 감명을 받았다. (the latest book, by, was, wrote, impressed, you)

→ I _____ about the environment.

09 그는 많은 의사와 상담했고, 그들 중 몇몇에 의해 치료받았다.

(treated, many doctors, was, several of them, by, and, consulted)

→ He _____.

10 도로가 폭설로 인해 막혔기 때문에 당일 여행이 취소되었다.

(canceled, heavy snow, because, was, by, blocked, the road, was)

→ The day trip _____.

NEW SENTENCES

» 다음 문제를 풀어보며 새로운 문장을 익혀보세요.

B 다음 능동태 문장을 수동태 문장으로 고치시오.

01 Thousands of excited fans attended the concert.

➡ _____

02 The company's CEO announced a major restructuring plan.

➡ _____

03 High school students organize the charity event.

➡ _____

04 Volunteers planted hundreds of trees in the park.

➡ _____ in the park.

05 Strict conservation efforts protect endangered animals.

➡ _____

06 Critics praised the actor's performance in the challenging role.

➡ _____

C 다음 중 어법상 적절한 것을 고르시오.

01 The data analyzed / was analyzed using advanced statistical methods.

02 The artist's latest sculpture revealed / was revealed at the museum opening.

03 The police detective interviewed / was interviewed several witnesses.

04 A new product launched / was launched by the company before the holiday season.

05 A team of scientists developed / was developed the vaccine in record time.

06 Hikers rescued / were rescued by a search team after getting lost in the mountains.

시제에 따라 다양한 수동태

» 다음 문제를 풀어보며 본책에서 학습한 문장을 복습해보세요.

A 다음 우리말과 의미가 같도록 괄호 안의 말을 배열하시오.

01 여러 채의 집들이 지난여름에 이웃에서 개조되고 있었다. (being, the neighborhood, were, in, renovated)

➡ Several houses _____ last summer.

02 학급 파티는 금요일 오후에 열릴 것이다. (on the afternoon, will, of Friday, be held)

➡ Class parties _____ .

03 여러분은 디지털 시대에 항상 감시당하고 있다. (watched, are, at all times, being)

➡ You _____ in the digital age.

04 개인의 다양성을 존중하기 위해 더 관용적인 사회가 채택되어야 한다.

(the diversity, individuals, be, to respect, of, adopted, should)

➡ A more tolerant society _____ .

05 다른 연구원들에 의해 비슷한 결과가 발견되어 왔다. (researchers, found, other, have, by, been)

➡ Similar results _____ .

06 가능한 한 빨리 결정은 내려져야 한다. (possible, be, made, as soon as, must)

➡ The decision _____ .

07 나는 밤늦게 농구를 하는 사람들에 의해 끊임없이 방해받고 있다. (being, disrupted, by individuals, am constantly)

➡ I _____ playing basketball late at night.

08 당신의 면접이 다음 주 수요일로 연기되었다. (been, next Wednesday, delayed, to, has)

➡ Your interview _____ .

09 우승한 비디오는 학교 축제에서 상영될 것이다. (the school festival, played, at, be, will)

➡ The winning video _____ .

10 그의 감정은 그의 몸짓 언어를 통해 전달되었다. (body language, has, through, his, transmitted, been)

➡ His emotion _____ .

NEW SENTENCES

» 다음 문제를 풀어보며 새로운 문장을 익혀보세요.

B 다음 능동태 문장의 밑줄 친 부분이 주어가 되도록 수동태 문장으로 고치시오.

01 Researchers are developing <u>a new vaccine</u> to combat the virus.

→ _____

02 The CEO will present <u>the annual report</u> to the shareholders.

→ _____ by the CEO.

03 Marine biologists have identified <u>a new species of deep-sea creature</u>.

→ _____

04 Scientists must follow <u>all safety rules</u> during the experiment.

→ _____ during the experiment.

05 The city council will approve <u>the new urban development project</u>.

→ _____

06 Sally could improve <u>the essay</u> with more detailed examples.

→ _____

C 다음 중 어법상 적절한 것을 고르시오.

01 The contract may ⏐renew / be renewed⏐ at the end of the year.

02 The organizers are ⏐selling / being sold⏐ the concert tickets at a discounted price.

03 A new educational program will ⏐introduce / be introduced⏐ in schools nationwide.

04 A team of linguists is ⏐translating / being translated⏐ the ancient text.

05 Her excitement has ⏐expressed / been expressed⏐ through her energetic gestures.

06 The message has ⏐conveyed / been conveyed⏐ through subtle facial expressions.

문장 암기 REVIEW

» 다음 문제를 풀어보며 본책에서 학습한 문장을 복습해보세요.

A 다음 우리말과 의미가 같도록 괄호 안의 말을 배열하시오.

01 음향 시스템이 콘서트 후에 직원에 의해 꺼졌다. (was, the staff, by, turned off)

→ The sound system _____ after the concert.

02 아이들은 낮 동안 자신들의 조부모에 의해 돌보아져 왔다. (have been, their grandparents, looked after, by)

→ The children _____ during the day.

03 그 아마추어 가수는 오디션에서 심사위원들에 의해 비웃음을 당했다. (was, by, the judges, laughed at)

→ The amateur singer _____ in the audition.

04 그는 그의 경험 부족 때문에 동료들에 의해 무시당했다.

(because of, was, his colleagues, by, of experience, looked down on, his lack)

→ He _____ .

05 그는 자신의 가족에 대한 강한 책임감을 가지고 길러졌다. (was, a strong sense, brought up, of responsibility, with)

→ He _____ towards his family.

06 우리는 노년에 이르는데, 그때 우리는 다시 아기처럼 돌봄을 받아야 한다. (taken care of, must be, as babies)

→ We come to old age, where we _____ again.

07 그녀는 필요한 경험을 가지고 있지 않았기 때문에 그 일자리에서 거절당했다. (was, for the job, turned down)

→ She _____ because she didn't have the required experience.

08 그 선생님은 그녀의 친절과 지혜로 인해 자신의 학생들에 의해 존경받았다.

(her kindness, her students, was, by, for, looked up to)

→ The teacher _____ and wisdom.

09 긴 근로 시간 때문에 직원들에 의해 휴식이 요청되었다.

(working hours, was, the long, by, due to, asked for, the employees)

→ A break _____ .

10 인공 지능은 업무를 자동화하고 자료로부터의 통찰을 얻기 위해 기업에 의해 이용된다.

(made use of, tasks, to automate, by businesses, is)

→ Artificial intelligence _____ and gain insights from data.

NEW SENTENCES

» 다음 문제를 풀어보며 새로운 문장을 익혀보세요.

B 다음 능동태 문장을 수동태 문장으로 고치시오.

01 The entire class laughed at his awkward dance moves.

➡ _____

02 His loving aunt brought up the orphaned child.

➡ _____

03 The whole community is looking forward to the annual festival.

➡ _____

04 People are turning off all electronic devices to conserve energy.

➡ _____ to conserve energy.

05 They put off the important decision until the next meeting.

➡ _____ until the next meeting.

06 Young researchers look up to the veteran scientist.

➡ _____

C 다음 중 어법과 문맥상 적절한 것을 고르시오.

01 Local ingredients were making / made use of by the chef in creating the menu.

02 The generous job offer was turned up / down by the candidate.

03 The children were looking / looked after by their grandmother during the vacation.

04 More time to complete the project is asking / being asked for by the students.

05 Elderly patients are taking / taken care of in this facility.

06 Their efforts should not be looked up / down on by anyone.

문장 암기 REVIEW » 다음 문제를 풀어보며 본책에서 학습한 문장을 복습해보세요.

A 다음 우리말과 의미가 같도록 괄호 안의 말을 배열하시오.

01 그들의 실험에서, 참가자들은 2분간의 다큐멘터리 영화를 보게 되었다. (documentary film, were, a two minute, shown)

➡ In their experiment, participants _____ .

02 그녀를 위해 생일 선물로 핸드백이 구매되었다. (as, was, for, bought, a birthday present, her)

➡ The handbag _____ .

03 그 노래의 멜로디는 그녀를 위해 한 유명한 작곡가에 의해 만들어졌다. (a famous composer, was, for, her, by, made)

➡ The melody of the song _____ .

04 감독관에 의해서 매니저에게 검토가 요청되었다. (was, by, of the manager, the supervisor, asked)

➡ A review _____ .

05 나는 나의 아버지에 의해 몇 장의 오래된 사진을 받았다. (given, my father, old pictures, by, was, some)

➡ I _____ .

06 1844년에, 그러한 공헌으로, 그는 (영국) 왕립 협회에 의해 수학으로 금메달을 받았다.

(was, for, awarded, mathematics, a gold medal)

➡ For those contributions, in 1844, he _____ by the Royal Society.

07 그녀는 그 회의에 대해서 일정의 변경을 들었다. (told, the changes, in the schedule, was)

➡ She _____ for the conference.

08 Vincent에게 연휴 동안 며칠간의 추가적인 휴가가 주어진다. (given, a few, vacation days, is, extra)

➡ Vincent _____ for the holidays.

09 모든 참가자들에게 기념품과 메달이 주어질 것이다. (to, given, all, will, participants, be)

➡ Souvenirs and medals _____ .

10 학생들은 열린 토론을 통해 문화적 다양성의 중요성을 배웠다. (of, taught, cultural diversity, were, the importance)

➡ Students _____ through open discussions.

NEW SENTENCES

» 다음 문제를 풀어보며 새로운 문장을 익혀보세요.

B 다음 능동태 문장을 수동태 문장으로 고치시오.

01 The designer made the lead actor an elaborate costume.

➡ _____

02 The guide showed the hikers the safest route.

➡ _____

➡ _____

03 The supervisor gave the struggling employee a second chance.

➡ _____

➡ _____

04 Sarah's husband bought her a beautiful necklace.

➡ _____

05 The chef cooked Kelly a special dinner.

➡ _____

C 다음 중 어법상 적절한 것을 고르시오.

01 A solution was asked of / for the expert by the committee.

02 The tourists showed / were shown the directions by the guide.

03 A rare book found / was found for the collector by the bookseller.

04 The truth was told to / of the jury by the witness.

05 A new car bought / was bought for Tom by his parents.

06 The students taught / were taught the recipe by the chef.

문장 암기 REVIEW » 다음 문제를 풀어보며 본책에서 학습한 문장을 복습해보세요.

A 다음 우리말과 의미가 같도록 괄호 안의 말을 배열하시오.

01 그 연설자의 의도는 그의 마지막 발언에 의해 분명해졌다. (his, by, were, final, made, remarks, clear)

➡ The speaker's intentions _____ .

02 남아메리카의 고대 문명은 잉카 제국이라고 불린다. (is, the Incan Empire, called)

➡ The ancient civilization in South America _____ .

03 그녀는 그 회사의 사장으로 선출되었다. (the company, was, of, elected, the president)

➡ She _____ .

04 팬들은 그 선수의 갑작스러운 은퇴 후에 말문이 막힌 상태로 남겨졌다.

(retirement, the player's, left, after, were, sudden, speechless)

➡ Fans _____ .

05 부상당한 등산객은 구조 전에 며칠 동안 야생에 홀로 남겨졌다. (left, in the wild, alone, was)

➡ The injured hiker _____ for days before rescue.

06 그 문서들은 그 수사의 중요한 증거로 발견되었다. (important, the investigation, were, for, found, evidence)

➡ The documents _____ .

07 한 집단은 유전자를 변형함으로써 지적으로 우월하게 만들어졌다. (was, superior, made, intellectually)

➡ One group _____ by modifying the gene.

08 이 건물은 지역 정부에 의해 역사적인 랜드마크로 지정되었다.

(the local, was, by, landmark, a historical, designated, government)

➡ This building _____ .

09 Julia Margaret Cameron은 19세기의 최고의 초상화 사진작가 중 한 명으로 여겨진다.

(the greatest, considered, portrait photographers, one of, is)

➡ Julia Margaret Cameron _____ of the 19th century.

10 그녀가 직면한 어려움에도 불구하고 그녀의 정의에 대한 믿음은 강하게 유지되었다.

(strong, despite, the challenges, was, kept)

➡ Her faith in justice _____ she faced.

NEW SENTENCES

» 다음 문제를 풀어보며 새로운 문장을 익혀보세요.

B 다음 능동태 문장을 수동태 문장으로 고치시오.

01 Literary scholars called the novel very influential.

➡ _____

02 Analysts considered the mission impossible.

➡ _____

03 Management declared the project a failure.

➡ _____

04 Art collectors considered the statue priceless.

➡ _____

05 Researchers proved the experiment successful.

➡ _____

06 Organizers called the event a huge success.

➡ _____

C 다음 중 어법상 적절한 것을 고르시오.

01 The child left / was left alone in the house for several hours.

02 The rules of the game were made clear / clearly before the match began.

03 The building designated / was designated historic by the city council.

04 The missing hikers were found safe / safely after three days in the wilderness.

05 The complex theory made / was made intellectually accessible through clear explanations and visual aids.

06 The old building is considered remarkable / remarkably by architectural experts.

by 이외의 전치사와 쓰이는 수동태 관용 표현

문장 암기 REVIEW » 다음 문제를 풀어보며 본책에서 학습한 문장을 복습해보세요.

A 다음 우리말과 의미가 같도록 괄호 안의 말을 배열하시오.

01 이 지역 합창단은 30명이 넘는 구성원으로 구성된다. (30 members, is, over, of, composed)

➡ This community chorus _____.

02 파리는 그것의 낭만적인 분위기로 알려져 있다. (known, its, atmosphere, romantic, is, for)

➡ Paris _____.

03 나는 당신의 청소 서비스에 매우 만족한다. (cleaning service, am, very, your, with, satisfied)

➡ I _____.

04 그녀의 불안은 자신의 일에서 오는 스트레스와 관련이 있을 수도 있다. (from, be, her job, the stress, could, related to)

➡ Her anxiety _____.

05 그는 자신의 구직 면접의 결과에 대해 걱정했다. (job interview, of, worried, his, the results, was, about)

➡ He _____.

06 이 특별한 케이크는 유기농 재료로 만들어진다. (ingredients, from, organic, made, is)

➡ This special cake _____.

07 그는 어린 나이에 천문학에 관심을 가졌다. (an early age, astronomy, was, in, interested, at)

➡ He _____.

08 땅은 가을 폭풍 후에 낙엽으로 덮여 있었다. (covered, after, with, leaves, the fall storm, was)

➡ The ground _____.

09 그녀는 자신이 시험에서 받은 높은 점수에 놀랐다. (received, was, at, surprised, she, that, the high score)

➡ She _____ on the exam.

10 그 배우는 영화 팬들에게 기억에 남는 그의 연기로 알려져 있다. (to, is known, movie fans)

➡ The actor _____ for his memorable performances.

NEW SENTENCES

» 다음 문제를 풀어보며 새로운 문장을 익혀보세요.

B 다음 빈칸에 들어갈 전치사를 골라 쓰시오.

to in with of as about

01 The city was known _____ the Pearl of the Orient.

02 Jonathan is interested _____ learning a new language.

03 The discovery was related _____ years of research.

04 The students were worried _____ the upcoming exam.

05 The team is composed _____ experts from various fields.

06 The stadium was filled _____ excited fans.

C 다음 중 어법과 문맥상 적절한 것을 고르시오.

01 The professor is known as / to a pioneer in artificial intelligence.

02 His talent was known to / for music critics worldwide.

03 The sculpture was made at / of recycled materials.

04 We were surprised at / of the sudden change in weather.

05 The customers were satisfied of / with the service.

06 The committee is composed of / at elected officials.

PART

2

준동사

명사 역할을 하는 to부정사

» 다음 문제를 풀어보며 본책에서 학습한 문장을 복습해보세요.

문장 암기 REVIEW

A 다음 우리말과 의미가 같도록 괄호 안의 말을 배열하시오.

01 나이가 드는 것은 삶의 자연스러운 일부이다. (a natural part, grow, is, older, to)

➡ _____ of life.

02 나의 사촌은 창가의 화단에 아름다운 꽃을 키우는 것을 좋아한다. (beautiful, flowers, grow, likes, to)

➡ My cousin _____ in the window box.

03 지도자의 역할은 사람들을 통제하는 것이 아니다. (control, is, not, people, to)

➡ The role of a leader _____.

04 그는 그 남자에게 마지막 축복을 주는 것을 원했다. (give, the man, to, wanted, a last blessing)

➡ He _____.

05 우리는 우리 학생들에게 다소의 실제적인 교육을 해 주는 것을 희망한다. (give, hope, practical education, some, to)

➡ We _____ to our students.

06 집중을 방해하는 것들로부터 달아나는 것은 불가능하다. (impossible, is, it, run away, to)

➡ _____ from distractions.

07 다른 사람들에게 친절과 공감을 보여 주는 것은 중요하다. (and, important, is, kindness, show, to, empathy)

➡ It _____ towards others.

08 당신은 신생아부터 십 대까지의 어린이를 위한 장난감을 찾는 것을 기대할 수 있다. (children, expect, find, for, to, toys)

➡ You can _____ from birth to teens.

09 우리의 과제는 태양의 풍부한 자원을 사용하는 방법을 배우는 것이다. (to, abundant source, use, learn, the, to)

➡ Our challenge is _____ from the sun.

10 그 곰의 동기는 겨울잠 전에 음식을 찾는 것이었다. (before, find, food, to, the winter sleep)

➡ The bear's motivation was _____.

NEW SENTENCES

» 다음 문제를 풀어보며 새로운 문장을 익혀보세요.

B 다음 밑줄 친 부분이 해당하는 문장 요소를 고르시오.

01 To ignore a sore throat is not a very good idea. ☐S ☐SC ☐O

02 To choose not to run is to accept a slower pace of life. ☐S ☐SC ☐O

03 She needs to buy some groceries to cook dinner tonight. ☐S ☐SC ☐O

04 Our goal for this year is to save money for a vacation. ☐S ☐SC ☐O

05 They plan to visit Paris this summer to experience the culture. ☐S ☐SC ☐O

06 To follow your teacher's advice is important for your success. ☐S ☐SC ☐O

C 다음 중 어법상 적절한 것을 고르시오.

01 My daughter's wish is | studied / to study | economics in Germany.

02 To succeed in the projects | demand / demands | dedication and hard work.

03 Most people in this group don't hesitate | ask / to ask | for help.

04 It is necessary not | neglect / to neglect | regular exercise during winter.

05 To read poems at the bookstore | is / are | his favorite hobby.

06 Our goal is | finished / to finish | the project by next Friday.

문장 암기 REVIEW

» 다음 문제를 풀어보며 본책에서 학습한 문장을 복습해보세요.

A 다음 우리말과 의미가 같도록 괄호 안의 말을 배열하시오.

01 그녀는 그 자료로 무엇을 할지를 몰랐다. (do, with, know, to, what, the data)

→ She did not _____.

02 문제는 파티에 누구를 초대할지이다. (the party, to, is, invite, to, whom)

→ The question _____.

03 우리의 여행을 위한 항공편을 언제 예약할지는 아직 불확실하다. (book, the flight, to, when)

→ _____ for our trip is still uncertain.

04 성직자들은 언제 종교적인 의식을 수행해야 하는지를 아는 것을 원했다. (to, religious ceremonies, when, carry out)

→ Priests wanted to know _____.

05 당신은 점심 식사로 어떤 식당을 시도할지 제안해 줄 수 있나요? (restaurant, suggest, to, try, what)

→ Can you _____ for lunch?

06 어떤 것을 선택할지 결정하는 것은 전적으로 당신의 결정이다. (determining, is, to, select, which)

→ _____ entirely your decision.

07 이것은 등급 시스템에서 정확히 무엇을 기대할지이다. (to, expect, is, precisely, what)

→ This _____ from rating systems.

08 어떤 방법을 사용할지를 선택하는 것은 선호의 문제이다. (is, method, to, use, which, choosing)

→ _____ a matter of preference.

09 차를 어디에 주차할지가 이 지역에서 어려운 문제였다. (car, park, the, to, where)

→ _____ used to be a challenge in this area.

10 위험은 종종 문제나 상황에 접근하는 방법에 대한 불확실성에서 발생한다.

(a problem, approach, or, about, how, situation, to)

→ Risk often arises from uncertainty _____.

NEW SENTENCES

» 다음 문제를 풀어보며 새로운 문장을 익혀보세요.

B 다음 문장의 밑줄 친 부분을 유의하여 문장을 해석하시오.

01 I don't know <u>what to buy</u> for her birthday present.

_____

02 <u>When to hold</u> the meeting is still being decided.

_____

03 Can you tell me <u>where to find</u> the nearest gas station?

_____

04 The team asked him <u>whom to elect</u> as their new leader.

_____

05 You should find out <u>which foods to eat</u> for your health.

_____

06 To explain <u>how to solve</u> the problem is a common method in teaching.

_____

C 다음 중 어법상 적절한 것을 고르시오.

01 When can Ron show us how | use / to use | the new computer?

02 Where | to go / going | for vacation is an important decision for us.

03 The scientists knew | that / what | method to take for the new project.

04 The boss is considering whom | to promote / promotion | to manager.

05 We're debating | that / which | movie to watch at the cinema tonight.

06 She is interested in deciding when | to start / starting | her new business venture.

문장 암기 REVIEW

» 다음 문제를 풀어보며 본책에서 학습한 문장을 복습해보세요.

A 다음 우리말과 의미가 같도록 괄호 안의 말을 배열하시오.

01 기억할 교훈은 다른 사람들에게 친절하게 대하는 것이다. (is, be kind, to, lesson, remember, the, to)

➡ _____ to others.

02 Jenny는 항상 독서할 기회를 찾고 있다. (a, chance, read, to)

➡ Jenny is always looking for _____ .

03 어떤 행성들은 심지어 착륙할 표면을 가지고 있지도 않다. (land on, surfaces, to)

➡ Some planets do not even have _____ .

04 입주민 조합은 재활용하는 날을 결정했다. (decided, on, a day, recycle, to, has)

➡ The residents' association _____ .

05 그 할머니에게는 그 당시에 자신을 돌봐 줄 아무도 없었다. (had, her, no one, to, look after)

➡ The old lady _____ at that time.

06 기준에 부합해야 한다는 압박감이 거세질 가능성이 있다. (to, conform, the standards, pressure, the, to)

➡ _____ is likely to be intense.

07 소문나게 하는 한 가지 방법은 광고 교환을 통해서이다. (get, one way, out, the word, to)

➡ _____ is through an advertising exchange.

08 우리 학생들은 자신들의 음악적 능력을 발전시킬 기회를 가질 것이다.
(to, will, develop, have, their, the opportunity, musical abilities)

➡ Our students _____ .

09 소설을 위한 배경을 고르는 것은 서둘러 내릴 결정이 아니다. (for, a setting, is, not, to, a decision, make, a novel)

➡ Choosing _____ hastily.

10 우리의 뇌는 중요하지 않은 정보를 거르는 그것의 능력을 잃는다. (unimportant, ability, filter, its, to, information)

➡ Our brain loses _____ .

NEW SENTENCES

» 다음 문제를 풀어보며 새로운 문장을 익혀보세요.

B 다음 밑줄 친 부분을 해석하시오.

01 Don't miss this great chance <u>to make your own jewelry</u>!

＿＿＿＿＿＿＿＿＿＿＿＿＿ 이 멋진 기회를 놓치지 마세요!

02 His decision <u>to quit the job</u> came as a surprise to everyone.

➡ ＿＿＿＿＿＿＿＿＿＿＿＿＿ 그의 결정은 모두에게 놀라움으로 다가왔다.

03 Our dogs have a tendency <u>to bark at strangers</u> passing by.

➡ 우리 개들은 지나가는 ＿＿＿＿＿＿＿＿＿＿＿＿ 경향이 있다.

04 The athlete became known for his ability <u>to run very fast</u>.

➡ 그 운동선수는 ＿＿＿＿＿＿＿＿＿＿＿＿ 능력으로 알려지게 되었다.

05 She expressed her desire <u>to experience different cultures</u>.

➡ 그녀는 ＿＿＿＿＿＿＿＿＿＿＿＿ 자신의 바람을 표현했다.

C 다음 문장의 밑줄 친 부분에서 명사와 to부정사 간의 의미 관계를 고르시오.

01 The elderly couple in the village had <u>no garden to look after</u>.　　☐ 의미상 주어　☐ 의미상 목적어

02 Here are <u>some tools to fix the broken chair</u>.　　☐ 의미상 주어　☐ 의미상 목적어

03 We can use <u>a map application to guide us</u> on our trip.　　☐ 의미상 주어　☐ 의미상 목적어

04 The master offered his students <u>some questions to ask themselves</u>.　　☐ 의미상 주어　☐ 의미상 목적어

05 I can teach you <u>some exercises to improve your strength</u>.　　☐ 의미상 주어　☐ 의미상 목적어

부사 역할을 하는 to부정사

» 다음 문제를 풀어보며 본책에서 학습한 문장을 복습해보세요.

A 다음 우리말과 의미가 같도록 괄호 안의 말을 배열하시오.

01 그들은 유명한 해변을 보기 위해 Florida로 갔다. (famous beaches, see, the, to)

➡ They went to Florida _____ .

02 교장 선생님은 그 좋은 소식을 듣고서 기뻐했다. (hear, pleased, to, was, the good news)

➡ The principal _____ .

03 일부 십 대들은 좀 더 그릇된 결정을 내리기 쉽다. (bad decisions, are, more likely, make, to)

➡ Some teens _____ .

04 그 소년은 '부탁합니다'와 '감사합니다'라고 말하는 것을 보니 예의 바른 게 틀림없다. (be, say, must, polite, to)

➡ The boy _____ "please" and "thank you."

05 그 학생은 자신의 선생님의 조언을 듣지 않다니 어리석었다. (foolish, to, not, was, listen)

➡ The student _____ to his teacher's advice.

06 복당류 화합물은 분해하기가 매우 어렵다. (are, break down, very difficult, to)

➡ The complex sugar compounds _____ .

07 우리는 일상의 영양분을 섭취하기 위해 그 햄버거가 필요하지 않았다.
(the burger, daily nourishment, get, our, in order, to)

➡ We did not need _____ .

08 그들은 자신들의 사회 내에서 그들의 위치를 반영하기 위해 자신들의 이름을 바꾼다.
(their society, to, reflect, their position, within, their names)

➡ They change _____ .

09 그녀는 가장 혼잡한 시간에 주차 공간을 찾다니 운이 좋았다. (find, lucky, to, a parking spot)

➡ She was _____ during peak hours.

10 저희 회사는 귀하의 고장 난 토스터를 새 토스터로 교환해 드리게 되어 기쁩니다. (faulty toaster, happy, replace, to, your)

➡ Our company is _____ with a new toaster.

NEW SENTENCES

» 다음 문제를 풀어보며 새로운 문장을 익혀보세요.

B 다음 밑줄 친 to부정사구가 의미하는 것을 골라 쓰시오.

목적	감정의 원인	판단의 근거

01 We have to stop working right now <u>to go to the concert</u>.

02 He felt relieved <u>to finish his long and challenging project</u>.

03 They were careless <u>to take part in such a dangerous situation</u>.

04 We were happy <u>to see our friends again</u> after such a long time.

05 Composer George Russell hired Evans <u>to perform his compositions</u>.

06 She was not responsible <u>to drive so fast</u> in such dangerous conditions.

C 다음 중 어법상 적절한 것을 고르시오.

01 We rode the bus went / to go to the museum downtown.

02 The city is very safe walk / to walk around both during the day and at night.

03 Purchase / To purchase one of his books, people went to Jamesbook's.

04 The man must be polite hold / to hold the door open for someone.

05 The children were eager exploring / to explore the cave deep in the forest.

06 After high school, I was anxious be / to be active outside working.

UNIT 24 목적격 보어로 쓰이는 to부정사

A 다음 우리말과 의미가 같도록 괄호 안의 말을 배열하시오.

01 그녀는 그 군인이 그때 친절한 몇 마디의 말을 하는 것을 들었다. (heard, a few, gentle words, say, the soldier)

➡ She _____ then.

02 그녀는 그들이 새로운 조직에 찬성 투표하도록 설득했다. (to, for, them, persuaded, vote)

➡ She _____ the new organization.

03 우리 코치는 우리 모두가 좋은 결과를 얻는 것을 원한다. (good results, wants, achieve, to, all of us)

➡ Our coach _____.

04 이 기간 동안, 열악한 식단은 그녀의 머리카락이 빠지는 것을 초래했다. (caused, fall out, her hair, to)

➡ During this time, a poor diet _____.

05 그 노인은 사람들이 사원의 문을 통과하는 것을 지켜보곤 했다. (people, watch, go through, would)

➡ The old man _____ the temple doors.

06 이모티콘은 사용자들이 메시지의 어조를 이해할 수 있도록 허용했다. (allowed, to, understand, users)

➡ Emoticons _____ the tone of the message.

07 때때로 논쟁에서 상대방은 당신을 화나게 할 수 있다. (can, be, angry, get, to, you)

➡ Sometimes in arguments the other person _____.

08 그는 직원들에게 마감 시간 전에 그 업무를 완수하도록 명령했다. (complete, the workers, ordered, to, the task)

➡ He _____ before the deadline.

09 연구자들은 참가자들이 연구 동안 간단한 운동을 수행하게 했다. (exercises, participants, perform, simple, had)

➡ The researchers _____ during the study.

10 그 남자는 아주 열심히 노력했지만 모든 낙타를 동시에 앉게 할 수 없었다. (all, make, sit, the camels)

➡ The man tried very hard but couldn't _____ at the same time.

NEW SENTENCES

» 다음 문제를 풀어보며 새로운 문장을 익혀보세요.

B 다음 밑줄 친 부분이 어법상 옳으면 ○, 틀리면 ×로 표시하고 바르게 고치시오.

01 Timothy taught his little brother <u>to ride</u> a bike.

02 The mother heard her baby <u>cry</u> and went to comfort him.

03 The man asked them <u>thinking</u> about their childhood memories.

04 The boss saw his employees <u>work</u> diligently to meet the deadline.

05 She made her children <u>to clean</u> their rooms before they could go out.

06 They encouraged their neighbors <u>to participate</u> in the clean-up event.

C 다음 중 어법상 적절한 것을 고르시오.

01 We always let our dogs | run / to run | freely in the backyard.

02 The doctor told the patient | take / to take | the medicine on time.

03 He watched a few of his goats | cross / to cross | the bridge to the farm.

04 The parents advised their son | wear / to wear | his mask all the time.

05 The coach allowed his team | take / to take | a break for an hour or so.

06 The scared man felt the warmth of the fire | move / to move | closer and closer.

to부정사의 의미상 주어

>> 다음 문제를 풀어보며 본책에서 학습한 문장을 복습해보세요.

A 다음 우리말과 의미가 같도록 괄호 안의 말을 배열하시오.

01 나의 프로젝트에 관해 네가 나를 도와주는 것은 매우 친절했다. (help, me, of, to, you, very kind)

➡ It was _____ with my project.

02 연습 없이 새로운 언어를 배우는 것은 어렵다. (difficult, to, a new language, learn)

➡ It is _____ without practice.

03 당신이 그 논쟁에서 이기는 것은 불가능할 것이다. (impossible, for, win, you, to)

➡ It will be _____ the argument.

04 그 집에는 그 거지가 먹을 것이 아무것도 없었다. (for, to, nothing, eat, the beggar)

➡ There was _____ in the house.

05 그녀가 자신의 전화기를 탁자 위에 두고 간 것은 부주의했다. (to, careless, her, of, leave)

➡ It was _____ her phone on the table.

06 우리가 밖으로 나가기 전에 비가 그칠 것을 기다리자. (for, stop, wait, the rain, to)

➡ Let's _____ before we go outside.

07 당신이 자선 단체에 기부한 것은 관대하고 사려 깊었다. (of, the charity, donate, to, you, to)

➡ It was generous and considerate _____.

08 적절한 호흡을 보장하기 위해, 공기가 당신의 폐로 이동할 충분한 공간을 제공하라.
(to, adequate, provide, for, space, air, travel)

➡ To ensure proper breathing, _____ to your lungs.

09 사람이 자신의 행동에 대해 결과를 만들어 내는 것은 가능하다. (a person, for, to, possible, create)

➡ It is _____ consequences for his actions.

10 과학 수업에서 학생들이 재료를 사용하고 상호 작용하는 것은 중요하다. (interact, for, important, use, students, to, and)

➡ It is _____ with materials in science class.

NEW SENTENCES

» 다음 문제를 풀어보며 새로운 문장을 익혀보세요.

B 다음 밑줄 친 부분이 어법상 옳으면 ○, 틀리면 ×로 표시하고 바르게 고치시오.

01 For them to win the game, it's all about teamwork.

02 It is foolish for them to ignore the warning signs.

03 It is important for mammals to maintain a constant body temperature.

04 It's necessary of drivers to wear seat belts while driving.

05 On this island, there is a big national park for various animals to live in.

06 It is generous for them to donate their time to community service.

C 다음 중 어법상 적절한 것을 고르시오.

01 It is nice for / of him to share his snacks with his friends.

02 It is essential for / of drivers to follow traffic laws for safety.

03 It is careless for / of you to leave your wallet in a public place.

04 She stepped aside for / of the man to pass without any hesitation.

05 They opened up a showroom for / of customers to compare products.

06 It is not easy for / of every student to practice critical thinking skills.

문장 암기 REVIEW

» 다음 문제를 풀어보며 본책에서 학습한 문장을 복습해보세요.

A 다음 우리말과 의미가 같도록 괄호 안의 말을 배열하시오.

01 우리는 너무 두려워서 뒤를 볼 수 없었다. (look, terrified, to, too, were)

➡ We _____ in the back.

02 그 열은 그 물질들을 녹일 만큼 충분히 뜨거웠다. (enough, melt, to, hot, was)

➡ The heat _____ the materials.

03 병원을 건설하는 것은 엄청난 돈이 든다. (to, a great, build, takes, amount of, it, money)

➡ _____ a hospital.

04 지난겨울은 너무 빨리 시작되어 가을의 색을 충분히 즐길 수 없었다. (began, fully enjoy, soon, too, to)

➡ Last winter _____ the fall colors.

05 그 길은 두 사람이 나란히 걸을 수 있을 만큼 충분히 넓다. (enough, for, to, two people, walk, wide)

➡ The road is _____ side by side.

06 인간 참가자에게 해를 끼칠 위험성이 너무 커서 그것을 받아들일 수 없다. (too, accept, is, great, to)

➡ The risk of harming human participants _____ .

07 그 과학자가 그 문서를 검토하는 데 약 2시간이 걸렸다. (examine, for, the paper, the scientist, to)

➡ It took about two hours _____ .

08 그 관리자는 나에게 그 일을 할 충분한 시간을 주지 않았다. (do, enough, to, the job, time)

➡ The manager didn't give me _____ .

09 믿을 수 있는 정보원을 찾는 데는 어느 정도의 노력이 들곤 했다. (some effort, to, take, find, used to)

➡ It _____ a reliable source of information.

10 개개인은 그러한 행동의 사회적 비용을 감수할 만큼 충분히 강하다. (risk, powerful, the, to, social costs, enough)

➡ The individual is _____ of such behaviors.

NEW SENTENCES

» 다음 문제를 풀어보며 새로운 문장을 익혀보세요.

B 다음 밑줄 친 부분이 어법상 옳으면 ○, 틀리면 ×로 표시하고 바르게 고치시오.

01 She is too tired <u>stay</u> awake during the movie.

02 The teacher is <u>enough patient</u> to manage any challenge.

03 It takes at least three years <u>learn</u> a foreign language.

04 The dog barks <u>too loudly</u> for us to sleep through the night.

05 The computer was powerful enough <u>to handle</u> the task.

06 <u>This</u> will take courage for us to deal with the challenges ahead.

C 다음 중 어법상 적절한 것을 고르시오.

01 They sang │enough / too│ softly to be heard over the music.

02 The rope is strong │enough / too│ to hold the weight of the machine.

03 It took him a lot of energy │complete / to complete│ the marathon.

04 I'm too little │climb / to climb│ the big sand hill at the playground.

05 │It / That│ will take almost ten years to build their dream house there.

06 Clara did not work │enough quickly / quickly enough│ to finish her work before the bell.

명사 역할을 하는 동명사 1 (주어, 주격 보어)

문장 암기 REVIEW

» 다음 문제를 풀어보며 본책에서 학습한 문장을 복습해보세요.

A 다음 우리말과 의미가 같도록 괄호 안의 말을 배열하시오.

01 소화기를 사는 것은 생명을 구하는 좋은 방법이다. (fire, buying, is, extinguishers, a good way)

➡ _____ to save lives.

02 선수들의 의무는 엄격히 규칙을 따르는 것이다. (rules, following, is strictly, the)

➡ The duty of the players _____ .

03 가장 중요한 것은 득점을 많이 하는 것이 아니다. (goals, is, many, not scoring)

➡ The most important thing _____ .

04 각 축구 경기 전에 응원가를 부르는 것은 전통이다. (fight song, is, singing, the, a tradition)

➡ _____ before each football game.

05 Anthony의 올해 목표는 자신의 사촌의 사업을 돕는 것이다. (helping, his cousin, is, with)

➡ Anthony's goal this year _____ his business.

06 우리가 가장 좋아하는 휴식 방법 중 하나는 함께 영화를 보는 것이다. (is, movies, together, watching)

➡ One of our favorite ways of resting _____ .

07 침착한 답변으로 대응하는 것이 가장 효과적일 것 같다. (a, responding, with, cool answer)

➡ _____ is likely to be most effective.

08 당신의 머릿속 다음 이미지는 공을 잡고 득점하는 것이다. (the ball, and, a goal, catching, scoring)

➡ The next image in your mind is _____ .

09 한쪽으로 치우치지 않는 것은 당신이 그 실험의 결과로 특별한 이익을 얻지 않는다는 것을 의미한다.
(being, means, that, have, unbiased, you)

➡ _____ no special interest in the outcome of the experiment.

10 수업 중에 적극적인 발견을 장려하는 것은 학생들이 새로운 정보와 상호 작용하는 것을 가능하게 한다.
(discovery, active, class, encouraging, in)

➡ _____ allows students to interact with new information.

NEW SENTENCES

» 다음 문제를 풀어보며 새로운 문장을 익혀보세요.

B 다음 문장의 밑줄 친 부분을 유의하여 문장을 해석하시오.

01 <u>Skating</u> is a terrific way to develop good balance.

_____

02 A key factor in success is <u>maintaining a positive attitude</u>.

_____

03 In fact, <u>drawing on the wall</u> is an art form with cultural roots.

_____

04 One of the best parts of traveling is <u>experiencing different cultures</u>.

_____

05 <u>Following the rules in any sport</u> is the responsibility of the players.

_____

06 The tribe's biggest challenge was <u>adapting to the new environment</u>.

_____

C 다음 밑줄 친 부분이 어법상 옳으면 ○, 틀리면 ×로 표시하고 바르게 고치시오.

01 Including others in games <u>show</u> good sportsmanship.

02 Our primary focus is <u>improve</u> customer satisfaction.

03 <u>Learning</u> does not happen in the same way for all people.

04 Her old habit was <u>sung</u> happily along to her favorite song.

05 <u>Play</u> jokes on people seems a strange way to celebrate a holiday.

06 The most important responsibility is <u>managing</u> the team effectively.

명사 역할을 하는 동명사 2 (목적어)

» 다음 문제를 풀어보며 본책에서 학습한 문장을 복습해보세요.

A 다음 우리말과 의미가 같도록 괄호 안의 말을 배열하시오.

01 그 노인은 자신의 집 현관에서 일몰을 보는 것을 즐겼다. (from, enjoyed, sunsets, watching)

➡ The old man _____ his porch.

02 나는 나의 주말 할 일로 차고를 청소하는 것을 꺼리지 않는다. (don't, cleaning, garage, mind, the)

➡ I _____ as my weekend chore.

03 그의 학생 중 한 명이 학교를 중퇴하는 것을 고려하고 있다. (out of, dropping, considering, school)

➡ One of his students is _____.

04 악기들을 완전히 사용하는 것을 피하는 것은 좋은 생각이다. (to, altogether, avoid, instruments, using)

➡ It is a good idea _____.

05 Mark는 두 시간 전에 자신의 새로운 과제에 착수하기를 시작했다. (his, new assignment, on, working)

➡ Mark started _____ two hours ago.

06 나는 덥고 습한 날에 추가로 두 벌의 재킷을 입는 것을 시험 삼아 한번 해 보았다. (a couple of, extra jackets, wearing)

➡ I tried _____ on a hot humid day.

07 나는 한국 음식점에서 맛있는 음식을 맛본 것을 기억한다. (delicious food, remember, tasting, the)

➡ I _____ at the Korean restaurant.

08 Harold는 첫 주 동안 직장에서 실수를 한 것을 절대 잊지 않을 것이다. (errors, forget, making, will never)

➡ Harold _____ during his first week on the job.

09 그녀는 심각한 부상을 경험한 후에 전문 댄서가 되는 것을 포기했다. (a, becoming, gave up, professional dancer)

➡ She _____ after experiencing a serious injury.

10 만약 우리가 산책로들로 서식지를 파괴하는 것을 계속한다면, 야생 동물은 이 지역들을 이용하는 것을 중단할 것이다.
(areas, stop, these, using, will)

➡ If we continue to destroy habitats with trails, the wildlife _____.

NEW SENTENCES

» 다음 문제를 풀어보며 새로운 문장을 익혀보세요.

B 다음 밑줄 친 부분이 어법상 옳으면 ○, 틀리면 ×로 표시하고 바르게 고치시오.

01 She admitted <u>lying</u> to her parents about her exam grade.

02 My grandparents enjoy <u>to play</u> golf on weekends together.

03 They practiced <u>to sing</u> together for the upcoming concert.

04 He remembered <u>to buy</u> a gift for his sister's birthday tomorrow.

05 My husband doesn't mind <u>helping</u> out with the household chores.

06 The animals finally stopped <u>to eat</u> and allowed the grass to grow back.

C 다음 중 어법상 적절한 것을 고르시오.

01 She considered | to get / getting | a pet from the local animal shelter.

02 They will never forget | to meet / meeting | their favorite author last year.

03 We must remember | to send / sending | out invitations to the party next week.

04 The worker did not finish | to paint / painting | the fence because of the rain.

05 They avoided | to play / playing | chess every evening to focus on their studies.

06 The real owner of the donkey gave up | to persuade / persuading | the stubborn farmer.

문장 암기 REVIEW 　　　　》 다음 문제를 풀어보며 본책에서 학습한 문장을 복습해보세요.

A　다음 우리말과 의미가 같도록 괄호 안의 말을 배열하시오.

01　그 가족은 공원에서 조용한 자리를 찾고 싶어 했다. (felt, quiet, finding, spot, like, a)

➡ The family _____ in the park.

02　그들은 스트레스가 많은 상황을 침착하게 처리하는 것을 못한다. (are, with, at, stressful, bad, dealing, situations)

➡ They _____ calmly.

03　Omar는 John과 Travis와 함께 캠핑하기를 고대하고 있다. (camping, forward, is, looking, to)

➡ Omar _____ with John and Travis.

04　그 해변의 일몰은 볼 가치가 있다; 그것은 숨이 멎을 정도이다. (is, watching, worth)

➡ The sunset at the beach _____; it's breathtaking.

05　정직이 성공의 기초라는 것은 말할 나위도 없다. (goes, it, saying, that, without)

➡ _____ honesty is the foundation of success.

06　우리는 지역 사회를 위한 자선 행사를 준비하느라 바쁘다. (are, busy, charity event, organizing, the)

➡ We _____ for the local community.

07　당신은 Ohio와 Kentucky 사이의 차이점에 관해 생각하지 않을 수 없다.

(about, can't, differences, help, the, thinking)

➡ You _____ between Ohio and Kentucky.

08　주민들은 자신들의 동네 근처에 새 공장을 짓는 것에 반대했다. (a, building, new factory, objected, to)

➡ The residents _____ near their neighborhood.

09　현재 몇몇 협회가 특정 개 품종을 개선하는 것에 전념하고 있다. (devoted, dog breeds, improving, specific, to)

➡ Now several associations are _____.

10　학생들은 자신의 지식에 관한 정확한 판단을 하는 데 어려움을 겪는다. (accurate, difficulty, have, judgments, making, in)

➡ Students _____ of their own knowledge.

NEW SENTENCES

» 다음 문제를 풀어보며 새로운 문장을 익혀보세요.

B 다음 밑줄 친 부분이 어법상 옳으면 ○, 틀리면 ×로 표시하고 바르게 고치시오.

01 They will go <u>hiking</u> every weekend to explore new trails.

02 It was no use <u>to say</u> anything to my father at that time.

03 His new novel is certainly worth <u>to read</u> more than twice.

04 They objected <u>to cutting</u> down the trees in the amusement park.

05 Almost everyone can't help <u>feel</u> nervous before a big presentation.

06 The gatherers felt like <u>sharing</u> their harvested fruits with the entire village.

C 다음 중 어법상 적절한 것을 고르시오.

01 It goes without | say / saying | that she is a talented musician.

02 Have you had trouble | to get / getting | messages from your friends?

03 I look forward to | hear / hearing | about your travels when you return.

04 The group members have been devoted to | help / helping | those in need.

05 The streets in the city are already busy | to prepare / preparing | for the New Year.

06 They got used to | leave / leaving | early on Friday afternoons to avoid the rush hour.

문장 암기 **REVIEW**

» 다음 문제를 풀어보며 본책에서 학습한 문장을 복습해보세요.

A 다음 우리말과 의미가 같도록 괄호 안의 말을 배열하시오.

01 과속하는 차 한 대가 경찰차에 의해 고속도로에서 발견되었다. (a, car, speeding, the, spotted, was, by, police car)

➡ _____ on the highway.

02 그 상점은 그 손상된 물건을 반품으로 받아들이기를 거절했다. (refused, accept, damaged, to, goods, the)

➡ The store _____ for return.

03 귀환한 그 군인은 자신의 지역 사회로부터 지원을 받고 있다. (is, returned, support, soldier, the, receiving)

➡ _____ from his community.

04 여러분은 친구에게 암호로 된 메시지를 보내기 위해 거울을 사용할 수 있다. (a, message, coded, send, to)

➡ You can use a mirror _____ to a friend.

05 한 중년의 여자가 마당에서 떨어진 잎들을 쓸었다. (fallen, leaves, swept up, the)

➡ A middle-aged woman _____ in the yard.

06 그 밴드의 음악가들은 다가오는 음악회를 준비했다. (approaching, prepared, concert, for, the)

➡ The musicians in the band _____ .

07 아기들은 그들의 성장하는 뇌가 그들을 지치게 하기 때문에 항상 잠을 잔다. (them, brains, exhaust, growing, their)

➡ Babies sleep all the time because _____ .

08 때때로 변화하는 숲이 일부 식물과 동물이 증가하도록 초래한다.

(plants, a, causes, animals, changing, forest, some, and)

➡ Sometimes _____ to increase.

09 그들은 팔짱을 낀 어떤 사람을 보고 '과묵하고, 화가 났다'라고 생각한다.

(think, with, see, person, crossed, and, arms, a)

➡ They _____ , "Reserved, angry."

10 어떠한 통제된 의사소통이나 심지어 사업 체계조차도 더 이상 존재하지 않았다.

(any, communications, controlled, even, or)

➡ There were no longer _____ business systems.

NEW SENTENCES

» 다음 문제를 풀어보며 새로운 문장을 익혀보세요.

B 다음 밑줄 친 부분이 어법상 옳으면 ○, 틀리면 ×로 표시하고 바르게 고치시오.

01 Sarah greeted all her <u>entered</u> guests with a warm smile.

02 We admired the <u>shining</u> stars in the night sky.

03 His maintenance worker quickly repaired the <u>breaking</u> window.

04 The CEO of the company personally visited the <u>retired</u> teacher.

05 The <u>growing</u> influence of social media is changing the way people communicate.

06 The <u>painting</u> walls brightened up the room and added a cheerful atmosphere.

C 다음 중 어법상 적절한 것을 고르시오.

01 The actor slowly held up the trophy with | trembling / trembled | hands.

02 This report only shows the | completing / completed | projects this year.

03 The secretary finally found the | losing / lost | key under the sofa cushions.

04 She went out the hut and greeted the | singing / sung | birds with a smile.

05 The | dancing / danced | flames warmed the chilly room on the cold winter night.

06 The | training / trained | dog followed all of the commands perfectly.

문장 암기 REVIEW

» 다음 문제를 풀어보며 본책에서 학습한 문장을 복습해보세요.

A 다음 우리말과 의미가 같도록 괄호 안의 말을 배열하시오.

01 곧 우리는 온갖 종류의 차들로 붐비는 넓은 거리에 왔다. (a, crowded, to, wide street, with)

➡ Soon we came _____ all sorts of cars.

02 온 마당 위로 바람에 날리고 있는 저 신문이 정말 엉망으로 만들고 있다. (all, blowing, the yard, that newspaper, over)

➡ _____ is making a real mess.

03 그 여성은 그녀 뒤에 주차된 차 때문에 빠져나올 수 없었다. (behind, her, parked, the car)

➡ The woman couldn't get out because of _____.

04 다양한 등산로를 탐험하는 그 팀은 아침 일찍 떠났다. (different, exploring, hiking, trails, the team)

➡ _____ left early in the morning.

05 바위가 많은 지역을 걷는 사람들은 때때로 방울뱀을 우연히 마주친다. (areas, in, people, rocky, walking)

➡ _____ sometimes come across rattlesnakes.

06 생산자라고 불리는 식물은 물과 햇빛을 통해 스스로 식량을 만들어 낸다. (called, make, plants, producers)

➡ _____ their own food from water and sunlight.

07 그는 노예로서 자신의 경험을 묘사한 몇 권의 자서전을 썼다. (as, a slave, describing, experiences, his)

➡ He wrote several autobiographies _____.

08 이것은 우리 앞에 놓여 있는 보상을 성취하기 위해 우리가 지불해야 하는 대가이다.
(achieving, ahead of, lying, the rewards, us)

➡ This is the price we must pay for _____.

09 그 공무원은 우리에게 이 근처에 계획된 새 도서관에 대해 말했다. (for, new library, planned, the, this neighborhood)

➡ The official told us about _____.

10 나는 짭짤한 크래커와 칩이 눈높이에 줄지어 놓여 있는 선반을 가지고 있었다.
(a shelf, and chips, lined, salty crackers, with)

➡ I used to have _____ at eye level.

NEW SENTENCES

» 다음 문제를 풀어보며 새로운 문장을 익혀보세요.

B 다음 밑줄 친 부분이 어법상 옳으면 ○, 틀리면 ×로 표시하고 바르게 고치시오.

01 The people <u>cheered</u> in the stadium were full of excitement.

02 We sometimes enjoyed the tasty cake <u>baked</u> by our neighbor.

03 The tall man <u>wears</u> the gray suit is one of the famous judges.

04 Then they all ate a delicious meal <u>preparing</u> with fresh vegetables.

05 The chef <u>created</u> a tasty meal added the final touches to the dish.

06 In the downtown, they found a house <u>built</u> by a team of skilled workers.

C 다음 중 어법상 적절한 것을 고르시오.

01 A banana peel | lying / lay | on the ground caused the comedian to slip.

02 There are some appealing photos | take / taken | by Emily in the exhibition.

03 The ceremony was opened by a speech | delivering / delivered | by the president.

04 In spring, we have a variety of flowers | bloom / blooming | beautifully in the field.

05 The insects | mounting / mounted | in this frame are part of a much larger collection.

06 Our musicians | playing / played | their instruments were talented enough to move the audience.

문장 암기 REVIEW

» 다음 문제를 풀어보며 본책에서 학습한 문장을 복습해보세요.

A 다음 우리말과 의미가 같도록 괄호 안의 말을 배열하시오.

01 나는 그들에게 전화를 걸었지만, 그들의 전화가 방에서 울리고 있는 것을 들었다. (heard, phones, ringing, their)

➡ I called them, but I _____ in the room.

02 건물 관리자는 허리케인 동안 창문이 닫힌 채로 두었다. (the windows, during, left, the hurricane, closed)

➡ The building manager _____.

03 그는 그 젊은 군인이 자신의 옆에 서 있는 것을 간신히 보았다. (soldier, him, standing, the, young, next to)

➡ He barely saw _____.

04 그 작가는 문학 잡지에 자신의 이야기 중 일부가 발표되게 했다. (had, her stories, published, some of)

➡ The writer _____ at a literary magazine.

05 그녀는 해변에서 자신의 머리카락 사이로 바람이 부드럽게 불고 있는 것을 느꼈다. (blowing, felt, softly, the wind)

➡ She _____ through her hair at the beach.

06 거실에서, Tony는 고양이가 털실 뭉치를 가지고 놀고 있는 것을 발견했다. (caught, playing, the cat, with)

➡ In the living room, Tony _____ a ball of yarn.

07 연사는 자신의 목소리가 모든 사람에게 들리도록 하기 위해 목소리를 높였다. (all the people, heard, himself, make, by)

➡ The speaker raised his voice to _____.

08 선생님은 학생들이 실험실에서 조용히 과제를 수행하게 했다. (their assignments, on, kept, the students, working)

➡ The teacher _____ quietly in the lab.

09 그들은 저녁 식사 후에 그들이 집에 도착했을 때 문이 잠겨 있는 것을 발견했다. (the door, they, found, locked)

➡ _____ when they arrived home after dinner.

10 많은 사람은 목표를 성취한 후에 스스로가 옛 습관으로 돌아가는 것을 알게 된다.
(find, old habits, returning to, their, themselves)

➡ Many people _____ after accomplishing a goal.

NEW SENTENCES

» 다음 문제를 풀어보며 새로운 문장을 익혀보세요.

B 다음 밑줄 친 부분이 어법상 옳으면 ○, 틀리면 ×로 표시하고 바르게 고치시오.

01 They heard the rain <u>fallen</u> outside with a calming sound.

02 The neighbor often left his waste <u>scattered</u> along the roadside.

03 In the picture, they see the lively colors <u>painted</u> the sky at sunset.

04 He promised her to get the damaged desk <u>fixing</u> as soon as possible.

05 We smelled the aroma of freshly baked bread <u>flowing</u> around the room.

06 Some consumers of news media want the news <u>to deliver</u> in the same format.

C 다음 중 어법상 적절한 것을 고르시오.

01 A new study finds the process itself │ causing / caused │ anxiety and concern.

02 They had the cake │ baking / baked │ to perfection for the housewarming party.

03 The leader was keeping the tribe │ moving / moved │ forward through hardships.

04 We felt the air conditioned room │ cooling / cooled │ to a comfortable temperature.

05 The guard watched the monster slowly │ approaching / approached │ the quiet castle.

06 Women in China made their feet │ binding / bound │ to gain approval from the emperor.

문장 암기 REVIEW

>> 다음 문제를 풀어보며 본책에서 학습한 문장을 복습해보세요.

A 다음 우리말과 의미가 같도록 괄호 안의 말을 배열하시오.

01 지난밤에 당신의 놀라운 연기는 정말로 우리 모두를 감동시켰다. (really, amazing, us, performance, your, moved)

➡ _____ all last night.

02 우리는 다가오는 우리의 겨울 축제를 발표하게 되어서 신이 난다!

(upcoming, announce, our, are, excited, to, winter festival)

➡ We _____ !

03 그 파티는 우리가 음악을 틀 때까지 완전히 지루했다. (boring, the party, totally, was)

➡ _____ until we turned on some music.

04 그녀는 조언을 제공하려는 내 시도에 매우 짜증을 내기 시작했다. (very, my, became, with, attempts, annoyed)

➡ She _____ to offer advice.

05 그 작가의 이야기들은 흥미로워졌고 인기를 얻었다. (the author's, became, interesting, stories)

➡ _____ and gained in popularity.

06 동굴 탐험이 끝날 때까지, 네 명의 학생은 여전히 어두움을 무서워했다. (of, remained, scared, the dark)

➡ By the end of the cave exploration, four students _____ .

07 그녀의 감동적인 말들이 정말로 우리의 삶을 풍요롭고 만족스럽게 만들고 있다. (and, making, our life, rich, satisfying)

➡ Her touching words are really _____ .

08 여러분은 스카이다이빙과 같은 새로운 모험적인 활동을 시도하는 것을 흥미롭다고 생각할 수도 있다.

(new, exciting, find, adventurous, it, may, activities, to try)

➡ You _____ like skydiving.

09 가난이 스트레스를 유발하는 경향이 있다는 것을 듣고서 놀랄 사람은 거의 없을 것이다.

(will, few, to hear, people, be surprised)

➡ _____ that poverty tends to create stress.

10 그들은 자신들의 생활 방식에 극적인 변화를 주지만, 결국 두 가지 실망스러운 결과에 직면하게 된다.

(disappointing, encounter, results, to, two)

➡ They make dramatic changes in their lifestyle, only _____ .

NEW SENTENCES

» 다음 문제를 풀어보며 새로운 문장을 익혀보세요.

B 다음 밑줄 친 부분이 어법상 옳으면 ○, 틀리면 ×로 표시하고 바르게 고치시오.

01 Her constant tapping on the desk was really <u>annoyed</u> in class.

02 The woman <u>disappointing</u> at his silence left the room very soon.

03 The fans <u>excited</u> at their team's victory shouted loudly.

04 The filmmaker wanted to include some <u>touched</u> scenes in the movie.

05 Most of the visitors were delighted to see the magician's <u>surprising</u> skills.

06 The cat became <u>scared</u> by the sudden loud noise and darted under the bed.

C 다음 중 어법상 적절한 것을 고르시오.

01 In the spring we see many interesting / interested insects in our yard.

02 No one ever became boring / bored with this exciting and productive work.

03 There was evidence of the amazing / amazed diversity of life everywhere.

04 As all we know, instinct causes a frightening / frightened skunk to spray or bite.

05 The students' performance at the concert made the conductor pleasing / pleased .

06 After watching the film, our audience found it very satisfying / satisfied and instructive.

문장 암기 **REVIEW** » 다음 문제를 풀어보며 본책에서 학습한 문장을 복습해보세요.

A 다음 우리말과 의미가 같도록 괄호 안의 말을 배열하시오.

01 돌고래의 눈을 들여다보았을 때, 나는 완전히 안심이 되었다. (eye, felt, into, looking, the dolphin's, I)

➡ _____ , _____ totally safe.

02 걱정이 되어서, 나는 밖으로 나가서 거리를 걸어 내려갔다. (feeling, I, outside, worried, went)

➡ _____ , _____ and walked down the street.

03 아이처럼 미소 지으며, Marie는 자신의 남동생에게 그 꾸러미를 건넸다.
(Marie, a child, handed, smiling, like, the package)

➡ _____ , _____ to her brother.

04 3점을 득점해서, 그는 자신의 팀 동료들로부터 칭찬을 받았다. (he, having, three, scored, received, praise, points)

➡ _____ , _____ from his teammates.

05 충분한 양의 물을 가지고 가지 않았기 때문에, 우리는 다음 장소에서 우리의 병을 다시 채웠다.
(carrying, water, our bottles, not, refilled, much of, we)

➡ _____ , _____ at the next spot.

06 꽃으로 가득 채워져 있어서, 그 바구니는 방 안에 부드러운 분위기를 만들어 냈다.
(the basket, flowers, a gentle, being, created, full of, mood)

➡ _____ , _____ in the room.

07 자신의 경쟁자들을 흘끗 보았을 때, 그녀는 그들 중 세 명이 여성이라는 것을 알게 되었다.
(discovered, competitors, glancing at, she, her)

➡ _____ , _____ that three of them were female.

08 수다를 통해, 우리는 흥미로운 세부 사항을 공유하면서 친구들과 유대를 형성한다.
(details, bond with, interesting, we, our friends, sharing)

➡ Through gossip, _____ , _____ .

09 먹구름이 머리 위로 모이는 것을 알아차렸기 때문에, Sarah는 우산을 가져오기로 결정했다.
(noticing, Sarah, the dark clouds, overhead, decided, gathering)

➡ _____ , _____ to bring an umbrella with her.

NEW SENTENCES

» 다음 문제를 풀어보며 새로운 문장을 익혀보세요.

B 다음 밑줄 친 부분에 유의하여 문장을 해석하시오.

01 <u>Not being a specialist on the subject</u>, she remained silent.

_____

02 I entered the building, <u>hoping to find my husband and daughter.</u>

_____

03 The musicians played passionately, <u>moving the audience.</u>

_____

04 The children, <u>playing in the backyard</u>, laughed and shouted with joy.

_____

05 <u>Growing up in an active family</u>, Carla had acquired many athletic skills.

_____

C 다음 문장을 분사구문을 이용하여 바꿔 쓰시오.

01 Because the flowers did not bloom beautifully, they appeared dull and lifeless.

➡ _____, the flowers appeared dull and lifeless.

02 When you walk around the jungle, you may see an animal approaching.

➡ _____, you may see an animal approaching.

03 He forgave his son's mistake and gave him words of encouragement.

➡ He forgave his son's mistake, _____.

04 After we had decided what to do next, we made reservations for the hotel.

➡ _____, we made reservations for the hotel.

05 Because they left the door unlocked, they allowed anyone to enter the house freely.

➡ _____, they allowed anyone to enter the house freely.

다양한 형태의 분사구문

문장 암기 REVIEW

≫ 다음 문제를 풀어보며 본책에서 학습한 문장을 복습해보세요.

A 다음 우리말과 의미가 같도록 괄호 안의 말을 배열하시오.

01 익숙하지 않은 패턴에 직면하면, 전문가의 유리함은 사라진다.
(the expert's, faced, patterns, unfamiliar, with, advantage)

➡ _____, _____ disappears.

02 경기가 끝났을 때, 우리는 사진을 찍기 위해 경기장에 모였다. (being, we, game, over, the, gathered)

➡ _____, _____ on the field for a photo.

03 그의 표정으로 판단하건대, 그는 그 결과에 만족한 것으로 보였다.
(facial expression, he, from, his, pleased, judging, seemed)

➡ _____, _____ with the outcome.

04 자신들의 두 눈을 감은 채, 그들은 연사의 말을 집중해서 들었다. (closed, eyes, they, their, listened, with)

➡ _____, _____ intently to the speaker.

05 그 일은 각각의 작업자가 한 가지 작업을 수행하면서 분리될 수 있다. (each worker, one task, performing, with)

➡ The work can be divided, _____.

06 그녀의 휴대폰이 고장 나서, 그녀는 자신의 모든 약속과 일정을 잊어버렸다. (forgot, broken, cell phone, her, she)

➡ _____, _____ all her appointments and schedules.

07 일반적으로 말하면, 우리는 익숙한 일상에서 편안함을 추구하는 습관의 동물이다.
(speaking, are, creatures, generally, we, of habit)

➡ _____, _____, seeking comfort in familiar routines.

08 그 비행기는 900마일 넘게 비행하였으므로, 정비사는 그것을 점검했다.
(over, having flown, gave, nine hundred miles, the plane, the mechanic)

➡ _____, _____ it a checkup.

09 자신들 팀의 패배에 실망하여 팬들은 조용히 경기장을 떠났다. (their team, by, disappointed, of, the fans, the loss)

➡ _____, _____ quietly left the stadium.

10 웃고 있는 몇몇 아이들을 뒤따르게 하고서, 주자들은 결승선을 통과했다. (laughing children, by, followed, several, crossed)

➡ The runners, _____, _____ the finish line.

NEW SENTENCES

» 다음 문제를 풀어보며 새로운 문장을 익혀보세요.

B 다음 밑줄 친 부분이 어법상 옳으면 ○, 틀리면 ×로 표시하고 바르게 고치시오.

01 The meeting <u>was</u> over, the participants left the room.

02 <u>Exhausted</u> from my grief and stress, I finally fell asleep on the bed.

03 Strictly <u>speaking</u>, the experiment was not conducted in a scientific way.

04 With the guests <u>chatting</u> with each other, the party was filled with laughter.

05 His hands <u>trembled</u> like leaves in the wind, he looked out at the audience.

06 He couldn't defend himself against the attacker with his hands <u>tying</u> behind his back.

C 다음 중 어법상 적절한 것을 고르시오.

01 Their car | was broken / having broken | down, they decided to take a taxi.

02 Our plans | going / went | smoothly, we were able to proceed with confidence.

03 The windows | cleaning / cleaned |, the room looked brighter and more inviting.

04 With the lights | shining / shone | brightly, the city came alive with a lively energy.

05 They gathered around the hall to protest, | disappointing / disappointed | at the result.

06 | Grant / Granting | that you have some valid points, I still disagree with your conclusion.

PART

3

절

문장 암기 REVIEW

» 다음 문제를 풀어보며 본책에서 학습한 문장을 복습해보세요.

A **다음 우리말과 의미가 같도록 괄호 안의 말을 배열하시오.**

01 나는 세상이 무한한 가능성으로 가득 차 있다는 것을 믿는다. (endless, is, that, full of, the world, possibilities)

→ I believe _____.

02 그 책의 메시지는 우주가 끊임없이 팽창하고 있다는 것이다. (the universe, that, constantly expanding, is)

→ The message of the book is _____.

03 문제는 우표가 봉투에 들러붙지 않는다는 것이었다. (the stamp, that, stick to, didn't)

→ The problem was _____ the envelope.

04 Iktomi는 Odawa에게 인생의 각 단계에는 선한 힘과 악한 힘이 있다는 것을 말했다.

(are, and bad, there, that, forces, good)

→ Iktomi told Odawa _____ in each stage of life.

05 이사회 구성원들은 모든 사람이 토론에 참여하는 것을 중요하다고 생각한다.

(everyone, it, participates, that, in, important, consider, the discussion)

→ The board members _____.

06 너무 자주, 우리는 거대한 성공에는 거대한 행동이 필요하다는 것을 확신한다.

(massive action, massive success, that, requires)

→ Too often, we convince ourselves _____.

07 많은 진화 생물학자들은 인간이 경제적인 이유로 언어를 발달시켰다는 것을 주장한다.

(for, humans, economic reasons, developed, that, language)

→ Many evolutionary biologists argue _____.

08 복잡한 주제에 몰두하기 전에 기본을 이해하는 것이 중요하다는 것은 분명하다.

(is, understanding, crucial, that, the basics)

→ It is clear _____ before diving into complex topics.

09 대부분의 사람들은 갈등이 나쁘고 자신의 '안락 지대'에 있는 것이 좋다고 단정한다.

(being, in, that, one's, is, good, "comfort zone")

→ Most people assume that conflict is bad and _____.

NEW SENTENCES

» 다음 문제를 풀어보며 새로운 문장을 익혀보세요.

B 다음 문장의 밑줄 친 부분에 유의하여 문장을 해석하시오.

01 I found it surprising that she solved the puzzle so quickly.

_____

02 It is necessary that we review the guidelines before the experiment.

_____

03 That they were able to find solutions shows their teamwork.

_____

04 They revealed that the new product would be launched next month.

_____

05 His belief was that everyone would agree with the proposed changes.

_____

C 다음 밑줄 친 부분이 해당하는 문장 요소를 고르시오.

01 That she was able to finish the marathon amazed everyone. ☐ S ☐ SC ☐ O

02 One of my biggest concerns is that the plan might not work as intended. ☐ S ☐ SC ☐ O

03 He emphasized that everyone should arrive on time. ☐ S ☐ SC ☐ O

04 The reality is that we need more resources to achieve our goals. ☐ S ☐ SC ☐ O

05 That she won the prize at the film festival is incredible. ☐ S ☐ SC ☐ O

문장 암기 REVIEW

» 다음 문제를 풀어보며 본책에서 학습한 문장을 복습해보세요.

A 다음 우리말과 의미가 같도록 괄호 안의 말을 배열하시오.

01 우리가 이 위험한 프로젝트에 투자해야 하는지는 여전히 토론 중이다. (whether, invest, should, we)

➡ _____ in this risky project is still under discussion.

02 갑작스런 변경 때문에, 나는 우리가 마감 기한을 지킬지 모른다. (we, the deadline, will, if, meet)

➡ Due to the sudden changes, I don't know _____.

03 나는 내일 야외 콘서트 동안에 비가 올지 궁금하다. (will, whether, tomorrow, rain, it)

➡ I wonder _____ during the outdoor concert.

04 나는 귀사 잡지의 커다란 인쇄본이 있는지 알고 싶다. (print version, whether, there's, a large)

➡ I'd like to know _____ of your magazine.

05 Sadie는 위를 쳐다보고 검은 구름이 움직이고 있는지 보려고 했다. (was, the, moving, black, if, cloud)

➡ Sadie looked up and tried to see _____.

06 내 걱정은 그녀가 그 일에 충분한 경험이 있는지 없는지이다. (enough, she, whether, experience, has)

➡ My concern is _____ for the job or not.

07 그는 그가 컴퓨터 과학 석사 과정을 계속해야 하는지 숙고하고 있다.

(master's, whether, a, degree, should, he, pursue)

➡ He is considering _____ in computer science.

08 James는 그가 자신의 현재 역할에 머물러야 하는지 혹은 새로운 역할로 옮겨야 하는지를 결정하지 못했다.

(should, current, he, role, stay, his, if, in)

➡ James hasn't decided _____ or move into a new one.

09 상황은 그것들이 우리의 의심을 활성화하는지 아닌지에 근거해서 우리 각자에게 특유하게 스트레스를 준다.

(activate, whether or not, doubt, our, they)

➡ Situations are uniquely stressful for each of us based on _____.

10 여러분은 일찍 일어나는 습관이 실제로 여러분의 삶을 더 낫게 만들지를 모른다.

(the habit, will actually, of, make, getting up, if, early)

➡ You don't know _____ your life better.

NEW SENTENCES

» 다음 문제를 풀어보며 새로운 문장을 익혀보세요.

B 다음 밑줄 친 부분이 어법상 옳으면 ○, 틀리면 ×로 표시하고 바르게 고치시오.

01 They wondered <u>whether</u> Tom would come to the party or not.

02 <u>If</u> the book becomes a bestseller is up to the readers.

03 Whether the workers receive their bonuses <u>depend</u> on the company's profits.

04 The key question is <u>if</u> technology will create more jobs than it eliminates.

05 The debate is about <u>if</u> the ancient ruins should be opened to tourists.

06 Whether the authors meet the deadlines <u>is</u> essential for the publication schedule.

C 다음 밑줄 친 부분이 해당하는 문장 요소를 고르시오.

01 <u>Whether guardrails can handle the car's weight</u> is being tested.　☐S　☐SC　☐O

02 I asked <u>if he could finish the report by the deadline</u>.　☐S　☐SC　☐O

03 Her concern is <u>whether the new policy will be effective</u>.　☐S　☐SC　☐O

04 He asked <u>whether the meeting was scheduled for this week</u>.　☐S　☐SC　☐O

05 The main concern is <u>whether the new system will integrate smoothly with existing technology</u>.　☐S　☐SC　☐O

06 The manager is considering <u>whether the new strategy will improve sales</u>.　☐S　☐SC　☐O

문장 암기 REVIEW

» 다음 문제를 풀어보며 본책에서 학습한 문장을 복습해보세요.

A 다음 우리말과 의미가 같도록 괄호 안의 말을 배열하시오.

01 누가 저녁을 요리하는지가 우리집에서는 항상 큰 논쟁거리이다. (dinner, who, is, cooks)

➡ _____ always a big debate in our house.

02 여러분은 대부분의 아이들이 왜 채소를 싫어하는지 궁금해한 적이 있는가? (most, hate, why, vegetables, children)

➡ Have you ever wondered _____ ?

03 예술가들은 자신들이 언제 그리기를 멈춰야 하는지를 아는 것을 어렵다는 것을 종종 알게 된다.

(they, when, stop, painting, should)

➡ Artists often find it difficult to know _____ .

04 우리는 상황을 개선시키기 위해 우리가 무엇을 해야 하는지 알고 있다. (we, to, what, do, need)

➡ We understand _____ to improve the situation.

05 Lauren은 Sadie에게 그들이 어떤 방향에서 왔는지 물었다. (came, which, from, way, they)

➡ Lauren asked Sadie _____ .

06 심리학자들과 사회학자들은 우정이 어떻게 형성되는지 궁금해하는 것을 시작했다.

(friendships, to, form, wonder, how, began)

➡ Psychologists and sociologists _____ .

07 일단 우리가 우리의 자녀가 정말 누구인지 이해하면, 우리는 우리의 육아 방식을 바꿀 방법을 알아낼 수 있다.

(understand, once, children, really are, who, we, our)

➡ _____ , we can figure out how to change our parenting style.

08 이 중대한 상황에서 우리가 누구를 신뢰할지 결정하는 것이 우리 임무의 성공을 결정할 수 있다.

(we, this, critical situation, whom, to trust, decide, in)

➡ _____ could determine the success of our mission.

09 우리가 언제 새로운 사무실로 이사할 수 있는지는 그것의 공사의 완공 일자에 달려 있다.

(will, when, be able to, we, to, the new office, move)

➡ _____ depends on the completion date of its

construction.

NEW SENTENCES

» 다음 문제를 풀어보며 새로운 문장을 익혀보세요.

B 다음 중 어법상 적절한 것을 고르시오.

01 She asked [when / which] the new library would be open to the public.

02 The study focuses on [what / why] there has been a significant increase in allergies.

03 We need to know [who / when] will be appointed as the new CEO of the company.

04 The engineer explained [what / how] the system would significantly reduce carbon emissions.

05 They should determine [what / when] the key challenges are in finding renewable energy solutions.

06 We should explore [which / why] the marketing campaign did not attract the expected audience.

C 다음 밑줄 친 부분이 해당하는 문장 요소를 고르시오.

01 Scientists are exploring <u>why some species adapt better to climate change than others</u>. ☐ S ☐ SC ☐ O

02 The main concern is <u>how the changes will impact overall performance</u>. ☐ S ☐ SC ☐ O

03 The focus of the research is <u>what causes climate change</u>. ☐ S ☐ SC ☐ O

04 He asked <u>when the election results would be officially announced to the public</u>. ☐ S ☐ SC ☐ O

05 Exactly <u>when the ancient city was formed</u> is not known to us. ☐ S ☐ SC ☐ O

06 They should determine <u>how the recent economic downturn will affect local businesses</u>. ☐ S ☐ SC ☐ O

문장 암기 REVIEW » 다음 문제를 풀어보며 본책에서 학습한 문장을 복습해보세요.

A 다음 우리말과 의미가 같도록 괄호 안의 말을 배열하시오.

01 문지기는 여러분을 들어가지 못하도록 막는 누군가이다. (prevents, from, who, being let in, you)

→ A gatekeeper is someone _____ .

02 세 시간 동안 지속될 프로그램을 위해 따뜻하게 입어라. (for, which, three hours, will last)

→ Dress warmly for the program _____ .

03 기후가 바뀌면, 그 필요조건을 충족하는 장소들도 또한 바뀐다. (satisfy, requirements, that, those)

→ When the climate changes, the places _____ change, too.

04 교사들은 학문적으로 혹은 정서적으로 고심하고 있는 학생들을 격려할 수 있다. (are, struggling, who, academically)

→ Teachers can support students _____ or emotionally.

05 사냥에 대한 엄청난 열정이 있었던 한 젊은 왕이 살고 있었다. (a great passion, who, hunting, for, had)

→ There lived a young king _____ .

06 포식자는 다른 동물을 사냥해서 먹고사는 동물이다. (hunt and, other, animals, that, feed on)

→ Predators are animals _____ .

07 진정한 영웅은 다른 사람들을 위해 자신을 희생하는 사람이다. (for, sacrifices, others, who, himself)

→ A true hero is a person _____ .

08 아직 일어나지 않은 일들에 주의를 기울일 필요가 없다. (have, that, not, happened)

→ There is no need to pay attention to things _____ yet.

09 백인 사회에서, 사람들은 도움을 주기 위한 어떤 일을 막 한 모르는 사람들에게 '감사합니다'라고 말한다.
(have, to, help, just done, who, something)

→ In Anglo society, people say *Thank you* to strangers _____ .

10 마음은 의식적 마음과 잠재의식적 마음이라고 알려진 부분을 가진다. (the conscious, are, mind, known, that, as)

→ The mind has parts _____ and the subconscious mind.

NEW SENTENCES

» 다음 문제를 풀어보며 새로운 문장을 익혀보세요.

B 다음 밑줄 친 부분이 어법상 옳으면 ○, 틀리면 ×로 표시하고 바르게 고치시오.

01 The award was given to the scientist <u>which</u> discovered the new vaccine.

02 The car <u>which it</u> was featured in the advertisement is now available for test drives.

03 The movie which won the award <u>were</u> directed by a first-time filmmaker.

04 The fans cheered for the musician <u>who played</u> at the concert last night.

05 The restaurant manager introduced <u>the chef he</u> prepared the dinner to the guests.

06 The company that manufactures environmentally friendly products <u>is</u> expected to grow even faster.

C 다음 중 어법상 적절한 것을 고르시오.

01 She returned the book who / which had been left at her house by mistake.

02 I used the recipe who / that was featured on the cooking show last night.

03 The company that developed innovative products is / are getting attention from major investors.

04 The boy in the picture who / which is standing next to the old lady is my cousin Tom.

05 The destination which was / were highlighted in the travel brochure is known for its beautiful beaches.

06 A smart home system that integrates with all your devices has / have just been released.

문장 암기 REVIEW

» 다음 문제를 풀어보며 본책에서 학습한 문장을 복습해보세요.

A 다음 우리말과 의미가 같도록 괄호 안의 말을 배열하시오.

01 당신의 가장 친한 친구는 여러분이 여러분의 친구 중에서 가장 많이 신뢰하는 그 사람이다.

(trust most, who, the one, you)

➡ Your best friend is _____ among your friends.

02 여러분이 오늘 할 수 있는 그 일은 내일은 하지 못할 수도 있다. (today, you, which, can do)

➡ The thing _____ may not be done tomorrow.

03 다른 사람들이 가지지 못한 차이를 만들어 내는 것이 여러분의 분야에서 성공하는 방법이다.

(don't, a difference, that, have, others)

➡ Creating _____ is a way to succeed in your field.

04 그는 사람들이 언제나 의지할 수 있는 사람이다. (count on, who, people, can)

➡ He is the person _____ anytime.

05 내가 어제 구매했던 그 셔츠는 나에게 너무 작다. (bought yesterday, which, I)

➡ The shirt _____ is too small for me.

06 여러분이 직면해서 처리하는 모든 실시간 문제들을 적어라. (deal with, you, that, and, face)

➡ Write down all the real-time challenges _____ .

07 만약 여러분이 충분히 오래 그리고 열심히 계속한다면, 여러분은 여러분이 원하는 어떤 것도 할 수 있다.

(anything, do, want, you)

➡ You can _____ , if you just persist long and hard enough.

08 행사에서, 우리는 우리 식당이 곧 제공하게 될 새로운 요리를 소개할 것이다. (offering, our restaurant, that, will, be)

➡ At the event, we will be introducing new dishes _____ soon.

09 인공광은 자연광이 들어갈 수 없는 큰 건물 안에서 우리가 살고 일하게 해 주었다. (natural, not, enter, light, that, could)

➡ Artificial light allowed us to live and work in big buildings _____ .

10 여러분이 사회적으로 잘하기 위해 자신에게 부과하는 내적 압박감은 정상적이고 유익하다.

(well socially, place on, you, to do, yourself)

➡ The internal pressure _____ is normal and useful.

NEW SENTENCES

» 다음 문제를 풀어보며 새로운 문장을 익혀보세요.

B 다음 밑줄 친 부분이 어법상 옳으면 ○, 틀리면 ×로 표시하고 바르게 고치시오.

01 We didn't return the book <u>you borrowed it</u> from the library.

02 The painting <u>which we bought</u> at the auction needs to be framed.

03 I enjoyed the melody of the song <u>the guitarist played it</u> at the concert.

04 The architect <u>whom the city council consulted</u> designed a new city park.

05 The laptop <u>my brother bought</u> last week has already stopped working.

06 The photos the magazine featured last month <u>is</u> about the beauty of wildlife.

C 다음 중 어법상 적절한 것을 고르시오.

01 The strategy our team adopted / adopted it worked better than expected.

02 The chef the restaurant hired, out of many candidates, specializes / specialize in Japanese cuisine.

03 The playwright who the critics praised / praised him wrote a series of successful plays.

04 I reconnected with an old friend from my hometown which / whom I had not seen in many years.

05 The girl lost the ring which her grandmother had given her / it to her a few years ago.

06 The programs which you recommended has / have greatly improved my performance.

UNIT 41 소유격 관계대명사절

문장 암기 REVIEW

» 다음 문제를 풀어보며 본책에서 학습한 문장을 복습해보세요.

A 다음 우리말과 의미가 같도록 괄호 안의 말을 배열하시오.

01 이것은 저자가 지난번에 텔레비전에 나왔던 그 책이다. (was, whose, on TV, author)

➡ This is the book _____ the other day.

02 우리는 삶이 재난으로 파괴된 사람들을 도와야 한다. (lives, been, whose, shattered, have)

➡ We need to help people _____ by disaster.

03 벽이 무너진 그 집의 주인은 누구인가? (fallen, wall, whose, has)

➡ Who is the owner of the house _____ ?

04 우리는 관광객들이 볼 수 있도록 고대 건축이 보존된 마을을 방문했다.

(architecture, whose, is preserved, ancient, for tourists)

➡ We visited a town _____ to see.

05 다양성을 장려하는 정책을 가진 그 회사는 새로운 교육 프로그램을 시작했다.

(promotes, the company, policy, whose, diversity)

➡ _____ launched a new training program.

06 우리는 생산이 환경 보호 기준을 위반하는 제품을 구매 거부해야 한다.

(ecological, whose, production, standards, violates)

➡ We need to boycott goods _____ .

07 여기 실존 인물에 의해서 주인공이 영감을 받았던 허구 소설이 있다. (inspired, main, was, whose, character)

➡ Here is a fiction novel _____ by a real-life person.

08 그녀는 연구가 물리학에 대한 우리의 이해를 변화시킨 그 과학자이다. (research, whose, understanding, has, our, changed)

➡ She is the scientist _____ of physics.

09 정부는 일자리가 자동화되고 있는 근로자들을 지원해야 한다. (automated, being, jobs, whose, are)

➡ The government must support workers _____ .

10 그 회사는 특성이 원격 근무에 가장 적합한 종업원을 선발하기를 원한다.

(for, characteristics, telecommuting, are, whose, best suited)

➡ The company wants to select employees _____ .

NEW SENTENCES

» 다음 문제를 풀어보며 새로운 문장을 익혀보세요.

B 다음 두 문장을 소유격 관계대명사 whose를 사용하여 한 문장으로 완성하시오.

01 We stayed at a hotel. + Its rooms have an ocean view.

➡ _____

02 Tomorrow we will climb a mountain. + Its peak is covered with snow.

➡ _____

03 The company is gaining popularity. + Its products are eco-friendly.

➡ _____

04 The website is easier to navigate now. + Its design has been recently updated.

➡ _____

05 The city is opening a new museum. + Its landmarks attract many tourists each year.

➡ _____

C 다음 중 어법상 적절한 것을 고르시오.

01 The phone whose / that screen was broken is still working fine.

02 The garden whose flowers bloom all year round is / are full of butterflies.

03 The car which / whose engine was upgraded runs more smoothly and efficiently now.

04 The trees whose branches shaded the entire yard was / were over a hundred years old.

05 The athlete who / whose performance broke records at the Olympics was widely praised.

06 The child whose parents are both doctors wants / want to become a surgeon.

A **다음 우리말과 의미가 같도록 괄호 안의 말을 배열하시오.**

01 여러분에게 중요한 것은 우리에게 소중하다. (you, is, for, what, important)

➡ _____ is precious to us.

02 여러분이 쓴 것은 틀린 철자들이나 사실상의 오류들을 가질 수 있다. (written, what, you've)

➡ _____ can have misspellings, or errors of fact.

03 기억력은 여러분이 배운 것을 저장하는 것을 의미한다. (have, what, learned, you)

➡ Memory means storing _____.

04 삶은 여러분이 하기로 '되어' 있는 것을 하는 것에 관한 것이다. (what, to do, you, *supposed*, are)

➡ Life is about doing _____.

05 마법은 우리 모두가 우리의 삶에서 일어나기를 소망하는 것이다. (to happen, we all, wish for, what)

➡ Magic is _____ in our life.

06 그녀는 그가 규칙의 중요성에 대해 말했던 것을 기억했다. (he, of, what, the rules, the importance, said about)

➡ She remembered _____.

07 18세기 유럽에서는, 가톨릭 교회가 출판될 수 있는 것을 통제했다. (be, what, published, could)

➡ In eighteenth-century Europe, the Catholic Church controlled _____.

08 그들은 그들이 메일에서 받은 불가사의한 메시지가 의미할 수 있는 것을 이해했다.
(they, what, message, the, mysterious, received)

➡ They understood _____ in the mail could mean.

09 기술 덕분에, 한때 최고의 경험으로 여겨졌던 것이 이제는 예상되는 경험이다.
(the best, was, what, experience, once considered)

➡ Thanks to technology, _____ is now the expected experience.

10 수년간의 경험으로, 그는 이 업계에서 리더가 되기 위해 필요한 것을 알고 있다. (be, it, what, takes, a leader, to)

➡ With years of experience, he knows _____ in this industry.

NEW SENTENCES

» 다음 문제를 풀어보며 새로운 문장을 익혀보세요.

B 다음 밑줄 친 부분이 어법상 옳으면 ○, 틀리면 ×로 표시하고 바르게 고치시오.

01 I will show you <u>what</u> I have been working on for the past month.

02 We couldn't believe <u>the things what</u> we saw when we entered the palace.

03 She always wears <u>what</u> makes her feel comfortable and confident.

04 You should only take <u>which</u> you can carry on your back during the hike.

05 The teacher focuses on <u>which</u> he sees as the key skills for his students.

06 He appreciated everything <u>that</u> his friends had done for him during his difficult times.

C 다음 중 어법상 적절한 것을 고르시오.

01 He cherished the things | that / what | he learned from his mentors during his early career.

02 They reflected on | which / what | they accomplished together over the years.

03 We will provide you with the resources | which / what | are necessary for you to complete the task.

04 She documented | that / what | she saw as she traveled the remote countryside.

05 Please clarify | which / what | you meant in your email about the upcoming project.

06 Children are interested in the activities | that / what | are planned for the summer camp.

문장 암기 REVIEW

>> 다음 문제를 풀어보며 본책에서 학습한 문장을 복습해보세요.

A 다음 우리말과 의미가 같도록 괄호 안의 말을 배열하시오.

01 Tom은 가족이 중요한 부류의 사람이다. (is, for whom, important, family)

➡ Tom is the kind of person _____.

02 교육은 한 사람이 지식을 얻는 과정이다. (gains, by which, knowledge, a person)

➡ Education is the process _____.

03 나의 아버지는 내가 열심히 일하는 것의 가치를 배운 사람이다. (of, hard work, learned, from whom, I, the value)

➡ My father is the person _____.

04 나는 내가 6년 넘게 함께 일해 온 훌륭한 조수가 있다. (over 6 years, I, with whom, for, have worked)

➡ I have a remarkable assistant _____.

05 소량의 에너지가 발생되는 많은 장소가 있다. (are, generated, small amounts, at which, of energy)

➡ There are many places _____.

06 우리가 하고 있는 것은 그것이 의도되었던 방식으로 해석되고 있지 않다. (was, in the way, in which, meant, it)

➡ What we are doing is not being interpreted _____.

07 목표 시청자는 광고가 목표로 삼는 대상인 사람들의 집단이다. (are, at whom, aimed, advertisements)

➡ The target audience is the group of people _____.

08 사람들이 살 것이라고 예측할 수 있는 평균 연령은 그것이 역사에서 그래 왔던 것보다 더 높다.

(people, to which, expect, to live, may)

➡ The average age _____ is higher than it has been in history.

09 사람이 이동하고 있는 속도는 환경 속의 세부 사항을 처리하는 능력을 결정할 것이다.

(traveling, the speed, at which, is, one)

➡ _____ will determine the ability to process detail in the environment.

10 당신이 가짜 미소를 봤던 상황들이 있어 왔다. (you, fake, a, in which, saw, smile)

➡ There have been occasions _____.

NEW SENTENCES

» 다음 문제를 풀어보며 새로운 문장을 익혀보세요.

B 다음 밑줄 친 부분이 어법상 옳으면 ○, 틀리면 ×로 표시하고 바르게 고치시오.

01 She became the expert whom everyone turned <u>to her</u> for advice.

02 We met at the cafe <u>which</u> they serve the best coffee in town.

03 The principle <u>that</u> his theory is based on is widely accepted.

04 He recommended the article <u>in which</u> the discovery was first reported.

05 The final report is the document <u>on that</u> the entire project is based.

06 We need to adhere to the guidelines <u>under</u> our project was approved.

C 다음 중 어법상 적절한 것을 고르시오.

01 The museum displays the artworks | which / to which | she dedicated her life.

02 We need to update the technology which the system relies | on / on it |.

03 The forests through which the river flows | is / are | home to many rare species.

04 The facility is the laboratory | in / in which | groundbreaking research was conducted.

05 The committee questioned the hypothesis which the experiment was based | upon / upon it |.

06 The politician spoke passionately about the cause for | which / that | he was fighting.

문장 암기 REVIEW   » 다음 문제를 풀어보며 본책에서 학습한 문장을 복습해보세요.

A 다음 우리말과 의미가 같도록 괄호 안의 말을 배열하시오.

01 이곳이 그 유명한 소설가가 태어난 그 집이다. (born, where, the famous novelist, was)

→ This is the house _____.

02 목욕은 아이가 자신의 상상력에 편안해하는 시간이다. (comfortable, the child, when, is)

→ The bath is a time _____ with her imagination.

03 우리는 그녀가 시험에 떨어졌던 이유를 이해할 수 없었다. (she, why, the exam, had failed)

→ We could not understand the reason _____.

04 그 어린 소년은 자신의 아버지가 그가 그러기를 원하는 방식으로 새들을 보고 들어야만 했다.

(the father, him, to, that, wanted)

→ The little boy had to see and hear the birds the way _____.

05 뇌가 비유에 반응하는 방식에 관해 상당한 연구가 이루어졌다. (metaphors, the brain, that, responds to)

→ Significant work has been done on the way _____.

06 실수를 공개적으로 하는 것이 우리 인간이 모든 다른 종보다 더 똑똑한 한 가지 이유이다. (smarter, we humans, why, are)

→ Making mistakes in public is one reason _____ than every other species.

07 사람들이 '어린 왕자'를 좋아하는 이유는 그들이 자신들을 그 이야기 속에서 인지한다는 것이다.

(love, *The Little Prince*, why, the reason, people)

→ _____ is that they recognizes themselves in the story.

08 여러분이 여러분의 관점을 위해 싸우기를 멈춰야 하는 시기가 온다. (you, fighting, for your view, need to, when, stop)

→ There comes a time _____.

09 자신들이 무엇이든 가질 수 있다고 사람들이 믿는 문화에서는, 선택하는 데 문제가 없다.

(people, can have, where, believe, anything, that, they)

→ In a culture _____, there is no problem in choosing.

10 Martin Luther King Jr.는 모든 사람이 평등하고 자유로운 나라를 꿈꿨다.

(where, equal, everyone, be, a nation, and free, would)

→ Martin Luther King Jr. dreamed of _____.

NEW SENTENCES

» 다음 문제를 풀어보며 새로운 문장을 익혀보세요.

B 다음 밑줄 친 부분이 어법상 옳으면 ○, 틀리면 ×로 표시하고 바르게 고치시오.

01 There is always a moment <u>when</u> everything seems to go wrong.

02 I don't understand <u>the reason</u> she left so suddenly without saying goodbye.

03 The town <u>which</u> we spent our vacation this summer is famous for its music festival.

04 The researcher explained the reason <u>that</u> the experiment didn't work as expected.

05 We need to rethink the way <u>how</u> we approach our marketing strategy for better results.

06 The police showed the news reporters <u>the spot</u> the accident had taken place.

C 다음 중 어법상 적절한 것을 고르시오.

01 The store where they sell old records was / were hard for me to find.

02 This is the restaurant which / in which we had a lovely meal on our first date.

03 I can't forget the year when / which I graduated from college and started my career.

04 The report outlines the reason why / which the company's profits declined last year.

05 He described the way how / that his grandmother used to bake bread using traditional methods.

06 We were impressed by the way how / in which the chef prepared the five-course meal.

문장 암기 REVIEW   » 다음 문제를 풀어보며 본책에서 학습한 문장을 복습해보세요.

A 다음 우리말과 의미가 같도록 괄호 안의 말을 배열하시오.

01 Armenia의 왕이 있었는데, 그는 거짓말을 가장 잘하는 사람을 찾기를 원했다. (wanted, who, the biggest liar, to find)

➡ There was the king of Armenia, _____.

02 여러분은 많은 신선한 채소를 먹어야 하고, 그것은 여러분의 건강에 좋다. (are, for, which, your health, good)

➡ You need to eat lots of fresh vegetables, _____.

03 나는 여전히 과학적 방법을 기억하는데, 그것에 대해 나는 초등학교에서 처음 배웠다. (about, I, which, first learned)

➡ I still remember the scientific method, _____ in elementary school.

04 Marilyn과 그녀의 딸 Sarah는 해변으로 여행을 갔고, 그곳에서 Sarah는 자신의 첫 번째 모래성을 지었다.

(first, where, sandcastle, built, Sarah, her)

➡ Marilyn and her daughter, Sarah, took a trip to the beach, _____.

05 Harris는 변호사에게 그 기금에 대해 말했고, 그는 그가 그 돈을 은행에 넣도록 도왔다.

(the money, him, in the bank, helped, who, put)

➡ Harris talked to a lawyer about the fund, _____.

06 23세에, Coleman은 시카고로 이사를 갔고, 그곳에서 그녀는 식당에서 일했다. (she, a restaurant, at, where, worked)

➡ At the age of 23, Coleman moved to Chicago, _____.

07 화장실에는, 그 다음 주까지 화장지가 없었고, 그때에 청소 담당자들이 복귀했다. (the, when, returned, cleaning people)

➡ In the bathroom, there was no toilet paper until the following weekend, _____.

08 Lotte의 친척들이 사립 미술학교를 운영했고, 그것이 그녀가 어린 나이에 그림을 배우게 해 주었다.

(allowed, her, which, painting, to learn)

➡ Lotte's relatives ran a private painting school, _____ at a young age.

09 1862년에 Thomas는 'Harper's Weekly'의 직원으로 입사했고, 그곳에서 그는 정치 만화에 자신의 노력을 집중했다.

(he, on political cartoons, focused, where, his efforts)

➡ In 1862 Thomas joined the staff of *Harper's Weekly*, _____.

NEW SENTENCES

» 다음 문제를 풀어보며 새로운 문장을 익혀보세요.

B 다음 밑줄 친 부분이 어법상 옳으면 ○, 틀리면 ×로 표시하고 바르게 고치시오.

01 The documentary, <u>which</u> explores climate change, is scheduled to air on Sunday evening.

02 The winner is John, <u>he</u> ran the marathon in just under three hours.

03 Her ultimate goal is to start a non-profit, <u>which it</u> focuses on environmental conservation.

04 The destination to explore is Iceland, <u>which</u> volcanic landscapes and glaciers create stunning scenery.

05 The scientists examined the fossil, <u>in which</u> prehistoric life forms were remarkably preserved.

06 The report detailed the observations from the telescope, <u>which</u> distant galaxies were mapped with.

C 다음 중 어법상 적절한 것을 고르시오.

01 Friday, when / which we usually go out for dinner, is now our movie night at home.

02 The library, there / where I spent many hours studying, is now closed for renovation.

03 His greatest inspiration is his grandmother, she / who taught him the value of compassion and honesty.

04 My cat, which sleeps all day beside the stuffed animals, loves / love playing at night when everyone else is asleep.

05 The old man smiled at me brightly, which / who made his face look ten years younger.

06 The scientist worked out the hypothesis, which / by which the observed phenomena could be explained.

문장 암기 REVIEW 》 다음 문제를 풀어보며 본책에서 학습한 문장을 복습해보세요.

A 다음 우리말과 의미가 같도록 괄호 안의 말을 배열하시오.

01 이 노래를 들을 때, 나는 편안한 기분이 든다. (this, when, song, I, listen to)

➡ _____, I feel relaxed.

02 정보는 당신이 그것을 실제로 절대 사용하지 않으면 가치가 없다. (you, actually use, if, it, never)

➡ Information is worthless _____.

03 공연이 시작할 때까지 단지 30분만 남아 있다. (until, show, left, starts, the)

➡ There's only thirty minutes _____.

04 만약 우리가 지금 떠나지 않는다면 우리는 그 기차를 타지 못할 것이다. (now, we, unless, leave)

➡ We won't be able to catch the train _____.

05 여행하는 동안에 네게 어떤 문제가 생기는 경우에 나에게 전화해라. (you, any, in case, problems, have)

➡ Call me _____ during your trip.

06 그 가난한 남자가 자신의 작은 선물을 바쳤을 때, 왕자의 얼굴이 행복함으로 빛났다.

(the poor, his, offered, as, small gift, man)

➡ The prince's face beamed with happiness _____.

07 이야기 속의 정보가 없을 때, 우리의 뇌는 단순히 세부 사항을 채운다. (in, is, when, missing, information, the story)

➡ _____, our brains simply fill in the details.

08 내가 그 아파트가 최근에 페인트칠이 되었다는 말을 들은 이래로, 나는 결코 벽을 만진 적이 없다.

(I, been, since, was told, the apartment, that, had)

➡ _____ recently painted, I have never touched the walls.

09 내 마음과 기억이 계속 똑같은 한, 나는 계속 똑같은 사람일 것이다.

(my, remain, the same, mind and, as long as, memories)

➡ _____, I will continue to be the same person.

10 우리의 에너지가 높고 우리가 집중을 방해하는 것에서 자유로울 때, 분석적인 과업은 가장 잘 성취된다.

(energy, and we, our, are, when, free, is, high)

➡ Analytical tasks are best accomplished _____ from distractions.

NEW SENTENCES

» 다음 문제를 풀어보며 **새로운 문장**을 익혀보세요.

B 다음 우리말과 같은 의미가 되도록 빈칸에 알맞은 접속사를 골라 쓰시오.

unless	after	as soon as	when	as long as

01 The students cheered loudly _____ the teacher announced the surprise field trip.
교사가 깜짝 현장 학습을 발표했을 때 학생들은 크게 환호했다.

02 She felt relieved _____ she completed all her exams successfully last week.
그녀는 지난주에 자신의 모든 시험을 성공적으로 완수한 후에 안도감을 느꼈다.

03 The baby fell asleep _____ his mother gently rocked him in her arms.
그 아기는 엄마가 품에 안고 부드럽게 흔들어주자마자 잠이 들었다.

04 The plant will not grow well _____ it receives sufficient sunlight every day.
그 식물은 매일 충분한 햇빛을 받지 않으면 잘 자라지 않을 것이다.

05 They will approve the project _____ it stays within the budget constraints.
그들은 그 프로젝트가 예산 한도 내에 있는 한 그것을 승인할 것이다.

C 다음 중 어법과 문맥상 적절한 것을 고르시오.

01 She reads a book until / while she waits for the bus every morning.

02 I will go for a walk if the heavy rain stops / will stop in the afternoon.

03 The dog waited by the door after / until his owner returned home from work.

04 You can borrow my car next week if / unless you promise to drive carefully.

05 We will cancel the trip unless the weather improves / will improve significantly by tomorrow.

06 The chef will prepare the meal as soon as / until the fresh ingredients get delivered.

이유와 양보를 나타내는 부사절

문장 암기 REVIEW » 다음 문제를 풀어보며 본책에서 학습한 문장을 복습해보세요.

A 다음 우리말과 의미가 같도록 괄호 안의 말을 배열하시오.

01 아마도 너는 피곤하기 때문에 추가적인 일을 피하고 있을지도 모른다. (are, because, tired, you)

→ Maybe you are avoiding extra work _____ .

02 비록 우리가 서로를 거의 안 보긴 하지만, 우리는 여전히 매우 친한 친구이다. (we, rarely see, although, each other)

→ _____ , we're still very good friends.

03 Emma는 충분한 돈을 벌지 못했기 때문에, 그녀는 자신의 어머니와 함께 살기 위해 돌아갔다.

(enough money, did not, since, Emma, make)

→ _____ , she went back to live with her mother.

04 비록 우리가 일부의 진실을 가지고 있을지라도, 전체의 진실은 가지고 있지 않다. (we, truth, even if, some, have)

→ _____ , we do not have the whole truth.

05 어떤 사람들은 Ted가 재미있다고 생각하는 반면에, 다른 사람들은 그가 불쾌하다고 생각한다.

(Ted, while, is, some people, funny, think)

→ _____ , others find him offensive.

06 비록 그 상인은 깨어 있었지만, 깊이 잠들어 있는 척했다. (awake, was, he, although)

→ _____ , the merchant pretended to be in a deep sleep.

07 요즘 나는 처리해야 할 매우 많은 일이 있기 때문에 책을 읽을 시간이 없다. (have, as, to, I, deal with, so much work)

→ These days I don't have time to read books _____ .

08 그녀는 자신이 지원한 일자리를 얻지 못해서 실망했다. (she didn't, applied for, get, that, she, the job)

→ She was disappointed _____ .

09 그 프로젝트는 마감 기한 내에 우리가 모든 우리의 목표를 성취했다는 점에서 성공적이었다.

(we, within, in that, achieved, the deadline, all our goals)

→ The project was successful _____ .

10 지난 수십 년 동안에 경제 활동 가능 연령 인구가 증가했던 반면에, 오늘날에는 그것이 증가하지 않고 있다.

(population, the, whereas, working-age, increased)

→ _____ during last decades, today it is not growing.

NEW SENTENCES

» 다음 문제를 풀어보며 **새로운 문장**을 익혀보세요.

B 다음 문장의 밑줄 친 부분을 해석하시오.

01 We arrived early <u>since we wanted to get good seats for the concert.</u>

➡ 우리는 _____ 일찍 도착했다.

02 The new policy is fair <u>in that it provides equal opportunity for all employees.</u>

➡ 새로운 정책은 _____ 공정하다.

03 The runner finished her race <u>although she felt exhausted and her legs were sore.</u>

➡ 그 주자는 _____ 경주를 마쳤다.

04 <u>Although they argued,</u> they resolved their differences and remained close friends.

➡ _____, 의견 차이를 해결하고 가까운 친구로 남았다.

05 John enjoys outdoor activities, <u>whereas his brother prefers staying indoors.</u>

➡ _____, John은 야외 활동을 즐긴다.

C 다음 중 어법과 문맥상 적절한 것을 고르시오.

01 The restaurant was closed early | because / even though | the chef was not feeling well.

02 Her solution was practical in | that / which | it solved the problem without additional costs.

03 She wore a warm coat since | heard / she heard | the temperature would drop in the evening.

04 The artist gained fame | although / because | her early works were ignored by critics.

05 | In that / Even if | she gets good grades, she plans to retake the course to get a better understanding.

06 The old bridge was made of wood, | while / when | the new one is constructed of steel.

문장 암기 REVIEW

» 다음 문제를 풀어보며 본책에서 학습한 문장을 복습해보세요.

A 다음 우리말과 의미가 같도록 괄호 안의 말을 배열하시오.

01 나는 지시 사항들을 잊지 않기 위해 그것들을 적었다. (forget, I, them, so that, wouldn't)

➡ I wrote down the instructions _____.

02 전깃불이 너무 값싸서 여러분은 그것을 생각하지 않고 사용한다. (you, so, use, cheap, it, that)

➡ Light is _____ without thinking.

03 그 소년은 아무도 그를 보지 못하도록 창문에서 돌아섰다. (him, anyone, lest, see)

➡ The boy turned away from the window _____.

04 내가 다양한 활동을 계획해서, 모두를 위한 어떤 것이 있을 것이다. (there, something, so, for everyone, will be)

➡ I've planned various activities, _____.

05 그가 너무 영감을 주는 연설을 해서 청중 모두가 동기부여가 되었다. (a, so, speech, that, inspiring)

➡ He gave _____ everyone in the audience felt motivated.

06 과학자들은 모든 사람이 자신의 실수들로부터 배울 수 있도록 그것들을 과시한다.

(everybody, can, from them, so that, learn)

➡ Scientists show their mistakes off _____.

07 이러한 변화들은 너무 오랜 기간에 걸쳐 일어나서, 우리는 그것들이 일어나는 것을 보지 못한다.

(such a, don't, see, long time, that, we)

➡ These changes take place over _____ them happening.

08 운전자들은 사고를 피할 수 있도록 자신의 휴대폰을 보는 것을 피해야 한다. (that, avoid, in order, an accident, they, can)

➡ Drivers should avoid looking at their cellphone _____.

09 상점이나 식당은 대개 그것이 저소득 고객이나 고소득 고객을 맞이하도록 설계될 수 있다.

(be, it, welcomes, designed, can, so that)

➡ A store or restaurant _____ mostly low-income or high-income customers.

10 일반화는 인지 경제를 촉진해서, 우리는 중요하지 않은 자세한 사항에 집중하지 않는다.

(we, on, particulars, don't, so that, focus)

➡ Generalization promotes cognitive economy, _____ that don't matter.

NEW SENTENCES

» 다음 문제를 풀어보며 새로운 문장을 익혀보세요.

B 다음 밑줄 친 부분에 유의하여 문장을 해석하시오.

01 The architect designed the building <u>so that it would be accessible to people with disabilities</u>.

_____

02 The city decided to plant trees along the streets <u>in order that it would have more green space</u>.

_____

03 The couple spoke quietly <u>lest they should disturb the sleeping baby in the next room</u>.

_____

04 The problem he faced was <u>so unexpected that he had to call for help</u>.

_____

05 It was <u>such an exciting movie that everyone was talking about it for days</u>.

_____

C 다음 중 어법과 문맥상 적절한 것을 고르시오.

01 She studied marine biology so that / lest she could understand the ocean's diverse ecosystems better.

02 I back up my data regularly lest I should / should not lose important files due to system errors.

03 He followed a strict diet in order that / lest he could achieve his fitness goals sooner.

04 The team members worked so efficient / efficiently that they finished the project ahead of schedule.

05 They faced such an intense storm / intense a storm that their flight was delayed for hours.

PART

4

주요 구문

가정법 과거 / 가정법 과거완료

문장 암기 REVIEW

» 다음 문제를 풀어보며 본책에서 학습한 문장을 복습해보세요.

A 다음 우리말과 의미가 같도록 괄호 안의 말을 배열하시오.

01 네가 진실을 안다면, 너는 너의 결정을 바꿀 수 있을 것이다. (the truth, you, if, knew)

➡ _____, you could change your decision.

02 그녀가 더 많이 연습했다면, 그녀는 대회에서 우승했을 것이다. (practiced, she, if, more, had)

➡ _____, she would have won the competition.

03 나의 할머니가 여전히 살아 계신다면, 그녀는 올해 100세이실 것이다. (were, if, my, still alive, grandmother)

➡ _____, she would be 100 years old this year.

04 내가 집에서 나의 우산을 잊지 않았다면, 나는 지금 비에 젖지 않을 것이다. (hadn't, my, if, I, umbrella, forgotten)

➡ _____ at home, I wouldn't get wet in the rain now.

05 지구에 대기가 없다면, 햇빛을 흩뜨려 줄 가스가 없을 것이다. (atmosphere, no, the Earth, if, had)

➡ _____, there would be no gases to scatter sunlight.

06 내가 교통량이 많은 것에 대해 알았다면, 나는 더 일찍 나의 집을 떠났을 것이다. (have, house, I'd, earlier, left, my)

➡ If I had known about the heavy traffic, _____.

07 우리가 화학식의 철자를 전부 다 써야 한다면 쓰는 데 너무 오래 걸릴 것이다.

(had to, chemical, we, if, equations, spell out)

➡ It would take too long to write _____.

08 여러분이 여러분의 모든 선택과 가능성을 고려하려고 노력한다면, 여러분은 결코 어떤 것도 완료되게 하지 못할 것이다.

(anything, you, never, done, get, would)

➡ If you tried to consider all your options and possibilities, then _____.

09 내가 곧 있을 회의를 알았다면, 나는 미리 나의 발표를 준비했을 것이다.

(my presentation, I, in advance, have, would, prepared)

➡ If I had been aware of the upcoming meeting, _____.

10 AI에게 감정을 느끼는 능력이 주어진다면, 그것은 윤리적인 질문의 세상을 열 것이다.

(AI, to, feel, were, the ability, if, given)

➡ _____, it would open up a world of ethical questions.

NEW SENTENCES

» 다음 문제를 풀어보며 새로운 문장을 익혀보세요.

B 다음 밑줄 친 부분이 실제로 가리키는 시제를 고르시오.

01 If I <u>had</u> a time machine, I would visit ancient civilizations to study their cultures. ☐현재 ☐과거

02 If Gandhi <u>had used</u> violence, India might not have gained independence through peaceful means. ☐현재 ☐과거

03 If I <u>were</u> a marine biologist, I would explore the deepest parts of the ocean. ☐현재 ☐과거

04 If Alexander the Great <u>had lived</u> longer, he would have conquered even more territories. ☐현재 ☐과거

05 If the moon <u>had</u> its own atmosphere, it would have weather patterns and storms. ☐현재 ☐과거

06 If the Titanic <u>had avoided</u> the iceberg, it would now be in the history books for its luxury, not its tragedy. ☐현재 ☐과거

C 다음 중 어법상 적절한 것을 고르시오.

01 If the ocean is / were less salty, many marine species would not be able to survive.

02 If the Industrial Revolution had started later, earlier technological advances would be / have been delayed.

03 If gravity were weaker, objects around us would float / have floated effortlessly in the air.

04 If Isaac Newton did not formulate / had not formulated his laws, modern physics would have developed differently.

05 If the Apollo 11 mission failed / had failed , our confidence in space exploration would be different today.

A 다음 우리말과 의미가 같도록 괄호 안의 말을 배열하시오.

01 그가 더 분별이 있다면, 그는 더 나은 선택을 할 것이다. (more, he, sensible, were)

➡ _____, he would make better choices.

02 내가 그것의 리뷰를 읽었다면, 나는 그 제품을 절대 사지 않았을 것이다. (its, had, read, reviews, I)

➡ _____, I might never have bought the product.

03 겨울이라면, 우리는 눈사람을 만들고 핫초코를 마실 것이다. (winter, were, it)

➡ _____, we would build a snowman and drink hot chocolate.

04 Edison이 전구를 발명하지 않았다면, 우리는 오늘날 여전히 양초를 사용하고 있을지도 모른다.
(Edison, not, the light bulb, had, invented)

➡ _____, we might still be using candles today.

05 그녀가 의사의 조언을 따랐다면, 그녀는 훨씬 더 빨리 회복했을 것이다. (the doctor's, had, advice, she, followed)

➡ _____, she would have recovered much more quickly.

06 내가 프랑스어를 유창하게 말할 수 있다면, 나는 몇 년 동안 파리로 이주하는 것을 고려할 것이다.
(I, French, fluently, able, were, to speak)

➡ _____, I would consider moving to Paris for a few years.

07 그 왕자가 자신의 친구들에게 신맛이 나는 포도를 주었다면, 그들은 기묘한 표정을 지었을 것이다.
(the sour, had, the prince, grapes, offered)

➡ _____ to his friends, they might have made funny faces.

08 여러분이 발코니에 서는 것이 두렵다면, 여러분은 더 낮은 층에서 시작해서 올라갈 것이다.
(standing, were, you, on balconies, afraid of)

➡ _____, you would work your way up starting from the lower floors.

09 교육 제도가 더 유연하다면, 그것은 수많은 학생들의 경험을 탈바꿈시킬 수 있을 것이다.
(were, flexible, educational, more, the, system)

➡ _____, it could transform the experiences of countless students.

NEW SENTENCES

» 다음 문제를 풀어보며 새로운 문장을 익혀보세요.

B 다음 밑줄 친 부분이 어법상 옳으면 ○, 틀리면 ×로 표시하고 바르게 고치시오.

01 <u>Had I</u> a garden, I would grow my own vegetables and herbs all year round.

02 <u>Were time</u> a physical object, we could store it like currency for future use.

03 Had they invested in technology stocks, they <u>would have been</u> wealthy now.

04 <u>The Internet were</u> a living organism, it would be the most complex creature on Earth.

05 <u>Were the ancient library</u> preserved, we could have access to many lost texts today.

06 Had the company launched the product earlier, it <u>would be leading</u> the market now.

C 다음 중 어법상 적절한 것을 고르시오.

01 Had I / If I had a private yacht, I would sail around the world exploring new destinations.

02 Is / Were the ocean a giant aquarium, we could observe sea creatures up close every day.

03 Were / If were he more open-minded, he might appreciate diverse perspectives.

04 Had the major earthquake been predicted, the city would implement / have implemented emergency measures at that time.

05 Had the initial space mission been successful, human presence on other planets could be / have been a reality by now.

06 Had the workers / The workers had followed the safety guidelines, the accident would have been prevented.

문장 암기 REVIEW » 다음 문제를 풀어보며 본책에서 학습한 문장을 복습해보세요.

A 다음 우리말과 의미가 같도록 괄호 안의 말을 배열하시오.

01 내가 피아노나 기타와 같은 악기를 연주할 수 있는 방법을 안다면 좋을 텐데. (to play, knew, I, how)

→ I wish _____ a musical instrument like the piano or guitar.

02 그는 마치 자신이 그 주제에 대한 전문가인 것처럼 청중에게 말했다. (as if, an expert, were, he)

→ He spoke to the audience _____ on the topic.

03 돈이 없다면, 사람들은 물물 교환에 의해서만 거래할 수 있을 것이다. (by bartering, could, people, only trade)

→ Without money, _____.

04 내가 면접에서 어리석은 말을 하지 않았다면 좋을 텐데! (said, hadn't, the interview, at, silly things)

→ I wish I _____!

05 우리는 마치 우리가 우리 자신의 일부가 아닌 것처럼 우리 자신에 대해 생각할 수 있다.

(part, as if, of ourselves, were, we, not)

→ We can think about ourselves _____.

06 법이 없다면, 우리는 옳은 것과 그른 것을 구별할 수 없을 것이다. (it, for, the law, were, not)

→ _____, we would not be able to tell right from wrong.

07 나의 가족의 지지가 없었다면, 나는 대부분의 나의 성취를 이룰 수 없었을 것이다.

(it, my family's, had, for, support, not been)

→ _____, I could never have made most of my accomplishments.

08 레이저가 없다면, 인터넷과 모든 디지털 미디어는 상상할 수 없을 것이다. (unimaginable, digital media, all, be, would)

→ The Internet and _____ without the laser.

09 내가 하고 싶은 모든 것을 할 수 있도록 내가 두 명 있다면 좋을 텐데. (two, wish, there, I, of me, were)

→ _____ so that I could do all the things I want to do.

10 바람이 없다면, 지구는 부적당한 극단적인 온도의 이상한 땅이 될 것이다. (land, would, a, the Earth, strange, become)

→ But for wind, _____ of hostile extremes of temperature.

NEW SENTENCES

» 다음 문제를 풀어보며 새로운 문장을 익혀보세요.

B 다음 밑줄 친 부분이 어법상 옳으면 ○, 틀리면 ×로 표시하고 바르게 고치시오.

01 I wish <u>we lived</u> in a house with a bigger backyard for the kids.

02 I wish <u>you checked</u> the weather before planning the picnic the other day.

03 I wish <u>she is</u> less shy so she could join us at social gatherings more often.

04 He speaks as if <u>he had been</u> fluent in several languages, but he's only learned a few phrases.

05 Had it not been for her parents' support, <u>she might have given up</u> on her dreams.

06 <u>Were it not</u> for the storm, we would have finished our trip as planned.

C 다음 중 어법상 적절한 것을 고르시오.

01 I wish our house is / were closer to the park so we could walk there every day.

02 I wish he took / had taken the shortcut; now we're stuck in traffic for hours.

03 I wish I charged / had charged my phone before going out. It's dead now.

04 He felt as if he were / had been on vacation, even though he was just relaxing at home.

05 Were it not for the coach's leadership, the team would be / would have been in constant conflict.

06 But for / Had it not been for the Internet, finding this information would be much harder.

문장 암기 REVIEW » 다음 문제를 풀어보며 본책에서 학습한 문장을 복습해보세요.

A 다음 우리말과 의미가 같도록 괄호 안의 말을 배열하시오.

01 인공 지능의 영향은 증기 기관의 영향만큼 크다. (as, is, that, as great)

→ The impact of AI _____ of the steam engine.

02 대부분의 동물은 아래쪽보다 위쪽이 더 어둡다. (than, darker, are, above)

→ Most animals _____ they are below.

03 성공을 보상하는 것은 그것을 공개적으로 인정하는 것만큼 쉬울 수 있다. (as, it, publicly, as easy, recognizing)

→ Rewarding success can be _____ .

04 전면의 지도자는 배후의 지도자보다 덜 강력하다. (behind, powerful, less, the leader, than)

→ The leader in front is _____ .

05 음수는 양수보다 훨씬 더 추상적이다. (positive numbers, more, a lot, than, abstract)

→ Negative numbers are _____ .

06 전기차는 전통적인 차보다 운행하고 유지하기에 덜 비싸다. (and maintain, than, expensive, less, to run)

→ Electric vehicles are _____ conventional cars.

07 제주왕나비과 나비의 뒷날개는 앞날개보다 색이 더 옅다. (in, lighter, wings, color, the front, than)

→ The hind wings of the monarch butterfly are _____ .

08 우리가 다른 사람들을 우리가 대해지기 원하는 만큼 잘 대한다면, 우리는 답례로 잘 대해질 것이다.

(as, to be, treated, we, as well, want)

→ If we treat others _____ , we will be treated well in return.

09 운동은 심장 질환 같은 병이 있는 사람들에게 알약만큼 좋은 약일 수 있다. (pills, for people, a medicine, as good, as)

→ Exercise can be _____ with conditions such as heart disease.

10 운동 선수는 운동 선수가 아닌 사람보다 용납할 수 없는 행위에 참여할 가능성이 더 낮다.

(likely, in, less, unacceptable behavior, to participate)

→ Athletes are _____ than are non-athletes.

NEW SENTENCES

» 다음 문제를 풀어보며 새로운 문장을 익혀보세요.

B 다음 밑줄 친 부분이 어법상 옳으면 ○, 틀리면 ×로 표시하고 바르게 고치시오.

01 This cake tastes as <u>deliciously</u> as the one we had at the downtown bakery.

02 She sings as <u>beautiful</u> as a nightingale, captivating everyone who hears her voice.

03 The hike was <u>not so difficult</u> as we had expected, so we finished it easily.

04 His new book is <u>more interesting</u> than the previous one, keeping readers engaged.

05 His future looks <u>more bright</u> than ever after receiving this scholarship.

06 The new phone's camera captures images <u>more clearly</u> than the older model.

C 다음 중 어법상 적절한 것을 고르시오.

01 The garden looks as │ beautiful / beautifully │ as a painting, with vivid colors everywhere you look.

02 Studying regularly is as important as │ to get / getting │ enough sleep.

03 His response was │ less / not as │ detailed than I expected, leaving many questions unanswered.

04 The new electric car is │ many / much │ quieter than traditional gas-powered vehicles.

05 The service of the restaurant today is │ as fast as / faster than │ usual, reducing our waiting time significantly.

06 The environmental policies of this company are stricter than │ that / those │ of its competitors in the industry.

문장 암기 REVIEW

» 다음 문제를 풀어보며 본책에서 학습한 문장을 복습해보세요.

A 다음 우리말과 의미가 같도록 괄호 안의 말을 배열하시오.

01 이 박물관은 프랑스 밖에서 인상주의 그림의 가장 많은 소장품을 소장하고 있다.
(Impressionist, the largest, paintings, collection, of)

➡ This museum has _____ outside of France.

02 어떤 것도 인생 경험에서 얻은 지혜만큼 위대하지 않다. (as, is, the wisdom, so great)

➡ Nothing _____ gained from life experiences.

03 Josef Frank는 자신의 디자인 회사에서 가장 유명한 디자이너였다. (the, prestigious, was, designer, most)

➡ Josef Frank _____ at his design company.

04 이 문제는 우리가 직면해 온 어떤 다른 문제보다 더 복잡하다. (any other, complex, issue, more, than)

➡ This problem is _____ we've faced.

05 친구나 가족 구성원에게서의 조언은 모든 것 중에서 가장 호의적이다. (the most, of, all, is, well-meaning)

➡ Advice from a friend or family member _____.

06 어떤 다른 기술도 인터넷만큼 혁명적이라고 판명되지 않았다. (as, as, be, the Internet, revolutionary)

➡ No other technology has proven to _____.

07 시청자의 수가 방송사에게 가장 중요한 요소이다. (broadcasters, for, significant, the most, factor)

➡ The quantity of an audience is _____.

08 어떤 다른 과학적 발견도 DNA 구조보다 더 획기적이지 않다. (other, no, groundbreaking, scientific discovery, more, is)

➡ _____ than the structure of DNA.

09 그녀의 그림들은 그 미술관의 모든 다른 예술 작품보다 더 높은 가격에 팔리고 있다.
(the other, a higher, artworks, all, price, than)

➡ Her paintings are selling for _____ in the gallery.

10 인간은 이미 어떤 다른 종보다 더 긴 기간의 보호받는 미숙 상태를 가지고 있다.
(of, than, any other, protected, a longer period, immaturity)

➡ Humans already have _____ species.

NEW SENTENCES

» 다음 문제를 풀어보며 **새로운 문장**을 익혀보세요.

B 다음 주어진 문장과 같은 의미가 되도록 괄호 안의 지시에 따라 문장을 완성하시오.

01 No other material we've used for clothing is as durable as denim.

= No other material we've used for clothing is _____. (비교급)

= Denim is _____ we've used for clothing. (최상급)

02 Nothing tastes as good as a homemade meal made with fresh, local ingredients.

= Nothing tastes _____ made with fresh, local ingredients. (비교급)

= A homemade meal made with fresh, local ingredients _____.

(최상급)

03 No other flower is as fragrant and colorful as the rose in full bloom.

= No other flower is _____ in full bloom. (비교급)

= The rose in full bloom is _____. (최상급)

C 다음 중 어법상 적절한 것을 고르시오.

01 Her dedication to the project is greater than any other team member / team member's .

02 This lake is deeper than all the other body / bodies of water in the entire region.

03 No other planet is / planets are as mysterious and captivating as Mars for scientists.

04 No one sprinter runs as quick / quickly as Usain Bolt did in the race.

05 Nothing is so embarrassing as / than watching someone do something that couldn't be done.

06 Maria is the most competent candidate / candidates of all the candidates applying for this position.

원급과 비교급 표현

A 다음 우리말과 의미가 같도록 괄호 안의 말을 배열하시오.

01 여러분은 비상시에 가능한 한 침착함을 유지해야 한다. (as, stay, possible, as calm)

→ You should _____ during an emergency.

02 그가 더 멀리 갈수록, 그는 더 많은 자유를 느꼈다. (the more, felt, he, freedom)

→ The further out he got, _____.

03 그들의 새로운 사무실은 그전의 것보다 두 배만큼 크다. (as big, the old, twice, one, as)

→ Their new office is _____.

04 겨울이 다가오면서 날이 점점 더 짧아지고 있다. (shorter, and, getting, are, shorter)

→ The days _____ as winter approaches.

05 신선한 과일의 영양적 가치는 통조림에 든 과일의 그것보다 더 우월하다. (canned fruit, superior to, of, is, that)

→ The nutritional value of fresh fruit _____.

06 비록 그들이 유사한 직업을 가지고 있지만, 그는 자신의 남동생보다 세 배 더 번다.

(his brother, three times, earns, he, more than)

→ _____, even though they have similar jobs.

07 우리는 새로운 직원들을 위해 지시 사항을 가능한 한 명확하게 만들어야 한다. (we, as, can, clear, the instructions, as)

→ We should make _____ for the new employees.

08 여러분이 다양한 문화에 관해 더 많이 읽을수록, 여러분은 세상을 더 많이 이해하게 된다.

(the, the world, more, understand, you)

→ The more you read about different cultures, _____.

09 우리가 무언가를 더 잘 이해할수록, 우리는 그것에 관해 생각하는 데 더 적은 노력을 들인다.

(effort, thinking, the less, we, about it, put into)

→ The better we understand something, _____.

10 여러분이 그 문제를 다루기 위해 더 오래 기다릴수록, 그것은 해결하기에 더 복잡해질 것이다.

(it, to solve, more complicated, will, the, become)

→ The longer you wait to address the problem, _____.

정답 및 해설 p. 104

NEW SENTENCES

» 다음 문제를 풀어보며 새로운 문장을 익혀보세요.

B 다음 밑줄 친 부분이 어법상 옳으면 ○, 틀리면 ×로 표시하고 바르게 고치시오.

01 The new printer's speed is inferior than that of the previous model, making it less efficient for high-volume tasks.

02 The latest model of the drone has twice as many battery life as its predecessor.

03 The bigger the organization grows, the more complexity its operations become.

04 Keep the temperature of the food as consistently as possible to ensure its quality.

05 The current project budget is three times higher than what was allocated last year.

06 The city's skyline is growing taller and taller with each new skyscraper.

C 다음 중 어법상 적절한 것을 고르시오.

01 Handmade products are generally superior [than / to] those of any other team member.

02 This protein powder contains three times [as / so] much protein per serving as the previous brand.

03 The more experience you gain, the [much / more] confident you will feel in your job.

04 The faster the car goes, the more [difficult / difficultly] it becomes to control.

05 Complete the registration form as [accurate / accurately] as you can to avoid delays.

06 The competition is getting [fierce / fiercer] and fiercer as more teams join the league.

문장 암기 REVIEW   » 다음 문제를 풀어보며 본책에서 학습한 문장을 복습해보세요.

Ⓐ **다음 우리말과 의미가 같도록 괄호 안의 말을 배열하시오.**

01 그 소년은 공을 잡아서 그것을 나에게 다시 던졌다. (to me, it, threw, back)

➡ The boy caught the ball and _____.

02 당신의 집에서 공항까지 얼마나 먼가요? (is, how, it, far)

➡ _____ from your home to the airport?

03 예술과 비예술 사이의 선은 선명한 것이 될 수 없는 것 같다. (the line, seems, it, that)

➡ _____ between art and not-art can't become a sharp one.

04 Iktomi가 말하기를 마쳤을 때, 그는 거미집을 지어서 그것을 Odawa에게 주었다. (Odawa, gave, and, it, to)

➡ When Iktomi finished speaking, he spun a web _____.

05 그 행사에 사람들이 5명보다 적다면, 그것은 취소될 것이다. (will, cancelled, it, be)

➡ If there are less than 5 people for the event, _____.

06 나는 소리치면서 버스를 뒤쫓았다. 그러나 너무 늦었다. (too, but, late, it, was)

➡ I called out and ran after the bus. _____.

07 교육이 열쇠이고, 그것은 단지 몇몇이 아니라 모든 아이에게 접근 가능해야 한다.
(should, for, every child, be, it, accessible)

➡ Education is the key, and _____, not just some.

08 비상 호출이 무전으로 왔을 때는 견딜 수 없을 정도로 뜨거운 시카고의 어느 날이었다.
(Chicago day, an, was, it, unbearably hot)

➡ _____ when the emergency call came over the radio.

09 모래성을 짓는 즐거움의 한 부분은 마지막에 우리가 바다에게 그것을 선물로 준다는 것이다. (give, it, we, as a gift)

➡ Part of the joy of building a sandcastle is that, in the end, _____ to the ocean.

10 열섬 현상 때문에, 도시 지역에서 점점 더 더워지고 있다. (is, and hotter, getting, it, hotter)

➡ Due to the heat island phenomenon, _____ in urban areas.

NEW SENTENCES

» 다음 문제를 풀어보며 **새로운 문장**을 익혀보세요.

B 다음 문장에서 밑줄 친 It[it]이 대신하는 단어 및 어구에 밑줄을 그으시오.

01 The movie was thrilling because it kept us on the edge of our seats.

02 They rented a kayak for the day and returned it before closing time.

03 The designer found a color mismatch in the layout and corrected it before printing.

04 The marathoner trained diligently for the race, which prepared him well for it.

05 The new policy seems complicated. Can you explain it in detail?

06 We should follow the advice given in the book. It seems practical.

C 다음 문장에서 밑줄 친 It이 나타내는 것을 골라 쓰시오.

날씨	시간	거리	상황

01 It was a short distance from the hotel to the beach, so we walked.

02 It will be windy this afternoon, so secure any loose items outdoors.

03 It's too early to call them. They might still be sleeping.

04 It is about five miles from my house to the nearest grocery store.

05 It was only a few minutes before the train arrived.

06 It's surprising how quickly the situation has changed.

문장 암기 REVIEW
>> 다음 문제를 풀어보며 본책에서 학습한 문장을 복습해보세요.

A 다음 우리말과 의미가 같도록 괄호 안의 말을 배열하시오.

01 여러분이 거짓말을 하고 있다면, 많은 세부 사항을 지어내는 것은 쉽지 않다. (easy, is, it, not)

➡ If you are lying, _____ to make up lots of details.

02 그는 그런 어린 소년이 혼자서 여행할 것이라는 것을 이상하다고 생각했다. (strange, it, found, that)

➡ He _____ such a young boy would be traveling alone.

03 우리의 행사를 성공적으로 만든 것은 바로 당신의 사려 깊은 준비였다. (was, preparation, your, it, careful)

➡ _____ that made our event successful.

04 그 개가 환자 근처에 앉아 있다면, 그 환자는 긴장을 푸는 것이 더 쉽다고 생각했다. (it, relax, easier, found, to)

➡ If the dog sat near the patient, the patient _____.

05 언제 대중에게 공식 발표가 될 것인지는 여전히 불확실했다. (when, was, it, still, unclear)

➡ _____ the official announcement would be made to the public.

06 예기치 못한 도로 폐쇄가 그들이 정각에 도착하는 것을 어렵게 만들었다. (it, to arrive, difficult, made, for them)

➡ The unexpected road closures _____ on time.

07 추가적인 기금이 제공되더라도, 그 프로젝트가 제때 완료될 것이라는 것은 여전히 의심스럽다.
(remains, that, it, the project, doubtful)

➡ Even with the additional funding, _____ will be completed on time.

08 대부분의 전문가가 경제가 연말까지는 회복할 것이라는 것을 타당하다고 생각한다.
(experts, reasonable, that, consider, most, it)

➡ _____ the economy will recover by the end of the year.

09 만족하지 못한 고객이 불평하는 것을 더 쉽게 만드는 것이 중요하다. (make, dissatisfied customers, it, to, easier, for)

➡ It is important _____ to complain.

10 온라인 광고가 판매자가 전문적인지를 항상 분명히 하는 것은 아니다. (not always, clear, whether, make, do, it)

➡ Online advertisements _____ the seller is professional.

NEW SENTENCES

» 다음 문제를 풀어보며 새로운 문장을 익혀보세요.

B 다음 밑줄 친 부분을 해석하시오.

01 <u>It is a pleasure to meet you in person</u> after all our emails.

그동안 이메일로만 연락하다가 _____.

02 The company <u>considers it essential to maintain a good quality</u> of products and services.

그 회사는 자사의 제품과 서비스에서 _____.

03 <u>It is important for students to develop good study habits early on</u> to succeed academically.

학업적으로 성공하기 위해서 _____.

04 He <u>found it surprising that the historic building had been preserved</u> despite the rapid development of the city.

그는 도시의 급속한 발전에도 불구하고 _____.

C 다음 밑줄 친 It[it]의 역할을 골라 쓰시오.

> 가주어   가목적어   강조 구문

01 <u>It</u> has become increasingly evident that climate change and biodiversity are interrelated.

02 <u>It</u> is regular physical activity that can significantly improve one's mental health.

03 I find <u>it</u> incredibly rewarding to volunteer at the local shelter and help those in need.

04 <u>It</u> is widely accepted that early intervention can prevent many developmental problems in children.

05 He thought <u>it</u> rather unusual that the package arrived earlier than the estimated delivery date.

문장 암기 REVIEW

» 다음 문제를 풀어보며 본책에서 학습한 문장을 복습해보세요.

A 다음 우리말과 의미가 같도록 괄호 안의 말을 배열하시오.

01 나는 나에 대한 부모님의 사랑을 결코 의심한 적이 없다. (I, have, doubted)

➡ Never _____ my parents' love for me.

02 그는 열심히 공부했을 뿐만 아니라, 또한 자신의 친구들의 공부를 도와주었다. (hard, he, did, study)

➡ Not only _____, but also helped his friends with their studies.

03 숲의 가장자리에 고대 석조 기념비가 한 개 서 있었다. (stone, an, monument, stood, ancient)

➡ At the edge of the forest _____.

04 오로지 인내심을 통해서만 우리는 이 어려움들을 극복할 것이다. (we, will, challenges, these, overcome)

➡ Only through perseverance _____.

05 그들은 수직 운송의 중요한 역할을 좀처럼 고려하지 않는다. (do, they, role, consider, critical, the)

➡ Rarely _____ of vertical transportation.

06 다리 아래에 벤치와 나무가 있는 작고 숨겨진 공원이 있었다. (a, hidden, was, small, park, and)

➡ Under the bridge _____ with benches and trees.

07 이런 복잡한 상황에서는 좀처럼 이렇게 명확한 대답이 나오지 않는다. (such, clear, is, answer, a)

➡ Seldom _____ given in these complex situations.

08 우리는 우리의 제안에 대해 이렇게 빠르고 긍정적인 반응을 거의 예상하지 못했다.
(we, and positive, response, did, such, expect, a quick)

➡ Little _____ to our proposal.

09 그제서야 그녀는 그 메시지의 진정한 의미를 이해했다. (she, true, did, meaning, the, understand)

➡ Only then _____ of the message.

10 나의 할아버지는 좀처럼 해외를 여행할 기회가 없다. (my, the, does, grandfather, opportunity, have)

➡ Seldom _____ to travel outside the country.

NEW SENTENCES

» 다음 문제를 풀어보며 **새로운 문장**을 익혀보세요.

B 다음 밑줄 친 부분이 어법상 옳으면 ○, 틀리면 ×로 표시하고 바르게 고치시오.

01 Never in my life <u>I have witnessed</u> such a breathtaking view.

02 Only after the meeting <u>had we a full understanding</u> of the project.

03 In the garden <u>did the most beautiful flowers bloom</u> I had ever seen.

04 Not until the end of the film <u>did we realize</u> who committed the crime.

05 Only on rare occasions <u>do he agree</u> to give interviews to the media.

06 In the middle of the park <u>stood a grand fountain</u>, sparkling in the sunlight.

C 다음 중 어법상 적절한 것을 고르시오.

01 Little he knew / did he know about the surprise party planned for his birthday.

02 Only after years of study became she / did she become an expert in her field.

03 At the top of the hill sat a lone tree / did a lone tree sit, offering shade to travelers.

04 Hardly we had finished / had we finished our meal when the fire alarm began to ring loudly.

05 Only through persistent effort the team managed / did the team manage to solve the problem.

06 By the fireplace curled a cat / did a cat curl, enjoying the warmth of the flames.

문장 암기 REVIEW 　　》 다음 문제를 풀어보며 본책에서 학습한 문장을 복습해보세요.

A 다음 우리말과 의미가 같도록 괄호 안의 말을 배열하시오.

01 Harry는 오늘 아침에 일하고, Martin은 오늘 저녁에 일한다. (is, this evening, and, Martin)

→ Harry is working this morning, ＿＿＿＿＿＿＿＿＿＿＿＿＿＿＿＿＿＿＿＿＿.

02 여러분은 여러분의 경력을 향상하기 위해 자신의 실패를 분석하고 평가해야 한다. (evaluate, your failures, analyze, and)

→ You should ＿＿＿＿＿＿＿＿＿＿＿＿＿＿＿＿＿＿＿＿＿ to improve your career.

03 John은 정원에서 시를 쓰고, Max는 거실에서 시를 쓴다. (and, living room, the, Max, in)

→ John writes poetry in the garden, ＿＿＿＿＿＿＿＿＿＿＿＿＿＿＿＿＿＿＿.

04 여러분의 현재 역할 안팎에서 새로운 기회를 탐색하라. (and beyond, current, within, role, your)

→ Explore new opportunities ＿＿＿＿＿＿＿＿＿＿＿＿＿＿＿＿＿.

05 깊은 숨을 들이마시면서, 그녀는 커다란 안도감을 느꼈다. (taking, while, a deep breath)

→ She felt a great sense of relief, ＿＿＿＿＿＿＿＿＿＿＿＿＿＿＿＿＿.

06 여러분은 음수에 대해 생각할 수 있고, 여러분은 일상생활의 모든 측면에서 음수에 대해 생각'해야 한다.' (*have*, you, and, *to*)

→ You can think about negative numbers, ＿＿＿＿＿＿＿＿＿＿＿ in all aspects of daily life.

07 아이가 부모에게서 분리되기 전후에 그 아이의 행동에 변화가 있었다. (was, before, and after, separated, he)

→ There was a change in the child's behavior ＿＿＿＿＿＿＿＿＿＿＿ from his parents.

08 우리는 또한 우리가 통제할 수 있기도 하고 할 수 없기도 한 다양한 상호 작용의 산물이다.
(both within, that, of, our control, are, and outside)

→ We are also products of various interactions ＿＿＿＿＿＿＿＿＿＿＿＿＿＿＿＿＿＿＿.

09 그 팀은 많은 어려움에 직면했음에도 불구하고 결과에 대해 낙관적이었다. (challenges, facing, though, many)

→ The team remained optimistic about the outcome, ＿＿＿＿＿＿＿＿＿＿＿＿＿＿＿＿.

10 아이들에게 스스로 악기를 다루고 연주할 방법을 탐색할 시간을 허용하라.
(and playing, for, handling, themselves, the instruments)

→ Allow children time to explore ways of ＿＿＿＿＿＿＿＿＿＿＿＿＿＿＿＿.

NEW SENTENCES

» 다음 문제를 풀어보며 새로운 문장을 익혀보세요.

B 다음 문장에서 생략 및 공통 구문에 유의하여 문장 해석을 완성하시오.

01 Minji can speak French fluently, and Suji Spanish, but neither can Italian.

Minji는 프랑스어를 유창하게 할 수 있고, ＿＿＿＿＿＿＿＿＿＿＿＿＿＿＿＿＿, 둘 다 이탈리아어는 하지 못한다.

02 You need to assess and deal with your weaknesses to improve your skills.

당신은 기술을 향상시키기 위해 ＿＿＿＿＿＿＿＿＿＿＿＿＿＿＿＿＿＿＿.

03 We will try our best to look into and fix problems as they arise.

우리는 문제들이 발생하는 대로 ＿＿＿＿＿＿＿＿＿＿＿＿＿＿＿＿＿.

04 My son likes watching comedies, and my daughter dramas, but they both hate horror films.

나의 아들은 코미디를 보는 것을 좋아하고, ＿＿＿＿＿＿＿＿＿＿＿＿＿＿, 둘 다 공포 영화는 싫어한다.

C 다음 밑줄 친 부분에서 생략이 가능한 어구를 찾아 간략하게 바꿔 쓰시오.

01 She plays the guitar, and her brother plays the drums, but neither sings.

➡ She plays the guitar, and ＿＿＿＿＿＿＿＿＿＿＿＿＿＿＿, but neither sings.

02 You should review your mistakes and learn from your mistakes to enhance your performance.

➡ You should ＿＿＿＿＿＿＿＿＿＿＿＿＿＿＿ to enhance your performance.

03 I majored in chemistry, and my sister majored in biology, both at the same college.

➡ I majored in chemistry, and ＿＿＿＿＿＿＿＿＿＿＿＿＿＿＿, both at the same college.

04 Tom visited the museum on Monday and Greg visited the museum on Tuesday, during the holidays.

➡ Tom visited the museum on Monday and ＿＿＿＿＿＿＿＿＿＿＿＿, during the holidays.

삽입/동격 구문

A 다음 우리말과 의미가 같도록 괄호 안의 말을 배열하시오.

01 스트레스는, 내가 믿기에, 많은 질병의 주요 원인이다. (main, is, cause, the)

➡ Stress, I believe, _____ of many diseases.

02 사랑의 도시인 파리는 연인들에게 인기 있는 행선지이다. (love, the, of, city)

➡ Paris, _____, is a popular destination for couples.

03 셰익스피어 시기에, 식물에 대한 연구인 식물학은 인기 있는 학문이었다. (of, the study, plants, or)

➡ In Shakespeare's time, botany, _____, was a popular science.

04 그는 배우가 되리라는 꿈을 가지고 연극 학교에 입학했다. (becoming, the dream, an actor, of)

➡ He entered drama school with _____.

05 우리는 지구가 더 더워지고 있다는 사실을 잊으면 안 된다. (our planet, getting, that, warmer, is)

➡ We shouldn't forget the fact _____.

06 사람들은 그들의 문화가 여러분의 문화보다 더 낫다는 메시지를 보낼 수 있다. (their culture, than, yours, is, that, better)

➡ People can send a message _____.

07 Sarah는 바다가 더 가까운 곳에 또 다른 모래성을 쌓는다는 그 생각을 좋아했다.

(the, sandcastle, of, idea, another, building)

➡ Sarah loved _____ closer to the water.

08 California 대학의 심리학 교수인 Sonya Lyubomirsky는 수많은 직장 연구를 실시했다.

(of, at, professor, the University of California, psychology)

➡ Sonya Lyubomirsky, _____, has conducted numerous
  workplace studies.

09 결정을 내릴 때, 당신이 생각하기에 관련된 모든 사람에게 가장 좋은 것을 고려하라. (you, best, for, think, what, is)

➡ In making the decision, consider _____ everyone involved.

10 물이 얼 때 팽창한다는 사실은 우리 주변 세상의 많은 변화를 설명한다. (water, it, that, expands, freezes, when)

➡ The fact _____ accounts for many of the changes in the world around us.

NEW SENTENCES

» 다음 문제를 풀어보며 새로운 문장을 익혀보세요.

B 다음 문장에서 삽입된 부분을 (   )로 표시하고, 그 외의 부분을 해석하시오.

01 Their new home, a beautiful mansion on the hill, has a fantastic view.

_____

02 The bridge — one of the city's landmarks — has been recently renovated.

_____

03 My childhood friend, a renowned scientist, will be visiting me next week.

_____

04 The invention he was working on, he imagined, would transform the industry.

_____

05 Her new role — director of marketing — comes with lots of responsibilities.

_____

C 다음 밑줄 친 부분과 동격인 어구에 밑줄을 그으시오.

01 The capital of France, or Paris, is known for its rich history and culture.

02 The chance of winning the lottery is extremely low, but it's still exciting.

03 We need to embrace the fact that innovation is the key to business success.

04 The dream of becoming an astronaut was instilled in him at an early age.

05 My brother, a skilled musician, will perform at the concert tonight.

06 The idea that technology will transform education is becoming a reality.

문장 암기 REVIEW

» 다음 문제를 풀어보며 본책에서 학습한 문장을 복습해보세요.

A 다음 우리말과 의미가 같도록 괄호 안의 말을 배열하시오.

01 어떤 직원도 차별적인 방식으로 대해지지 않을 것이다. (be, no employees, treated, will)

➡ _____ in a discriminatory manner.

02 긍정적인 태도를 가지는 것이 항상 쉬운 것은 아닐지도 모른다. (may, always be, it, easy, not)

➡ _____ to have a positive attitude.

03 대부분의 사람들은 평생 결코 충분한 교육을 받지 못할 것이다. (have, education, will never, enough)

➡ Most people _____ in their lifetime.

04 모든 동물이 똑같은 유형의 고통에 똑같은 행동으로 반응하는 것은 아니다. (every, not, to, responds, animal)

➡ _____ the same type of pain with the same behavior.

05 그녀는 월드컵의 결과에 대해 결코 관심이 없다. (concerned, is, not, about, in the least)

➡ She _____ the outcome of the World Cup.

06 Kevin은 그의 현재 일자리에서 해고되었다면, 말 그대로 갈 곳이 없었다. (literally had, to, Kevin, go, nowhere)

➡ _____ if he was fired from his current job.

07 내가 많은 대안 치료법을 시도해 보았지만, 조금이라도 두드러진 효과를 내는 것처럼 보이는 것은 아무것도 없다.
(noticeable, seems, effect, to have, none, any)

➡ I have tried many alternative remedies, but _____.

08 때로 우리가 어떤 사람에게 완전히 동의하지 못할지도 모르지만, 우리는 그들의 몇 가지 요점을 받아들일 수 있다.
(may not, someone, with, completely, agree)

➡ Sometimes we _____, but we can accept some of their points.

09 단단한 고무공은 굉장히 탄력이 있을 것이고, 점토로 만든 단단한 공은 전혀 튀지 않을 것이다.
(of clay, bounce, at all, would, made, not)

➡ A solid rubber ball would be too bouncy, and a solid ball _____.

10 스쿠터 회사는 안전 규정을 제공하지만, 그 규정이 스쿠터를 타는 사람들에 의해 항상 지켜지는 것은 아니다.
(aren't always, by, the regulations, the riders, followed)

➡ Scooter companies provide safety regulations, but _____.

NEW SENTENCES

» 다음 문제를 풀어보며 새로운 문장을 익혀보세요.

B 다음 문장의 의미를 가장 잘 나타낸 것을 고르시오.

01 The advice I received was not helpful at all.

① 내가 받은 조언은 전혀 도움이 되지 않았다.
② 내가 받은 조언이 조금은 도움이 되었다.

02 The most intelligent students are not always the ones who get the best grades.

① 가장 똑똑한 학생들이 항상 최고 성적을 받지 않는다.
② 가장 똑똑한 학생들이 최고 성적을 받지 않을 수도 있다.

03 I offered two ideas during the meeting, but neither of them was accepted.

① 나는 회의 동안 두 가지 아이디어를 제시했지만, 하나만 받아들여졌다.
② 나는 회의 동안 두 가지 아이디어를 제시했지만, 아무것도 받아들여지지 않았다.

04 I went to the library, but I couldn't check out all of the books you recommended.

① 나는 도서관에 갔지만, 당신이 추천한 책들 중 대출하지 못한 것도 있다.
② 나는 도서관에 갔지만, 당신이 추천한 책들 중 아무것도 대출할 수 없었다.

C 다음 중 어법과 문맥상 적절한 것을 고르시오.

01 Some / Neither of the banks we visited were open last Friday because it was a holiday.

02 She didn't finish all of her assignments, but she completed most / none of them.

03 Nothing / Everything could have prepared us at all for the challenges we faced during the expedition.

04 All / None of the solutions provided were effective in solving the issue, as they made the situation worse.

05 She didn't like the whole movie, but some / neither of it was pretty good.

06 All / Not all of the solutions proposed by the committee were ready for implementation, but some were.

Memo

Memo

Memo

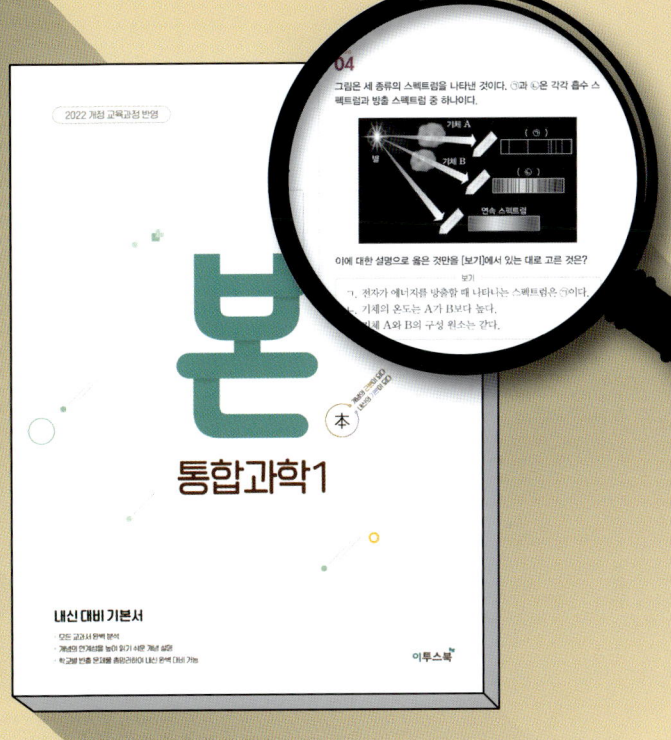

3단계로 학습하는 고등 필수 구문 800

구문 설명 » 대표& 연습 문장 » 고난도 문장

C.ORE 구문 800

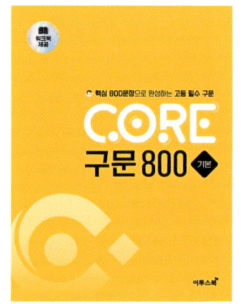

중2~중3 **기본**

· 우선순위 빈출 구문
· 문장 구성 요소 중심의 구문 학습

· 중학 수준의 어휘
· 평균 10~15 단어의 문장 길이

예비고~고2 **완성**

· 고득점 대비 주요 구문
· 다양한 문장 구조 중심의 구문 학습

· 고1 수준의 어휘
· 평균 15~20 단어의 문장 길이

◆ 5개년 고1~3 학력평가, 모의평가, 수능 예문 수록 ◆

핵심 800문장으로 완성하는 **고등 필수 구문**

CORE
구문 800 기본

정답 및 해설

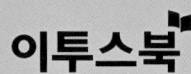

CORE 구문 800 기본

정답 및 해설

CHAPTER 01 문장의 기본 구조

UNIT 01 주어+동사

본문 20쪽

001 <u>I arrived</u> / <u>at the park</u> / <u>at that time</u>.
    S V   M   M

나는 도착했다 / 공원에 / 그때.
➔ 동사 뒤에 두 개의 전치사구 수식어구가 왔다.

002 <u>The temperature rose</u> / <u>quickly</u> / <u>after the</u>
    S   V   M   M
<u>rain</u>.

기온이 올라갔다 / 빠르게 / 비가 온 후에.
➔ 동사 뒤에 부사와 전치사구 수식어구가 왔다.

003 <u>Our dog</u> often <u>lies</u> / <u>on the sofa</u> / <u>in the living</u>
    S   V   M   M
<u>room</u>.

우리의 강아지는 종종 눕는다 / 소파 위에 / 거실에서.
➔ lie는 '눕다'의 뜻도 있지만, '거짓말을 하다'의 뜻도 있다.

004 <u>First impressions matter</u> a lot, / <u>especially in</u>
    S   V   M   M
<u>important meetings</u>.

첫인상은 매우 중요하다, / 특히 중요한 회의에서.

005 <u>Questions of responsibility (toward the past</u>
    S
<u>and future)</u> / <u>do not arise</u> naturally.
                 V   M

(과거와 미래에 대한) 책임감에 대한 질문은 / 자연스럽게 생기지 않는다.
➔ 주어가 Questions이므로 동사는 복수동사 do가 온다.

006 <u>A new understanding of the disease</u> /
    S
<u>emerged</u> / <u>from scientific research</u>.
  V   M

그 질병에 대한 새로운 이해가 / 나타났다 / 과학 연구에서.

007 <u>I get up</u> early in the morning / at 5:00 a.m.
    S V   M   M
<u>every day</u>.
   M

나는 아침 일찍 일어난다 / 매일 오전 5시에.

008 <u>The patient walked</u> / <u>across a golf course</u> /
    S   V   M
<u>on the way to the doctor</u>.
        M

그 환자는 걸어갔다 / 골프장을 가로질러 / 병원으로 가는 길에.

009 <u>Color exists</u> / <u>only in the eye or mind (of the</u>
    S   V   M
<u>viewer)</u>.

색은 존재한다 / (보는 사람의) 눈이나 마음속에만.

010 <u>I grew up</u> / <u>in *a very small town* (surrounded</u>
    S V   M
<u>by mountains)</u>.

나는 자랐다 / (산으로 둘러싸인) 매우 작은 마을에서.
➔ surrounded by mountains는 a very small town을 수식하는 분사구이다. 🔗 UNIT 31

011 With her favorite present in her arms, /
               M
<u>we went</u> to a restaurant / to celebrate her
    S V   M   M
<u>birthday</u>.

우리는 그녀가 가장 좋아하는 선물을 팔에 안고, / 식당에 갔다 / 그녀의 생일을 축하하기 위해.

그녀가 가장 좋아하는 선물을 자신의 팔에 안고, / 우리는 식당에 갔다 / 그녀의 생일을 축하하기 위해.

➡ restaurant 뒤의 to celebrate her birthday는 부사의 역할로 목적의 의미를 나타내는 to부정사구이다. 🔗 UNIT 23

012 A sincere apology will do, / instead of trying
　　　 <u>S</u>　　　　 <u>V</u>　　　　　　 <u>M</u>

to justify your actions.
<u>V'</u>　　 <u>O'</u>

진실한 사과는 충분할 것이다, / 너의 행동을 정당화하려고 노력하는 대신에.

➡ instead of(~ 대신에) 뒤에 동명사구가 왔다.
➡ try+to-v: ~하려고 노력하다

013 Even creatures like trees moved / with
　　　 <u>S</u>　　　　　　　　　 <u>V</u>　　 <u>M</u>

surrounding speed / during past periods of
<u>　　　　　　　　　　 M　　　　　　　</u>

climate change.

나무와 같은 생물조차도 움직였다 / 놀라운 속도로 / 과거 기후 변화의 기간 동안.

014 Farmers in India know / when the monsoon
　　　 <u>S</u>　　　　 <u>V</u>　　　　　　 <u>O</u>

rains will come / next year.
<u>S'</u>　 <u>V'</u>　　 <u>M'</u>

인도의 농부들은 알고 있다 / 장맛비가 언제 올지를 / 내년에.

➡ 동사 know 뒤에 접속사 when이 이끄는 명사절이 목적어로 왔다. 🔗 UNIT 38

본문 22쪽

UNIT 02 주어+동사+주격 보어

015 She seemed very tired.
　　　 <u>S</u>　 <u>V</u>　 <u>SC(형용사)</u>

그녀는 매우 피곤해 보였다.

016 My son became a doctor / last year.
　　　 <u>S</u>　 <u>V</u>　 <u>SC(명사)</u>　 <u>M</u>
　　　　　 　=

나의 아들은 의사가 되었다 / 작년에.

017 Suddenly, / you feel more powerful and
　　　 <u>M</u>　　 <u>S</u> <u>V</u>　 <u>SC</u>

positive.

갑자기, / 여러분은 더 강력하고 긍정적으로 느낀다.

018 Parents remain the primary socialization
　　　 <u>S</u>　 <u>V</u>　 <u>SC</u>

agents.

부모는 여전히 주요한 사회화 주체이다.

019 Most of the soldiers / looked pale and
　　　 <u>S</u>　　　　　 <u>V</u>　 <u>SC</u>

uncomfortable.

대부분의 병사들은 / 창백하고 불편해 보였다.

020 Please stay quiet / during your classmates'
　　　　 <u>V</u>　 <u>SC</u>　　　 <u>M</u>

presentations.

조용히 해 주세요 / 반 친구들의 발표 동안.

021 Jaroslav became / the first Professor of
　　　 <u>S</u>　 <u>V</u>　　 <u>SC</u>

Physical Chemistry (at Charles University).

Jaroslav는 되었다 / (Charles University의) 첫 물리 화학 교수가.

022 The majority of us / are quite ignorant /
　　　 <u>S</u>　　　　 <u>V</u>　 <u>SC</u>

about the surrounding environment.
<u>　　　　　 M　　　　　</u>

우리 대부분은 / 매우 무지하다 / 주변의 환경에 대해.

023 Experts can get insensitive / to the difficulty
　　　 <u>S</u>　 <u>V</u>　 <u>SC</u>　　 <u>M</u>

of a task / for the beginner.

전문가들은 둔감해질 수 있다 / 일의 어려움에 대해 / 초보자를 위한.

024 He **kept optimistic** // as he faced / many
　　　S　　　V　　　　SC　　　S'　　V'　　　O'

challenges (in his professional career).

그는 긍정적이었다 // 그가 직면했을 때 / (자신의 직업적 경력에서) 많은 어려움에.
→ as는 시간을 나타내는 부사절로, '~할 때'라고 해석한다.
UNIT 46

025 Whether a product **becomes toxic** / is
　　　　　　　　S'　　　　V'　　SC'
　　　S　　　　　　　　　　　　　V

something [each individual **can decide**].
　　　　　　　　　　　S'　　　　　V'
　　SC

어떤 제품이 유독해지는지는 / [각 개인이 결정할 수 있는] 어떤 것이다.
→ Whether가 이끄는 명사절이 주어로 쓰였다. **UNIT 37**
→ something 뒤에 목적격 관계대명사가 생략된 형태로, each individual can decide는 something을 수식하는 목적격 관계대명사절이다. **UNIT 40**

026 Dark chocolate **tastes bitter** // because the
　　　　S　　　　　　V　　SC　　　　　S'

cocoa varies widely in quality.
　　　　V'　　　M'

다크 초콜릿은 쓴맛이 난다 // 코코아가 품질이 매우 다양하기 때문에.

027 They can study / different economies (around
　　　S'　　V'　　　　　O'

the world), // but each economy **is unique**, //
　　　　　　　　　　　S²　　　V²　SC²

so comparisons **are tricky**.
　　　S'　　　　V'　　SC'

그들은 공부할 수 있다 / (전 세계의) 다른 경제를, // 그러나 각각의 경제는 고유하다, // 그래서 비교가 까다롭다.

028 People cut back on their sleep // because
　　　S　　　V　　　　　　O

all of these other activities **seem much more**
　　　　　　S'　　　　　　　V'　　　SC'

important.

사람들은 수면을 줄인다 // 이러한 다른 모든 활동이 훨씬 더 중요해 보이기 때문에.
→ cut back on은 구동사로 쓰여 바로 뒤에 목적어가 왔다.
→ much는 비교급을 강조하는 표현으로, '훨씬'이라는 의미이다. **UNIT 52**

UNIT 03 주어+동사+목적어

029 The hotel staff **will take care of** /
　　　S　　　　　　V

your luggage.
　　O

그 호텔 직원은 챙길 것이다 / 당신의 짐을.

030 We **discussed** / the themes and characters
　　S　　V　　　　　　O

(of the book).

우리는 논의했다 / (그 책의) 주제와 특징을.

031 The amount of friction **depends on** /
　　　S　　　　　　　V

the surface materials.
　　O

마찰의 양은 달려 있다 / 표면 소재에.

032 When it **reaches the top**, // the bird **bends**
　　　S'　　V'　　　O'　　　　S　　V

its wings.
　O

정상에 도착할 때, // 그 새는 날개를 구부린다.

033 I **look forward to** / an improvement (in this
　S　　V　　　　　　　　　O

service) / soon.
　　　　M

나는 고대한다 / (이 서비스에서의) 개선을 / 곧.

034 Don't **think of** / a clear glass vase (with
　　　　V　　　　　　O

fresh red roses in it).

생각하지 말아라 / (신선한 빨간 장미꽃이 들어 있는) 투명한 유리 꽃병을.

035 That **explains** / why a bat **can live** / to be 30
　　S　　V　　　　　S'　　　V'　　O

years old.
　　　M'

그것은 설명한다 / 왜 박쥐가 살 수 있는지 / 30살까지.

➡ 동사 explains 뒤에 의문사 why가 이끄는 명사절이 목적어로 왔다. **UNIT 38**

➡ to be 30 years old는 부사로 쓰인 to부정사구로, 결과를 나타낸다. **UNIT 23**

036 When she **got on the boat**, // she **felt a sense**
         S'   V'   O'   S   V   O

of relief.

그녀가 배에 탔을 때, // 그녀는 안도감을 느꼈다.

037 Shirley **attended Brooklyn College** / and
         S   V¹   O¹

majored in sociology.
   V²   O²

Shirley는 Brooklyn College에 다녔다 / 그리고 사회학을 전공했다.

➡ attended와 majored in ~은 and로 연결되어 병렬 구조를 이루며 주어인 Shirley의 술어 역할을 한다.

038 The lights **were** too **bright**, // so I **couldn't**
         S   V   SC   S'   V'¹

sleep / and **turned them off**.
   V'²   V'²   O'²

불빛이 너무 밝았다, // 그래서 나는 잠을 잘 수 없었다 / 그리고 불을 껐다.

➡ them은 the lights를 대신하는데, 대명사가 구동사의 목적어일 때는 동사와 부사 사이에 위치해야 한다.

039 I **was looking forward to** / **getting together**
         S   V   O

with my friends / to watch the sports game.
         M'   M'

나는 고대하고 있었다 / 나의 친구들과 모이는 것을 / 스포츠 경기를 보기 위해.

➡ 동사구 was looking forward to 뒤에 목적어로 명사 역할을 하는 동명사구가 왔다. **UNIT 29**

040 He **married** / *the woman* [who had not only
         S   V   O   S'

changed his life / but had also **made the**
   V'¹   O'¹   V'²

world a better place].
   O'²   OC'²

그는 결혼했다 / [자신의 삶을 변화시켰을 뿐만 아니라 / 세상을 더 나은 곳으로 만들기도 했던] 그 여성과.

➡ who ~ a better place는 the woman을 수식하는 주격 관계대명사절이다. **UNIT 39**

➡ not only A but also B: A뿐만 아니라 B도 역시

041 *Anyone* [who becomes ill or injured] /
         S   S'   V'   SC'

should contact a health care professional /
   V   O

immediately / for treatment.
   M   M

[아프거나 부상당한] 어느 누구든 / 의료 전문가에게 연락해야 한다 / 즉시 / 치료를 위해.

➡ who ~ injured는 Anyone을 수식하는 주격 관계대명사절이다. **UNIT 39**

042 The professor **answered** / the student's
         S   V   O

question (about a complex philosophical
   O

issue) / in a clear and understandable way.
   O   M

그 교수는 대답했다 / (복잡한 철학적 문제에 대한) 학생의 질문에 / 명확하고 이해하기 쉬운 방식으로.

본문 26쪽

UNIT 04 주어+동사+간접목적어+직접목적어

043 My father teaches **me** / **history**.
         S   V   IO   DO

나의 아버지는 나에게 가르친다 / 역사를.

➡ = My father teaches history to me.

044 Ms. Smith found **her** / **the pen**.
         S   V   IO   DO

Smith 선생님은 그녀에게 찾아 주었다 / 그 펜을.

➡ = Ms. Smith found the pen for her.

045 Christine always brought **Leo** / **some snacks**.
         S   V   IO   DO

Christine은 항상 Leo에게 가져다 주었다 / 약간의 간식을.

➡ = Christine always brought some snacks to Leo.

046 I'll send **you** / **a link to the website**.
S V   IO   DO

제가 당신에게 보내 드릴게요 / 그 웹사이트 링크를.
➡ = I'll send a link to the website to you.

047 Human beings give **meaning** / **to the things**
S   V   O   M

around them.

인간은 의미를 부여한다 / 그들 주변의 사물에.
➡ = Human beings give the things around them meaning.
➡ them은 human beings를 대신한다.

048 I asked **the expert** / **a few questions (about**
S V   IO   DO

nutrition).

나는 그 전문가에게 물었다 / (영양에 대한) 몇 가지 질문을.
➡ = I asked a few questions about nutrition of the expert.

049 He gave **his favorite book** / **to his friend** / as
S V   O   M   M

a thoughtful birthday present.

그는 자신이 가장 좋아하는 책을 주었다 / 자신의 친구에게 / 사려 깊은 생일 선물로.
➡ = He gave his friend his favorite book as a thoughtful birthday present.

050 She called a taxi / and gave **the driver**
S V¹ O¹   V²   IO²

a five-dollar bill.
DO²

그녀는 택시를 불렀다 / 그리고 기사에게 5달러 지폐를 주었다.
➡ = She called a taxi and gave a five-dollar bill to the driver.

051 Tommy asked **his teacher** / **some questions**
S   V   IO   DO

(about math problems).

Tommy는 자신의 선생님에게 물었다 / (수학 문제에 관한) 몇 가지 질문을.
➡ = Tommy asked some questions about math problems of his teacher.

052 The term minimalism / gives **a negative**
S   V   O

impression / **to some people**.
M

미니멀리즘이라는 용어는 / 부정적인 인상을 준다 / 일부 사람들에게.
➡ = The term minimalism gives some people a negative impression.

053 Kelly made **a round table** / **for her father** /
S   V   O   M

as a gift on his 70th birthday.
M

Kelly는 원형 탁자를 만들었다 / 자신의 아버지를 위해 / 그의 70세 생신 선물로.
➡ = Kelly made her father a round table as a gift on his 70th birthday.
➡ as는 '~로(서)'의 의미를 나타내는 전치사이다.

054 Please give **me a solution** // so that all the
V   IO DO   S'

problems (in my life) will end.
V'

저에게 해결책을 주세요 // (내 삶의) 모든 문제가 끝나기 위해서.
➡ = Please give a solution to me ~.
➡ so that은 목적을 나타내는 부사절 접속사로, '~하기 위해서'라고 해석한다. ⓒ UNIT 48

055 When our curiosity leads to something novel, //
S'   V'   O'

the resulting reward brings **us** / **a sense of**
S   V   IO   DO

pleasure.

우리의 호기심이 새로운 어떤 것으로 이어질 때, // 그 결과로 나타나는 보상은 우리에게 가져다 준다 / 즐거움의 감각을.
➡ = ~, the resulting reward brings a sense of pleasure to us.

056 "Happy birthday!" Camila said // before her
S   V   S'

sister handed **their dad** / **a small parcel**.
V'   IO'   DO'

"생신을 축하드려요!" Camila는 말했다 // 자신의 여동생이 그들의 아버지에게 건네기 전에 / 작은 꾸러미를.
➡ = ~ before her sister handed a small parcel to their dad.

CORE 구문 800 기본

UNIT 05 주어+동사+목적어+목적격 보어

057 Critics consider / **the movie a masterpiece**.
  S   V   O   OC(명사 보어)

비평가들은 생각한다 / 그 영화가 명작이라고.

➡ 목적격 보어 a masterpiece 앞에 to be를 쓸 수도 있으며 의미도 같다.

058 Her constant support makes / **him confident**.
         S   V   O   OC(형용사 보어)

그녀의 지속적인 지지는 만든다 / 그를 자신감 있게.

059 The noise outside / kept **them awake** / all day.
         S   V   O   OC   M

밖의 소음은 / 그들이 깨어 있게 했다 / 하루 종일.

060 I named / **the horse "Charlie"** / after my
  S   V   O   OC   M

grandfather.

나는 이름 지었다 / 그 말을 'Charlie'라고 / 나의 할아버지의 이름을 따서.

061 The man finally made / **his wish a reality**.
         S   M   V   O   OC

그 남자는 마침내 만들었다 / 자신의 꿈을 현실로.

062 She keeps **her workplace** / **clean and**
  S   V   O   OC

organized.

그녀는 자신의 작업실을 유지한다 / 깨끗하고 정리된 상태로.

063 Climate change can leave **humankind** /
         S   V   O

vulnerable to starvation and agricultural
                    OC

collapse.

기후 변화는 인간을 (~한) 상태로 둘 수 있다 / 기아와 농업 붕괴에 취약한.

064 The management team believes / **the new**
         S   V   O

plan effective / **for reducing costs**.
       OC

경영진은 생각한다 / 그 새로운 계획이 효과적이라고 / 비용 절감에.

065 The Internet has made / **so much free**
         S   V   O

information / **available** / on any issue.
                 OC   M

인터넷은 만들어 왔다 / 매우 많은 무료 정보를 / 이용 가능하도록 / 어떤 문제에 관해서도.

066 We call / **the highly flavored plant parts** /
  S V   O

herbs and spices.
       OC

우리는 부른다 / 향이 강한 식물 부분을 / 허브와 향신료라고.

067 Jack's clients believed / **him a hardworking**
         S   V   O   OC

and trustworthy lawyer.

Jack의 고객들은 생각했다 / 그가 근면하고 신뢰할 수 있는 변호사라고.

068 Employees will engage more, / be proud
         S   V¹   V²   SC²

of their achievements, / and find **work more**
        M²   V³   O³   OC³

meaningful.

직원들은 더 많이 참여할 것이다, / 자신들의 성과에 자부심을 느낄 것이다, / 그리고 일이 더 의미 있다는 것을 알게 될 것이다.

➡ 등위접속사 and로 연결된 형태로, 두 번째와 세 번째 동사 앞에 조동사 will이 생략되었다.

069 Tennis has made / **the court areas, balls**
  S   V   O

and rackets more appropriate / for children
                 OC   M

under 10.

테니스는 만들어 왔다 / 코트 구역, 공과 라켓을 더 적합하게 / 10세 미만 어린이들에게.

070 Insurance companies consider / **talking on a**
 S   V   O

cell phone and driving / **very dangerous.**
                       OC

보험 회사는 생각한다 / 휴대폰으로 통화하면서 운전하는 것이 /
매우 위험하다고.
➔ talking on ~ driving은 동명사구로, 문장의 목적어 역할을
 한다. **ⓒ UNIT 28**

CHAPTER 02 시제

본문 32쪽

UNIT 06 현재 / 현재진행시제

071 She **goes** / to the park / with her dog / every
 S   V(현재시제)   M   M   M

afternoon.

그녀는 간다 / 공원에 / 자신의 반려견과 함께 / 매일 오후에.
➔ 반복적인 행동을 나타내는 부사구 every afternoon과 함께
 현재시제가 쓰였다.

072 I **am traveling** / from the village in the
 S   V(현재진행시제)   M

mountains / to the village in the valley.
                  M

나는 여행 중이다 / 산속 마을에서 / 계곡 마을로.
➔ from A to B: A에서 B로

073 She **is talking** on the phone / right now.
 S   V   M   M

그녀는 통화 중이다 / 지금.

074 Practice **makes** perfect, // and no one **is**
 S¹   V¹   SC¹   S²   V²

perfect.
  SC²

연습이 완벽을 만든다, // 그리고 완벽한 사람은 없다.
➔ 두 개의 문장이 등위접속사 and로 연결되어 있다.

---

075 Many animals **are shrinking** / due to climate
 S   V   M

change and habitat loss.

많은 동물이 줄어들고 있다 / 기후 변화와 서식지 상실 때문에.

076 A bird in the hand / **is** worth two (in the
 S   V   SC   M

bush).

손안의 한 마리 새가 / (덤불 속의) 두 마리의 가치가 있다.
➔ 속담을 나타내고 있으므로 현재시제로 쓴다.
➔ be worth ~: ~의 가치가 있다

077 We generally **think of** television / as *a way* (to
 S   M   V   O   M

relax).

우리는 일반적으로 텔레비전을 생각한다 / (휴식의) 한 방법으로.
➔ to relax는 앞의 a way를 수식하여 형용사 역할을 하는 to부
 정사구이다. **ⓒ UNIT 22**

078 The scientist's theory / **is gaining** acceptance /
 S   V   O

in the scientific community.
          M

그 과학자의 이론은 / 동의를 얻고 있다 / 과학계에서.

079 Humans **adapt** to their environment / through
 S   V   M   M

various mechanisms.

인간은 자신들의 환경에 적응한다 / 다양한 메커니즘을 통해.

080 I **am writing** / to inform you of an ongoing
 S   V   V′   O′   M

noise issue.
  M′

나는 글을 쓰고 있다 / 당신에게 지속적인 소음 문제를 알리기
위해.
➔ to inform 이하는 목적의 의미를 나타내는 to부정사구이다.
 ⓒ UNIT 23
➔ inform A of B: A에게 B를 알리다

081 People **behave** / in highly predictable ways //
 S   V   M

when they **experience** certain thoughts.
     S′   V′   O′

사람들은 행동한다 / 매우 예측 가능한 방식으로 // 그들이 특정 생각을 경험할 때.
➡ when은 시간의 부사절을 이끄는 접속사이다. 🔗 UNIT 46

082 Scientific research **advances** / our
    S   V   O

understanding of the universe / by expanding
                              M

our knowledge of the cosmos.

과학 연구는 발전시킨다 / 우주에 대한 우리의 이해를 / 우주에 대한 우리의 지식을 넓힘으로써.
➡ 「by+v-ing」는 '~함으로써'의 의미를 나타낸다.

083 Language **contributes to** / *our ability* (to
    S   V   O

cooperate with each other / in dealing with

the world).

언어는 기여한다 / (서로 협력하는 / 세상을 대하는 데 있어) 우리의 능력에.
➡ to cooperate ~ the world는 앞의 our ability를 수식하여 형용사 역할을 하는 to부정사구이다. 🔗 UNIT 22
➡ 「in+v-ing」는 '~하는 데 있어'의 의미를 나타낸다.

084 We **worry** / that the robots **are taking** / not
    S   V   S'   V'   O

only our jobs, / but also our judgment.
                                O'

우리는 걱정한다 / 로봇이 빼앗고 있는 것을 / 우리의 일자리뿐만 아니라, / 우리의 판단력까지도.
➡ 동사 worry의 목적어로 접속사 that이 이끄는 명사절이 왔다. 🔗 UNIT 36
➡ not only A but also B: A뿐만 아니라 B도 역시

본문 34쪽

UNIT 07 과거 / 과거진행시제

085 Researchers **collected** data / on the sleep
         S   V(과거시제) O   M

patterns (of 80,000 volunteers).

연구자들은 자료를 수집했다 / (8만 명의 자원봉사자들의) 수면 패턴에 관한.
➡ 전치사 on은 '~에 관한'이라는 의미이다.

086 New players **were sitting** / in the shade /
      S   V(과거진행시제)   M

by the garage.
      M

새로운 선수들이 앉아 있었다 / 그늘에 / 차고 옆에.

087 She **hosted** a dinner party / at her home /
    S   V   O   M

last Friday.
  M

그녀는 저녁 파티를 주최했다 / 자신의 집에서 / 지난 금요일에.

088 I **was reading** a book / in the library /
  S   V   O   M

yesterday afternoon.
      M

나는 책을 읽고 있었다 / 도서관에서 / 어제 오후에.

089 The group music therapy **improved** /
             S   V

the quality of participants' life.
          O

집단 음악 치료는 향상시켰다 / 참가자들의 삶의 질을.

090 McGraw **noticed** / a change (in their postures
    S   V   O

and faces).

McGraw는 알아차렸다 / (그들의 자세와 표정의) 변화를.

091 It **was raining** heavily // when I **arrived** at the
  S   V   M   S'   V'   M'

school.

비가 많이 내리고 있었다 // 내가 그 학교에 도착했을 때.
➡ 주어 It은 비인칭 주어로, 날씨를 나타낸다. 🔗 UNIT 55

092 The Inca empire **excelled** / at delivering
        S   V   M

messages / on foot.
         M

잉카 제국은 뛰어났다 / 메시지를 전달하는 데 / 걸어서.

093 She **won** many prizes / for her work, / but
    S V   O'   M

never the Nobel Prize.
       O²

그녀는 많은 상을 받았다 / 자신의 업적으로, / 그러나 노벨상은 결코 받지 못했다.

→ never 뒤에 동사 won이 생략되었다.

094 More and more people / **were buying** their
S   V   O

bread / from stores or bakeries.
             M

점점 더 많은 사람들이 / 자신들의 빵을 사고 있었다 / 상점이나 빵집에서.

095 They **moved** to this city / two years ago /
S   V   M   M

from a small town (in the countryside).
           M

그들은 이 도시로 이사했다 / 2년 전에 / (시골의) 작은 마을에서.

096 The monster **was** ugly and smelly, // and
S¹   V¹   SC¹

the guards **froze** / in shock.
  S²   V²   M²

그 괴물은 보기 흉했고 냄새가 심했다, // 그래서 경비병들은 얼어붙었다 / 충격에.

→ 두 개의 문장이 등위접속사 and로 연결되어 있다.

097 The nurse **brought** a chair // so that
S   V   O

the soldier could sit / beside the bed.
  S′   V′   M′

간호사는 의자를 가져왔다 // 그 군인이 앉을 수 있도록 / 침대 옆에.

→ so that은 목적을 나타내는 부사절 접속사로 '~하도록'으로 해석한다. **UNIT 48**

098 She **changed** / *her original plan* (to do the
S   V¹   O¹

assignment) / and **decided** to go to the
               V²   O²

shopping mall.

그녀는 바꿨다 / (과제를 하려던) 자신의 원래 계획을 / 그리고 쇼핑몰에 가기로 결정했다.

→ changed ~ assignment와 decided ~ mall은 등위접속사 and로 연결되어 주어 She의 술어 역할을 한다.
→ to do the assignment는 앞의 her original plan을 수식하여 형용사 역할을 하는 to부정사구이다. **UNIT 22**
→ to go to the shopping mall은 두 번째 동사 decided의 목적어이다. **UNIT 20**

UNIT 08 미래 / 미래진행시제

099 Every participant **will receive** / a certificate
S   V(미래시제)   O

for entry!

모든 참가자는 받을 것이다 / 참가 증명서를!

100 From next week, / you **will be working** /
    M   S   V(미래진행시제)

in the Marketing Department.
              M

다음 주부터, / 당신은 일하고 있을 것이다 / 마케팅 부서에서.

101 She **is going to visit** / her friend (in London) /
S   V   O

next month.
   M

그녀는 방문할 것이다 / (런던에 있는) 자신의 친구를 / 다음 달에.

102 The judges **are about to announce** /
S   V

the winner of the competition.
           O

심사위원들은 막 발표하려고 한다 / 대회의 우승자를.

103 The flight **is departing** / on schedule, // and
  S¹   V¹   M¹

there are no changes.
    V²   S²

비행기는 출발할 것이다 / 예정대로, / 그리고 변경 사항은 없다.

→ 유도부사 there는 be동사 앞에 위치하고, 주어는 be동사 뒤에 온다.

104 The price of oil **will rise** steadily / even in the
      S   V   M   M

future.

유가는 꾸준히 오를 것이다 / 미래에도.

105 Economists **will be predicting** / the impact of
    S   V   O

the new trade policy (on the global economy).

경제학자들은 예측하고 있을 것이다 / (세계 경제에 미칠) 새로운 무역 정책의 영향을.

➡ 미래진행시제인 「will be+v-ing」는 미래에도 행동이 이어지고 있는 것을 나타낸다.

106 Your effort **will give** a good impression /
S   V   O

on the interviewer.
M

당신의 노력은 좋은 인상을 줄 것이다 / 면접관에게.

107 62 percent of jobs in America / **will be**
S   V

in danger / due to advances in automation.
M   M

미국 내 일자리의 62%가 / 위험에 처할 것이다 / 자동화의 발전으로 인해.

108 There **will be** *a food stand* (selling ice cream
       V   S

and snacks).

(아이스크림과 간식을 파는) 가판대가 있을 것이다.

➡ selling ice cream and snacks는 a food stand를 수식하는 분사구이다. **UNIT 31**

109 The restaurant **is not going to change**
S   V

its menu / during this season.
O   M

그 식당은 메뉴를 변경하지 않을 것이다 / 이번 시즌 동안.

➡ be going to의 부정은 be not going to이다.

110 The artist **is about to give up on** /
S   V

her dream (of making a living from her art).
O

그 예술가는 막 포기하려고 한다 / (예술로 생계를 유지하겠다는) 자신의 꿈을.

➡ of making a living from her art는 her dream과 동격 관계를 이룬다. **UNIT 59**

111 Learning a new language / **will not be** easy /
S   V   SC

without consistent practice.
M

새로운 언어를 배우는 것은 / 쉽지 않을 것이다 / 꾸준한 연습 없이는.

➡ Learning a new language는 문장의 주어 역할을 하는 동명사구이다. **UNIT 27**

112 The philosopher **will be thinking** / about the
S   V   M

meaning of life // as he gazes into
              S'   V'

the universe.
O'

그 철학자는 생각하고 있을 것이다 / 삶의 의미에 대해 // 그가 우주를 응시하면서.

➡ as는 '~하면서'의 의미로, 부사절을 이끄는 접속사이다.
 **UNIT 46**

UNIT 09 현재완료 / 현재완료진행시제

113 I **have worked** / as a sales assistant / for the
S   V(현재완료시제)   M   M

last five years.

나는 일해 왔다 / 영업 보조원으로 / 지난 5년 동안.

114 My hair **has been growing** / really fast /
S   V(현재완료진행시제)   M

lately.
M

내 머리카락이 자라고 있다 / 정말 빠르게 / 최근에.

115 **Have** you **heard** / the news (about the new
   V   S   O

project) / before?
M

당신은 들어 본 적 있으신가요 / (새로운 프로젝트에 대한) 소식을 / 이전에?

116 She **has been living** in Paris / for 5 years, /
S   V   M   M

with her family.
M

그녀는 파리에 살고 있다 / 5년 동안, / 자신의 가족과 함께.

117 Behavioral changes **have proved** effective /
<u>S</u>　　　　　<u>V</u>　　　<u>SC</u>

for some people.
<u>M</u>

행동 변화가 효과가 있음이 입증되었다 / 일부 사람들에게는.

118 Public opinion **has been developing** / in favor
<u>S</u>　　　　<u>V</u>　　　　<u>M</u>

of the new policy.

여론이 발전해 오고 있다 / 그 새로운 정책을 지지하는.

119 The mechanic **has fixed** the broken door / and
<u>S</u>　　　<u>V¹</u>　　<u>O¹</u>

tested it / for security.
<u>V²</u> <u>O²</u> <u>M</u>

정비공은 고장난 문을 고쳤다 / 그리고 그것을 시험했다 / 안전을 위해.

➜ tested 앞에 has가 생략되었다.

120 Since the early 1980s, / Black Friday **has been**
<u>M</u>　　　　　<u>S</u>　　　<u>V</u>

a kind of unofficial U.S. holiday.
<u>SC</u>

1980년대 초 이후로, / 블랙 프라이데이는 일종의 비공식적인 미국의 공휴일이 되어 왔다.

121 Most of us **have hired** many people / based
<u>S</u>　　　<u>V</u>　　　<u>O</u>　　　<u>M</u>

on human resources criteria.

우리 대부분은 많은 사람을 고용해 왔다 / 인적 자원 기준에 근거하여.

122 For all of human history, / we **have been**
<u>M</u>　　　　　　<u>S</u>　<u>V</u>

the most creative beings / on Earth.
<u>SC</u>　　　　<u>M</u>

인류의 모든 역사에서, / 우리는 가장 창의적인 존재였다 / 지구상에서.

123 The baby bottle **has transformed** / a basic
<u>S</u>　　　　<u>V</u>　　　<u>O</u>

human experience / for infants and mothers.
<u>M</u>

젖병은 변화시켜 왔다 / 기본적인 인간 경험을 / 아기와 엄마의.

124 *The country* [that ruled international baseball] /
<u>S</u>　　↑

has not been on top / since that uniform
<u>V</u>　　　<u>SC</u>　　　<u>M</u>

change.

[국제 야구를 지배했던] 그 나라는 / 정상에 오르지 못했다 / 그 유니폼 변화 이후로.
➜ that ~ baseball은 The country를 수식하는 주격 관계대명사절이다. ⊙ UNIT 39

125 *The experiences* [I **have gained** as a safety
<u>S</u>　　　<u>S'</u>　　<u>V'</u>　　↑

manager] / **have been** invaluable.
<u>M'</u>　　　<u>V</u>　　<u>SC</u>

[내가 안전 관리자로서 얻은] 경험은 / 매우 귀중했다.
➜ The experiences 뒤에 목적격 관계대명사가 생략된 형태로, I have gained ~ manager는 The experiences를 수식하는 목적격 관계대명사절이다. ⊙ UNIT 40

126 Scientists **have developed** / a variety of
<u>S</u>　　　<u>V</u>　　　<u>O</u>

thermometers / for making such quantitative
<u>V'</u>　　　　<u>M</u>

measurements.
<u>O'</u>

과학자들은 개발해 왔다 / 다양한 온도계를 / 그러한 정량적인 측정을 하기 위해서.

CHAPTER
03 조동사

본문 42쪽

UNIT
10 can / may

127 I **can speak** / English and several other
<u>S</u>　<u>V</u>　　　<u>O</u>

languages / fluently.
<u>M</u>

나는 말할 수 있다 / 영어와 다른 몇몇 외국어를 / 유창하게.
〈능력〉

➜ = I am able to speak English and several other languages fluently.

128 Employees **may use** / their personal devices /
S   V   O

for work-related tasks.
M

직원들은 사용해도 된다 / 자신들의 개인 기기를 / 업무와 관련된 일들을 위해. 〈허가/요청〉

129 You **can buy** conditions / for happiness, // but
S¹   V¹   O¹   M¹

you **can't buy** happiness.
S²   V²   O²

여러분은 조건을 살 수 있다 / 행복을 위한, // 그러나 여러분은 행복을 살 수 없다. 〈능력〉

➡ = You are able to buy conditions for happiness, but you aren't able to buy happiness.

130 People **will be able to interact** / meaningfully
S   V   M

and productively / with them.
M

사람들은 소통할 수 있을 것이다 / 의미 있고 생산적으로 / 그들과. 〈능력〉

131 **Could** you **tell** me / how to vote / in the
   V   S   IO   DO

election?

저에게 말씀해 주시겠어요 / 투표하는 방법을 / 선거에서? 〈허가/요청〉

➡ how to vote in the election은 tell의 직접목적어 역할을 하는 명사구이다.

132 The noise **could come** / from the construction
    S   V   M

site / across the street.
       M

그 소음은 온 것일 수도 있다 / 공사 현장으로부터 / 길 건너편에 있는. 〈추측〉

133 The cat **can't eat** all the food. I just filled
   S   V   O   S   V

the bowl / this morning.
    O   M

그 고양이는 모든 음식을 먹을 리가 없다. 내가 막 그 그릇을 채웠다 / 오늘 아침에. 〈추측〉

134 Children **may bring in** / sweets, crisps,
    S   V   O

biscuits, cakes, and drinks.

아이들은 가져와도 된다 / 단것, 과자, 비스킷, 케이크와 음료들을. 〈허가/요청〉

135 A lack of sleep **may** even **cause** mood
       S   V   O

problems.

수면 부족은 심지어 기분 문제를 일으킬 수도 있다. 〈추측〉

136 Someone evil **might tell** you / why we can't
     S   V   IO   DO

do something.
V'   O'

사악한 누군가가 여러분에게 말할 수도 있다 / 왜 우리가 무언가를 할 수 없는지를. 〈추측〉

➡ why we can't do something은 tell의 직접목적어 역할을 하는 명사절이다. 🔗 UNIT 38

137 You **can't enter** this room // because it is
  S   V   O   S' V'

a staff-only area.
    SC'

여러분은 이 방에 들어갈 수 없다 // 그것이 직원 전용 구역이기 때문에. 〈허가/요청〉

138 The witness **might find** / himself or herself /
    S   V   O

thinking about the event differently.
          OC

그 목격자는 발견할지도 모른다 / 자신이 / 그 사건에 대해 다르게 생각하고 있다고. 〈추측〉

➡ thinking about the event differently는 분사구로, 목적어 himself or herself를 보충 설명하는 목적격 보어이다. 🔗 UNIT 32

139 Modern science **could suggest** / that moral
     S   V

excellence **may have** a genetic component.
S'   V'   O'

현대 과학은 보여 줄 수도 있다 / 도덕적 우수성은 유전적 요소를 가질 수도 있다는 것을. 〈능력 및 추측〉

➡ 동사 could suggest 뒤에 접속사 that이 이끄는 명사절이 목적어로 쓰였다. 🔗 UNIT 36

140 Creativity **may lead to** / *solutions* [that reduce
S   V   O   S′   V′

a lot of work].
   O′

창의성은 이어질 수도 있다 / [많은 일을 줄여 주는] 해결책으로.
〈추측〉

➡ that reduce a lot of work는 solutions를 수식하는 주격 관계대명사절이다. 🔗 **UNIT 39**

본문 44쪽

UNIT 11 must / should

141 Jack **must finish** his homework /
S   V   O

by tomorrow.
   M

Jack은 자신의 숙제를 마쳐야 한다 / 내일까지. 〈의무〉
➡ = Jack has to finish his homework by tomorrow.

142 We **should respect** / other people's opinions
S   V   O

and perspectives.

우리는 존중해야 한다 / 다른 사람들의 의견과 관점을.
〈약한 의무〉

➡ = We ought to respect other people's opinions and perspectives.

143 The restaurant **must be** popular // because
S   V   SC

there's always a long line outside.
V′   S′   M′

그 식당은 인기가 있음에 틀림없다 // 항상 밖에 긴 줄이 있기 때문에. 〈강한 추측〉

144 You **had better walk** to the shop / to improve
S   V   M   M

your health.

당신은 그 상점에 걸어가는 것이 좋다 / 당신의 건강을 향상시키기 위해. 〈강한 충고〉

145 Drivers **must not exceed** the speed limit /
S   V   O

on this road.
  M

운전자는 제한 속도를 초과해서는 안 된다 / 이 도로에서.

146 The guests **don't have to bring** anything /
S   V   O

to the party.
  M

손님들은 아무것도 가져올 필요가 없다 / 파티에.

147 One **should not judge** others / based on their
S   V   O   M

appearance.

사람은 다른 사람을 판단해서는 안 된다 / 그들의 겉모습을 근거로.

➡ = One ought not to judge others based on their appearance.

148 We **had better not talk** about the project /
S   V   M

for security reasons.
  M

우리는 그 프로젝트에 대해 말하지 않는 것이 좋겠다 / 보안상의 이유로.

149 You **should check** the nutrition facts label /
S   V   O

before consumption.
  M

당신은 식품 영양 성분표를 확인해야 한다 / 섭취 전에.
〈약한 의무〉

➡ = You ought to check the nutrition facts label before consumption.

150 Clothing **doesn't have to be** expensive /
S   V   SC

to provide comfort / during exercise.
  M   M

옷은 비싸지 않아도 된다 / 편안함을 제공하기 위해 / 운동하는 동안.

➡ to provide comfort는 목적의 의미를 나타내는 to부정사구이다. 🔗 **UNIT 23**

151 A parent or a guardian **must come** /
S · V

with their child / to receive the backpack.
M · M

부모나 후견인이 와야 한다 / 자신들의 아이와 함께 / 책가방을
받기 위해. 〈의무〉
➡ to receive the backpack은 목적의 의미를 나타내는 to부
정사구이다. **UNIT 23**

152 Participants **must enter** / in teams of four /
S · V¹ · M¹

and can only join one team.
V² · O²

참가자들은 출전해야 한다 / 4명으로 구성된 팀으로 / 그리고 오
직 한 팀에만 가입할 수 있다. 〈의무〉

153 You **don't have to finish** / all the food (on
S · V · O

your plate) // if you're full.
S' · V' · SC'

당신은 다 먹을 필요가 없다 / (당신의 그릇에 있는) 모든 음식을 //
만약 당신이 배가 부르다면.

154 We **ought to be** more considerate / of others'
S · V · SC · M

feelings, / especially in times of difficulty.
M · M

우리는 더 배려해야 한다 / 다른 사람의 감정을, / 특히 어려운
시기에.
➡ = We should be more considerate of others'
feelings, especially in times of difficulty.

본문 46쪽

UNIT 12 will / would / used to

155 **Will** you **send** a few toys / for Fred / as well?
V · S · O · M · M

장난감 몇 개를 보내 주시겠어요 / Fred를 위해 / 또한?
〈요청〉

156 They **would go** to the beach / on weekends.
S · V · M · M

그들은 해변으로 가곤 했다 / 주말마다. 〈과거의 반복적인 습관〉
➡ = They used to go to the beach on weekends.

157 **Would** you **come** with me / to the Market
V · S · M · M

Day?

저와 함께 가 주시겠어요 / 장날에? 〈요청〉

158 She **used to be** a great singer, // but she lost
S¹ · V¹ · SC¹ · S² · V²

her voice.
O²

그녀는 예전에 훌륭한 가수였다, // 하지만 그녀는 자신의 목소
리를 잃어버렸다. 〈과거의 상태〉

159 **Will** you **buy** some groceries / on your way
V · S · O · M

home?

식료품 좀 사다 주시겠어요 / 집에 오는 길에? 〈요청〉

160 **Would** you **open** the window / to let in some
V · S · O · M

fresh air?

창문을 열어 주시겠어요 / 신선한 공기가 들어올 수 있도록? 〈요청〉
➡ to let in some fresh air는 목적의 의미를 나타내는 to부정
사구이다. **UNIT 23**

161 On weekends, / I **would go** to the library /
M · S · V · M

to borrow books and study.
M

주말마다, / 나는 도서관에 가곤 했다 / 책을 빌리고 공부하기 위
해. 〈과거의 반복적인 습관〉
➡ to borrow books and study는 목적의 의미를 나타내는
to부정사구이다. **UNIT 23**

162 Dear Santa, / **will** you **send** a few smiles and
M · V · S · O

laughs / for my mother?
M

사랑하는 산타에게, / 미소와 웃음을 좀 보내 주시겠어요 / 나의
어머니를 위해? 〈요청〉

163 When I was a child, // my grandparents **used**
S' · V' · SC' · S · V

to tell us / stories (about their old days).
IO · DO

내가 어렸을 때, // 나의 조부모님은 우리에게 들려주곤 했다 / (자신들의 과거에 관한) 이야기를. 〈과거의 반복적인 습관〉
➜ = ~, my grandparents would tell us stories about their old days.

164 <u>**Will** you please **close** the door</u> quietly / during
　　　　　S　　　　V　　　　　　　　　O　　　　　M
the exam?
　　　M

문을 조용히 닫아 주실 수 있을까요 / 시험 동안? 〈요청〉
➜ please를 사용해 더 정중하고 완곡한 의미를 나타낸다.

165 **Will** you **be able to pick** me **up** / from the
　　　V　　　S　　　　　　　　　　O　　　　　M
airport / tomorrow around 3 p.m.?
　M　　　　　　M

저를 태우러 올 수 있을까요 / 공항에서 / 내일 오후 3시쯤에?
〈요청〉

166 The neighborhood **used to be** quiet and
　　　　S'　　　　　　V'　　　　SC'
peaceful, // but now / it is full of traffic and
　　　　　　　　　　S² V²　　　SC²
noise.

동네는 이전에 조용하고 평화로웠다, // 하지만 지금은 / 차량과 소음으로 가득하다. 〈과거의 상태〉

167 **Would** you please **explain** / the new policy
　　　　S　　　　　V　　　　　　　O
changes / to the team / in detail / during the
　　　　　　M　　　　　M　　　　M
next meeting?

설명해 주시겠어요 / 새로운 정책 변경을 / 그 팀에게 / 자세히 / 다음 회의 동안? 〈요청〉

168 The old man **would sit** / on the roof of his
　　　S　　　　V　　　　　　M
house / every morning.
　　　　　M

그 노인은 앉아 있곤 했다 / 자신의 집 지붕에 / 매일 아침.
〈과거의 반복적인 습관〉

UNIT 13 조동사+have p.p.

169 Jenny didn't answer her phone. She **might**
　　　　S　　　V　　　O　　　S　　V
have left it / in the office.
　　　　　O　　　M

Jenny가 전화를 받지 않았다. 그녀는 그것을 놓고 왔을 수도 있다 / 사무실에.

170 He would never do / such a thing. The rumor
　　　S　　　V　　　　　O　　　　S
cannot have been true.
　　　V　　　　SC

그는 절대 하지 않았을 것이다 / 그런 일을. 그 소문은 사실이었을 리가 없다.

171 I **should have saved** more money / for my
　S　　　V　　　　　O　　　　M
retirement.

나는 더 많은 돈을 저축했어야 했다 / 나의 은퇴에 대비해.

172 She **must have seen** the look on my face.
　　S　　　V　　　　O

그녀는 내 얼굴 표정을 봤음이 틀림없다.

173 He **could have taken** the train / instead of
　S　　　V　　　　O　　　　M
driving / because of the traffic jam.
　　　　　M

그는 기차를 탔을 수도 있다 / 운전하는 대신에 / 교통 체증 때문에.

174 She **shouldn't have stayed up** / so late /
　　S　　　V　　　　　M
studying. Now she's exhausted.
　M　　　　　S V　　SC

그녀는 깨어 있지 말았어야 했다 / 너무 늦게까지 / 공부하면서. 지금 그녀는 지쳤다.

175 They aren't there. They **may have missed**
　　S　　V　　M　　S　　　V
the bus / this morning.
　O　　　　M

그들은 거기 없다. 그들은 버스를 놓쳤을 수도 있다 / 오늘 아침에.

176 It's all my fault. I **should have been** more
<u>S</u> <u>V</u> <u>SC</u> <u>S</u> <u>V</u> <u>SC</u>

careful.

그것은 모두 내 잘못이다. 내가 더 조심했어야 했다.

177 Your argument **cannot have been** false, //
<u>S</u> <u>V</u> <u>SC</u>

because <u>it</u> <u>is based</u> <u>on facts.</u>
<u>S'</u> <u>V'</u> <u>M'</u>

당신의 주장은 거짓이었을 리가 없다, // 그것이 사실에 근거하고 있기 때문에.

178 You **should have followed** / *the recipe* [I gave
<u>S</u> <u>V</u> <u>O</u> <u>S'</u> <u>V'</u>

you].
<u>O'</u>

너는 따랐어야 했다 / [내가 너에게 주었던] 요리법을.

➜ the recipe 뒤에 목적격 관계대명사가 생략된 형태로, I gave you는 the recipe를 수식하는 목적격 관계대명사절이다.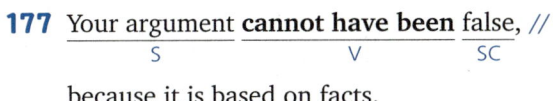

179 You **may have seen** headlines / in the news /
<u>S</u> <u>V</u> <u>O</u> <u>M</u>

about some of *the things* [that AI-powered
<u>M</u>

machines can do].
<u>S'</u> <u>V'</u>

여러분은 표제를 봤을 수도 있다 / 뉴스에서 / [인공 지능이 구동하는 기계가 할 수 있는] 어떠한 것들 중 일부에 관한.

➜ that AI-powered machines can do는 the things를 수식하는 목적격 관계대명사절이다. ⓒ UNIT 40

180 The project **must have been completed**
<u>S</u> <u>V</u>

yesterday // because all the files are in the
<u>M</u> <u>S'</u> <u>V'</u> <u>M'</u>

final folder.

그 프로젝트는 어제 완료된 것이 틀림없다 // 모든 파일들이 최종 폴더에 있기 때문에.

➜ must have p.p.의 수동형인 must have been p.p.의 형태로 쓰였다.

181 *Everything* [that you've done until now] /
<u>O'</u> <u>S'</u> <u>V'</u> <u>M'</u>
<u>S</u>

should have prepared you / for this moment.
<u>V</u> <u>O</u> <u>M</u>

[네가 지금까지 해 온] 모든 것은 / 너를 준비시켰어야 했다 / 이 순간을 위해.

➜ that you've done until now는 Everything을 수식하는 목적격 관계대명사절이다. ⓒ UNIT 40

182 The artist **may have made** some mistakes /
<u>S¹</u> <u>V¹</u> <u>O¹</u>

in his painting, // but he is still proud of his
<u>M¹</u> <u>S²</u> <u>V²</u> <u>SC²</u> <u>M²</u>

work.

그 화가는 몇 가지 실수를 했을지도 모른다 / 자신의 그림에서, // 하지만 그는 여전히 자신의 작품을 자랑스러워한다.

➜ 등위접속사 but으로 두 문장이 연결되었다.

CHAPTER 04 태

본문 52쪽

UNIT 14 수동태(주어+be동사+p.p.)

183 The door **was opened** / by the wind.
<u>S</u> <u>V</u> <u>M</u>

문이 열렸다 / 바람에 의해.

➜ ← The wind opened the door.

184 This charity event **is organized** / by the
<u>S</u> <u>V</u> <u>M</u>

committee.

이 자선 행사는 조직된다 / 위원회에 의해.

➜ ← The committee organizes this charity event.

185 George Boole **was born** / in Lincoln, England /
<u>S</u> <u>V</u> <u>M</u>

in 1815.
<u>M</u>

George Boole은 태어났다 / 영국 Lincoln에서 / 1815년에.

➜ bear는 '(아이를) 낳다'는 의미의 동사로, '태어나다'라는 뜻의 be born으로 쓰였다.

186 Each image **was displayed** / for a week / at a
  (S)   (V)   (M)   (M)

time.

각 이미지는 전시되었다 / 일주일 동안 / 한 번에.

187 Swimming **was dominated** / by Americans /
  (S)   (V)   (M)

at the time.
  (M)

수영은 지배되었다 / 미국인들에 의해 / 당시에.
→ ← Americans dominated swimming at the time.

188 He **was introduced** / to the world of jazz /
  (S)   (V)   (M)

by a schoolmate.
  (M)

그는 소개되었다 / 재즈의 세계로 / 학우에 의해.
→ ← A schoolmate introduced him to the world of jazz.

189 The experiment **was conducted** /
  (S)   (V)

in a controlled environment.
  (M)

그 실험은 수행되었다 / 통제된 환경에서.

190 He consulted many doctors / and **was treated** /
  (S)   (V¹)   (O¹)   (V²)

by several of them.
  (M²)

그는 많은 의사와 상담했다 / 그리고 치료받았다 / 그들 중 몇몇
에 의해.
→ consulted와 was treated는 and로 연결되어 주어 He의
   술어 역할을 한다.
→ treat의 주어는 he이므로 수동태 was treated가 쓰였다.
→ ← ~ and several of them treated him.

191 In all cases, / 15 of the problems **were solved** /
  (M)   (S)   (V)

correctly.
  (M)

모든 경우에서, / 문제 중 15개가 해결되었다 / 정확하게.

192 The painting **was sold** / on the first day (of
  (S)   (V)   (M)

the gallery exhibition).

그 그림은 팔렸다 / (갤러리 전시회의) 첫날에.

193 I **was impressed** / by *the latest book* [you
  (S) (V)   (M)   (S')

wrote / about the environment].
(V')   (M')

나는 깊은 감명을 받았다 / [당신이 썼던 / 환경에 대해] 최근의
책에 의해.
→ the latest book 뒤에 목적격 관계대명사가 생략된 형태로,
   you wrote ~ the environment는 the latest book을 수
   식하는 목적격 관계대명사절이다. **UNIT 40**

194 He **was** suddenly **seized** / and found himself /
  (S)   (V¹)   (V²) (O²)

in the hands of a fierce giant.
  (M²)

그는 갑자기 붙잡혔다 / 그리고 자신을 발견했다 / 사나운 거인
의 손에 있는.
→ was seized와 found는 등위접속사 and로 연결되어 주어
   He의 술어 역할을 한다.
→ found의 주어와 목적어가 일치하기 때문에 재귀대명사
   himself가 목적어로 쓰였다.

195 The day trip **was canceled** // because the road
  (S)   (V)   (S')

was blocked by heavy snow.
  (V')   (M')

당일 여행이 취소되었다 // 도로가 폭설로 인해 막혔기 때문에.

196 People **are influenced** / by *the physical and*
  (S)   (V)   (M)

social contexts [in which they live].
                             (S') (V')

사람들은 영향을 받는다 / [그들이 살고 있는] 물리적이고 사회
적인 환경에 의해.
→ in which they live는 the physical and social contexts
   를 수식하는 관계사절이다. **UNIT 43**

UNIT 15 시제에 따라 다양한 수동태

197 Class parties **will be held** / on the afternoon
　　　　S　　　　　 V　　　　　　　 M

of Friday.

학급 파티는 열릴 것이다 / 금요일 오후에.

198 Your interview **has been delayed** / to next
　　　　S　　　　　 V　　　　　　 M

Wednesday.

당신의 면접이 연기되었다 / 다음 주 수요일로.

199 The decision **must be made** / as soon as
　　　　S　　　　　 V　　　　　 M

possible.

결정은 내려져야 한다 / 가능한 한 빨리.
➡ 조동사 must와 같은 의미를 가지는 have to와 need to도
　수동태로 쓰일 수 있다.
　= The decision has to[needs to] be made as soon
　as possible.

200 I **am** constantly **being disrupted** / by
　　　S　　　　　　　　 V　　　　　 M

individuals (playing basketball / late at night).
　　　　　　　　　V'　　　　O'　　　　　 M'

나는 끊임없이 방해받고 있다 / (농구를 하는 / 밤늦게) 사람들에
의해.
➡ individuals 뒤에 「주격 관계대명사+be동사」가 생략된 형태
　로, playing basketball late at night는 individuals를 수
　식하는 분사구이다.

201 Similar results **have been found** / by other
　　　　S　　　　　 V　　　　　　 M

researchers.

비슷한 결과가 발견되어 왔다 / 다른 연구원들에 의해.
➡ ← Other researchers have found similar results.

202 The class is open / to all ages, // but all
　　　　S'　 V'　SC'　　　 M'　　　　 S²

children **must be accompanied** / by an adult.
　　　　　　 V²　　　　　　 M²

그 수업은 열려 있다 / 모든 연령에게, // 그러나 모든 아이들은
동반되어야 한다 / 어른에 의해.

203 The winning video **will be played** / at the
　　　　S　　　　　　 V　　　　　 M

school festival.

우승한 비디오는 상영될 것이다 / 학교 축제에서.

204 Several houses **were being renovated** / in the
　　　　S　　　　　　 V　　　　　　 M

neighborhood / last summer.
　　　　　　　　 M

여러 채의 집들이 개조되고 있었다 / 이웃에서 / 지난여름에.

205 Bookings **will be accepted** / up to 2 hours //
　　　　S　　　　 V　　　　　　 M

before the tour starts.
　　　　 S'　 V'

예약은 받아들여질 것이다 / 최대 2시간까지 // 투어가 시작하기
전에.
➡ 시간과 조건을 나타내는 부사절에서는 현재시제가 미래를 나
　타내므로 부사절의 동사로 starts가 쓰였다. ⏎ UNIT 46

206 Our mood **can be improved** / by simply lifting
　　　　S　　　　 V　　　　　 O'　　　　 M

up the corners of our mouth.

우리의 기분은 좋아질 수 있다 / 단지 우리의 입꼬리를 올림으로써.
➡ 「by+v-ing」는 '~함으로써'의 의미를 나타낸다.

207 You **are being watched** / at all times / in the
　　　S　　　 V　　　　　 M　　　　 M

digital age.

여러분은 감시당하고 있다 / 항상 / 디지털 시대에.

208 A more tolerant society **should be adopted** /
　　　　　　S　　　　　　　 V

to respect the diversity of individuals.
　　　 V'　　　　　　　 O'
　　　　　　　　 M

더 관용적인 사회가 채택되어야 한다 / 개인의 다양성을 존중하
기 위해.
➡ 동사 뒤의 to respect ~ individuals는 문장 전체를 수식하
　여 목적의 의미를 나타내는 to부정사구이다. ⏎ UNIT 23

209 His emotion **has been transmitted** / through
　　　　S　　　　　 V　　　　　　 M

his body language.

그의 감정은 전달되었다 / 그의 몸짓 언어를 통해.

210 Some products **have to be consumed**
　　　　　　S　　　　　　 V

together, / such as a lamp and a lightbulb.
　　M　　　　　　 M

일부 제품은 함께 소비되어야 한다, / 램프와 전구처럼.
→ Some products가 '소비되는' 대상이므로 조동사 have to
　(~해야 한다)의 수동태로 쓰였다.

본문 56쪽

UNIT 16 구동사의 수동태

211 The sound system **was turned off** / by the
　　　　　 S　　　　　　　　V　　　　　 M

staff / after the concert.
　　　　　 M

음향 시스템이 꺼졌다 / 직원에 의해 / 콘서트 후에.

212 The next book in the series **is looked forward**
　　　　　　　 S　　　　　　　　　　V

to / by many readers.
　　　 M

시리즈의 다음 책이 기대되고 있다 / 많은 독자들에 의해.

213 The amateur singer **was laughed at** / by the
　　　　　 S　　　　　　　　 V　　　　　 M

judges / in the audition.
　　　　　 M

그 아마추어 가수는 비웃음을 당했다 / 심사위원들에 의해 / 오
디션에서.

214 The children **have been looked after** /
　　　　　 S　　　　　　 V

by their grandparents / during the day.
　　　　 M　　　　　　　　　 M

아이들은 돌보아져 왔다 / 자신들의 조부모에 의해 / 낮 동안.

215 The teacher **was looked up to** / by her
　　　　 S　　　　　　 V　　　　　 M

students / for her kindness and wisdom.
　　　　　　　　　　 M

그 선생님은 존경받았다 / 자신의 학생들에 의해 / 그녀의 친절
과 지혜로 인해.

216 He **was brought up** / with a strong sense of
　　 S　　　　 V　　　　　　　　　 M

responsibility (towards his family).

그는 길러졌다 / (자신의 가족에 대한) 강한 책임감을 가지고.

217 She **was turned down** / for the job // because
　　 S　　　　 V　　　　　 M

she didn't have / the required experience.
　S'　　 V'　　　　　　 O'

그녀는 거절당했다 / 그 일자리에서 // 그녀가 가지고 있지 않았
기 때문에 / 필요한 경험을.

218 The meeting **is put off** / until next week / due
　　　 S　　　　 V　　　　　 M　　　 M

to unforeseen circumstances.

회의는 미루어졌다 / 다음 주로 / 예측하지 못한 상황 때문에.

219 A break **was asked for** / by the employees /
　　 S　　　　 V　　　　　　 M

due to the long working hours.
　　　　　 M

휴식이 요청되었다 / 직원들에 의해 / 긴 근로 시간 때문에.

220 The upcoming concert **is being looked**
　　　　 S　　　　　　 V

forward to / by fans of the band.
　　　　　　 M

다가오는 콘서트는 기대되어지고 있다 / 그 밴드의 팬들에 의해.

221 He **was looked down on** / by his colleagues /
　 S　　　 V　　　　　　　 M

because of his lack of experience.
　　　　　 M

그는 무시당했다 / 자신의 동료들에 의해 / 그의 경험 부족 때
문에.
→ because of는 전치사구로, 뒤에 명사(구)가 온다.

222 We come to old age, / where we **must be**
　 S　 V　　　　　　　 M　　　　　S'

taken care of / as babies / again.
　　V'　　　　　 M'　　 M'

우리는 노년에 이른다, / 그리고 그때 우리는 돌봄을 받아야 한
다 / 아기처럼 / 다시.
→ 콤마(,) 뒤에 온 where we ~ again은 앞의 명사 old age에
　대한 추가적인 정보를 제공하는 관계사절이다. **UNIT 45**

223 Freedom of speech / is *a basic right* [that has
been looked up to / by people / throughout
history].

언론의 자유는 / [존중받아 온 / 사람들에 의해 / 역사를 통틀어]
기본 권리이다.
➡ that ~ throughout history는 a basic right를 수식하는
주격 관계대명사절이다. 🔗 UNIT 39

224 Artificial intelligence is made use of /
by businesses / to automate tasks / and gain
insights (from data).

인공 지능은 이용된다 / 기업에 의해 / 업무를 자동화하기 위해 /
그리고 (자료로부터의) 통찰을 얻기 위해.
➡ to automate ~ from data는 문장 전체를 수식하여 목적의
의미를 나타내는 to부정사구이다. 🔗 UNIT 23

본문 58쪽

UNIT 17 주어+be동사+p.p.+목적어

225 I was given some old pictures / by my father.
나는 몇 장의 오래된 사진을 받았다 / 나의 아버지에 의해.
➡ = Some old pictures were given to me by my father.
➡ ← My father gave me some old pictures.

226 The handbag was bought / for her / as a
birthday present.

핸드백이 구매되었다 / 그녀를 위해 / 생일 선물로.
➡ 간접목적어를 수동태의 주어로 쓸 경우, She was bought
the handbag as a birthday present.가 되어 '그녀(She)
가 구매되는(was bought)' 맥락이 되기 때문에 수동태로 쓸
수 없다.

227 A review was asked / of the manager / by the
supervisor.

검토가 요청되었다 / 매니저에게 / 감독관에 의해서.

228 Vincent is given / a few extra vacation days /
for the holidays.

Vincent에게 주어진다 / 며칠간의 추가적인 휴가가 / 연휴 동
안.

229 The melody of the song was made / for her /
by a famous composer.

그 노래의 멜로디는 만들어졌다 / 그녀를 위해 / 한 유명한 작곡
가에 의해.

230 Souvenirs and medals will be given / to all
participants.

기념품과 메달이 주어질 것이다 / 모든 참가자들에게.

231 She was told / the changes in the schedule /
for the conference.

그녀는 들었다 / 일정의 변경을 / 그 회의에 대해서.

232 In their experiment, / participants were
shown / a two minute documentary film.

그들의 실험에서, / 참가자들은 보게 되었다 / 2분간의 다큐멘터
리 영화를.

233 The scholarship application was sent / to the
university / by the local student.

장학금 신청서는 보내졌다 / 대학교에 / 그 지역 학생에 의해.

234 Consider identical twins; // both individuals
are given / the same genes.

일란성 쌍둥이를 고려하라; // 두 사람 모두에게 주어진다 / 같은
유전자가.

235 For those contributions, / in 1844, / he **was**
　　　　M　　　　　　　M　　　　S　V

awarded a gold medal / for mathematics /
　　　　　　O　　　　　　　　M

by the Royal Society.
　　　　M

그러한 공헌으로, / 1844년에, / 그는 금메달을 받았다 / 수학으로 / (영국) 왕립 협회에 의해.

236 How information **is presented** to people / has
　　　S'　　　　V'　　　　　M'　　　S

a significant impact / on their decisions.
　　　　O　　　　　　　　M

사람들에게 정보가 제공되는 방식은 / 상당한 영향을 미친다 / 그들의 의사 결정에.
　➙ How information is presented to people은 명사절로, 문장의 주어 역할을 한다. **UNIT 38**

237 Students **were taught** / the importance of
　　　S　　　V　　　　　O

cultural diversity / through open discussions.
　　　　　　　　　　　　M

학생들은 배웠다 / 문화적 다양성의 중요성을 / 열린 토론을 통해.

238 When students **were given** /
　　　　S'　　　V'

clear instructions, // they were able to
　　O'　　　　　　S　　　V

complete tasks / more efficiently.
　　　　O　　　　　M

학생들이 받았을 때 / 명확한 지시 사항을, // 그들은 과제를 완수할 수 있었다 / 더 효율적으로.

UNIT 18 주어+be동사+p.p.+보어

본문 60쪽

239 She **was elected** / the president of the
　　S　　V　　　　C

company.

그녀는 선출되었다 / 그 회사의 사장으로.
　➙ ← They elected her the president of the company.

240 The room **was kept** / clean and tidy.
　　S　　V　　　C

그 방은 유지되었다 / 깨끗하고 정돈된 상태로.
　➙ ← They kept the room clean and tidy.

241 The ancient civilization (in South America) /
　　　　　　S

is called the Incan Empire.
　　V　　　　C

(남아메리카의) 고대 문명은 / 잉카 제국이라고 불린다.

242 The speaker's intentions / **were made** clear /
　　　　S　　　　　V　　　C

by his final remarks.
　　　M

그 연설자의 의도는 / 분명해졌다 / 그의 마지막 발언에 의해.

243 Fans **were left** speechless / after the player's
　S　　V　　C　　　　　　M

sudden retirement.

팬들은 말문이 막힌 상태로 남겨졌다 / 그 선수의 갑작스러운 은퇴 후에.

244 The documents **were found** / important
　　　S　　　　V　　　　C

evidence (for the investigation).

그 문서들은 발견되었다 / (그 수사의) 중요한 증거로.

245 This building **was designated** a historical
　　　S　　　V　　　C

landmark / by the local government.
　　　　　　M

이 건물은 역사적인 랜드마크로 지정되었다 / 지역 정부에 의해.

246 One group **was made** / intellectually superior /
　　S　　　V　　　　C

by modifying the gene.
　　　V'　　O'
　　M

한 집단은 만들어졌다 / 지적으로 우월하게 / 유전자를 변형함으로써.
　➙ 「by+v-ing」는 '~함으로써'라는 의미이다.

247 The injured hiker **was left** alone / in the wild /
　　　S　　　V　　C　　　M

for days / before rescue.
　　M　　　　M

부상당한 등산객은 홀로 남겨졌다 / 야생에 / 며칠 동안 / 구조 전에.

248 Julia Margaret Cameron **is considered** / one

of the greatest portrait photographers (of the

19th century).

Julia Margaret Cameron은 여겨진다 / (19세기의) 최고의 초상화 사진작가 중 한 명으로.

249 The newly discovered dinosaur species /

was named "Titanosaurus" / due to its

immense size.

최근에 발견된 공룡 종은 / '티타노사우루스'라고 이름 지어졌다 / 그것의 거대한 크기 때문에.

250 The construction of some famous hotels / **was**

made possible / by the new railroad system.

일부 유명한 호텔들의 건설은 / 가능하게 되었다 / 새로운 철도 시스템에 의해.

251 These medicines **are called** "antibiotics", /

which means "against the life of bacteria."

이런 약은 '항생 물질'이라고 불린다, / 그리고 이것은 '박테리아의 생명에 대항하는 것'을 의미한다.
→ 콤마(,) 뒤에 온 which means ~ bacteria는 앞의 명사 "antibiotics"에 대한 추가적인 정보를 제공하는 관계사절이다. 🔗 **UNIT 45**

252 Her faith in justice **was kept** strong / despite

the challenges [she faced].

그녀의 정의에 대한 믿음은 강하게 유지되었다 / [그녀가 직면한] 어려움에도 불구하고.
→ the challenges 뒤에 목적격 관계대명사가 생략된 형태로, she faced는 the challenges를 수식하는 목적격 관계대명사절이다. 🔗 **UNIT 40**

UNIT 19 by 이외의 전치사와 쓰이는 수동태 관용 표현

253 He **was interested** / **in** astronomy / at an

early age.

그는 관심을 가졌다 / 천문학에 / 어린 나이에.

254 This community chorus **is composed** / **of** over

30 members.

이 지역 합창단은 구성된다 / 30명이 넘는 구성원으로.

255 Paris **is known** / **for** its romantic atmosphere.

파리는 알려져 있다 / 그것의 낭만적인 분위기로.

256 Her anxiety **could be related** / **to** the stress

from her job.

그녀의 불안은 관련이 있을 수도 있다 / 자신의 일에서 오는 스트레스와.

257 I **am** very **satisfied** / **with** your cleaning

service.

나는 매우 만족한다 / 당신의 청소 서비스에.

258 He **was worried** / **about** the results (of his job

interview).

그는 걱정했다 / (자신의 구직 면접의) 결과에 대해.

259 The ground **was covered** / **with** leaves /

after the fall storm.

땅은 덮여 있었다 / 낙엽으로 / 가을 폭풍 후에.

260 This special cake **is made** / **from** organic
         S   V   M

ingredients.

이 특별한 케이크는 만들어진다 / 유기농 재료로.
➡ be made from은 재료의 성질이 변하는 화학적 변화를, be made of는 재료의 성질이 변하지 않는 물리적 변화를 나타 낸다.

261 She **was surprised** / **at** *the high score* [that°ʹ
     S   V   M

she received on the exam].
Sʹ   Vʹ   Mʹ

그녀는 놀랐다 / [자신이 시험에서 받은] 높은 점수에.
➡ that she ~ exam은 the high score를 수식하는 목적격 관계대명사절이다. ⓒ **UNIT 40**

262 The actor **is known** / **to** movie fans / **for** his
     S   V   M   M

memorable performances.

그 배우는 알려져 있다 / 영화 팬들에게 / 기억에 남는 그의 연기로.

263 As soon as the game started, // he **was filled** /
           Sʹ   Vʹ   S   V

with energy.
   M

게임이 시작하자마자, // 그는 가득 찼다 / 에너지로.
➡ 접속사 as soon as는 '~하자마자'라는 뜻이다.

264 The increase in depression / **may be** directly
           S   V

related / **with** the decline of purposeful
                    M

physical activity.

우울증 증가는 / 직접적으로 관련이 있을 수도 있다 / 목적이 있는 신체적 활동의 감소와.

265 The customers **were dissatisfied** / **with** the
      S   V   M

slow service (at the restaurant).

고객들은 불만족했다 / (그 식당의) 느린 서비스에.
➡ be dissatisfied with: ~에 불만족하다

266 William Shakespeare **has been known** / **as**
        S   V   M

the greatest playwright / in English literature.
                                        M

William Shakespeare는 알려져 있다 / 가장 위대한 극작가로 / 영문학에서.

PART 2 준동사

CHAPTER 05 to부정사

본문 68쪽

UNIT 20 명사 역할을 하는 to부정사

267 To grow older / is a natural part of life.

나이가 드는 것은 / 삶의 자연스러운 일부이다. 〈주어〉
- ➡ To grow older = a natural part of life
- ➡ to부정사구 주어는 단수 취급하여 단수동사 is가 온다.

268 He wanted / to give the man a last blessing.

그는 원했다 / 그 남자에게 마지막 축복을 주는 것을. 〈목적어〉
- ➡ the man: to give의 간접목적어, a last blessing: to give의 직접목적어

269 The role of a leader / is not to control people.

지도자의 역할은 / 사람들을 통제하는 것이 아니다. 〈주격 보어〉

270 It is impossible / to run away from distractions.

(~은) 불가능하다 / 집중을 방해하는 것들로부터 달아나는 것은.
- ➡ = To run away from distractions is impossible.

271 She promised / to support her friend / in good times and bad.

그녀는 약속했다 / 자신의 친구를 지지할 것을 / 좋은 때고 나쁜 때고.

272 The purpose of setting goals / is to win the game.

목표를 설정하는 것의 목적은 / 경기에서 승리하는 것이다.
- ➡ 전치사 of 뒤에 동명사 setting이 왔다.

273 It is important / to show kindness and empathy / towards others.

(~은) 중요하다 / 친절과 공감을 보여 주는 것은 / 다른 사람들에게.
- ➡ = To show kindness and empathy towards others is important.

274 My cousin likes / to grow beautiful flowers / in the window box.

나의 사촌은 좋아한다 / 아름다운 꽃을 키우는 것을 / 창가의 화단에.

275 We hope / to give some practical education / to our students.

우리는 희망한다 / 다소의 실제적인 교육을 해 주는 것을 / 우리 학생들에게.
- ➡ = We hope to give our students some practical education.

276 It is necessary / not to neglect regular exercise / during winter.

(~은) 필요하다 / 규칙적인 운동을 게을리하지 않는 것은 / 겨울 동안.
- ➡ to부정사의 부정형은 「not to-v」의 형태로 쓴다.

277 The bear's motivation / was to find food / before the winter sleep.

그 곰의 동기는 / 음식을 찾는 것이었다 / 겨울잠 전에.

278 You can expect / **to find**$^{V'}$ toys$^{O'}$ / for children

(from birth to teens$^{M'}$).

당신은 기대할 수 있다 / 장난감을 찾는 것을 / (신생아부터 십대까지의) 어린이를 위한.

→ from A to B: A부터[에서] B까지

279 The city has planned / **to build**$^{V'}$ new parks and
S — V — O —

recreational facilities$^{O'}$ / in the area$^{M'}$.

그 도시는 계획했다 / 새로운 공원과 오락 시설을 건설할 것을 / 그 지역에.

280 Our challenge / is **to learn**$^{V'}$ to use the
S — V — SC

abundant source (from the sun$^{O'}$).

우리의 과제는 / (태양의) 풍부한 자원을 사용하는 방법을 배우는 것이다.

→ to use ~ sun은 learn의 목적어 역할을 하는 to부정사구이다. 「learn+to-v」는 '~하는 방법[것]을 배우다'의 의미이다.

본문 70쪽

UNIT 21 의문사+to부정사

281 She did not know / **what**$^{O'}$ **to do**$^{V'}$ with the data$^{M'}$.
S — V — O —

그녀는 몰랐다 / 그 자료로 무엇을 할지를.

→ 「의문사+to-v」는 「의문사+주어+should+동사원형」으로 전환할 수 있다.
= She did not know what she should do with the data.

282 The question / is **whom**$^{O'}$ **to invite**$^{V'}$ to the party$^{M'}$.
S — V — SC —

문제는 / 파티에 누구를 초대할지이다.

→ 보어 역할을 하는 「whom+to-v」는 '누구를 ~할지'라고 해석한다.

283 Determining **which**$^{O'}$ **to select**$^{V'}$ / is entirely your
S — V — SC

decision.

어떤 것을 선택할지 결정하는 것은 / 전적으로 당신의 결정이다.

→ 주어로 동명사(Determining)가 왔다. ⊙ UNIT 27

284 When **to book**$^{V'}$ the flight (for our trip)$^{O'}$ / is still
S — V

uncertain.
SC

(우리의 여행을 위한) 항공편을 언제 예약할지는 / 아직 불확실하다.

285 They learn / **how to compete**$^{V'1}$ and **cooperate**$^{V'2}$
S — V — O —

with others$^{M'}$.

그들은 배운다 / 다른 사람들과 경쟁하고 협력하는 방법을.

→ 「how+to-v」는 '~하는 방법'으로 해석한다.

286 Can you suggest / **what restaurant**$^{O'}$ **to try**$^{V'}$ /
— V S —

for lunch$^{M'}$?
O —

당신은 제안해 줄 수 있나요 / 어떤 식당을 시도할지 / 점심 식사로?

→ 「의문형용사(what, which)+명사+to-v」는 '어떤 …을 ~할지'라고 해석한다.

287 Choosing$^{V'}$ **which method to use**$^{O'}$ / is a matter
S — V — SC

of preference.

어떤 방법을 사용할지를 선택하는 것은 / 선호의 문제이다.

→ 주어로 동명사(Choosing)가 왔고, which method to use는 choosing의 목적어 역할을 한다.

288 In this class, / you will learn / **how to steam**$^{V'1}$
M — S — V — O —

and **pour**$^{V'2}$ milk$^{O'}$.

이 수업에서, / 여러분은 배울 것이다 / 우유를 증기를 내고 따르는 방법.

→ 등위접속사 and로 to steam과 pour가 병렬 연결된 형태로, pour 앞에 to가 생략되었다.

→ milk는 to steam과 (to) pour의 공통 목적어이다.

289 This is precisely **what to expect** / from rating
systems.

이것은 정확히 무엇을 기대할지이다 / 등급 시스템에서.

290 Priests wanted / to know **when to carry out**
religious ceremonies.

성직자들은 원했다 / 언제 종교적인 의식을 수행해야 하는지를
아는 것을.
➡ when to ~ ceremonies는 know의 목적어 역할을 한다.

291 **Where to park** the car / used to be
a challenge / in this area.

차를 어디에 주차할지가 / 어려운 문제였다 / 이 지역에서.
➡ 「used to-v」는 과거의 상태를 나타내며 '(이전에) ~이었다'의
의미이다.

292 They not only know / **what to do**, // but they
also know / **how to do** it.

그들은 알고 있을 뿐만 아니라 / 무엇을 해야 할지를, // 그들은
역시 알기도 한다 / 그것을 하는 방법을.
➡ not only A but also B: A뿐만 아니라 B도 역시

293 Risk often arises / from uncertainty (about
how to approach a problem or situation).

위험은 종종 발생한다 / (문제나 상황에 접근하는 방법에 대한)
불확실성에서.
➡ how to approach a problem or situation은 전치사
about의 목적어 역할을 한다.

본문 72쪽

UNIT
22 형용사 역할을 하는 to부정사

294 We hired / a chef (**to prepare** the meals) / for
the party.

우리는 고용했다 / (음식을 준비할) 요리사를 / 파티를 위해.
➡ a chef는 to prepare의 의미상 주어이다. (a chef will
prepare the meals ~)

295 *The lesson* (**to remember**) / is to be kind to
others.

(기억할) 교훈은 / 다른 사람들에게 친절하게 대하는 것이다.
➡ The lesson은 to remember의 의미상 목적어이다.
(remember the lesson)

296 Some planets / do not even have / *surfaces* (**to
land on**).

어떤 행성들은 / 심지어 가지고 있지도 않다 / (착륙할) 표면을.
➡ surfaces는 전치사 on의 목적어이다. (land on surfaces)

297 Jenny is always looking for / *a chance* (**to
read**).

Jenny는 항상 찾고 있다 / (독서할) 기회를.
➡ to read가 명사 a chance를 설명한다.

298 The travelers needed / *a guide* (**to show** them /
around the city).

그 여행자들은 필요로 했다 / (자신들에게 구경시켜 줄 / 그 도시
주위를) 안내자를.
➡ a guide는 to show의 의미상 주어이다. (a guide will
show them ~)
➡ show A around B: A에게 B를 구경시켜 주다

299 The old lady had *no one* (**to look after** her / at
that time).

그 할머니에게는 (자신을 돌봐 줄 / 그 당시에) 아무도 없었다.
➡ no one은 to look after의 의미상 주어이다. (no one will
look after her ~)

300 The residents' association has decided on /
a day (**to recycle**).

입주민 조합은 결정했다 / (재활용하는) 날을.
→ to recycle이 명사 a day를 설명한다.

301 Choosing a setting for a novel / is not
   S   O'   V

a decision (**to make** hastily).
   SC ↑   V'   M'

소설을 위한 배경을 고르는 것은 / (서둘러 내릴) 결정이 아니다.
→ a decision은 to make의 의미상 목적어이다. (make a decision hastily)

302 One way (**to get** the word out) / is through an
   S   V'   O'   V   M

advertising exchange.

(소문나게 하는) 한 가지 방법은 / 광고 교환을 통해서이다.
→ to get the word out이 명사 One way를 설명한다.

303 The pressure (**to conform** to the standards) /
   S   V'   M'

is likely to be intense.
V   SC   M

(기준에 부합해야 한다는) 압박감이 / 거세질 가능성이 있다.
→ to conform to the standards가 명사 The pressure를 설명한다.
→ be likely to-v: ~할 가능성이 있다, ~하는 경향이 있다

304 Our brain loses / its ability (**to filter**
   S   V   O   V'

unimportant information).
        O'

우리의 뇌는 잃는다 / (중요하지 않은 정보를 거르는) 그것의 능력을.
→ to filter unimportant information이 명사 its ability를 설명한다.

305 Our students will have / the opportunity (**to**
   S   V   O

develop their musical abilities).
   V'   O'

우리 학생들은 가질 것이다 / (자신들의 음악적 능력을 발전시킬) 기회를.
→ to develop their musical abilities가 명사 the opportunity를 설명한다.

306 They show / a willingness (**to disclose**
   S   V   O   V'

information about themselves / to strangers).
        O'   M'

그들은 보여 준다 / (자기 자신에 관한 정보를 공개하려는 / 낯선 사람에게) 의향을.
→ to disclose ~ to strangers가 명사 a willingness를 설명한다.

UNIT 23 부사 역할을 하는 to부정사

307 They went to Florida / **to see** the famous
   S   V   M   V'

beaches.
   O'

그들은 Florida로 갔다 / 유명한 해변을 보기 위해. 〈목적〉

308 The principal was pleased / **to hear** the good
   S   V   SC   V'

news.
   O'

교장 선생님은 기뻐했다 / 그 좋은 소식을 듣고서. 〈감정의 원인〉

309 The boy must be polite / **to say** "please" and
   S   V   SC   V'

"thank you."
   O'

그 소년은 예의 바른 게 틀림없다 / '부탁합니다'와 '감사합니다'라고 말하는 것을 보니. 〈판단의 근거〉

310 The complex sugar compounds / are very
   S   V   SC

difficult / **to break down**.
   ↑   M

복당류 화합물은 / 매우 어렵다 / 분해하기가. 〈형용사 수식〉
→ = It is very difficult to break down the complex sugar compounds.

311 Some teens **are** more **likely** / **to make** bad
   S   V   SC   V'

decisions.
   O'

일부 십 대들은 좀 더 ~하기 쉽다 / 그릇된 결정을 내리기. 〈관용어구〉

➔ be likely to-v: ~하기 쉽다, ~하는 경향[가능성]이 있다

➔ = It is more likely that some teens will make bad decisions.

312 I was glad / **to meet** so many great and
S   V   SC   V'   M
passionate guests.
O'

나는 기뻤다 / 그렇게 많은 훌륭하고 열정적인 손님들을 만나게 되어서. 〈감정의 원인〉

313 The student was foolish / **not to listen to** his
S   V   SC   V'   M
teacher's advice.

그 학생은 어리석었다 / 자신의 선생님의 조언을 듣지 않다니. 〈판단의 근거〉

➔ to부정사의 부정형은 「not to-v」의 형태로 쓴다.

314 Everyone **is willing to use** the new software /
S   V   SC   V'   O'   M
for their work.
M'

모두가 기꺼이 그 새로운 소프트웨어를 사용할 의향이 있다 / 자신들의 업무에. 〈관용어구〉

➔ be willing to-v: 기꺼이 ~하다, ~할 의향이 있다

315 She was lucky / **to find** a parking spot / during
S   V   SC   V'   O'   M
peak hours.
M'

그녀는 운이 좋았다 / 주차 공간을 찾다니 / 가장 혼잡한 시간에. 〈판단의 근거〉

316 They change their names / **to reflect** their
S   V   O   V'
position (within their society).
O'

그들은 자신들의 이름을 바꾼다 / (자신들의 사회 내에서) 자신들의 위치를 반영하기 위해. 〈목적〉

317 Smartphones are *convenient* **to use** /
S   V   SC   V'
for staying connected / on the go.
M'   M'
M

스마트폰은 사용하기에 편리하다 / 연결 상태를 유지하기에 / 이동 중에. 〈형용사 수식〉

318 We did not need the burger / **in order to get**
S   V   O   M   V'
our daily nourishment.
O'

우리는 그 햄버거가 필요하지 않았다 / 일상의 영양분을 섭취하기 위해. 〈목적〉

➔ 목적을 나타내는 to부정사 앞에 in order나 so as를 쓰면 목적의 의미를 더욱 명확히 나타낸다.

319 Our company is happy / **to replace** your faulty
S   V   SC   V'   M'
O'
toaster with a new toaster.
M'

저희 회사는 기쁩니다 / 귀하의 고장 난 토스터를 새 토스터로 교체해 드리게 되어. 〈감정의 원인〉

➔ replace A with B: A를 B로 교체하다

본문 76쪽

UNIT 24 목적격 보어로 쓰이는 to부정사

320 The instructor suddenly asked / me **to stop**
S   V   O   OC   V'
the car.
O'

그 강사는 갑자기 요청했다 / 나에게 자동차를 멈추도록.

321 Our coach wants / all of us **to achieve** good
S   V   O   OC   V'
results.
O'

우리 코치는 원한다 / 우리 모두가 좋은 결과를 얻는 것을.

322 She heard / the soldier **say** a few gentle
S   V   O   OC   V'
words / then.
M

그녀는 들었다 / 그 군인이 친절한 몇 마디의 말을 하는 것을 / 그때.

➔ 「지각동사(hear)+O+원형부정사」는 'O가 ~하는 것을 듣다'의 의미이다.

323 During this time, / a poor diet caused / her

M ⎯⎯⎯ S ⎯⎯ V ⎯⎯ O

hair **to fall out**.

⎯ OC ⎯

이 기간 동안, / 열악한 식단은 초래했다 / 그녀의 머리카락이 빠지는 것을.
➡ 주어가 사람이 아닌 무생물(a poor diet)이므로 '이 기간 동안 열악한 식단으로 인해 그녀의 머리카락이 빠졌다.'로 해석할 수 있다.

324 That ability let / our ancestors **survive**ᵛ′ harsh

⎯ S ⎯ V ⎯⎯ O ⎯⎯ OC

environments.

그 능력이 ~하게 했다 / 우리 조상이 거친 환경에서 생존하도록.
➡ 「사역동사(let)+O+원형부정사」는 'O가 ~하게 하다'의 의미이다.

325 She persuaded / them **to vote for**ᵛ′ / the new

S ⎯ V ⎯⎯ O ⎯⎯ OC

organization.

O′

그녀는 설득했다 / 그들이 찬성 투표하도록 / 새로운 조직에.

326 The old man would watch / people **go**ᵛ′ through

⎯ S ⎯ V ⎯⎯ O ⎯ OC

the temple doors.ᴹ′

그 노인은 지켜보곤 했다 / 사람들이 사원의 문을 통과하는 것을.
➡ 조동사 would는 '~하곤 했다'의 의미이다. 🔗 UNIT 12

327 He ordered / the workers **to complete**ᵛ′ the

S ⎯ V ⎯⎯ O ⎯⎯ OC

task / before the deadline.ᴹ′

O′

그는 명령했다 / 직원들에게 그 업무를 완수하도록 / 마감 시간 전에.

328 The officer told / the students **to be**ᵛ′ **careful**ˢᶜ′ /

S ⎯ V ⎯⎯ O ⎯⎯ OC

crossing the intersection.ᴹ′

경찰관은 말했다 / 학생들에게 조심하도록 / 교차로를 건널 때.

329 Sometimes in arguments / the other person

M ⎯⎯ S

can get / you **to be**ᵛ′ angry.ˢᶜ′

V ⎯ O ⎯ OC

때때로 논쟁에서 / 상대방은 (~하게) 할 수 있다 / 당신을 화나게.

330 Emoticons allowed / users **to understand**ᵛ′ the

S ⎯ V ⎯⎯ O ⎯⎯ OC

tone of the message.

O′

이모티콘은 허용했다 / 사용자들이 메시지의 어조를 이해할 수 있도록.

331 The man tried / very hard / but couldn't

S ⎯ V¹ ⎯ M ⎯⎯ V²

make / all the camels **sit**ᵛ′ at the same time.ᴹ′

O² ⎯⎯ OC²

그 남자는 노력했다 / 아주 열심히 / 그러나 (~하게) 할 수 없었다 / 모든 낙타를 동시에 앉게.

332 The researchers had / participants **perform**ᵛ′

S ⎯ V ⎯⎯ O ⎯⎯ OC

simple exercises during the study.ᴹ′

O′

연구자들은 (~하게) 했다 / 참가자들이 연구 동안 간단한 운동을 수행하게.
➡ 「사역동사(have)+O+원형부정사」는 'O가 ~하게 하다'의 의미이다.

UNIT 25 to부정사의 의미상 주어

333 It was hard / **for me to break**ᵛ′ my old habit.ᴼ′

가주어 V SC 의미상 주어 진주어

(~은) 어려웠다 / 내가 나의 오랜 습관을 고치는 것은. → 내가 나의 오랜 습관을 고치는 것은 어려웠다.
➡ break a habit: 습관을 고치다

334 It was very kind / **of you to help**ᵛ′ me ᴼ′ / with my

가주어 V SC 의미상 주어 진주어

project.ᴹ′

(~은) 매우 친절했다 / 네가 나를 도와주는 것은 / 나의 프로젝트에 관해. → 네가 나의 프로젝트에 관해 나를 도와주는 것은 매우 친절했다.

335 It is difficult / **to learn** a new language /
가주어 V SC 진주어
without practice.
M'

(~은) 어렵다 / 새로운 언어를 배우는 것은 / 연습 없이.

336 It will be impossible / **for you to win** the
가주어 V SC 의미상 주어 진주어
argument.
O'

(~은) 불가능할 것이다 / 당신이 그 논쟁에서 이기는 것은.

337 Let's wait / **for the rain to stop** // before we
V 의미상 주어 O S'
go outside.
V' M'

기다리자 / 비가 그칠 것을 // 우리가 밖으로 나가기 전에.

338 It was careless / **of her to leave** her phone on
가주어 V SC 의미상 주어 진주어
the table.
M'

(~은) 부주의했다 / 그녀가 자신의 전화기를 탁자 위에 두고 간
것은.

339 There was nothing / **for the beggar to eat** / in
V S 의미상 주어 M
the house.
M'

아무것도 없었다 / 그 거지가 먹을 것이 / 그 집에는.

340 It was natural / **for them to laugh** together /
가주어 V SC 의미상 주어 진주어 M'
at the funny movie.
M'

(~은) 당연했다 / 그들이 함께 웃는 것은 / 그 재미있는 영화에.

341 It was generous and considerate / **of you**
가주어 V SC 의미상 주어
to donate to the charity.
진주어 M'

(~은) 관대하고 사려 깊었다 / 당신이 자선 단체에 기부한 것은.

342 It is possible / **for a person to create**
가주어 V SC 의미상 주어 진주어
consequences / for his actions.
O' M'

(~은) 가능하다 / 사람이 결과를 만들어 내는 것은 / 자신의 행동
에 대해.

343 It is important / **for students to use and**
가주어 V SC 의미상 주어 진주어
interact with materials / in science class.
V' O' M'

(~은) 중요하다 / 학생들이 재료를 사용하고 상호 작용하는 것은 /
과학 수업에서.
➜ materials는 use와 interact with의 공통 목적어이다.

344 It is difficult / **for them to imagine**
가주어 V SC 의미상 주어 진주어
beforehand / a new home and their new room.
O'

(~은) 어렵다 / 그들이 미리 상상하는 것은 / 새로운 집과 자신들
의 새로운 방을.

345 To ensure proper breathing, / provide
V' O' M V
adequate space / **for air to travel** to your
O 의미상 주어 M
lungs.
M'

적절한 호흡을 보장하기 위해, / 충분한 공간을 제공하라 / 공기
가 당신의 폐로 이동할.
➜ To ensure proper breathing은 목적을 나타내는 부사적
용법의 to부정사구이다.

본문 80쪽

UNIT 26 to부정사 구문

346 We were **too** *terrified* / **to look** in the back.
S V SC M' M'

우리는 너무 두려웠다 / 뒤를 보기에. → 우리는 너무 두려워서
뒤를 볼 수 없었다.
➜ = We were so terrified that we couldn't look in the
back.

347 The heat was *hot* **enough** / **to melt** the
S V SC M'
materials.
O'

그 열은 충분히 뜨거웠다 / 그 물질들을 녹일 만큼. → 그 열은
그 물질들을 녹일 만큼 충분히 뜨거웠다.

→ = The heat was so hot that it could melt the materials.

348 It **takes** a great amount of money / **to build** a
가주어 V O 진주어
hospital.
O'

(~은) 엄청난 돈이 든다 / 병원을 건설하는 것은.
→ = To build a hospital takes a great amount of money.
→ a great amount of: 엄청나게 많은

349 Last winter began **too** *soon* / **to fully enjoy** the
S V M M
fall colors.
O'

지난 겨울은 너무 빨리 시작되었다 / 충분히 가을의 색을 즐기기에. → 지난 겨울은 너무 빨리 시작되어 가을의 색을 충분히 즐길 수 없었다.
→ = Last winter began so soon that we couldn't fully enjoy the fall colors.

350 They do *well* **enough** / in school / **to keep**
S V M M M
advancing.
O'

그들은 충분히 잘 한다 / 학교에서 / 계속 발전할 만큼.
→ = They do so well in school that they can keep advancing.
→ enough ~ advancing이 앞의 부사 well을 꾸며 준다.

351 The road is *wide* **enough** / for two people
S V SC M
to walk / side by side.
V' M'

그 길은 충분히 넓다 / 두 사람이 걸을 수 있을 만큼 / 나란히.
→ = The road is so wide that two people can walk side by side.
→ for two people은 to walk의 의미상 주어이다. 🔗 UNIT 25

352 It **took** about two hours / for the scientist **to**
가주어 V O 의미상 주어
examine the paper.
V' O'
진주어

(~은) 약 2시간이 걸렸다 / 그 과학자가 그 문서를 검토하는 데.
→ = It took the scientist about two hours to examine the paper.

353 He was **too** *sick* / **to tell** / whether or not I
S V SC M
was his son.
O'

그는 너무 아팠다 / 구별하기에 / 내가 자신의 아들인지 아닌지를. → 그는 너무 아파서 내가 자신의 아들인지 아닌지를 구별할 수 없었다.
→ = He was so sick that he couldn't tell whether or not I was his son.
→ whether가 이끄는 명사절은 tell의 목적어이다.

354 The manager **didn't give** / me **enough** *time* (**to**
S V IO DO
do the job).
V' O'

그 관리자는 주지 않았다 / 나에게 (그 일을 할) 충분한 시간을.

355 It **takes** *all the running* [you can do] / **to keep**
가주어 V O 진주어
in the same place.
M'

(~은) [당신이 할 수 있는] 계속 달리는 것이 필요하다 / 같은 장소에 머물기 위해서는.
→ running 뒤에 목적격 관계대명사가 생략된 형태로, you can do는 all the running을 수식하는 목적격 관계대명사절이다.
🔗 UNIT 40

356 The risk of harming human participants / is
S V
too *great* / **to accept**.
SC M

인간 참가자에게 해를 끼칠 위험성이 / 너무 크다 / 받아들이기에는. → 인간 참가자에게 해를 끼칠 위험성이 너무 커서 그들은 그것을 받아들일 수 없다.
→ = The risk of harming human participants is so great that they can't accept it.

357 The individual is *powerful* **enough** / **to risk**
S V SC M
the social costs of such behaviors.
O'

개개인은 충분히 강하다 / 그러한 행동의 사회적 비용을 감수할 만큼.
→ = The individual is so powerful that they can risk the social costs of such behaviors.

358 It used to **take** some effort / **to find** a reliable source of information.

(~은) 어느 정도의 노력이 들곤 했다 / 믿을 수 있는 정보원을 찾는 데는.
➔ 「used to-v」는 '(과거에) ~하곤 했다'라는 의미로, '지금은 그렇지 않다'의 의미가 내포되어 있다. **UNIT 12**

CHAPTER
06 동명사

본문 84쪽

UNIT 27 명사 역할을 하는 동명사 1(주어, 주격 보어)

359 **Singing** the fight song is a tradition / before each football game.

응원가를 부르는 것은 전통이다 / 각 축구 경기 전에. 〈주어〉
➔ 동명사 주어는 단수 취급하므로 3인칭 단수동사가 쓰였다.

360 The duty of the players / is strictly **following** the rules.

선수들의 의무는 / 엄격히 규칙을 따르는 것이다. 〈주격 보어〉
➔ 동명사구 following the rules가 주격 보어 역할을 하고 있고, strictly는 동명사를 수식한다.

361 The most important thing / is **not scoring** many goals.

가장 중요한 것은 / 득점을 많이 하는 것이 아니다. 〈주격 보어〉
➔ 동명사의 부정형은 「not+v-ing」의 형태로 쓴다.

362 **Buying** fire extinguishers / is *a good way* (to save lives).

소화기를 사는 것은 / (생명을 구하는) 좋은 방법이다.
➔ to save lives는 a good way를 수식하는 형용사로 쓰인 to 부정사구이다. **UNIT 22**

363 **Raising** crops on this land / will require a lot of hard work.

이 땅에서 농작물을 기르는 것은 / 많은 노력이 필요할 것이다.

364 Anthony's goal this year / is **helping** his cousin with his business.

Anthony의 올해 목표는 / 자신의 사촌의 사업을 돕는 것이다.

365 **Offering** help / is a simple matter (of extending a helping hand).

도움을 제공하는 것은 / (도움의 손길을 내미는) 간단한 일이다.

366 One of our favorite ways of resting / is **watching** movies together.

우리가 가장 좋아하는 휴식 방법 중 하나는 / 함께 영화를 보는 것이다.
➔ 「one of+복수명사」는 '~ 중 하나'라는 의미로 단수 취급하므로 3인칭 단수동사가 쓰였다.

367 The girls' job / was **decorating** the house together / for Christmas.

그 소녀들의 임무는 / 함께 집을 장식하는 것이었다 / 크리스마스를 위해.

368 **Responding** with a cool answer / is likely to be most effective.

침착한 답변으로 대응하는 것이 / 가장 효과적일 것 같다.
➔ 「be likely to-v」는 '~할 것 같다, ~할 가능성이 있다'의 의미이다. **UNIT 23**

369 The next image in your mind / is **catching** the
   S   V   SC
ball and **scoring** a goal.

당신의 머릿속 다음 이미지는 / 공을 잡고 득점하는 것이다.
➡ 등위접속사 and에 의해 동명사 catching과 scoring이 병
   렬 연결되었다.

370 **Being** unbiased means / that you have no
   S   V   O
special interest / in the outcome (of the
   O'
experiment).
   M'

한쪽으로 치우치지 않는 것은 의미한다 / 당신이 특별한 이익을
얻지 않는다는 것을 / (그 실험의) 결과로.
➡ that ~ experiment는 means의 목적어 역할을 하는 명사
   절이다. **UNIT 36**

371 **Encouraging** active discovery in class / allows /
              V'   O'   M'   V
   S
students to interact with new information.
   O   OC

수업 중에 적극적인 발견을 장려하는 것은 / 가능하게 한다 / 학
생들이 새로운 정보와 상호 작용하는 것을.
➡ 「allow+O+to-v(OC)」는 'O가 ~하는 것을 가능하게 하다
   [허락하다]'의 의미이다. **UNIT 24**

본문 86쪽

28 명사 역할을 하는 동명사 2 (목적어)

372 The old man enjoyed / **watching** sunsets /
   S   V   V'   O'
from his porch.
   M

그 노인은 즐겼다 / 일몰을 보는 것을 / 자신의 집 현관에서.

373 I remember / **tasting** the delicious food /
   S   V   V'   O'
at the Korean restaurant.
   M

나는 기억한다 / 맛있는 음식을 맛본 것을 / 한국 음식점에서.
➡ 동사 remember 뒤에 목적어로 동명사가 오면 '~한 것을 기
   억하다'라고 해석한다.

374 I don't mind / **cleaning** the garage / as my
   S   V   V'   O   M
weekend chore.

나는 꺼리지 않는다 / 차고를 청소하는 것을 / 나의 주말 할 일
로.

375 One of his students is considering / **dropping**
   S   V   V'
out of school.
   M

그의 학생 중 한 명이 고려하고 있다 / 학교를 중퇴하는 것을.
➡ 「one of+복수명사」는 '~ 중 하나'라는 의미로, 단수 취급하므
   로 3인칭 단수동사가 쓰였다.

376 Mark started / **working on** his new
   S   V   V'   O
assignment / two hours ago.
   O'   M

Mark는 시작했다 / 자신의 새로운 과제에 착수하기를 / 두 시간
전에.

377 It is a good idea / to avoid **using** instruments
   가주어 V SC   진주어   V'   O'
altogether.
   M'

(~은) 좋은 생각이다 / 악기들을 완전히 사용하는 것을 피하는
것은.
➡ to부정사가 주어일 때는 그 자리에 가주어 it을 사용하고, 진
   주어인 to부정사를 뒤에 쓸 수 있다. **UNIT 20**

378 I tried / **wearing** a couple of extra jackets /
   S   V   V'   O'
on a hot humid day.
   M

나는 시험 삼아 한번 ~해 보았다 / 추가로 두 벌의 재킷을 입는
것을 / 덥고 습한 날에.
➡ 동사 try 뒤에 목적어로 동명사가 오면 '시험 삼아 한번 ~해
   보다'라고 해석한다.

379 She prefers / **visiting** old cities / to modern
   S   V   V'   O'   M
tourist destinations.

그녀는 선호한다 / 옛 도시를 방문하기를 / 현대적인 관광지보
다.
➡ prefer A to B: B보다 A를 선호하다

380 Harold will never forget / **making** errors /
S   V   O

during his first week / on the job.
M   M

Harold는 절대 잊지 않을 것이다 / 실수를 한 것을 / 첫 주 동안 /
직장에서.

➡ 동사 forget 뒤에 목적어로 동명사가 오면 '~한 것을 잊다'라
고 해석한다.

381 The purpose of building systems / is
S   V

to continue **playing** the game.
SC

시스템 구축의 목적은 / 게임을 계속하기 위한 것이다.

➡ 주격 보어로 to부정사구가 왔다. 🔗 **UNIT 20**

➡ 동사 continue 뒤에는 목적어로 to부정사와 동명사가 모두
올 수 있으며, 의미에는 차이가 없다.

382 Children quit / **playing** ice hockey and tennis /
S   V   O

at the same age / on average.
M   M

아이들은 중단했다 / 아이스하키와 테니스를 치는 것을 / 같은
나이에 / 평균적으로.

➡ on average: 평균적으로

383 She gave up / **becoming** a professional
S   V   O

dancer / after experiencing a serious injury.
SC'   V'2   O'2
M

그녀는 포기했다 / 전문 댄서가 되는 것을 / 심각한 부상을 경험
한 후에.

384 If we continue / to destroy habitats / with
S'   V'   O'   M'

trails, // the wildlife will stop / **using** these
S   V   O

areas.
O'2

만약 우리가 계속한다면 / 서식지를 파괴하는 것을 / 산책로들
로, // 야생 동물은 중단할 것이다 / 이 지역들을 이용하는 것을.

UNIT 29 동명사 관용 표현

385 Our children will **go hiking** / in the mountains /
S   V   M

this weekend.
M

우리 아이들은 하이킹을 하러 갈 것이다 / 산으로 / 이번 주말에.

386 The family **felt like finding** a quiet spot /
S   V   O

in the park.
M

그 가족은 조용한 자리를 찾고 싶어 했다 / 공원에서.

387 They **are bad** / **at dealing with** stressful
S   V   SC   M

situations / calmly.
O'   M'

그들은 못한다 / 스트레스가 많은 상황을 처리하는 것을 / 침착
하게.

➡ deal with는 '~을 처리하다'의 뜻으로, handle과 같은 의미
이다.

388 The sunset at the beach / **is worth watching**; //
S'   V'   SC'

it's breathtaking.
S² V²   SC²

그 해변의 일몰은 / 볼 가치가 있다 // 그것은 숨이 멎을 정도이
다.

389 Omar **is looking forward to camping** / with
S   V   O   M

John and Travis.

Omar는 캠핑하기를 고대하고 있다 / John과 Travis와 함께.

390 **It goes without saying** / **that** honesty is the
가주어 V   M   S' V'
진주어

foundation of success.
SC'

(~은) 말할 나위도 없다 / 정직이 성공의 기초라는 것은.

➡ It은 가주어이고 that ~ success가 진주어이다.

391 We **are busy** / <u>organizing</u>$^{V'}$ the charity event
S　V　SC　　　　　M

(for the local community)$^{O'}$.

우리는 바쁘다 / (지역 사회를 위한) 자선 행사를 준비하느라.

➡ be busy (in) v-ing: ~하느라 바쁘다

392 I **am used to driving** / in heavy traffic /
S　V　　　　　　　　M

after living$^{V'}$ in a big city for years$^{M'}$.
M

나는 운전하는 것에 익숙하다 / 교통 혼잡 속에서 / 대도시에서
수년간 산 이후에.

393 You **can't help thinking** / about the
S　V　　　O　　　　M

differences (between Ohio and Kentucky).

당신은 생각하지 않을 수 없다 / (Ohio와 Kentucky 사이의) 차
이점에 관해.

➡ 「can't help v-ing」는 「can't (help) but+동사원형」과 같은
의미이다.

394 The residents **objected to** / **building**$^{V'}$ a new
S　　　　V　　　　　O

factory$^{O'}$ / near their neighborhood.
　　　　　M

주민들은 반대했다 / 새 공장을 짓는 것에 / 자신들의 동네 근처에.

395 Now several associations **are devoted** /
M　　　S　　　　　V

to improving$^{V'}$ specific dog breeds$^{O'}$.
　　　　　M

현재 몇몇 협회가 전념하고 있다 / 특정 개 품종을 개선하는 것
에.

396 It is **no use** / **trying**$^{V'}$ to prepare$^{O'}$ for the task$^{M'}$ //
가주어 V　C　　　　진주어

when you are short on time.
S'　V'　SC'　M'

(~은) 소용이 없다 / 그 과제를 준비하려고 해 봐야 // 당신이 시
간이 부족할 때.

397 Students **have difficulty** / **in making**$^{V'}$ accurate
S　V　　　O　　　　M

judgments (of their own knowledge)$^{O'}$.

학생들은 어려움을 겪는다 / (자신의 지식에 관한) 정확한 판단
을 하는 데.

➡ 「have difficulty in v-ing」는 '~하는 데 어려움을 겪다'의 의
미이다.

CHAPTER 07 분사

본문 92쪽

UNIT 30 명사 앞에서 꾸며주는 분사

398 A **speeding** *car* was spotted / by the police car /
S　　　　V　　　　M

on the highway.
M

과속하는 차 한 대가 발견되었다 / 경찰차에 의해 / 고속도로에
서.

➡ car가 '과속하는' 주체이므로, 능동의 의미를 갖는 현재분사
speeding이 쓰였다.

399 The store refused / to accept the **damaged**
S　　V　　　　　O

goods / for return.
　　　M

그 상점은 거절했다 / 그 손상된 상품을 받아들이기를 / 반품으
로.

➡ goods가 '손상된' 대상이므로, 수동의 의미를 갖는 과거분사
damaged가 쓰였다.

➡ refuse는 목적어로 to부정사를 쓴다.

400 The **returned** *soldier* / is receiving support /
S　　　　　V　　　O

from his community.
M

귀환한 그 군인은 / 지원을 받고 있다 / 자신의 지역 사회로부터.

➡ soldier가 '귀환한' 것으로 완료의 의미를 나타내므로, 자동사
의 과거분사 returned가 쓰였다.

401 The musicians (in the band) / prepared for the
S　　　　　　V　　M

approaching *concert*$^{O'}$.

(그 밴드의) 음악가들은 / 다가오는 음악회를 준비했다.

➜ concert가 '다가오는' 주체이므로, 능동의 의미를 갖는 현재분사 approaching이 쓰였다.

402 You can use a mirror / to send a **coded**
S   V   O   M (V′)

message / to a friend.
(O′)   (M′)

여러분은 거울을 사용할 수 있다 / 암호로 된 메시지를 보내기 위해 / 친구에게.

➜ message가 '암호로 된' 대상이므로, 수동의 의미를 갖는 과거분사 coded가 쓰였다.

➜ to send ~ to a friend는 목적의 의미를 나타내는 to부정사구이다. 🔗 UNIT 23

403 A middle-aged woman swept up / the **fallen**
S   V   O

leaves / in the yard.
  M

한 중년의 여자가 쓸었다 / 떨어진 잎(낙엽)들을 / 마당에서.

➜ leaves가 '떨어진' 것으로 완료의 의미를 나타내므로, 자동사의 과거분사 fallen이 쓰였다.

404 The cleanup team / immediately got rid of /
S   V

the **spilled** *oil* / on the river.
O   M

그 정화 팀은 / 즉시 제거했다 / 유출된 기름을 / 강에.

➜ oil이 '유출된' 대상이므로, 수동의 의미를 갖는 과거분사 spilled가 쓰였다.

405 Babies sleep all the time // because their
S   V   M   S′

growing *brains* exhaust them.
  V′   O′

아기들은 항상 잠을 잔다 // 그들의 성장하는 뇌가 그들을 지치게 하기 때문에.

➜ brains가 '성장하는' 주체이므로, 능동의 의미를 갖는 현재분사 growing이 쓰였다.

406 They see a person / with **crossed** *arms* / and
S   V¹   O¹   M¹

think, / "Reserved, angry."
V²   O²

그들은 어떤 사람을 본다 / 팔짱을 낀 / 그리고 생각한다, / '과묵하고, 화가 난'.

➜ arms가 '끼어지는' 대상이므로, 수동의 의미를 갖는 과거분사 crossed가 쓰였다.

➜ 등위접속사 and에 의해 see와 think가 병렬로 연결되어 있다.

407 Sometimes / a **changing** *forest* causes /
M   S   V

some plants and animals to increase.
O   OC

때때로 / 변화하는 숲이 초래한다 / 일부 식물과 동물이 증가하도록.

➜ forest가 '변화하는' 주체이므로, 능동의 의미를 갖는 현재분사 changing이 쓰였다.

➜ cause는 목적격 보어로 to부정사를 가지며, 'O가 ~하도록 초래하다'라고 해석한다. 🔗 UNIT 24

408 There were no longer / any **controlled**
V   M   S

communications / or even *business systems*.

더 이상 존재하지 않았다 / 어떠한 통제된 의사소통도 / 또는 심지어 사업 체계조차도.

➜ communications가 '통제된' 대상이므로, 수동의 의미를 갖는 과거분사 controlled가 쓰였다.

➜ controlled가 communications와 business systems를 동시에 꾸며준다.

409 Keep your eyes / on the **reflected** *image* / and
V   O   M

not on your paper // while you are writing.
M   S′   V′

시선을 두라 / 반사되는 이미지에 / 그리고 종이가 아니라 // 당신이 쓰는 동안.

➜ image가 '반사되는' 대상이므로, 수동의 의미를 갖는 과거분사 reflected가 쓰였다.

➜ keep one's eyes on: ~을 계속 보다, ~에서 눈을 떼지 않다

410 The **proposed** *walking trail* / would cut
S   V

through the land, / a home to a variety of
M   M

species.

제안된 산책로는 / 그 땅을 뚫고 지나가게 될 것이다, / 다양한 종들의 서식지인.

➡ walking trail이 '제안된' 대상이므로, 수동의 의미를 갖는 과거분사 proposed가 쓰였다.

➡ 과거분사 proposed는 walking trail을 꾸며주고, walking trail은 trail for walking이라는 의미이므로 walking은 동명사이다. the land와 a home ~ species는 동격이다.

UNIT 31 명사 뒤에서 꾸며주는 분사

411 The teachers (**holding** the auditions) / gave
S   V'   O'   V
each student a ball.
      IO   DO

(오디션을 수행하는) 선생님들이 / 각 학생에게 공 한 개씩을 주었다.

➡ = The teachers who held the auditions ~.

➡ The teachers가 '수행하는' 주체이므로, 능동의 의미를 갖는 현재분사 holding이 쓰였다.

412 Soon we came / to a wide street (**crowded**
M   S   V   M   V'
with all sorts of cars).
        M'

곧 우리는 왔다 / (온갖 종류의 차들로 붐비는) 넓은 거리에.

➡ = ~ to a wide street which was crowded with all sorts of cars.

➡ a wide street이 '붐비는' 대상이므로, 수동의 의미를 갖는 과거분사 crowded가 쓰였다.

➡ all sorts of: 온갖 종류의

413 That newspaper (**blowing** all over the yard) /
S   V'   M'
is making a real mess.
   V   O

(온 마당 위로 바람에 날리고 있는) 저 신문이 / 정말 엉망으로 만들고 있다.

➡ That newspaper가 '바람에 날리고 있는'의 의미이므로, 진행의 의미를 가진 현재분사 blowing이 쓰였다.

414 The woman couldn't get out / because of the
S   V   M
car (**parked** behind her).
        V'   M'

그 여성은 빠져나올 수 없었다 / (그녀 뒤에 주차된) 차 때문에.

➡ the car가 '주차된' 대상이므로, 수동의 의미를 갖는 과거분사 parked가 쓰였다.

➡ because of: ~ 때문에(= owing to, due to)

415 The team (**exploring** different hiking trails) /
S   V'   O'
left early in the morning.
V   M

(다양한 등산로를 탐험하는) 그 팀은 / 아침 일찍 떠났다.

➡ The team이 '탐험하는' 주체이므로, 능동의 의미를 갖는 현재분사 exploring이 쓰였다.

416 Plants (**called** producers) / make their own
S   V'   C'   V   O
food / from water and sunlight.
              M

(생산자라고 불리는) 식물은 / 스스로 식량을 만들어 낸다 / 물과 햇빛을 통해.

➡ Plants가 '불리는' 대상이므로, 수동의 의미를 갖는 과거분사 called가 쓰였다.

417 People (**walking** in rocky areas) / sometimes
S   V'   M'
come across / rattlesnakes.
   V   O

(바위가 많은 지역을 걷고 있는) 사람들은 / 때때로 우연히 마주친다 / 방울뱀을.

➡ People이 '걷고 있는'의 의미이므로, 진행의 의미를 가진 현재분사 walking이 쓰였다.

➡ come across: ~을 우연히 마주치다[발견하다]

418 He wrote / several autobiographies (**describing**
S   V   O   V'
his experiences / as a slave).
      O'   M'

그는 썼다 / (자신의 경험을 묘사한 / 노예로서) 몇 권의 자서전을.

➡ autobiographies가 '묘사한' 주체이므로, 능동의 의미를 갖는 현재분사 describing이 쓰였다.

➡ 전치사 as는 '~로서'의 의미로 쓰였다.

419 The official told us / about the new library
S   V   O   M
(**planned** for this neighborhood).
   V'   M'

그 공무원은 우리에게 말했다 / (이 근처에 계획된) 새 도서관에 대해.

➡ the new library가 '계획된' 대상이므로, 수동의 의미를 갖는 과거분사 planned가 쓰였다.

420 This is *the price* [we must pay / for achieving
　　　　S　V　SC

the rewards (**lying** ahead of us)].

이것은 [우리가 지불해야 하는 / (우리 앞에 놓여 있는) 보상을 성취하기 위해] 대가이다.

➡ the price 뒤에 목적격 관계대명사가 생략된 형태로, we ~ of us는 the price를 수식하는 목적격 관계대명사절이다.

🔗 UNIT 40

➡ the rewards가 '놓여 있는' 주체이므로, 능동의 의미를 갖는 현재분사 lying이 쓰였다.

421 I used to have / *a shelf* (**lined** with salty
　　　　S　V　　O

crackers and chips / at eye level).

나는 가지고 있었다 / (짭짤한 크래커와 칩이 줄지어 놓여 있는 / 눈높이에) 선반.

➡ a shelf가 '줄지어 놓여 있는' 대상이므로, 수동의 의미를 갖는 과거분사 lined가 쓰였다.
➡ 「used to-v」는 '(과거에) ~했다, ~하곤 했다'의 의미이다.

🔗 UNIT 12

422 The Cubans were known / for wearing
　　　　S　　　V　　　　M

uniforms (**covered** in red from head to toe).

쿠바인들은 알려져 있었다 / (머리부터 발끝까지 빨간색으로 덮인) 유니폼을 입는 것으로.

➡ uniforms가 '덮인' 대상이므로, 수동의 의미를 갖는 과거분사 covered가 쓰였다.
➡ be known for: ~로 알려져 있다, ~로 유명하다
➡ from head to toe: 머리부터 발끝까지

423 It was a contrast / to *the conservative North*
　　　　S　V　SC　　　　　M

American style (**featuring** grey or white

pants).

그것은 대조적인 것이었다 / (회색이나 흰색 바지를 특징으로 하는) 보수적인 북미 스타일과.

➡ the conservative ~ style이 '특징으로 하는' 주체이므로, 능동의 의미를 갖는 현재분사 featuring이 쓰였다.

UNIT 32 목적격 보어로 쓰이는 분사

424 I called them, // but I heard / their phones
　　　S¹ V¹ O¹　　　S² V²　　O²

ringing / in the room.
　OC²　　　　M²

나는 그들에게 전화를 걸었다, // 하지만 나는 들었다 / 그들의 전화가 울리고 있는 것을 / 방에서.

➡ their phones가 '울리는' 주체이자 진행 중이므로, 진행 및 능동의 의미를 갖는 현재분사 ringing이 쓰였다.

425 The writer had / some of her stories
　　　　S　　V　　　　　O

published / in a literary magazine.
　OC　　　　　M

그 작가는 (~하게) 했다 / 자신의 이야기 중 일부가 발표되게 / 문학 잡지에.

➡ some of her stories가 '발표되는' 대상이므로, 수동의 의미를 갖는 과거분사 published가 쓰였다.

426 He barely saw / the young soldier **standing**
　　S　　　V　　　　O　　　　　　OC

next to him.

그는 간신히 보았다 / 그 젊은 군인이 자신의 옆에 서 있는 것을.

➡ the young soldier가 '서 있는'의 의미이므로, 진행의 의미를 가진 현재분사 standing이 쓰였다.

427 In the living room, / Tony caught / the cat
　　　　M　　　　　　S　　V　　　O

playing with a ball of yarn.
　OC

거실에서, / Tony는 발견했다 / 고양이가 털실 뭉치를 가지고 놀고 있는 것을.

➡ the cat이 '놀고 있는'의 의미이므로, 진행의 의미를 가진 현재분사 playing이 쓰였다.

428 The building manager left / the windows
　　　　　S　　　　　　　V　　　　O

closed / during the hurricane.
　OC　　　　　M

건물 관리자는 (~된 채로) 두었다 / 창문이 닫힌 채로 / 허리케인 동안.

➡ the windows가 '닫힌' 대상이므로, 수동의 의미를 갖는 과거분사 closed가 쓰였다.

429 She felt / the wind **blowing** softly / through her hair / at the beach.

S V O OC M M

그녀는 느꼈다 / 바람이 부드럽게 불고 있는 것을 / 자신의 머리카락 사이로 / 해변에서.

➡ the wind가 '불고 있는'의 의미이므로, 진행의 의미를 가진 현재분사 blowing이 쓰였다.

430 To get the class **started**, / we need more instruments / than we have now.

V O OC S V O
M S V M

그 수업을 시작하기 위해, / 우리는 더 많은 악기가 필요하다 / 지금 우리가 가지고 있는 것보다.

➡ the class가 '시작된' 대상이므로, 수동의 의미를 갖는 과거분사 started가 쓰였다.

431 They found the door **locked** // when they arrived home / after dinner.

S V O OC S
V M M

그들은 문이 잠겨 있는 것을 발견했다 // 그들이 집에 도착했을 때 / 저녁 식사 후에.

➡ the door가 '잠긴' 대상이므로, 수동의 의미를 갖는 과거분사 locked가 쓰였다.

432 The speaker raised his voice / to make himself **heard** / by all the people.

S V O M O
OC M

연사는 목소리를 높였다 / 자신의 목소리가 들리도록 하기 위해 / 모든 사람에게.

➡ himself가 '들리는' 대상이므로, 수동의 의미를 갖는 과거분사 heard가 쓰였다.

433 It is sad / to watch / the diversity of life **threatened** / by a forest fire.

가주어 V SC V O
진주어 OC M

(~은) 슬프다 / 보는 것은 / 생명의 다양성이 위협받는 것을 / 산불로.

➡ the diversity of life가 '위협받는' 대상이므로, 수동의 의미를 갖는 과거분사 threatened가 쓰였다.

434 The teacher kept / the students **working** on their assignments quietly / in the lab.

S V O OC
V M M M

선생님은 (~하게) 했다 / 학생들이 조용히 과제를 수행하게 / 실험실에서.

➡ the students가 '수행하는' 주체이므로, 능동의 의미를 갖는 현재분사 working이 쓰였다.

435 Many people find / themselves **returning** to their old habits / after accomplishing a goal.

S V O OC
V M V O
M

많은 사람은 알게 된다 / 스스로가 옛 습관으로 돌아가는 것을 / 목표를 성취한 후에.

➡ themselves가 '돌아가는' 주체이므로, 능동의 의미를 갖는 현재분사 returning이 쓰였다.

436 Leave / good foods like apples and pistachios / **sitting** out / instead of crackers and candy.

V O
OC M

(~하고 있는 채로) 두어라 / 사과와 피스타치오 같은 좋은 음식을 / 자리를 차지한 채로 / 크래커와 사탕 대신에.

➡ good foods like apples and pistachios가 '자리를 차지하는' 주체이므로, 능동의 의미를 갖는 현재분사 sitting이 쓰였다.

UNIT 33 감정을 나타내는 분사

437 Your **amazing** *performance* / really moved us all / last night.

S V O
M

당신의 놀라운 연기는 / 정말로 우리 모두를 감동시켰다 / 지난밤에.

➡ performance가 '놀라운' 감정을 느끼게 만드는 것이므로, 능동의 의미를 갖는 amazing이 쓰였다.

438 We are **excited** / to announce our upcoming winter festival!

S V SC V
M O

우리는 신이 난다 / 다가오는 우리의 겨울 축제를 발표하게 되어서!

➡ 우리가 '신나는' 감정을 느낀 것이므로, 수동의 의미를 갖는 과거분사 excited가 쓰였다.

➡ excited 뒤의 to부정사는 감정의 원인을 나타내며 '~해서'의 의미이다.

439 The party was totally **boring** // until we
S V SC S'

turned on some music.
V' O'

그 파티는 완전히 지루했다 // 우리가 음악을 틀 때까지.
➡ The party가 '지루한' 감정을 느끼게 만드는 것이므로, 능동의 의미를 갖는 boring이 쓰였다.

440 She became very **annoyed** / with my attempts
S V SC M

(to offer advice).
V' O'

그녀는 매우 짜증을 내기 시작했다 / (조언을 제공하려는) 내 시도에.
➡ She가 '짜증이 난' 감정을 느낀 것이므로, 수동의 의미를 갖는 과거분사 annoyed가 쓰였다.
➡ to offer advice는 my attempts를 꾸며주는 to부정사구이다. 🔗 **UNIT 22**

441 The author's stories / became **interesting** /
S V¹ SC¹

and gained in popularity.
V² O²

그 작가의 이야기들은 / 흥미로워졌다 / 그리고 인기를 얻었다.
➡ The author's stories가 '흥미로운' 감정을 느끼게 만드는 것이므로, 능동의 의미를 갖는 interesting이 쓰였다.

442 By the end of the cave exploration, / four
M S

students remained **scared** / of the dark.
V SC M

동굴 탐험이 끝날 때까지, / 네 명의 학생은 여전히 무서워했다 / 어두움을.
➡ four students가 '무서워하는' 감정을 느낀 것이므로, 수동의 의미를 갖는 과거분사 scared가 쓰였다.
➡ remained 뒤에 주격 보어로 쓰여 형용사 역할을 하는 분사가 왔다.

443 They don't feel **satisfied** / with the slow
S V SC M

progress (of the project) / at all.
M

그들은 만족감을 느끼지 못한다 / (그 프로젝트의) 느린 진행에 / 전혀.
➡ They가 '만족스러운' 감정을 느낀 것이므로, 수동의 의미를 갖는 과거분사 satisfied가 쓰였다.
➡ feel 뒤에 주격 보어로 쓰여 형용사 역할을 하는 분사가 왔다.
➡ 「not ~ at all」은 '전혀 ~ 않다'의 의미이다.

444 Her **touching** *words* / are really making / our
S V O

life rich and **satisfying**.
OC

그녀의 감동적인 말들이 / 정말로 만들고 있다 / 우리의 삶을 풍요롭고 만족스럽게.
➡ words가 '감동인' 감정을 느끼게 만드는 것이므로, 능동의 의미를 갖는 현재분사 touching이 쓰였다.
➡ words가 '만족스러운' 감정을 느끼게 만드는 것이므로, 능동의 의미를 갖는 현재분사 satisfying이 쓰였다.
➡ 「make+O+OC(형용사/분사)」는 'O를 ~하게 만들다'의 의미이다.

445 You may find *it* **exciting** / to try new
S V 가목적어 OC V' 진목적어

adventurous activities (like skydiving).
O'

여러분은 (~을) 흥미롭다고 생각할 수도 있다 / (스카이다이빙과 같은) 새로운 모험적인 활동을 시도하는 것을.
➡ 진목적어인 to try ~ skydiving이 '흥미로운' 감정을 느끼게 만드는 것이므로, 능동의 의미를 갖는 현재분사 exciting이 쓰였다.
➡ 「find+it(가목적어)+OC(현재분사)+to부정사(진목적어)」의 구문이다.

446 Few people will be **surprised** / to hear / that
S V SC M V'

poverty tends to create stress.
O'

놀랄 사람은 거의 없을 것이다 / (~을) 듣고서 / 가난이 스트레스를 유발하는 경향이 있다는 것을.
➡ Few people이 '놀란' 감정을 느끼는 것이므로, 수동의 의미를 갖는 과거분사 surprised가 쓰였다.
➡ 감정의 말(surprised) 다음의 to부정사는 감정의 원인을 나타내며 '~해서'의 의미이다.

447 At that moment, / he noticed / that every face
M S V O S'

looked **interested** / in what he had to say.
V' SC' M'

그 순간에, / 그는 알아차렸다 / 모든 얼굴이 관심이 있어 보이는 것을 / 그가 해야 할 말에.
➡ every face가 '관심이 있는' 감정을 느끼는 것이므로, 수동의 의미를 갖는 과거분사 interested가 쓰였다.
➡ what he had to say는 선행사가 포함된 관계대명사 what이 이끄는 명사절로, 전치사 in의 목적어이다. 🔗 **UNIT 42**

448 They make dramatic changes /
S   V   O

in their lifestyle, / only to encounter two
M   M

disappointing *results*.
O'

그들은 극적인 변화를 주지만 / 자신들의 생활 방식에, / 결국 두
가지 실망스러운 결과에 직면하게 된다.

➡ results가 '실망스러운' 감정을 느끼게 만드는 것이므로, 능동
의 의미를 갖는 현재분사 disappointing이 쓰였다.

➡ 「S+V ~, only to-v」는 '~하지만, 결국 …하게 되다'의 의미
이다.

449 Nurses took care of passengers / during
S   V   O   M

flights // because most people were **frightened**
S'   V'   SC'

of flying.
M'

간호사들은 승객들을 돌봤다 / 비행 중에 // 대부분의 사람이 비
행을 무서워했기 때문이다.

➡ most people이 '무서워하는' 감정을 느끼는 것이므로, 수동
의 의미를 갖는 과거분사 frightened가 쓰였다.

➡ be frightened of는 '~을 무서워하다'의 의미이다.

본문 100쪽

UNIT 34 분사구문

450 **Looking** into the dolphin's eye, / I felt totally
V'   M'   S V

safe.
SC

돌고래의 눈을 들여다보았을 때, / 나는 완전히 안심이 되었다.
〈시간〉

➡ = When I looked into the dolphin's eye, ~.

451 **Feeling** worried, / I went outside / and walked
V'   SC'   S V¹   M¹   V²

down the street.
M²

걱정이 되어서, / 나는 밖으로 나갔다 / 그리고 거리를 걸어 내려
갔다. 〈이유〉

➡ = As[Because] I felt worried, ~.

452 **Smiling** like a child, / Marie handed the
V'   M'   S   V   O

package / to her brother.
M

아이처럼 미소 지으며, / Marie는 그 꾸러미를 건넸다 / 자신의
남동생에게. 〈동시동작〉

➡ = As[While] Marie smiled like a child, ~.

453 She pushed her face / into the grass, /
S   V   O   M

smelling the green pleasant scent.
V'   O'
M

그녀는 얼굴을 맞대었다 / 풀밭에, / 그리고 푸르고 쾌적한 향기
를 맡았다. 〈연속동작〉

➡ = ~, and (she) smelled the green pleasant scent.

454 **Failing** to follow the instructions, / you might
V'   O'   S V
M

damage the device.
O

만약 지시를 따르지 않으면, / 당신은 장치를 손상시킬 수 있다.
〈조건〉

➡ = If you fail to follow the instructions, you might
damage the device.

455 **Not carrying** much of water, / we refilled our
V'   O'   S   V   O
M

bottles / at the next spot.
M

충분한 양의 물을 가지고 가지 않기 때문에, / 우리는 우리의
병을 다시 채웠다 / 다음 장소에서. 〈이유〉

➡ = As[Because] we didn't carry much of water, ~.

➡ 분사구문의 부정형은 not을 분사 앞에 쓴다.

456 **Having scored** three points, / he received
V'   O'   S   V
M

praise / from his teammates.
O   M

3점을 득점해서, / 그는 칭찬을 받았다 / 자신의 팀 동료들로부
터. 〈이유〉

➡ = As[Because] he had scored three points, ~.

➡ 동사 received보다 앞선 시제를 나타내므로 완료분사를 사
용했다.

457 **Being** full of flowers, / the basket created
V'   SC'   S   V
M

a gentle mood / in the room.
O   M

꽃으로 가득 채워져 있어서, / 그 바구니는 부드러운 분위기를 만들어 냈다 / 방 안에. 〈이유〉

➡ = As it was full of flowers, ~.

458 Through gossip, / we bond with our friends, /
M S V M

sharing interesting details.
V'
M

수다를 통해, / 우리는 친구들과 유대를 형성한다, / 흥미로운 세부 사항을 공유하면서. 〈동시동작〉

➡ = ~, as[while] we share interesting details.

459 **Glancing** at her competitors, / she discovered /
V' O'
M S V

that three of them were female.
S' V' SC'
O

경쟁자들을 흘끗 보았을 때, / 그녀는 알게 되었다 / 그들 중 세명이 여성이라는 것을. 〈시간〉

➡ = When she glanced at her competitors, ~.

460 **Not having heard** from him / for so long, /
V' M'
M

she began to worry / about his well-being.
S V V' O' M'

그로부터 소식을 듣지 못해서 / 오랫동안, / 그녀는 걱정하기 시작했다 / 그의 안녕에 관해. 〈이유〉

➡ = As[Because] she had not heard from him for so long, ~.

461 The lifeguard, / **swimming** as quickly as
S V'
M

possible, / approached *the swimmer* (calling
M'
V O

for help).

안전요원은, / 가능한 한 빨리 수영해서, / (도움을 요청하는) 그 수영 선수에게 다가갔다. 〈동시동작〉

➡ = The lifeguard swam as quickly as possible, and approached ~.

462 **Noticing** the dark clouds gathering overhead, /
V' O' OC'
M

Sarah decided / to bring an umbrella with her.
S V V' O' M'

먹구름이 머리 위로 모이는 것을 알아차렸기 때문에, / Sarah는 결정했다 / 우산을 가져오기로. 〈이유〉

➡ = As[Because] she noticed the dark clouds gathering overhead, ~.

UNIT 35 다양한 형태의 분사구문

463 (Being) **Attracted** by the food, / the insects
M M S

came / around the table.
V M

음식에 이끌려서, / 곤충들이 왔다 / 탁자 주위로.

➡ = As they were attracted by the food, ~.

464 The game **being** over, / we gathered on the
S' V' SC'
M S V M

field / for a photo.
M

경기가 끝났을 때, / 우리는 경기장에 모였다 / 사진을 찍기 위해.

➡ = When the game was over, we gathered ~.

465 **With their eyes closed**, / they listened
S' V'
M S V

intently / to the speaker.
M

자신들의 두 눈을 감은 채, / 그들은 집중해서 들었다 / 연사의 말을.

➡ = While their eyes were closed, they listened ~.

466 **Strictly speaking**, / you need a reservation /
M S V O

to dine at the restaurant.
V' M'
M

엄밀히 말하면, / 당신은 예약이 필요하다 / 그 식당에서 식사하기 위해.

➡ to dine at the restaurant는 목적을 나타내는 부사적 용법의 to부정사구이다. 🔗 UNIT 23

467 **Faced** / with unfamiliar patterns, / the expert's
V' M'
M S

advantage disappears.
V

익숙하지 않은 패턴에 직면하면, / 전문가의 유리함은 사라진다.

➡ = If it is faced with unfamiliar patterns, the expert's advantage ~.

➡ = Faced 앞에 Being이 생략되었다.

468 Her cell phone **broken**, / she forgot / all her
appointments and schedules.

그녀의 휴대폰이 고장 나서, / 그녀는 잊어버렸다 / 자신의 모든
약속과 일정을.
- ➡ = As[Because] her cell phone was broken, she
  forgot ~.
- ➡ = broken 앞에 being이 생략되었다.

469 The work can be divided, / **with each worker**
performing one task.

그 일은 분리될 수 있다, / 각각의 작업자가 한 가지 작업을 수행
하면서.
- ➡ = ~ divided, as each worker performs one task.
- ➡ = with는 생략할 수 있으며, performing의 의미상 주어는
  each worker이다.

470 **Judging from** his facial expression, / he
seemed pleased / with the outcome.

그의 표정으로 판단하건대, / 그는 만족한 것으로 보였다 / 그 결
과에.

471 **Disappointed** by the loss of their team, / the
fans quietly left the stadium.

자신들 팀의 패배에 실망하여, / 팬들은 조용히 경기장을 떠났다.
- ➡ = As they were disappointed by the loss of their
  team, ~.
- ➡ = Disappointed 앞에 Being이 생략되었다.

472 The runners, / **followed** by several laughing
children, / crossed the finish line.

주자들은, / 웃고 있는 몇몇 아이들을 뒤따르게 하고서, / 결승선
을 통과했다.
- ➡ = The runners, as they were followed by several
  laughing children, crossed ~.
- ➡ = followed 앞에 being이 생략되었다.

473 **Generally speaking**, / we are creatures of
habit, / seeking comfort / in familiar routines.

일반적으로 말하면, / 우리는 습관의 동물이다, / 편안함을 추구
하는 / 익숙한 일상에서.

474 The plane **having flown** / over nine hundred
miles, / the mechanic gave it a checkup.

그 비행기는 비행하였으므로 / 900마일 넘게, / 정비사는 그것
을 점검했다.
- ➡ = As[Because] the plane had flown over nine
  hundred miles, the mechanic ~.
- ➡ having flown은 동사 gave보다 이전의 동작을 나타낸다.

475 **With this purpose in mind**, / we believe /
your firm is ideal / to carry out such a project.

이러한 목적을 마음에 두고서, / 우리는 믿는다 / 당신의 회사가
이상적이라고 / 그러한 프로젝트를 진행하기에.
- ➡ = this purpose 뒤에 being이 생략되었다.
- ➡ your firm 앞에 believe의 목적어 역할을 하는 명사절을 이
  끄는 접속사 that이 생략된 형태이다. 🔗 **UNIT 36**
- ➡ to carry out은 형용사 ideal을 꾸며준다. 🔗 **UNIT 23**

PART 3 절

CHAPTER 08 명사절

본문 108쪽

UNIT 36 접속사 that이 이끄는 절

476 I believe / **that** the world is full of endless possibilities.

나는 믿는다 / 세상이 무한한 가능성으로 가득 차 있다는 것을.
〈목적어〉
→ that이 이끄는 명사절이 목적어로 사용될 때 that은 생략할 수 있다.

477 The message of the book / is **that** the universe is constantly expanding.

그 책의 메시지는 / 우주가 끊임없이 팽창하고 있다는 것이다.
〈보어〉

478 It is widely believed / **that** verbal rehearsal improves our memory.
가주어   진주어

(~은) 널리 믿어진다 / 말로 하는 연습이 우리의 기억력을 향상시킨다는 것은.
→ that절이 주어로 사용되면 가주어 It을 주어 자리에 대신 쓰고 진주어 that절은 문장 뒤로 보낸다. **UNIT 56**

479 The problem / was **that** the stamp didn't stick to the envelope.

문제는 / 우표가 봉투에 들러붙지 않는다는 것이었다.

480 Iktomi told Odawa / **that** there are good and bad forces / in each stage of life.

Iktomi는 Odawa에게 말했다 / 선한 힘과 악한 힘이 있다는 것을 / 인생의 각 단계에는.
→ that절 안에서 there가 맨 앞에 오면서 「there+동사+주어」의 어순이 되었다.

481 Too often, / we convince ourselves / **that** massive success requires massive action.
M   S   V   IO   DO

너무 자주, / 우리는 확신한다 / 거대한 성공에는 거대한 행동이 필요하다는 것을.
→ convince oneself: ~을 확신하다

482 It seems reasonable / **that** we all should share responsibilities (for our own health).
가주어 V   SC   진주어

(~은) 타당한 것처럼 보인다 / 우리 모두가 (우리 자신의 건강에 대한) 책임을 나눠야 한다는 것은.
→ that절이 주어로 사용되면 가주어 It을 주어 자리에 대신 쓰고 진주어 that절은 문장 뒤로 보낸다. **UNIT 56**

483 Many evolutionary biologists argue / **that** humans developed language / for economic reasons.

많은 진화 생물학자들은 주장한다 / 인간이 언어를 발달시켰다는 것을 / 경제적인 이유로.

484 It is clear / **that** understanding the basics is crucial / before diving into complex topics.
가주어 V SC   진주어

(~은) 분명하다 / 기본을 이해하는 것이 중요하다는 것은 / 복잡한 주제에 몰두하기 전에.
→ that절이 주어로 사용되면 가주어 It을 주어 자리에 대신 쓰고 진주어 that절은 문장 뒤로 보낸다. **UNIT 56**
→ before는 전치사로, 뒤에 동명사구가 왔다.
→ dive into: ~에 몰두하다

485 Many parents think / **that** playing chess regularly / can significantly improve problem-solving skills.

많은 부모들은 생각한다 / 정기적으로 체스를 두는 것이 / 문제 해결 기술을 상당히 향상시킬 수 있다는 것을.
→ playing chess regularly는 that절의 주어 역할을 하는 동명사구이다. **UNIT 27**

486 One striking characteristic (of sleeping animals or people) / is **that** they do not respond normally / to environmental stimuli.

(잠자는 동물들이나 사람들의) 두드러진 특징 한 가지는 / 그들이 정상적으로 반응하지 않는다는 것이다 / 환경 자극에.
→ they는 sleeping animals or people을 대신한다.

487 The board members consider it important / **that** everyone participates in the discussion.

이사회 구성원들은 (~을) 중요하다고 생각한다 / 모든 사람이 토론에 참여하는 것을.
→ that절이 5형식 문장의 목적어로 쓰이면 가목적어 it을 목적어 자리에 대신 쓰고 진주어 that절은 문장 뒤로 보낸다. **UNIT 56**

488 Most people assume / **that** conflict is bad / and **that** being in one's "comfort zone" is good.

대부분의 사람들은 단정한다 / 갈등이 나쁘다는 것을 / 그리고 자신의 '안락 지대'에 있는 것이 좋다는 것을.
→ 두 개의 that절이 and로 연결되어 assume의 목적어 역할을 하고 있다.
→ being in one's "comfort zone"은 두 번째 that절에서 주어 역할을 하는 동명사구이다. **UNIT 27**

UNIT 37 접속사 whether / if가 이끄는 절

489 **Whether** we should invest / in this risky project / is still under discussion.

우리가 투자해야 하는지는 / 이 위험한 프로젝트에 / 여전히 토론 중이다.
→ whether절이 주어로 사용되면 가주어 It을 주어 자리에 대신 쓰고 whether절은 문장 뒤로 보낼 수 있다.
→ = It is still under discussion whether we should invest in this risky project.

490 Due to the sudden changes, / I don't know / **if** we will meet the deadline.

갑작스런 변경 때문에, / 나는 모른다 / 우리가 마감 기한을 지킬지.

491 I wonder / **whether** it will rain tomorrow / during the outdoor concert.

나는 궁금하다 / 내일 비가 올지 / 야외 콘서트 동안에.
→ whether절의 주어는 날씨를 나타내는 비인칭 주어 it이다. **UNIT 55**

492 My concern is **whether** she has enough experience for the job or not.

내 걱정은 그녀가 그 일에 충분한 경험이 있는지 없는지이다.

493 James hasn't decided / **if** he should stay in his current role / or move into a new one.

James는 결정하지 못했다 / 그가 자신의 현재 역할에 머물러야 하는지 / 혹은 새로운 역할로 옮겨야 하는지를.
→ one은 앞의 role을 대신하는 대명사이다.

494 I'd like to know / **whether** there's a large print version (of your magazine).

나는 알고 싶다 / (귀사 잡지의) 커다란 인쇄본이 있는지.
➡ would like to-v: ~하고 싶다

495 Sadie looked up / and tried to see / if the
black cloud was moving.

Sadie는 위를 쳐다보았다 / 그리고 보려고 했다 / 검은 구름이
움직이고 있는지.
➡ try+to-v: ~하려고 하다
➡ to부정사의 목적어로 if절이 쓰였다.

496 You probably never thought / about **whether**
using artificial light (for reading) was worth it.

여러분은 아마도 결코 생각해 본 적이 없었을 것이다 / (독서를
위해) 인공광을 사용하는 것이 그만한 가치가 있는지에 대해.
➡ whether절이 전치사 about의 목적어로 쓰였다.
➡ whether절 안에서 주어로 동명사구가 쓰였다.

497 He is considering / **whether** he should pursue /
a master's degree in computer science.

그는 숙고하고 있다 / 그가 계속해야 하는지 / 컴퓨터 과학 석사
학위 과정을.

498 Situations are uniquely stressful / for each of
us / based on **whether** or not they activate our
doubt.

상황은 특유하게 스트레스를 준다 / 우리 각자에게 / 그것들이
우리의 의심을 활성화하는지 아닌지에 근거해서.
➡ based on의 목적어로 whether절이 왔다.
➡ they는 situations를 대신한다.

499 Parents and teachers are debating / **if** online
tutoring is more effective / than in-person
tutoring.

부모들과 교사들은 논쟁하고 있다 / 온라인 개인 교습이 더 효과
적인지 / 직접 하는 개인 교습보다.

500 Sometimes you run into *people* (full of
energy), // and you wonder / **if** they are from
the same planet / as you.

때때로 여러분은 우연히 (에너지로 가득 찬) 사람들과 마주친
다, // 그리고 여러분은 궁금해한다 / 그들이 같은 행성 출신인지 /
여러분과.
➡ they는 앞의 people을 대신한다.

501 You don't know / **if** the habit of getting up
early will actually make your life better.

여러분은 모른다 / 일찍 일어나는 습관이 실제로 여러분의 삶을
더 낫게 만들지.

UNIT 38 의문사가 이끄는 절

502 **Who** cooks dinner / is always a big debate /
in our house.

누가 저녁을 요리하는지가 / 항상 큰 논쟁거리이다 / 우리집에서
는.

503 We understand / **what** we need to do / to
improve the situation.

우리는 알고 있다 / 우리가 무엇을 해야 하는지 / 상황을 개선시
키기 위해.

504 Have you ever wondered / **why** most children
hate vegetables?

여러분은 궁금해한 적이 있는가 / 대부분의 아이들이 왜 채소를
싫어하는지?

505 Lauren asked Sadie / **which** way they came
from.

Lauren은 Sadie에게 물었다 / 그들이 어떤 방향에서 왔는지.
➡ which는 의문형용사로, way를 수식하여 명사절을 이끌고 있다.

506 The issue is **what** the effect will be / of the new policy.

문제는 효과가 무엇일지이다 / 새로운 정책의.

507 Artists often find it difficult / to know **when** they should stop painting.

예술가들은 (~을) 어렵다는 것을 종종 알게 된다 / 자신들이 언제 그리기를 멈춰야 하는지를 아는 것을.
➡ 목적어인 to부정사구가 길면 가목적어 it을 목적어 자리에 대신 쓰고 진목적어 to부정사구는 문장 뒤로 보낸다. **UNIT 56**
➡ 「stop+v-ing」는 '~하는 것을 멈추다'라는 의미이다.

508 Psychologists and sociologists began / to wonder **how** friendships form.

심리학자들과 사회학자들은 시작했다 / 우정이 어떻게 형성되는지 궁금해하는 것을.
➡ 동사 began의 목적어로 to부정사구가 쓰였다.
➡ to부정사구인 to wonder의 목적어로 의문사절이 쓰였다.

509 **Whom** we decide to trust / in this critical situation / could determine / the success (of our mission).

우리가 누구를 신뢰할지 결정하는 것이 / 이 중대한 상황에서 / 결정할 수 있다 / (우리 임무의) 성공을.
➡ Whom은 의문사절 내에서 to trust의 목적어로 쓰였다.
➡ 의문사절 동사 decide의 목적어로 to부정사구가 쓰였다. **UNIT 20**

510 One day, / an incident will blow / your friends' cover, // and then you will know / **where** they truly belong.

어느 날, / 한 사건이 날려 보낼 것이다 / 여러분의 친구들의 위장을, // 그리고 그런 다음 여러분은 알게 될 것이다 / 그들이 사실상 어디에 속하는지.
➡ they는 your friends를 대신한다.

511 Once we understand / **who** our children really are, // we can figure out / how to change our parenting style.

일단 우리가 이해하면 / 우리의 자녀가 정말 누구인지, // 우리는 알아낼 수 있다 / 우리의 육아 방식을 바꿀 방법을.
➡ how to-v: ~하는 방법

512 If I trust your judgment in music, // I may follow / your lead (on **which** concert we attend).

만일 내가 음악에서의 여러분의 판단을 신뢰한다면, // 나는 따를 수 있다 / (우리가 어떤 콘서트를 참석하는지에 관한) 여러분의 충고를.

513 Animals may experience distress // when they don't know / **when** food will appear.

동물들은 괴로움을 겪을지도 모른다 // 그들이 모를 때 / 먹이가 언제 나타날지.
➡ 첫 번째 when은 시간을 나타내는 부사절 접속사이다. **UNIT 46**

514 **When** we will be able to move / to the new office / depends on the completion date (of its construction).

우리가 언제 이사할 수 있는지는 / 새로운 사무실로 / (그것의 공사의) 완공 일자에 달려 있다.
➡ its는 the (new) office's를 대신한다.

본문 116쪽

UNIT 39 주격 관계대명사절

515 A gatekeeper is *someone* [**who** prevents you / from being let in].

문지기는 [여러분을 막는 / 들어가지 못하도록] 누군가이다.
➜ ← A gatekeeper is someone. + He/She prevents you from being let in.
➜ 선행사가 someone이므로 주격관계대명사 뒤의 동사를 prevents로 수일치했다.

516 Dress warmly / for *the program* [**which** will last for three hours].

따뜻하게 입어라 / [세 시간 동안 지속될] 프로그램을 위해.
➜ ← Dress warmly for the program. + It will last for three hours.
➜ 관계대명사 which 대신 that을 쓸 수도 있다.

517 Predators are *animals* [**that** hunt and feed on other animals].

포식자는 [다른 동물을 사냥해서 먹고사는] 동물이다.
➜ ← Predators are animals. + They hunt and feed on other animals.

518 Imagine *a pendulum* [**which** swings back and forth].

[왔다갔다 흔들리는] 시계의 추를 상상해 보라.
➜ ← Imagine a pendulum. + It swings back and forth.

519 Teachers can support / *students* [**who** are struggling academically or emotionally].

교사들은 격려할 수 있다 / [학문적으로 혹은 정서적으로 고심하고 있는] 학생들을.
➜ ← Teachers can support students. + They are struggling academically or emotionally.

520 There lived *a young king* [**who** had a great passion / for hunting].

[엄청난 열정이 있었던 / 사냥에 대한] 한 젊은 왕이 살고 있었다.
➜ ← There lived a young king. + He had a great passion for hunting.
➜ 유도부사 There가 문장 맨 앞에 와서 「There+동사+주어」의 어순으로 쓰였다.

521 You should concentrate on / *the things* [**which** are important / in your life].

여러분은 집중해야 한다 / [중요한 / 여러분의 인생에서] 일들에.
➜ ← You should concentrate on the things. + The things are important in your life.

522 A true hero is *a person* [**who** sacrifices himself / for others].

진정한 영웅은 [자신을 희생하는 / 다른 사람들을 위해] 사람이다.
➜ ← A true hero is a person. + He sacrifices himself for others.
➜ sacrifices의 주어와 목적어가 같은 대상이라서 재귀대명사 himself를 썼다.

523 There is no need (to pay attention to *things* [**that** have not happened yet]).

([아직 일어나지 않은] 일들에 주의를 기울일) 필요가 없다.
➜ ← There is no need to pay attention to things. + The things have not happened yet.

524 When the climate changes, // *the places* [**that** satisfy those requirements] / change, too.

기후가 바뀌면, // [그 필요조건을 충족하는] 장소들도 / 또한, 바
뀐다.
➜ ← ~, the places change, too. + The places satisfy
those requirements.
➜ 선행사가 the places이므로 주격 관계대명사 뒤의 동사를
satisfy로 수일치했다.

525 In Anglo society, / people say *Thank you* / to
　　　　 M　　　　　　　 S　 V　　 O　　　　 M
strangers [**who** have just done *something* (to
　　　　　　　 S'　　　 V'　　 O'
help)].

백인 사회에서, / 사람들은 '감사합니다'라고 말한다 / [(도움을
주기 위한) 어떤 일을 막 한] 모르는 사람들에게.
➜ ← ~, people say *Thank you* to strangers. + Strangers
have just done something to help.
➜ to help는 something을 수식하는 형용사로 쓰인 to부정사
이다. 🔗 UNIT 22

526 *Problems* [**that** need *solutions*] / force us to
　　　　　　　　　 S'　　V'　　 O'　　　 V　 O　 OC
use our brains / in order to develop creative
　　　　　　　　　　　　　　　　 M
answers.

[해결책이 필요한] 문제들은 / 우리가 자신의 두뇌를 사용하도록
강요한다 / 창의적인 해답을 개발하기 위해.
➜ ← Problems force us to use our brains ~. + Problems
need solutions.
➜ 「force + O + to-v(OC)」는 'O가 ~하는 것을 강요하다'의 의미
이다. 🔗 UNIT 24
➜ in order to-v: ~하기 위해서

527 The mind has / *parts* [**that** are known / as the
　　　　 S　　 V　　　　　　 S'　　 V'　　 O
conscious mind and the subconscious mind].
　　　　　　　　　　　　　　　　　　　　　　 M'

마음은 가진다 / [알려진 / 의식적인 마음과 잠재의식적인 마음
이라고] 부분을.
➜ ← The mind has parts. + The parts are known as ~
subconscious mind.
➜ be known as: ~라고 알려지다

 **UNIT 40** 목적격 관계대명사절

528 Your best friend is *the one* [**who(m)** you trust
　　　　 S　　　　　 V　　　　　　 O'　 S'　 V'
most (among your friends)].
　　　　　　　　　　 SC

당신의 가장 친한 친구는 [(여러분의 친구 중에서) 여러분이 가
장 많이 신뢰하는] 그 사람이다.
➜ ← Your best friend is the one. + You trust him/her
most among your friends.

529 *The thing* [**which** you can do today] / may not
　　　　　　　　　　 O'　 S'　 V'　　 M'　　 S　　 V
be done / tomorrow.
　　　　　　 M

[여러분이 오늘 할 수 있는] 그 일은 / 하지 못할 수도 있다 / 내
일은.
➜ ← The thing may not be done tomorrow. + You can
do it today.

530 *The shirt* [(**which**[**that**]) I bought yesterday]
　　　　　　　　　　 O'　 S'　 V'　　 M'　　 S
is too small / for me.
　 V　 SC　　　 M

[내가 어제 구매했던] 그 셔츠는 너무 작다 / 나에게.
➜ ← The shirt is too small for me. + I bought the shirt
yesterday.

531 He is *the person* [**who** people can count on
　　 S　 V　　　　　　 O'　 S'　　 V'
anytime].
　 M'　　 SC

그는 [사람들이 언제나 의지할 수 있는] 사람이다.
➜ ← He is the person. + People can count on him
anytime.

532 You can do *anything* [you want], // if you just
　　　 S　 V　　 O　 S'　 V'　　　　 S'
persist / long and hard enough.
　 V'　　　　 M'

여러분은 [여러분이 원하는] 어떤 것도 할 수 있다, // 만약 여러
분이 계속한다면 / 충분히 오래 그리고 열심히.
➜ ← You can do anything, if ~. + You want it.
➜ anything 뒤에 목적격 관계대명사가 생략된 형태로, you
want는 anything을 수식하는 목적격 관계대명사절이다.

533 Write down / *all the real-time challenges* [that
  V   O   O'
you face and deal with].
 S' V'1   V'2

적어라 / [여러분이 직면해서 처리하는] 모든 실시간 문제들을.

➡ ← Write down all the real-time challenges. + You face and deal with them.

534 *That* [**which** we call a rose], / by any other
 ↑   O' S' V' OC'   M
       S
name / would smell / as sweet.
     V   M

[우리가 장미라고 부르는] 그것은, / 어떤 다른 이름으로라도 / 냄새가 날 것이다 / 그만큼 향긋하게.

➡ ← That by any other name would smell as sweet. + We call it a rose.

➡ 「as+형용사/부사+(as ~)」는 '그만큼 …한/하게'라는 의미이다.  UNIT 52

535 Who is *the person* [**that** you admire / the most
 S V   ↑   O' S' V'   SC
in history]?
 M'

[여러분이 존경하는 / 가장 많이 역사에서] 그 사람은 누구인가?

➡ ← Who is the person? + You admire him/her the most in history.

536 At the event, / we will be introducing / *new*
 M   S   V   O
dishes [**that** our restaurant will be offering
         O'   S'   V'
soon].
 M'

행사에서, / 우리는 소개할 것이다 [우리 식당이 곧 제공하게 될] 새로운 요리를.

➡ ← At the event, we will be introducing new dishes. + Our restaurant will be offering them soon.

537 Creating *a difference* [**that** others don't have]
 S   ↑   O' S' V'
/ is *a way* (to succeed in your field).
 V   SC

[다른 사람들이 가지지 못한] 차이를 만들어 내는 것이 / (여러분의 분야에서 성공하는) 방법이다.

➡ ← Creating a difference is a way to succeed in your field. + Others don't have the difference.

➡ to succeed in your field는 앞의 a way를 수식하는 형용사 역할을 하는 to부정사구이다.  UNIT 22

538 *The internal pressure* [you place on yourself /
        S   ↑   S' V'   O'
to do well socially] / is normal and useful.
       M'   V   SC

[여러분이 자신에게 부과하는 / 사회적으로 잘하기 위해] 내적 압박감은 / 정상적이고 유익하다.

➡ ← The internal pressure is normal and useful. + You place it on yourself to do well socially.

➡ The internal pressure 뒤에 목적격 관계대명사가 생략된 형태로, you place ~ socially는 The internal pressure를 수식하는 목적격 관계대명사절이다.

539 *The disappointment* [you're feeling] / may be
        S   ↑   S' V'   V
linked / to *an exam* [you didn't pass].
 M   ↑   S' V'

[여러분이 느끼고 있는] 실망은 / 연관되어 있을 수 있다 / [여러분이 통과하지 못한] 시험에.

➡ ← The disappointment may be linked to an exam. + You're feeling it. + You didn't pass the exam.

➡ 두 개의 선행사 The disappointment와 an exam 뒤에 목적격 관계대명사가 각각 생략된 목적격 관계대명사절이다.

540 Artificial light allowed / us to live and work /
       S   V   O   OC
in *big buildings* [**that** natural light could not
            ↑   O' S'   V'
enter].
 V'

인공광이 가능하게 해 주었다 / 우리가 살고 일하도록 / [자연광이 들어갈 수 없는] 큰 건물 안에서.

➡ ← Artificial light allowed us to live and work in big buildings. + Natural light could not enter them.

➡ 「allow+O+to-v(OC)」는 'O가 ~하는 것을 가능하게 하다 [허락하다]'의 의미이다.  UNIT 24

UNIT 41 소유격 관계대명사절

541 This is *the book* [**whose** author was on TV /
 S V   ↑   S' V'   SC
the other day].
 M'

이것은 [저자가 텔레비전에 나왔던 / 지난번에] 그 책이다.

➡ ← This is the book. + Its author was on TV the other day.

542 Who is the owner of *the house* [**whose** wall has fallen]?

[벽이 무너진] 그 집의 주인은 누구인가?
- ← Who is the owner of the house? + Its wall has fallen.

543 We need to help / *people* [**whose** lives have been shattered by disaster].

우리는 도와야 한다 / [삶이 재난으로 파괴된] 사람들을.
- ← We need to help people. + Their lives have been shattered by disaster.

544 *The athlete* [**whose** performance broke records] is training / for the next Olympics.

[경기력이 최고 기록을 경신한] 선수는 훈련 중이다 / 다음 올림픽을 위해.
- ← The athlete is training for the next Olympics. + His/Her performance broke records.

545 An exhibition was hosted / by *the photographer* [**whose** work captured beautiful landscapes].

전시회가 열렸다 / [작품이 아름다운 풍경을 담아낸] 사진작가의.
- ← An exhibition was hosted by the photographer. + His/Her work captured beautiful landscapes.

546 The government must support / *workers* [**whose** jobs are being automated].

정부는 지원해야 한다 / [일자리가 자동화되고 있는] 근로자들을.
- ← The government must support workers. + Their jobs are being automated.
- 「be+being+p.p.」는 수동태 진행형으로, '~되고 있다'는 의미이다. **UNIT 15**

547 The company [**whose** policy promotes diversity] launched a new training program.

[다양성을 장려하는 정책을 가진] 그 회사는 시작했다 / 새로운 교육 프로그램을.
- ← The company launched a new training program. + Its policy promotes diversity.

548 We need to boycott / *goods* [**whose** production violates ecological standards].

우리는 구매를 거부해야 한다 / [생산이 환경 보호 기준을 위반하는] 제품을.
- ← We need to boycott goods. + Their production violates ecological standards.

549 She is *the scientist* [**whose** research has changed / our understanding of physics].

그녀는 [연구가 변화시킨 / 물리학에 대한 우리의 이해를] 그 과학자이다.
- ← She is the scientist. + Her research has changed our understanding of physics.

550 We visited / *a town* [**whose** ancient architecture is preserved / for tourists to see].

우리는 방문했다 / [고대 건축이 보존된 / 관광객들이 볼 수 있도록] 마을을.
- ← We visited a town. + Its ancient architecture is preserved for tourists to see.
- to부정사는 목적의 의미로 사용되었고 for tourists는 to부정사의 의미상 주어이다. **UNIT 25**

551 The city is trying / to attract *tourists* [**whose** spending benefits the local economy].

그 도시는 노력하고 있다 / [소비가 지역 경제에 유익한] 관광객을 유인하려고.
- ← The city is trying to attract tourists. + Their spending benefits the local economy.

552 Here is *a fiction novel* [**whose** main character
V ——————————— S
was inspired / by a real-life person].
V'   M'

여기 [주인공이 영감을 받았던 / 실존 인물에 의해서] 허구 소설
이 있다.
- ← Here is a fiction novel. + Its main character was
  inspired by a real-life person.
- Here가 문장 앞으로 가면서 「Here+동사+주어」의 어순이
  되었다.

553 The company wants / to select *employees*
S   V   O
[**whose** characteristics are best suited for
S'   V'
telecommuting].
M'

그 회사는 원한다 / [특성이 원격 근무에 가장 적합한] 종업원을
선발하기를.
- ← The company wants to select employees. + Their
  characteristics are best suited for telecommuting.

본문 122쪽

UNIT 42 관계대명사 what절

554 **What** is important for you / is precious / to us.
S'   V'   M'   S   V   SC   M

여러분에게 중요한 것은 / 소중하다 / 우리에게.
- ← The thing is important for you. + It is precious to
  us.

555 Magic is **what** we all wish for / to happen in
S   V   O'   S'   V'   OC'
our life.
M'

마법은 우리 모두가 소망하는 것이다 / 우리의 삶에서 일어나기
를.
- ← Magic is the thing. + We all wish for it to happen
  in our life.
- 「wish for ~ to-v」는 '~가 …하기를 소망하다'라는 의미이다.

556 She remembered / **what** he said / about the
S   V   O'   S'   V'
importance of the rules.
M'

그녀는 기억했다 / 그가 말했던 것을 / 규칙의 중요성에 대해.
- ← She remembered the thing. + He said it about the
  importance of the rules.

557 Memory means / storing **what** you have
S   V   O'   S'
learned.
V'

기억력은 의미한다 / 여러분이 배운 것을 저장하는 것을.
- ← Memory means storing the thing. + You have
  learned it.
- 동명사 storing은 동사 means의 목적어로 쓰였고, what절
  은 storing의 목적어로 쓰였다. **UNIT 28**

558 **What** a text implies / often brings great
O'   S'   V'   V   O
interest / to us.
M

글이 의미하는 것은 / 종종 큰 관심을 가져다 준다 / 우리에게.
- ← The thing often brings great interest to us. + A
  text implies it.

559 The first follower is / **what** transforms a lone
S   V   S'   V'
nut into a leader.
O'   M'

첫 번째 추종자는 ~이다 / 외로운 괴짜를 리더로 탈바꿈시키는
것.
- ← The first follower is the thing. + It transforms a
  lone nut into a leader.

560 Life is about doing / **what** you are *supposed* to
S   V   SC'
do.
V'

삶은 하는 것에 관한 것이다 / 여러분이 하기로 '되어' 있는 것을.
- ← Life is about doing the thing. + You are supposed
  to do it.

561 **What** you've written / can have / misspellings,
O'   S'   V   O
or errors of fact.

여러분이 쓴 것은 / 가질 수 있다 / 틀린 철자들이나 사실상의 오
류들을.
- ← You've written the thing. + It can have
  misspellings, or errors of fact.

562 In eighteenth-century Europe, / the Catholic
~~M~~   ~~S~~

Church controlled / **what** could be published.
     ~~V~~   ~~O~~

18세기 유럽에서는, / 가톨릭 교회가 통제했다 / 출판될 수 있는
것을.

➡ ← ~, the Catholic Church controlled the thing. + It
could be published.

563 They understood / **what** the mysterious
  ~~S~~   ~~V~~   ~~O~~

message [they received in the mail] / could

mean.

그들은 이해했다 / [그들이 메일에서 받은] 불가사의한 메시지가
/ 의미할 수 있는 것을.

➡ ← They understood the thing. + The mysterious
message could mean it. + They received it in the
mail.

➡ they 앞에 목적격 관계대명사가 생략된 형태로, they ~ mail
이 the mysterious message를 수식하는 목적격 관계대명
사절이다. 🔗 UNIT 40

564 It's important / that you think independently /
   가주어~~V~~   ~~SC~~   진주어

and fight for / **what** you believe in.

(~은) 중요하다 / 여러분이 독립적으로 생각하는 것은 / 그리고
얻으려고 싸우는 것은 / 여러분이 믿는 것을.

➡ ← It's important that you think independently and
fight for the thing. + You believe in it.

565 Thanks to technology, / **what** was once
        ~~M~~   ~~S~~

considered the best experience / is now the

expected experience.

기술 덕분에, / 한때 최고의 경험으로 여겨졌던 것이 / 이제는 예
상되는 경험이다.

➡ ← ~, the thing is now the expected experience. + It
was once considered the best experience.

566 With years of experience, / he knows / **what** it
         ~~M~~   ~~S~~ ~~V~~   ~~O~~

takes / to be a leader in this industry.

수년간의 경험으로, / 그는 알고 있다 / 필요한 것을 / 이 업계에
서 리더가 되기 위해.

➡ ← With years of experience, he knows the thing. + It
takes the thing to be a leader in this industry.

➡ It takes A to-v: ~하기 위해 A가 필요하다

본문 124쪽

UNIT 43 전치사+관계대명사절

567 Tom is the kind of person [**for whom** family is
   ~~S~~ ~~V~~   ~~SC~~

important].

Tom은 [가족이 중요한] 부류의 사람이다.

➡ ← Tom is the kind of person. + Family is important
for the kind of person.

568 Education is the process [**by which** a person
   ~~S~~   ~~V~~   ~~SC~~

gains knowledge].

교육은 [한 사람이 지식을 얻는] 과정이다.

➡ ← Education is the process. + A person gains
knowledge by the process.

569 I have a remarkable assistant [**with whom** I
 ~~S~~ ~~V~~   ~~O~~

have worked for over 6 years].

나는 [내가 6년 넘게 함께 일해 온] 훌륭한 조수가 있다.

➡ ← I have a remarkable assistant. + I have worked
with him/her for over 6 years.

570 There have been occasions [**in which** you saw
       ~~V~~   ~~S~~

a fake smile].

[당신이 가짜 미소를 봤던] 상황들이 있어 왔다.

➡ ← There have been occasions. + You saw a fake
smile in the occasions.

➡ 유도부사 There가 문장 앞으로 가면서 「There+동사+주어」
의 어순이 되었다.

571 My father is *the person* [**from whom** I learned the value of hard work].
S   V   SC   S'   V'   O'

나의 아버지는 [내가 열심히 일하는 것의 가치를 배운] 사람이다.
➡ ← My father is the person. + I learned the value of hard work from him.

572 There are *many places* [**at which** small amounts of energy are generated].
V   S   S'   V'

[소량의 에너지가 발생되는] 많은 장소가 있다.
➡ ← There are many places. + Small amounts of energy are generated at the places.

573 The target audience is *the group of people* [**at whom** advertisements are aimed].
S   V   SC   S'   V'

목표 시청자는 [광고가 목표로 삼는 대상인] 사람들의 집단이다.
➡ ← The target audience is the group of people. + Advertisements are aimed at the group of people.

574 What we are doing is not being interpreted / in *the way* [**in which** it was meant].
S   V   S'   V'   M

우리가 하고 있는 것은 해석되고 있지 않다 / [그것이 의도되었던] 방식으로.
➡ ← What we are doing is not being interpreted in the way. + It was meant in the way.
➡ 「be+being+p.p.」는 수동태 진행형으로, '~되고 있다'라는 의미이다. 🔗 **UNIT 15**

575 The researcher is investigating / *the extent* [**to which** cheating by college students occurs / on exams].
S   V   O   S'   V'   M'

그 연구자는 연구하고 있다 / [대학생에 의한 부정행위가 발생하는 / 시험에서] 정도를.
➡ ← The researcher is investigating the extent. + Cheating by college students occurs on exams to the extent.

576 *The person* [**by whom** a company is established] / is called the founder of the company.
S'   V'   V   C

[회사를 설립한] 사람은 / 회사의 설립자라고 불린다.
➡ ← The person is called the founder of the company. + A company is established by the person.

577 *The speed* [**at which** one is traveling] / will determine *the ability* (to process detail in the environment).
S'   V'   S   V   O

[사람이 이동하고 있는] 속도는 / (환경 속의 세부 사항을 처리하는) 능력을 결정할 것이다.
➡ ← The speed will determine the ability to process detail in the environment. + One is traveling at the speed.
➡ to process ~ the environment는 앞의 the ability를 수식하여 형용사 역할을 하는 to부정사구이다. 🔗 **UNIT 22**

578 Crop rotation is *the process* [**in which** farmers change the crops in a special order].
S   V   SC   S'   V'   O'   M'

농작물 윤작은 [농부들이 농작물을 특별한 순서로 바꾸는] 과정이다.
➡ ← Crop rotation is the process. + Farmers change the crops in a special order in the process.

579 *The average age* [**to which** people may expect to live] / is higher / than it has been in history.
S'   V'   O'   V   SC   M

[사람들이 살 것이라고 예측할 수 있는] 평균 연령은 / 더 높다 / 그것이 역사에서 그래 왔던 것보다.
➡ ← The average age is higher than it has been in history. + People may expect to live to the average age.
➡ it = the average age to which people may expect to live

UNIT 44 관계부사절

580 This is *the house* [**where** the famous novelist was born].

S V SC V'

이곳이 [그 유명한 소설가가 태어난] 그 집이다.
→ ← This is the house. + The famous novelist was born in this house.

581 We could not understand / *the reason* [**why** she had failed the exam].

S V O S' V' O'

우리는 이해할 수 없었다 / [그녀가 시험에 떨어졌던] 이유를.
→ ← We could not understand the reason. + She failed the exam for the reason.

582 The bath is *a time* [**when** the child is comfortable / with her imagination].

S V SC S' V' SC' M'

목욕은 [아이가 편안해하는 / 자신의 상상력에] 시간이다.
→ ← The bath is a time. + The child is comfortable with her imagination at that time.

583 We discussed / **how** we could improve communication / between different departments.

S V M' S' V' O' M'

우리는 토론했다 / 우리가 의사소통을 향상시킬 수 있는 방법을 / 서로 다른 부서들 사이에서.
→ = We discussed the way that we could improve communication between different departments.

584 The little boy had to see and hear the birds / *the way* [**that** the father wanted him to].

S V O M' S' V' O' OC' M

그 어린 소년은 새들을 보고 들어야만 했다 / [자신의 아버지가 그가 그러기를 원하는] 방식으로.
→ = The little boy had to see and hear the birds how the father wanted him to.
→ to 뒤에는 반복을 피하기 위해 see and hear the birds가 생략되었다. 🔗 UNIT 58

585 Martin Luther King Jr. dreamed of / *a nation* [**where** everyone would be equal and free].

S V O M' S' V' SC'

Martin Luther King Jr.는 꿈꿨다 / [모든 사람이 평등하고 자유로운] 나라를.
→ ← Martin Luther King Jr. dreamed of a nation.
+ Everyone would be equal and free in that nation.

586 Ants don't tell apart individuals / by their personal aromas / *the way* [**that** hamsters do].

S V O M M' S' V' M

개미는 개체들을 구별하지 못한다 / 그들의 개인 향기로 / [햄스터들이 그렇게 하는] 방식으로.
→ ← Ants don't tell apart individuals by their personal aromas in the way. + Hamsters do in that way.
→ do는 tell apart individuals by their personal aromas 를 대신한다.

587 Making mistakes in public / is *one reason* [**why** we humans are smarter than every other species].

S V M' S' V' SC'

실수를 공개적으로 하는 것이 / [우리 인간이 모든 다른 종보다 더 똑똑한] 한 가지 이유이다.
→ ← Making mistakes in public is one reason. + We humans are smarter than every other species for that reason.

588 Significant work has been done / on *the way* [**that** the brain responds to metaphors].

S V M M' S' V' O'

상당한 연구가 이루어졌다 / [뇌가 비유에 반응하는] 방식에 관해.
→ ← Significant work has been done on the way. + The brain responds to metaphors in that way.

589 *The reason* [**why** people love *The Little Prince*] is / that they recognize themselves in the story.

M' S' V' O' S V S' V' O' M'
SC

[사람들이 '어린 왕자'를 좋아하는] 이유는 ~이다 / 그들이 자신들을 그 이야기 속에서 인지한다는 것.

→ ← The reason is that they recognize themselves in the story. + People love *The Little Prince* for that reason.

→ recognize의 주어와 목적어가 같은 대상이므로 목적어로 재귀대명사 themselves가 사용되었다.

590 In *a culture* [**where** people believe / that they can have anything], / there is no problem / in choosing.

[사람들이 믿는 / 자신들이 무엇이든 가질 수 있다고] 문화에서, / 문제가 없다 / 선택하는 데.

→ ← In a culture, there is no problem in choosing. + People believe that they can have anything in that culture.

591 There comes *a time* [**when** you need to stop fighting / for your view].

[여러분이 싸우기를 멈춰야 하는 / 여러분의 관점을 위해] 시기가 온다.

→ ← There comes a time. + At that time, you need to stop fighting for your view.

→ 유도부사 There가 문장 앞으로 가면서 「There + 동사 + 주어」의 어순이 되었다.

592 *The way* [**that** we use physical differences / to classify people into different races] / is a cultural construction.

[우리가 신체 차이를 사용하는 / 사람들을 다른 인종으로 분류하기 위해] 그 방식은 / 문화 구성이다.

→ ← The way is a cultural construction. + We use ~ into different races in that way.

→ classify A into B: A를 B로 분류하다

UNIT **45** 콤마(,) + 관계사절

593 There was *the king of Armenia*, / **who** wanted / to find the biggest liar.

Armenia의 왕이 있었다, / 그런데 그는 원했다 / 거짓말을 가장 잘하는 사람을 찾기를.

→ = There was the king of Armenia, and he wanted to find the biggest liar.

594 Ken was a friend (from *my childhood*), // **when** we lived / in the same village.

Ken은 (내 어린 시절의) 친구였다, // 그리고 그때 우리는 살았다 / 같은 마을에.

→ = Ken was a friend from my childhood, and then we lived in the same village.

595 You need to eat lots of *fresh vegetables*, / **which** are good for your health.

여러분은 많은 신선한 채소를 먹어야 한다, / 그리고 그것은 여러분의 건강에 좋다.

→ = You need to eat lots of fresh vegetables because they are good for your health.

596 At the age of 23, / Coleman moved to *Chicago*, // **where** she worked at a restaurant.

23세에, / Coleman은 시카고로 이사를 갔다, // 그리고 그곳에서 그녀는 식당에서 일했다.

→ = ~, Coleman moved to Chicago, and there she worked at a restaurant.

597 I still remember *the scientific method*, / **which** I first learned about / in elementary school.

나는 여전히 과학적 방법을 기억한다, / 그런데 그것에 대해 나는 처음 배웠다 / 초등학교에서.

→ = I still remember the scientific method, and I first learned about it in elementary school.

598 Harris talked to *a lawyer* / about the fund, /
S · · · V · · · · M · · · · · · · · · · M

who helped him / put the money in the bank.
· · · · · S' · · V' · O' · · · · · · · · · · · · · OC'
· · · · · · · · · · · · · · · · · M

Harris는 변호사에게 말했다 / 그 기금에 대해, / 그리고 그(녀)
는 그를 도왔다 / 그 돈을 은행에 넣도록.

➜ = Harris talked to a lawyer about the fund, and he/
she helped him put the money in the bank.

599 Marilyn and her daughter, Sarah, / took a trip
· · · · · · · · · · · · · · S · · · · · · · · · · · · V · · O

to *the beach*, // **where** Sarah built / her first
· · · M · · · · · · · · · · · · · · S' · · V' · · · · · O'

sandcastle.

Marilyn과 그녀의 딸 Sarah는 / 해변으로 여행을 갔다, // 그리
고 그곳에서 Sarah는 지었다 / 자신의 첫 번째 모래성을.

➜ = Marilyn and her daughter, Sarah, took a trip to the
beach, and there Sarah built her first sandcastle.

600 We grow *some organic vegetables*, / **which**
· · · S · V · · · · · · · · · O · · · · · · · · · · · · · · · · · S'

include / onions, eggplants, carrots, and
· · V' · O'

tomatoes.

우리는 몇 가지의 유기농 채소를 재배한다, / 그리고 그것들은
포함한다 / 양파, 가지, 당근과 토마토를.

➜ = We grow some organic vegetables, and they
include onions, eggplants, carrots, and tomatoes.

601 *Lotte's relatives* ran *a private painting school*, /
· · · · · · S · · · · · · V · · · · · · · · O

which allowed / her to learn painting / at a
· · · S' · · · · V' · · · · O' · · · · · · · · · · · · · OC'

young age.
· · · · · · M'

Lotte의 친척들은 사립 미술학교를 운영했다, / 그리고 그것이
(~하게) 해 주었다 / 그녀가 그림을 배우게 / 어린 나이에.

➜ = Lotte's relatives ran a private painting school, and
this allowed her to learn painting at a young age.

➜ 관계대명사 which의 선행사는 주절 전체이다.

➜ 「allow+O+to-v(OC)」는 'O가 ~하는 것을 가능하게 하다
[허락하다]'의 의미이다. 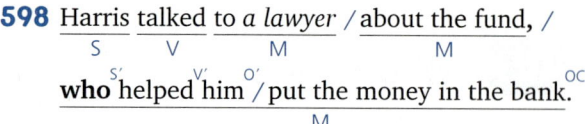 **UNIT 24**

602 In 1862 / Thomas joined the staff of *Harper's*
· · · M · · · · · · S · · · · V · · · · · · · O

Weekly, // **where** he focused his efforts / on
· · · · · · · · · · · · · · S' · · V' · · · · O' · · · · · M'

political cartoons.

1862년에 / Thomas는 'Harper's Weekly'의 직원으로 입사
했다, // 그리고 그곳에서 그는 자신의 노력을 집중했다 / 정치
만화에.

➜ = In 1862 Thomas joined the staff of *Harper's
Weekly*, and there he focused his efforts on political
cartoons.

603 In the bathroom, / there was no toilet paper /
· · · · · M · · · · · · · · · · · · V · · · · · · S

until *the following weekend*, // when
· · · · · · · · · · · · · · M

the cleaning people returned.
· · · · · · S' · · · · · · V'

화장실에, / 화장지가 없었다 / 그 다음 주까지, // 그리고 그때
청소 담당자들이 복귀했다.

➜ = In the bathroom, there was no toilet paper until
the following weekend, and then the cleaning
people returned.

➜ 유도부사 there가 문장 앞으로 오면서 「there+동사+주어」
의 어순이 되었다.

604 *Dragon fruit*, / **which** is considered a
· · · · · · · · · · · · · · · · S' · · V' · · · · · · · · · · S

superfood / because of its benefits, / has
· · · SC' · · · · · · · · · · · · M' · · · · · · · · · V

become popular / among people.
· · · · · · SC · · · · · · · · M

용과는, / 그리고 그것은 슈퍼 푸드라고 여겨진다 / 그것의 이로
움 때문에, / 유명하게 되었다 / 사람들 사이에서.

➜ = Dragon fruit has become popular among people,
and it is considered a superfood because of its
benefits.

➜ A is considered B: A가 B라고 여겨지다

605 Rosen's performances impressed / *some of the*
· · · · · · S · · · · · · · · · · · V · · · · · · · O

20th century's most well-known composers, /

who invited / him to play their music.
· · · S' · · V' · · · O' · · · · · · · · · · OC'

Rosen의 연주는 감동시켰다 / 20세기의 가장 유명한 작곡가 몇 명을, 그리고 그들은 요청했다 / 그가 자신들의 음악을 연주하도록.

→ = Rosen's performances impressed some of the 20th century's most well-known composers, and they invited him to play their music.

CHAPTER 10 부사절

본문 132쪽

UNIT 46 시간과 조건을 나타내는 부사절

606 **When** I listen to this song, // I feel relaxed.
　　　　S′　V′　　O′　　　S　V　SC

내가 이 노래를 들을 때, // 나는 편안한 기분이 든다.

607 Information is worthless // **if** you never
　　　　S　　V　SC　　　　S′

actually use it.
　V′　O′

정보는 가치가 없다 // 당신이 그것을 실제로 절대 사용하지 않으면.

→ it은 information을 대신한다.

608 **As** I opened the box, // I saw a beautiful
　　　S′　V′　O′　　　S　V　　O

golden ring.

내가 상자를 열었을 때, // 나는 아름다운 금반지를 보았다.

609 We won't be able to catch the train // **unless**
　　　S　　　V　　　　　O

we leave now.
　S′　V′　M′

우리는 그 기차를 타지 못할 것이다 // 만약 우리가 지금 떠나지 않는다면.

610 **While** we sleep, // our brain remains active.
　　　　S′　V′　　　S　　V　SC

우리가 잠자는 동안, // 우리의 뇌는 계속 활동 중이다.

611 Call me // **in case** you have any problems /
　　　V　O　　　　　S′　V′　　O′

during your trip.
　　M′

나에게 전화해라 // 네게 어떤 문제가 생기는 경우에 / 여행하는 동안에.

612 There's only thirty minutes left // **until**
　　　V　　　S　　　SC

the show starts.
　S′　　V′

단지 30분만 남아 있다 // 공연이 시작할 때까지.

→ 유도부사 There가 문장 앞으로 오면서 「There+동사+주어」의 어순이 되었다.

613 **After** he moved to Chicago, // he began /
　　　　S′　V′　　M′　　　S　V

taking photos of African Americans.
　　　　O

그가 시카고로 이주한 후에, // 그는 시작했다 / 아프리카계 미국인들의 사진을 찍는 것을.

→ 주절의 동사 began의 목적어로 동명사구가 쓰였다.

UNIT 28

614 **When** information in the story is missing, //
　　　　S′　　　　　　　V′　SC′

our brains simply fill in the details.
　S　　　　V　　　O

이야기 속의 정보가 없을 때, // 우리의 뇌는 단순히 세부 사항을 채운다.

615 The prince's face beamed / with happiness //
　　　S　　　　V　　　　M

as the poor man offered / his small gift.
　　S′　　　V′　　　O′

왕자의 얼굴이 빛났다 / 행복함으로 // 그 가난한 남자가 바쳤을 때 / 자신의 작은 선물을.

616 **Since** I was told / that the apartment had
　　　　S′　V′　　　　O′

been recently painted, // I have never touched
　　　　　　　　　S　　　V

the walls.
　O

내가 들은 이래로 / 그 아파트가 최근에 페인트칠이 되었다고, // 나는 결코 벽을 만진 적이 없다.

617 **As long as** <u>my mind and memories</u> <u>remain</u> <u>the</u>
S′ V′ SC′

<u>same</u>, // <u>I</u> <u>will continue</u> <u>to be the same person.</u>
S V O

내 마음과 기억이 계속 똑같은 한, // 나는 계속 똑같은 사람일
것이다.
➜ 주절의 동사 continue의 목적어로 to부정사구가 쓰였다.
🔗 UNIT 20

618 <u>Analytical tasks</u> <u>are best accomplished</u> //
S V

when <u>our energy</u> <u>is</u> <u>high</u> / <u>and</u> <u>we</u> <u>are</u> <u>free</u> /
S′¹ V′¹ SC′¹ S′² V′² SC′²

<u>from distractions.</u>
M′²

분석적인 과업은 가장 잘 성취된다 // 우리의 에너지가 높을 때 /
그리고 우리가 자유로울 때 / 집중을 방해하는 것에서.

본문 134쪽

UNIT
47 **이유와 양보를 나타내는 부사절**

619 <u>Maybe</u> <u>you</u> <u>are avoiding</u> <u>extra work</u> // **because**
M S V O

<u>you</u> <u>are</u> <u>tired.</u>
S′ V′ SC′

아마도 너는 추가적인 일을 피하고 있을지도 모른다 // 네가 피
곤하기 때문에.

620 **Although** <u>we</u> <u>rarely see</u> <u>each other,</u> // <u>we're</u>
S′ V′ O′ S V

<u>still</u> <u>very good friends.</u>
SC

비록 우리가 서로를 거의 안 보긴 하지만, // 우리는 여전히 매우
친한 친구이다.

621 **Since** <u>Emma</u> <u>did not make</u> <u>enough money,</u> //
S′ V′ O′

<u>she</u> <u>went back</u> / <u>to live with her mother.</u>
S V M

Emma가 충분한 돈을 벌지 못했기 때문에, // 그녀는 돌아갔다 /
자신의 어머니와 함께 살기 위해.
➜ to부정사구 to live with her mother는 목적의 의미를 나타
내는 부사적 용법으로 쓰였다. 🔗 UNIT 23

622 **Even if** <u>we</u> <u>have</u> <u>some truth,</u> // <u>we</u> <u>do not have</u> /
S′ V′ O′ S V

<u>the whole truth.</u>
O

비록 우리가 일부의 진실을 가지고 있을지라도, // 우리는 가지
고 있지 않다 / 전체의 진실을.

623 **While** <u>some people</u> <u>think</u> / <u>Ted is funny,</u> //
S′ V′ S′ V′ SC′ O′

<u>others</u> <u>find</u> / <u>him</u> <u>offensive.</u>
S V O OC

어떤 사람들은 생각하는 반면에 / Ted가 재미있다고, // 다른 사
람들은 생각한다 / 그가 불쾌하다고.
➜ 종속절 동사 think 뒤에 목적어인 명사절을 이끄는 접속사
that이 생략되었다.

624 **Although** <u>he</u> <u>was</u> <u>awake,</u> // <u>the merchant</u>
S′ V′ SC′ S

<u>pretended</u> / <u>to be in a deep sleep.</u>
V O

비록 그가 깨어 있었지만, // 그 상인은 ~인 척했다 / 깊이 잠들
어 있는 것.
➜ 주절의 동사 pretended의 목적어로 to부정사구가 쓰였다.
🔗 UNIT 20

625 <u>She</u> <u>was</u> <u>disappointed</u> // **that** <u>she</u> <u>didn't get</u>
S V SC S′ V′

<u>the job</u> [<u>she</u> <u>applied for</u>].
O′ S′ V′

그녀는 실망했다 // [자신이 지원한] 일자리를 얻지 못해서.
➜ the job 뒤에 목적격 관계대명사가 생략된 형태로, she
applied for는 the job을 수식하는 목적격 관계대명사절이
다. 🔗 UNIT 40

626 **Even though** <u>babies</u> <u>have</u> <u>poor eyesight,</u> //
S′ V′ O′

<u>they</u> <u>prefer</u> <u>to look at faces.</u>
S V O

비록 아기들이 시력이 나쁘긴 하지만, // 그들은 얼굴을 보는 것
을 선호한다.
➜ 주절의 동사 prefer의 목적어로 to부정사구가 쓰였다.
🔗 UNIT 20

627 **Whereas** <u>the working-age population</u>
S′

<u>increased</u> / <u>during last decades,</u> // <u>today</u> <u>it</u> <u>is</u>
V′ M′ S V

<u>not growing.</u>

경제 활동 가능 연령 인구가 증가했던 반면에 / 지난 수십 년 동안에, // 오늘날에는 그것이 증가하지 않고 있다.

→ it은 the working-age population을 대신한다.

628 These days I don't have *time* (to read books) //
  M S V O

as I have *so much work* (to deal with).
S' V' O'

요즘 나는 (책을 읽을) 시간이 없다 // 내가 (처리해야 할) 매우 많은 일이 있기 때문에.

→ time과 work 뒤에 있는 두 개의 to부정사구는 각각의 명사(구)를 수식하여 형용사 역할을 하는 to부정사구이다.

🔗 UNIT 22

629 The project was successful // **in that** we
  S V SC S'

achieved all our goals / within the deadline.
V' O' M'

그 프로젝트는 성공적이었다 // 우리가 모든 우리의 목표를 성취했다는 점에서 / 마감 기한 내에.

630 **While** magicians hide their mistakes / from
  S' V' O' M'

the audience, // in science you make / your
  M S V O

mistakes in public.
  M

마술사들은 자신들의 실수를 숨기는 반면에 / 관객에게서, // 과학에서 여러분은 만든다 / 자신의 실수를 공개적인 것으로.

631 **Though** we are marching / toward a more
  S' V' M'

global society, // various ethnic groups
  S

traditionally do things / quite differently.
  M V O M

비록 우리는 나아가고 있지만 / 더 세계적인 사회를 향하여, // 다양한 민족 집단은 전통적으로 일을 한다 / 매우 다르게.

본문 136쪽

UNIT 48 **목적과 결과를 나타내는 부사절**

632 I wrote down the instructions // **so that** I
  S V O S'

wouldn't forget them.
  V' O'

나는 지시 사항들을 적었다 // 내가 그것들을 잊지 않기 위해.

→ them은 the instructions를 대신한다.

633 Light is **so** cheap // **that** you use it / without
  S V SC S' V' O' M'

thinking.

전깃불이 너무 값싸서 // 여러분은 그것을 사용한다 / 생각하지 않고.

→ it은 light를 대신한다.

634 The boy turned away / from the window //
  S V M

lest anyone see him.
  S' V' O'

그 소년은 돌아섰다 / 창문에서 // 아무도 그를 보지 못하도록.

635 On my way home, / I was **so** starved // **that** I
  M S V SC S'

collapsed.
  V'

내가 집에 오는 길에, / 나는 너무 허기져서 // 나는 쓰러졌다.

636 I've planned various activities, // **so** there will
  S V O V'

be something / for everyone.
  S' M'

내가 다양한 활동을 계획해서, // 어떤 것이 있을 것이다 / 모두를 위한.

637 The criminal hid / behind the bush // **lest** the
  S V M S'

police should catch him.
  V' O'

그 범죄자는 숨었다 / 수풀 뒤에 // 경찰이 그를 잡지 못하도록.

→ him은 the criminal을 대신한다.

638 Scientists show their mistakes off // **so that**
  S V O V

everybody can learn / from them.
  S' V' M'

과학자들은 자신의 실수를 과시한다 // 모든 사람이 배울 수 있도록 / 그것들로부터.

→ them은 their mistakes를 대신한다.

639 These changes take place / over **such** a long
       S   V   M

time // **that** we don't see / them happening.
               S'   V'   O'   OC'

이러한 변화들이 일어나서 / 너무 오랜 기간에 걸쳐 // 우리는 보
지 못한다 / 그것들이 일어나는 것을.
  ➡ them은 these changes를 대신한다.
  ➡ see+목적어+v-ing: ~가 …하는 것을 보다

640 Drivers should avoid / looking at their
       S   V   O

cellphone // **in order that** they can avoid an
                          S'   V'   O'

accident.

운전자들은 피해야 한다 / 자신의 휴대폰을 보는 것을 // 그들이
사고를 피할 수 있도록.
  ➡ they는 drivers를 대신한다.

641 A store or restaurant can be designed // **so**
           S   V

that it welcomes / mostly low-income or
     S'   V'   O'

high-income customers.

상점이나 식당은 설계될 수 있다 // 그것이 맞이하도록 / 대개 저
소득 고객이나 고소득 고객을.
  ➡ it은 a store or restaurant를 대신한다.

642 He gave **so** inspiring a speech // **that** everyone
     S V   O   S'

in the audience felt motivated.
               V'   SC'

그가 너무 영감을 주는 연설을 해서 // 청중 모두가 동기부여가
되었다.
  ➡ 그의 연설이 영감을 주는 주체이므로, 능동의 의미를 갖는 현
    재분사 inspiring이 쓰였다. **UNIT 33**
  ➡ 청중이 동기부여가 된 대상이므로, 수동의 의미를 갖는 과거
    분사 motivated가 쓰였다. **UNIT 33**

643 Our storytelling program / has been **so**
          S   V   SC

well-attended // **that** we are planning / to
                   S'   V'   O'

expand the program.

우리의 스토리텔링 프로그램은 / 너무 많은 사람들이 참석해
서 // 우리는 계획 중이다 / 그 프로그램을 확대하는 것을.

644 Generalization promotes cognitive economy, //
        S   V   O

so that we don't focus on / *particulars* [that
        S'   V'   O'   S'

don't matter].
 V'

일반화는 인지 경제를 촉진해서, // 우리는 집중하지 않는다 /
[중요하지 않은] 자세한 사항에.
  ➡ that don't matter는 particulars를 수식하는 주격 관계대
    명사절이다. **UNIT 39**

CHAPTER 11 가정법

본문 142쪽

UNIT 49 가정법 과거 / 가정법 과거완료

645 If you **knew** the truth, // you **could change**
　　　S′　　V′　　O′　　　　S　　　V

your decision.
　O

네가 진실을 안다면, // 너는 너의 결정을 바꿀 수 있을 것이다.

➡ = As you don't know the truth, you can't change
your decision.

646 If she **had practiced** more, // she **would have**
　　　S′　　V′　　　M′　　　S　　　V

won the competition.
　　O

그녀가 더 많이 연습했다면, // 그녀는 대회에서 우승했을 것이다.

➡ = As she didn't practice more, she didn't win the
competition.

647 If I **hadn't forgotten** my umbrella / at home, //
　　S′　　V′　　　O′　　　M′

I **wouldn't get** wet / in the rain / now.
S　　V　　SC　　M　　M

내가 나의 우산을 잊지 않았다면 / 집에서, // 나는 젖지 않을 것
이다 / 비에 / 지금.

➡ = As I forgot my umbrella at home, I get wet in the
rain.

➡ 과거에 실현되지 않은 일이 현재까지 미치는 영향을 나타내기
위해 혼합 가정법이 쓰였다.

648 If my grandmother **were** still alive, // she
　　S′　　　　V′　　SC′　　　S

would be 100 years old / this year.
　　V　　　SC　　　　M

나의 할머니가 여전히 살아 계신다면, // 그녀는 100세이실 것
이다 / 올해.

➡ 현재나 미래에 일어날 가능성이 매우 희박할 경우, 직설법으
로 표현하면 대체로 문맥이 어색하다.
As my grandmother isn't still alive, she isn't 100
years old this year. (×)

649 If the Earth **had** no atmosphere, // there
　　S′　　V′　　　O′

would be no *gases* (to scatter sunlight).
　　V　　　　　　S

지구에 대기가 없다면, // (햇빛을 흩뜨려 줄) 가스가 없을 것이
다.

➡ = As the Earth has an atmosphere, there are gases
to scatter sunlight.

➡ 유도부사 there가 문장 앞으로 오면서 「there+동사+주어」
의 어순이 되었다.

650 If you **were** a robot, // you **would be** perfect /
　　S′　　V′　　SC′　　S　　V¹　　SC¹

but still **be** lacking in emotions.
　　　V²　　SC²　　M²

네가 로봇이라면, // 너는 완벽할 것이다 / 하지만 여전히 감정이
없을 것이다.

651 If I **had known** / about the heavy traffic, //
　　S′　　V′　　　　M′

I'd have left my house earlier.
S　　V　　　O　　M

내가 알았다면 / 교통량이 많은 것에 대해, // 나는 더 일찍 나의
집을 떠났을 것이다.

➡ = As I didn't know about the heavy traffic, I didn't
leave my house earlier.

652 It **would take** too long / to write // if we **had**
가주어　V　　M　　　진주어　　　S′　V′

to spell out chemical equations.
　　　　　　O′

너무 오래 걸릴 것이다 / 쓰는 데 // 우리가 화학식의 철자를 전부 다 써야 한다면.

➡ = It won't take too long to write as we don't have to spell out chemical equations.

➡ it(가주어)+takes+시간+to-v(진주어): ~하는 데 시간이 걸리다 **UNIT 26**

653 If I **had been** aware / of the upcoming
　　　S′　V′　　　SC′　　　　M′

meeting, // I **would have prepared** my
　　　　　　S　　　V　　　　　　　O

presentation / in advance.
　　　　　　　　　　M

내가 알았다면 / 곧 있을 회의를, // 나는 나의 발표를 준비했을 것이다 / 미리.

➡ = As I wasn't aware of the upcoming meeting, I didn't prepare my presentation in advance.

654 What **would happen** // **if** you **wanted** a loaf
　　　　S　　　V　　　　　S′¹　V′¹　O′¹

of bread / and *all* [you had to trade] / **was**
　　　　　　　　S′²　　　　　　　　　V′²

your new car?
　　SC′²

무슨 일이 일어날까 // 여러분이 빵 한 덩어리를 원하고 / 그리고 [여러분이 거래하기 위해 가진] 모든 것이 / 여러분의 새 차라면?

➡ 가정법 과거의 if절에서 was가 간혹 쓰이기도 한다.

➡ all 뒤에 목적격 관계대명사가 생략된 형태로, you had to trade는 all을 수식하는 목적격 관계대명사절이다. **UNIT 40**

655 If you **tried** to consider / all your options and
　　　S′　V′　　　　V′　　　　　　　O′

possibilities, // then you **would never get** /
　　　　O′　　　　　　S　　　　V

anything done.
　　O　　OC

여러분이 고려하려고 노력한다면 / 여러분의 모든 선택과 가능성을, // 그러면 여러분은 결코 (~되게) 하지 못할 것이다 / 어떤 것도 완료되게.

➡ = As you don't try to consider all your options and possibilities, you will get something done.

➡ try+to-v: ~하려고 노력하다 **UNIT 28**

➡ get+O+OC(과거분사): O을 …되게 하다 **UNIT 32**

656 If I **weren't** afraid, // what **would** I **say** /
　　　S′　V′　　SC′　　　O　　　　V　S

about the most important challenge / in this
　　　　　　　　M　　　　　　　　　　　M

speech?

내가 두렵지 않다면, // 나는 무엇을 말할 것인가 / 가장 중요한 문제에 관해 / 이 연설에서?

657 If AI **were given** / *the ability* (to feel), // it
　　　S′　　V′　　　　　O′　　　　　　　S

would open up / a world of ethical questions.
　　V　　　　　　　　　O

AI에게 주어진다면 / (감정을 느끼는) 능력이, // 그것은 열 것이다 / 윤리적인 질문의 세상을.

➡ it은 if절의 내용을 가리킨다.

본문 144쪽

UNIT 50 if가 생략된 가정법

658 **Were** he more sensible, // he **would make**
　　　V′　S′　　SC′　　　　　　　S　　　V

better choices.
　　O

그가 더 분별이 있다면, // 그는 더 나은 선택을 할 것이다.

➡ ← If he were more sensible, ~.

659 **Had** I **read** its reviews, // I **might never have**
　　　　S′　V′　　O′　　　　S　　　V

bought the product.
　　　　O

내가 그것의 리뷰를 읽었다면, // 나는 그 제품을 절대 사지 않았을 것이다.

➡ ← If I had read its reviews, ~.

660 **Were** it winter, // we **would build** a snowman /
　　　V′　S′　SC′　　　S　　　V¹　　　O¹

and **drink** hot chocolate.
　　　V²　　O²

겨울이라면, // 우리는 눈사람을 만들고 / 그리고 핫초코를 마실 것이다.

➡ ← If it were winter, ~.

661 Had Edison **not invented** the light bulb, // we
　　　　└─S'─┘└──V'──┘　　　　O'　　　　　　S

might still **be using** candles / today.
└──────V──────┘　　　O　　　M

Edison이 전구를 발명하지 않았다면, // 우리는 여전히 양초를
사용하고 있을지도 모른다 / 오늘날.

　➔ ← If Edison had not invented the light bulb, ~.
　➔ 과거에 실현되지 않은 일이 현재까지 미치는 영향을 나타내기
　　 위해 혼합 가정법이 쓰였다.

662 Were my grandparents still alive, // they
　　　V'　　　S'　　　　SC'　　　　S

would be proud of my achievements.
└───V───┘　SC　　　　M

나의 조부모님이 여전히 살아 계신다면, // 그들은 나의 성취를
자랑스러워하실 것이다.

　➔ ← If my grandparents were still alive, ~.

663 Had she **followed** the doctor's advice, // she
　　　　└─S'─┘└──V'──┘　　　O'　　　　　S

would have recovered / much more quickly.
└────────V────────┘　　　M

그녀가 의사의 조언을 따랐다면, // 그녀는 회복했을 것이다 / 훨
씬 더 빨리.

　➔ ← If she had followed the doctor's advice, ~.
　➔ 비교급 앞에 오는 much는 '훨씬'이라는 의미로 비교급을 강
　　 조한다. 🔗 **UNIT 52**

664 Were I **able to speak** French fluently, // I
　　　　└S'┘└────V'────┘　　O'　　　M'　　　S

would consider / moving to Paris for a few
└──────V──────┘　　　　　O

years.

내가 프랑스어를 유창하게 말할 수 있다면, // 나는 고려할 것이
다 / 몇 년 동안 파리로 이주하는 것을.

　➔ ← If I were able to speak French fluently, ~.
　➔ be able to-v : ~할 수 있다

665 Had you **taken** the earlier train, // you **would**
　　　　└S'┘└─V'─┘　　　O'　　　　　S　　　V

have arrived / at the conference / on time.
└────┘　　　　M　　　　　　M

네가 더 이른 기차를 탔다면, // 너는 도착했을 것이다 / 회의에 /
제시간에.

　➔ ← If you had taken the earlier train, ~.

666 Had he **been** more diligent in his studies, // he
　　　　└S'┘└V'┘　　SC'　　　　M'

he **might have secured** a scholarship abroad.
S　　　V　　　　　　O　　　　M

그가 자신의 학업에 더 성실했다면, // 그는 해외에서 장학금을
확보했을지도 모른다.

　➔ ← If he had been more diligent in his studies, ~.

667 Were you afraid of standing on balconies, //
　　　V'　S'　　SC'　　　　　　M'

you **would work your way up** / starting from
S　　　　　V　　　　　　　　M

the lower floors.

여러분이 발코니에 서는 것이 두렵다면, // 여러분은 올라갈 것이
다 / 더 낮은 층에서 시작해서.

　➔ ← If you were afraid of standing on balconies, ~.

668 Had the prince **offered** the sour grapes /
　　　　└──S'──┘└──V'──┘　　　O'

to his friends, // they **might have made** funny
M'　　　　　　S　　　　V　　　　　O

faces.

그 왕자가 신맛이 나는 포도를 주었다면 / 자신의 친구들에게, //
그들은 기묘한 표정을 지었을 것이다.

　➔ ← If the prince had offered the sour grapes to his
　　 friends, ~.

669 Were the educational system more flexible, //
　　　V'　　　　S'　　　　　　SC'

it **could transform** / the experiences of
S　　　V　　　　　　O

countless students.

교육 제도가 더 유연하다면, // 그것은 탈바꿈시킬 수 있을 것이
다 / 수많은 학생들의 경험을.

　➔ ← If the educational system were more flexible, ~.
　➔ it은 the educational system을 대신한다.

670 Had the experiment **continued**, // new and
　　　　└───S'───┘└──V'──┘　　　S

exciting results **would have emerged** / from
　　　　　　V　　　　　　　　M

the research.

그 실험이 지속되었다면, // 새롭고 흥미진진한 결과가 나타났을
것이다 / 그 연구에서.

　➔ ← If the experiment had continued, ~.

UNIT 51 다양한 형태의 가정법

671 I wish / I knew how to play / a musical
S V   S' V'   O

instrument (like the piano or guitar).
O'

(~하면) 좋을 텐데 / 내가 연주할 수 있는 방법을 안다면 / (피아
노나 기타와 같은) 악기를.

672 He spoke to the audience // as if[though] he
S V   M   S'

were an expert (on the topic).
V'   SC'

그는 청중에게 말했다 // 마치 자신이 (그 주제에 대한) 전문가인
것처럼.

673 Without[But for] money, / people could only
M   S   V ～

trade / by bartering.
M

돈이 없다면, / 사람들은 다만 거래할 수 있을 것이다 / 물물 교
환에 의해서.

➡ = If it were not for[Were it not for] money, ~.

674 I wish / I hadn't said silly things / at the
S V   S' V'   O

interview!
M'

(~하면) 좋을 텐데 / 내가 어리석은 말을 하지 않았다면 / 면접에
서!

675 It appeared // as though the entire sky had
S V   S'   V'

turned dark.
SC'

그것은 (~처럼) 보였다 // 마치 전체 하늘이 어두워졌던 것처럼.

➡ It appears as if[though]: 마치 ~인 것처럼 보인다

676 Were it not for the law, // we would not be
S' V'   M'   S   V

able to tell / right from wrong.
O   M

법이 없다면, // 우리는 구별할 수 없을 것이다 / 옳은 것과 그른
것을.

➡ = If it were not for the law, ~.
= Without[But for] the law, ~.

677 We can think / about ourselves // as if we
S V   M   S'

were not part of ourselves.
V'   SC'

우리는 생각할 수 있다 / 우리 자신에 대해 // 마치 우리가 우리
자신의 일부가 아닌 것처럼.

678 Had it not been for my family's support, //
S'   V'   M'

I could never have made / most of my
S   V   O

accomplishments.

나의 가족의 지지가 없었다면, // 나는 이룰 수 없었을 것이다 /
대부분의 나의 성취를.

➡ = If it had not been for my family's support, ~.
= Without[But for] my family's support, ~.

679 The Internet and all digital media / would be
S   V

unimaginable / without the laser.
SC   M

인터넷과 모든 디지털 미디어는 / 상상할 수 없을 것이다 / 레이
저가 없다면.

➡ = ~ if it were not for[were it not for] the laser.
= ~ but for the laser.

680 I wish / there were two of me // so that I
S V   V'   O   S'

could do / all the things [I want to do].
V'   O'

(~하면) 좋을 텐데 / 내가 두 명 있다면 // 내가 할 수 있도록 /
[내가 하고 싶은] 모든 것을.

➡ all the things 뒤에 목적격 관계대명사가 생략된 형태로, I
want to do는 all the things를 수식하는 목적격 관계대명
사절이다. ◌◌ UNIT 40

➡ so that: ~하도록

681 Working from home / would never have been
S   V

this easy / without technological innovations.
SC   M

집에서 근무하는 것이 / 이렇게 쉽지는 않았을 것이다 / 기술 혁
신이 없었다면.

➡ = ~ if it had not been for[had it not been for]
technological innovations.
= ~ but for technological innovations.

➡ 동명사구 Working from home이 문장의 주어이다.
◌◌ UNIT 27

682 **But for** wind, / the Earth **would become** /
　　　M　　　　　　　S　　　　　V

a strange land (of hostile extremes of
　　　　SC

temperature).

바람이 없다면, / 지구는 될 것이다 / (부적당한 극단적인 온도
의) 이상한 땅이.
　➡ = If it were not for[Were it not for] wind, ~.
　　 = Without wind, ~.

683 **Had it not been for** irrigation systems, // the
　　　┌──S'──V'──┐　　　M'　　　　　S
first truly agricultural societies / **would not**
　　　　　　　　　　　　　　　　　　V
have emerged.

관개 시설이 없었다면, // 최초의 진정한 농업 사회가 / 출현하지
않았을 것이다.
　➡ = If it had not been for irrigation systems, ~.
　　 = Without[But for] irrigation systems, ~.

CHAPTER
12 비교 구문

본문 150쪽
UNIT
52 원급 / 비교급

684 The impact of AI is **as great** / **as** that of the
　　　　　S　　　　　V　　SC
steam engine.

인공 지능의 영향은 크다 / 증기 기관의 영향만큼.
　➡ 비교 대상은 문법적으로나 의미적으로 서로 대등해야 하므로,
　　 that은 the impact를 대신한다.

685 Most animals are **darker** above / **than** they
　　　　S　　　　V　　SC　　M
are below.

대부분의 동물은 위쪽이 더 어둡다 / 아래쪽보다.
　➡ they는 most animals를 대신한다.

686 Rewarding success can be **as easy** / **as**
　　　　S　　　　　V　　SC
recognizing it publicly.

성공을 보상하는 것은 쉬울 수 있다 / 그것을 공개적으로 인정하
는 것만큼.
　➡ 비교 대상은 문법적으로 동일해야 하므로 as 뒤에 동명사
　　 recognizing이 왔다.

687 The leader in front is **less powerful** / **than** the
　　　　S　　　　V　　　SC
leader behind.

전면의 지도자는 덜 강력하다 / 배후의 지도자보다.

688 Negative numbers are **a lot more abstract** /
　　　　S　　　　V　　　SC
than positive numbers.

음수는 훨씬 더 추상적이다 / 양수보다.
　➡ a lot은 비교급 앞에서 '훨씬'이라는 의미로 비교급을 강조한
　　 다.

689 Electric vehicles are **less expensive** / to run
　　　　S　　　　V　　SC　　　M
and maintain / **than** conventional cars.

전기차는 덜 비싸다 / 운행하고 유지하기에 / 전통적인 차보다.
　➡ to run and maintain은 부사적 용법으로 쓰여 형용사구
　　 less expensive를 수식한다. 🔗 UNIT 23

690 The hind wings (of the monarch butterfly) /
　　　　　　　　S
are **lighter** in color / **than** the front wings.
　V　　SC　　M

(제주왕나비과 나비의) 뒷날개는 / 색이 더 옅다 / 앞날개보다.

691 If we treat others **as well** / **as** we want to be
　　　S'　V'　O'　　M'
treated, // we will be treated well / in return.
　　　　　S　　　V　　　M　　M

우리가 다른 사람들을 잘 대한다면 / 우리가 대해지기 원하는 만
큼, // 우리는 잘 대해질 것이다 / 답례로.

692 Her singing is **not so powerful** / **as** her
　　　S¹　　V¹　　SC¹
acting, // yet she captivates the audience.
　　　　　S²　　V²　　　O²

그녀의 노래는 강렬하지 않다 / 그녀의 연기만큼, // 하지만 그녀는 관객을 사로잡는다.

693 I visit my grandparents **less frequently** / **than**
　　　S　V　　　　O　　　　　　　M

I used to // when I lived nearby.
S′　V′　　　　S′　V′　　M′

나는 나의 조부모님을 덜 자주 방문한다 / 내가 ~했던 것보다 // 내가 근처에 살았을 때.
➡ used to-v는 과거의 상태 또는 반복적인 습관을 나타낸다.

694 Exercise can be **as good a medicine** / **as** pills /
　　　S　　V　　　　SC

for people with conditions (such as heart
　　　　　　　M

disease).

운동은 좋은 약일 수 있다 / 알약만큼 / (심장 질환 같은) 병이 있는 사람들에게.
➡ 「as+원급+as」에서 원급 자리에 명사와 함께 오는 경우에는 「as+형용사+(관사)+명사+as」의 어순으로 쓰인다.
➡ such as: ~ 같은

695 Athletes are **less likely** / to participate in
　　　S　V　　SC　　　　M

unacceptable behavior / **than** are non-athletes.
　　　　　　　　　　　　　V′　　S′

운동 선수는 (~할) 가능성이 더 낮다 / 용납할 수 없는 행위에 참여할 / 운동 선수가 아닌 사람보다.
➡ '~할 가능성이 있다'라는 의미의 「be likely to-v」에 비교급 부사 less가 쓰였다.

696 Doing an action at one point in time / might
　　　　　　　　S　　　　　　　　V

be **much more rewarding** / **than** doing it / at
　　　SC　　　　　　　　　　　　M

a different time point.

시간상 어떤 시점에서 행동하는 것이 / 훨씬 더 유익할지도 모른다 / 그것을 하는 것보다 / 다른 시점에서.
➡ much는 비교급 앞에서 '훨씬'이라는 의미로 비교급을 강조한다.
➡ it은 an action을 대신한다.

UNIT 53 최상급과 그 의미를 나타내는 원급 / 비교급

697 This museum has / **the largest** collection of
　　　　S　　V　　　　O

Impressionist paintings / outside of France.
　　　　　　　　　　　　M

이 박물관은 소장하고 있다 / 인상주의 그림의 가장 많은 소장품을 / 프랑스 밖에서.

698 **Nothing** is **as[so]** great / **as** the wisdom
　　　S　V　　　SC

(gained from life experiences).

어떤 것도 위대하지 않다 / (인생 경험에서 얻은) 지혜만큼.
➡ = Nothing is greater than the wisdom gained from life experiences.
➡ = The wisdom gained from life experiences is the greatest thing.

699 Josef Frank was **the most prestigious**
　　　S　　　V　　　SC

designer / at his design company.
　　　　　　M

Josef Frank는 가장 유명한 디자이너였다 / 자신의 디자인 회사에서.

700 This problem is **more complex** / **than** any
　　　S　　V　　SC

other issue [we've faced].

이 문제는 더 복잡하다 / [우리가 직면해 온] 어떤 다른 문제보다.
➡ = No other issue we've faced is as[so] complex as this problem.
➡ = This problem is the most complex issue among all the issues we've faced.
➡ any other issue 뒤에 목적격 관계대명사가 생략된 형태로, we've faced는 any other issue를 수식하는 목적격 관계대명사절이다. UNIT 40

701 Advice (from a friend or family member) / is
　　　　　　　　　S　　　　　　　　　V

the most well-meaning / of all.
　　　SC　　　　　M

(친구나 가족 구성원에게서의) 조언은 / 가장 호의적이다 / 모든 것 중에서.

702 <u>No other</u> technology <u>has proven</u> / <u>to be **as**</u>
$\quad$ S $\qquad$ V $\qquad$ SC

revolutionary / **as** the Internet.

어떤 다른 기술도 판명되지 않았다 / 혁명적이라고 / 인터넷만큼.
> ➡ = The Internet has proven to be the most revolutionary among all the technologies.
> ➡ = No other technology has proven to be more revolutionary than the Internet.

703 <u>The quantity of an audience</u> / <u>is</u> <u>**the most**</u>
$\qquad$ S $\qquad\qquad$ V $\quad$ SC

significant factor / <u>for broadcasters.</u>
$\qquad\qquad\qquad\qquad$ M

시청자의 수가 / 가장 중요한 요소이다 / 방송사에게.

704 <u>Her paintings</u> <u>are selling</u> <u>for a **higher** price</u> /
$\quad$ S $\qquad$ V $\qquad\qquad$ M

than all the other artworks (in the gallery).

그녀의 그림들은 더 높은 가격에 팔리고 있다 / (그 미술관의) 모든 다른 예술 작품보다.

705 <u>What</u> <u>is</u> <u>*the most important* challenge</u> (facing
$\quad$ S $\:$ V $\qquad\qquad$ SC

my generation)?

무엇이 (우리 세대가 직면하고 있는) 가장 중요한 도전인가?
> ➡ facing my generation은 the most important challenge를 수식하는 분사구이다. **UNIT 31**

706 <u>No other</u> scientific discovery <u>is</u> <u>**more**</u>
$\quad$ S $\qquad$ V $\:$ SC

groundbreaking / **than** the structure of DNA.

어떤 다른 과학적 발견도 더 획기적이지 않다 / DNA 구조보다.
> ➡ = No other scientific discovery is as[so] groundbreaking as the structure of DNA.
> ➡ = The structure of DNA is the most groundbreaking among all the scientific discoveries.

707 <u>Humans</u> already <u>have</u> / <u>a **longer** period</u>
$\quad$ S $\qquad$ V $\qquad$ O

of protected immaturity / **than any other**

species.

인간은 이미 가지고 있다 / 더 긴 기간의 보호받는 미숙 상태를 / 어떤 다른 종보다.
> ➡ species는 단수명사이다.

708 <u>No other</u> family tradition <u>is</u> <u>as **heartwarming**</u> /
$\quad$ S $\qquad$ V $\quad$ SC

as gathering around the fireplace / <u>during the</u>
$\qquad\qquad\qquad\qquad\qquad\qquad\qquad$ M

holidays.

어떤 다른 가족 전통도 마음을 따뜻하게 하지 않는다 / 난로 주변에 모이는 것만큼 / 휴일 동안에.
> ➡ = No other family tradition is more heartwarming than gathering ~.
> ➡ = Gathering ~ the holidays is the most heartwarming among all the family traditions.

709 <u>Nothing</u> <u>could be</u> <u>**farther** from the truth</u> /
$\quad$ S $\qquad$ V $\qquad$ SC

than what he has concluded.

어떤 것도 진실로부터 더 멀 수는 없다 / 그가 결론지은 것보다.
> ➡ = Nothing could be as[so] far from the truth as what he has concluded.
> ➡ = What he has concluded could be the farthest from the truth.
> ➡ what he has concluded는 선행사를 포함한 관계사절이다. **UNIT 42**

본문 154쪽

UNIT
54 **원급과 비교급 표현**

710 <u>You</u> <u>should stay</u> <u>**as calm as possible**</u> / <u>during</u>
$\quad$ S $\qquad$ V $\qquad\qquad$ SC $\qquad\qquad$ M

an emergency.

여러분은 가능한 한 침착함을 유지해야 한다 / 비상시에.
> ➡ = You should stay as calm as you can ~.

711 <u>**The further** out</u> <u>he</u> <u>got,</u> // <u>**the more** freedom</u>
$\qquad$ M¹ $\qquad$ S¹ $\:$ V¹ $\qquad\qquad$ O²

<u>he felt.</u>
S² $\:$ V²

그가 더 멀리 갈수록, // 그는 더 많은 자유를 느꼈다.

712 Their new office is **twice as big** / **as** the old
           S   V   SC

one.

그들의 새로운 사무실은 두 배만큼 크다 / 그전의 것보다.

713 The days are getting **shorter and shorter** // as
       S   V   SC

winter approaches.
  S'   V'

날이 점점 더 짧아지고 있다 // 겨울이 다가오면서.

714 The nutritional value (of fresh fruit) / is
           S   V

superior / **to** that of canned fruit.
  SC

(신선한 과일의) 영양적 가치는 / 더 우월하다 / 통조림에 든 과일의 그것보다.

→ that은 the nutritional value를 대신한다.

715 He earns **three times more** / **than** his brother, //
   S V   M

even though they have similar jobs.
         S'   V'   O'

그는 세 배 더 번다 / 자신의 남동생보다, // 비록 그들이 유사한 직업을 가지고 있지만.

716 We should make the instructions / **as clear as**
   S   V   O   OC

we can / for the new employees.
             M

우리는 지시 사항을 만들어야 한다 / 가능한 한 명확하게 / 새로운 직원들을 위해.

→ = We should make the instructions as clear as possible ~.

717 **The more** you read / about different cultures, //
      M¹   S' V'   M¹

the more you understand the world.
   M²   S²   V²   O²

여러분이 더 많이 읽을수록 / 다양한 문화에 관해, // 여러분은 세상을 더 많이 이해하게 된다.

718 You must provide your feedback / **as soon as**
   S   V   O   M

possible / to finalize the document.
               M

여러분은 여러분의 피드백을 제공해야 한다 / 가능한 한 빨리 / 그 문서를 마무리하기 위해.

→ to finalize the document는 목적을 나타내는 부사적 용법의 to부정사구이다. **UNIT 23**

719 **The better** we understand something, // **the**
     M¹   S'   V'   O'   O²

less effort we put / into thinking about it.
           S² V²   M²

우리가 무언가를 더 잘 이해할수록, // 우리는 더 적은 노력을 들인다 / 그것에 관해 생각하는 데.

→ it은 something을 대신한다.

720 The weather is getting **hotter and hotter** /
      S   V   SC

each summer / due to climate change.
    M   M

날씨가 점점 더 뜨거워지고 있다 / 매 여름마다 / 기후 변화 때문에.

721 As a parent, / you should expose your children /
    M   S   V   O

to other cultures / **as often as possible**.
     M   M

부모로서, / 여러분은 여러분의 자녀를 노출시켜야 한다 / 다른 문화에 / 가능한 한 자주.

722 **The longer** you wait / to address the problem, //
     M¹   S' V'   M¹

the more complicated it will become / to
     SC²   S² V²   M²

solve.

여러분이 더 오래 기다릴수록 / 그 문제를 다루기 위해, // 그것은 더 복잡해질 것이다 / 해결하기에.

→ to address the problem은 목적을 나타내는 부사적 용법의 to부정사구이다. **UNIT 23**

→ it은 the problem을 대신한다.

→ to solve는 형용사구 the more complicated를 수식하는 부사적 용법의 to부정사이다. **UNIT 23**

CHAPTER 13 it과 특수 구문

본문 158쪽

UNIT 55 대명사 / 비인칭 주어 it

723 The boy caught the ball / and threw **it** / back
　　　　S　　V¹　　　O¹　　　　V²　O²　M²

to me.

그 소년은 공을 잡았다 / 그리고 그것을 던졌다 / 나에게 다시.
➔ it은 the ball을 대신한다.

724 How far is **it** / from your home to the airport?
　　　SC　V　S　　　　　　　M

얼마나 먼가요 / 당신의 집에서 공항까지?
➔ it은 거리를 나타내는 비인칭 주어이다.

725 **It seems** / **that** the line (between art and
　　S　　V　　　　　　　　S'　　　SC'

not-art) / can't become a sharp one.
　　　　　　　　　　　SC'

~인 것 같다 / (예술과 비예술 사이의) 선이 / 선명한 것이 될 수
없는.

726 Matt suddenly awakened. He glanced at his
　　S　　　　V　　　　S　　V　　　O

clock. **It was 3:23.**
　　　S　V　SC

Matt는 갑자기 일어났다. 그는 자신의 시계를 흘긋 보았다. 3시
23분이었다.
➔ it은 시간을 나타내는 비인칭 주어이다.

727 When Iktomi finished speaking, // he spun a
　　　　S'　　V'　　　O'　　　S　V¹　O¹

web / and gave **it** to Odawa.
　　　　　V²　O²　M²

Iktomi가 말하기를 마쳤을 때, // 그는 거미집을 지었다 / 그리
고 그것을 Odawa에게 주었다.
➔ it은 a web을 대신한다.

728 Interviewers tend to rate applicants / more
　　　S　　　　　V　　　　O　　　M

negatively // when **it** is rainy.
　　　　　　　　　S'　V'　SC'

면접관은 지원자를 평가하는 경향이 있다 / 더 부정적으로 // 비
가 올 때.
➔ it은 날씨를 나타내는 비인칭 주어이다.

729 If there are less than 5 people / for the event, //
　　　　V'　　　　S'　　　　　M'

it will be cancelled.
S　　V

사람들이 5명보다 적다면 / 그 행사에, // 그것은 취소될 것이다.
➔ it은 the event를 대신한다.

730 I called out / and ran after the bus. But **it** was
　S　V¹　　　　V²　　O²　　　S　V

too late.
　SC

나는 소리쳤다 / 그리고 버스를 뒤쫓았다. 그러나 너무 늦었다.
➔ it은 상황을 나타내는 비인칭 주어이다.

731 **It appears** / **that** the technological superiority
　S　　V　　　　　　　SC

(of *Homo sapiens*) / played a role.
　　　　S'　　　　　V'　O'

~인 것 같다 / ('호모사피엔스'의) 기술적 우월성이 / 역할을 했
던.

732 Education is the key, // and **it** should be
　　S¹　　V¹　SC¹　　　S²　V²

accessible / for every child, / not just some.
　SC²　　　　　M²

교육이 열쇠이다, // 그리고 그것은 접근 가능해야 한다 / 모든
아이에게, / 단지 몇몇이 아니라.
➔ it은 education을 대신한다.

733 **It** was an unbearably hot Chicago day // when
S　V　　　　　SC

the emergency call came over the radio.
　　S'　　　V'　　M'

견딜 수 없을 정도로 뜨거운 시카고의 어느 날이었다 // 비상 호
출이 무전으로 왔을 때.
➔ it은 날씨를 나타내는 비인칭 주어이다.

734 Part of the joy of building a sandcastle / is
　　　　　S　　　　　　　　　V

that, in the end, we give **it** as a gift / to the
　　　　　　　S'　V'　O'　　M'　　SC

ocean.
　M'

모래성을 짓는 즐거움의 한 부분은 / 마지막에, 우리가 그것을 선물로 준다는 것이다 / 바다에게.

➜ it은 a sandcastle을 대신한다.

735 Due to the heat island phenomenon, / it is
<u>M</u>   <u>S</u> <u>V</u>

getting <u>hotter and hotter</u> / <u>in urban areas</u>.
    SC   M

열섬 현상 때문에, / 점점 더 더워지고 있다 / 도시 지역에서.

➜ it은 날씨를 나타내는 비인칭 주어이다.

➜ due to: ~ 때문에

본문 160쪽

UNIT 56 가주어 / 가목적어 it

736 If <u>you</u> are <u>lying</u>, // <u>it</u> is not <u>easy</u> / <u>to make up</u>
   S′   V′   가주어   V   SC   진주어

lots of details.

여러분이 거짓말을 하고 있다면, // (~은) 쉽지 않다 / 많은 세부 사항을 지어내는 것은.

737 <u>He</u> found <u>it</u> <u>strange</u> / <u>that such a young boy</u>
  S   V 가목적어 OC   진목적어

would be traveling alone.
        V′   M′

그는 (~을) 이상하다고 생각했다 / 그런 어린 소년이 혼자서 여행할 것이라는 것을.

738 <u>It was</u> your careful preparation / <u>that</u> made
       S   V

our event successful.
  O   OC

바로 당신의 사려 깊은 준비였다 / 우리의 행사를 성공적으로 만든 것은.

➜ ← Your careful preparation made our event successful.

739 If <u>the dog</u> sat <u>near the patient</u>, // <u>the patient</u>
    S′   V′   M′   S

found <u>it</u> <u>easier</u> / <u>to relax</u>.
  V 가목적어 OC   진목적어

그 개가 환자 근처에 앉아 있다면, // 그 환자는 (~을) 더 쉽다고 생각했다 / 긴장을 푸는 것이.

740 <u>It</u> was still <u>unclear</u> / <u>when the official</u>
가주어 V   SC   진주어

<u>announcement</u> <u>would be made</u> / <u>to the public</u>.
      S′   V′   M′

(~은) 여전히 불확실했다 / 언제 공식 발표가 될 것인지는 / 대중에게.

➜ when이 이끄는 의문사절이 진주어로 쓰였다. UNIT 38

741 The unexpected road closures / made <u>it</u>
        S   V 가목적어

<u>difficult</u> / <u>for them</u> <u>to arrive on time</u>.
  OC   의미상 주어   진목적어

예기치 못한 도로 폐쇄가 / (~을) 어렵게 만들었다 / 그들이 정각에 도착하는 것을.

➜ for them은 to arrive의 의미상 주어이다. UNIT 25

742 <u>It is</u> the dedication of every staff member /
             S

<u>that</u> drives our company's growth.
    V   O

바로 모든 직원의 헌신이다 / 우리 회사의 성장을 이끄는 것은.

➜ ← The dedication of every staff member drives our company's growth.

743 Even with the additional funding, / <u>it</u> remains
        M   가주어 V

<u>doubtful</u> / <u>that the project will be completed</u> /
  SC   S′   V′   진주어

on time.
  M′

추가적인 기금이 제공되더라도, / (~은) 여전히 의심스럽다 / 그 프로젝트가 완료될 것이라는 것은 / 제때.

744 Most experts consider <u>it</u> <u>reasonable</u> / <u>that the</u>
    S   V 가목적어 OC   진목적어

<u>economy</u> <u>will recover</u> / <u>by the end of the year</u>.
   S′   V′   M′

대부분의 전문가가 (~을) 타당하다고 생각한다 / 경제가 회복할 것이라는 것을 / 연말까지는.

745 If <u>I</u> say, / 'Don't think of a white bear', // <u>you</u>
    S′ V′   O′   S

will find <u>it</u> <u>difficult</u> / <u>not to</u>.
  V 가목적어 OC   진목적어

내가 말한다면, / '흰색 곰에 대해 생각하지 마세요.'라고, // 여러분은 (~을) 어렵다고 생각할 것이다 / (흰색 곰에 대해 생각)하지 않는 것을.

➡ to부정사의 부정은 to 앞에 not을 쓴다.

➡ not to 뒤에 think of a white bear가 생략되었다.

746 It is now clear / that cancer takes multiple
　　　가주어 V　　SC　　　　　진주어 ~~S′1~~ ~~V′1~~

forms / and that multiple approaches are
~~O′1~~　　　　　　　　~~S′2~~

needed.
~~V′2~~

(~은) 지금 분명하다 / 암이 여러 형태를 취한다는 것은 / 그리고 여러 접근법이 필요하다는 것은.

747 Online advertisements / do not always make **it**
　　　　　　　　S　　　　　　V　　　　　가목적어

clear / whether the seller is professional.
OC　　　　　진목적어

온라인 광고가 / 항상 (~을) 분명히 하는 것은 아니다 / 판매자가 전문적인지를.

➡ not always는 '항상 ~인 것은 아니다'라는 의미의 부분 부정을 나타낸다.

➡ whether가 이끄는 의문사절이 진목적어로 쓰였다.

748 It is important / to make **it** easier / for
　　　가주어 V　SC　　　　 ~~V′~~ ~~O′(가목적어)~~ ~~OC′~~ 진주어

dissatisfied customers / to complain.
　　　　　　　　　　　~~O′(진목적어)~~

(~은) 중요하다 / (~을) 더 쉽게 만드는 것이 / 만족하지 못한 고객이 / 불평하는 것을.

➡ 가주어 It 뒤에 진주어 to make it ~이 쓰였고, to부정사구 안의 it은 가목적어, to complain이 진목적어로 쓰였다.

➡ for dissatisfied customers는 to complain의 의미상 주어이다.  UNIT 25

본문 162쪽

UNIT
57 도치 구문

749 **Never** have I doubted / my parents' love for
　　　부정어구 ┗S┛V　　　　　　O

me.

나는 결코 의심한 적이 없다 / 나에 대한 부모님의 사랑을.

➡ ← I have never doubted my parents' love for me.

750 **Not only** did he study hard, / but also helped
　　　부정어구　┗S┛~~V′1~~ ~~M′1~~　　　　 ~~V²~~

his friends / with their studies.
~~O²~~　　　　　~~M²~~

그는 열심히 공부했을 뿐만 아니라, / 또한 자신의 친구들을 도와주었다 / 그들의 공부를.

➡ ← He not only studied hard, but also helped his friends with their studies.

➡ not only A but also B: A뿐만 아니라 B도 또한

751 **At the edge of the forest** / stood an ancient
　　　　　장소 부사구　　　　　 V　　S

stone monument.

숲의 가장자리에 / 고대 석조 기념비가 한 개 서 있었다.

➡ ← An ancient stone monument stood at the edge of the forest.

752 **Seldom** does my grandfather have / *the*
　　　부정어구　┗S┛　　　┗V┛　　O

opportunity (to travel outside the country).

나의 할아버지는 좀처럼 없다 / (해외를 여행할) 기회가.

➡ ← My grandfather seldom has the opportunity to travel outside the country.

753 **Only** through perseverance / will we overcome
　　　　준부정어구　　　　　 ┗S┛V

these challenges.
　O

오로지 인내심을 통해서만 / 우리는 이 어려움들을 극복할 것이다.

➡ ← We will overcome these challenges only through perseverance.

754 **Rarely** do they consider / the critical role of
　　　부정어구┗S┛V　　　　　O

vertical transportation.

그들은 좀처럼 고려하지 않는다 / 수직 운송의 중요한 역할을.

➡ ← They rarely consider the critical role of vertical transportation.

755 **Under the bridge** / was a small and hidden
　　　　장소 부사구　 V　　　　S

park (with benches and trees).

다리 아래에 / (벤치와 나무가 있는) 작고 숨겨진 공원이 있었다.

→ ← A small and hidden park with benches and trees was under the bridge.

756 **Little** did we expect / such a quick and

부정어구 ⌐ S V ⌐ O

positive response / to our proposal.

우리는 거의 예상하지 못했다 / 이렇게 빠르고 긍정적인 반응을 / 우리의 제안에 대해.

→ ← We little expected such a quick and positive response to our proposal.

757 **Only** then / did she understand the true

준부정어구 ⌐ S V ⌐ O

meaning of the message.

그제서야 / 그녀는 그 메시지의 진정한 의미를 이해했다.

→ ← She understood the true meaning of the message only then.

758 **Seldom** is such a clear answer given / in these

부정어구 ⌐ S V ⌐ M

complex situations.

좀처럼 이렇게 명확한 대답이 나오지 않는다 / 이런 복잡한 상황에서.

→ ← Such a clear answer is seldom given in these complex situations.

759 Stravinsky pointed out / that **only** through

S V O

music / are we able to 'realize the present.'

M' S' V' O'

Stravinsky는 언급했다 / 오로지 음악을 통해서만 / 우리는 '현재를 실현할' 수 있다는 것을.

→ ← Stravinsky pointed out that we are able to 'realize the present' only through music.

760 **Here** lies *the key* to the old closet [that you

장소 부사구 V S O' S'

were looking for].

V'

여기 [당신이 찾고 있던] 그 오래된 옷장의 열쇠가 있다.

→ ← The key to the old closet that you were looking for lies here.

761 **Hardly** ever does he miss his morning run, /

부정어구 ⌐ S V ⌐ O

regardless of the weather.

M

그는 아침 달리기를 거의 놓치지 않는다, / 날씨와 상관없이.

→ ← He hardly ever misses his morning run, ~.

본문 164쪽

UNIT 58 생략 / 공통 구문

762 Harry is working this morning, // and Martin

S¹ V¹ M¹ S²

is **(working)** this evening.

V² M²

Harry는 오늘 아침에 일한다, // 그리고 Martin은 오늘 저녁에 일한다.

→ Martin is 뒤에 working이 생략되었다.

763 You should analyze and evaluate **your failures** /

S V¹ V² O

to improve your career.

M

여러분은 자신의 실패를 분석하고 평가해야 한다 / 여러분의 경력을 향상시키기 위해.

→ your failures가 analyze와 evaluate의 공통된 목적어로 쓰였다.

764 John writes poetry in the garden, // and Max

S¹ V¹ O¹ M¹ S²

in the living room.

M²

John은 정원에서 시를 쓴다, // 그리고 Max는 거실에서 시를 쓴다.

→ Max 뒤에 writes poetry가 생략되었다.

765 Explore new opportunities / within and

V O M

beyond **your current role.**

새로운 기회를 탐색하라 / 여러분의 현재 역할 안팎에서.

→ your current role이 전치사 within과 beyond의 공통된 목적어로 쓰였다.

766 She felt a great sense of relief, / **while taking**
S   V   O   M   V'

a deep breath.
         O'

그녀는 커다란 안도감을 느꼈다, / 깊은 숨을 들이마시면서.

➡ while 뒤에 she was가 생략되었다.

767 You can think about negative numbers, // and
S'   V'   M'

you *have to* / in all aspects of daily life.
S²   V²   M²

여러분은 음수에 대해 생각할 수 있다, // 그리고 여러분은 음수에 대해 생각'해야 한다' / 일상생활의 모든 측면에서.

➡ have to 뒤에 think about negative numbers가 생략되었다.

768 There was a change / in the child's behavior //
     V   S   M

before and after **he was separated from his**
                S'   V'   M'

parents.

변화가 있었다 / 아이의 행동에 // 그 아이가 부모에게서 분리되기 전후에.

➡ he was separated from his parents가 접속사 before와 after의 공통된 절로 쓰였다.

769 We are also products of *various interactions*
S   V   SC

[that are both within and outside of **our**
   S'   V'

control].
     M'

우리는 또한 [우리가 통제할 수 있기도 하고 할 수 없기도 한] 다양한 상호 작용의 산물이다.

➡ our control이 전치사(구) within과 outside of의 공통된 목적어로 쓰였다.

770 The team remained optimistic about the
S   V   SC   M

outcome, / though facing many challenges.
                 M

그 팀은 결과에 대해 낙관적이었다, / 많은 어려움에 직면했음에도 불구하고.

➡ though 뒤에 the team was가 생략되었다.

771 I don't know / when Josh met his girlfriend, /
S   V   S'¹ V'¹   O'¹   O

and Sarah her boyfriend.
      S'²   O'²

나는 모른다 / Josh가 언제 자신의 여자 친구를 만났고, / 그리고 Sarah가 언제 자신의 남자 친구를 만났는지를.

➡ when이 이끄는 의문사절이 don't know의 목적어로 쓰였다.

➡ Sarah 앞에 when이, 뒤에 met이 생략되었다.

772 In 1895, Dunbar published / *his second*
     M   S   V   O

book [which brought him / national and
           S'   V'   IO'

international **recognition**].
                DO'

1895년에, Dunbar는 출간했다 / [그에게 가져다 준 / 전국적이고 세계적인 인정을] 그의 두 번째 책을.

➡ recognition이 형용사 national과 international에 공통으로 수식받는 명사로 쓰였다.

773 Babies remember / how often sounds occur, /
S   V   M'¹   S'   V'   O'¹

in what order, / and with what intervals.
   O²   O³

아이들은 기억한다 / 소리가 얼마나 자주 발생하는지, / 소리가 어떤 순서로 발생하는지, / 그리고 소리가 어떤 간격으로 발생하는지.

➡ 두 번째와 세 번째 의문사절에서 sounds occur가 각각 생략되었다.

774 Allow children / *time* (to explore ways / of
   V   IO   DO

handling and playing **the instruments**) /

for themselves.
     M

아이들에게 허용하라 / (방법을 탐색할 / 악기를 다루고 연주할) 시간을 / 스스로.

➡ the instruments가 동명사 handling과 playing의 공통된 목적어로 쓰였다.

UNIT 59 삽입 / 동격 구문

775 Stress, / (I believe), / is the main cause of
　　　S　　　　　V　　　　V　　SC

many diseases.

스트레스는, / (내가 믿기에), / 많은 질병의 주요 원인이다.

776 Paris, / the city of love, / is a popular
　　　S　　　　＝　　　　V　　SC

destination / for couples.
　　　　　　　　M

파리는, / 사랑의 도시인, / 인기 있는 행선지이다 / 연인들에게.

777 In Shakespeare's time, / **botany,** / **or the**
　　　M　　　　　　　　　　S　　＝

study of plants, / was a popular science.
　　　　　　　　　V　　SC

셰익스피어 시기에, / 식물학은, / 식물에 대한 연구인, / 인기 있는 학문이었다.

778 He entered drama school / with **the dream**
　　S　　V　　　O　　　　　M　　＝

of becoming an actor.

그는 연극 학교에 입학했다 / 배우가 되리라는 꿈을 가지고.

779 We shouldn't forget **the fact** / **that our planet**
　　S　　　V　　　　　　O　　＝
is getting warmer.
　V'　　SC'

우리는 (~라는) 사실을 잊으면 안 된다 / 지구가 더 더워지고 있다는.

780 Whatever happens / (— **good or bad** —) / the
　　　　M　　　　　　　　　　　　　　S

proper attitude makes the difference.
　　　　　　　　V　　　O

어떤 일이 일어나든 / (좋은 일이든 나쁜 일이든) / 적절한 태도가 차이를 만든다.

781 People can send **a message** / **that their**
　　S　　V　　　　O　　　＝

culture is better than yours.

사람들은 (~라는) 메시지를 보낼 수 있다 / 그들의 문화가 여러분의 문화보다 더 낫다는.
→ yours는 your culture를 대신한다.

782 Sarah loved **the idea** / **of building** *another*
　　S　　V　　O　　　　＝

sandcastle (**closer to the water**).

Sarah는 그 생각을 좋아했다 / (바다가 더 가까운 곳에) 또 다른 모래성을 쌓는다는.

783 In making the decision, / consider / what (you
　　　　M　　　　　　　V　　O
think) is best for everyone involved.
　V'　　　　　　SC'

결정을 내릴 때, / 고려해라 / (당신이 생각하기에) 관련된 모든 사람에게 가장 좋은 것을.
→ 삽입 구문 앞뒤에 주로 콤마를 써서 명시하지만 표시하지 않는 경우도 있다.

784 Sonya Lyubomirsky, professor of psychology
　　　　S　　　　　　＝
at the University of California, / has
　　　　　　　　　　　　　　　V
conducted numerous workplace studies.
　　　　　　　　O

California 대학의 심리학 교수인, Sonya Lyubomirsky는, / 수많은 직장 연구를 실시했다.

785 The fact / that water expands / when it
　　S　　　＝　　　S'　　V'
freezes / accounts for many of the changes (in
　　　　　V　　　　O
the world around us).

(~라는) 사실은 / 물이 팽창한다는 / 그것이 얼 때 / (우리 주변 세상의) 많은 변화를 설명한다.
→ The fact의 동격절 안에 부사절 when it freezes가 포함되었다.
→ account for: ~을 설명하다

786 Until recently, / bicycles had to have many
　　　　　M　　　　　S　　　　V　　　　O

gears, / (often 15 or 20), / to be considered
　　　　　　　　　　　　　　　　　M

high-end.

최근까지, / 자전거는 많은 기어를 가져야 했다, / (흔히 15단 혹
은 20단), / 최고급으로 간주되기 위해.
➡ to be considered high-end는 목적을 나타내는 부사적 용
법의 to부정사구이다. 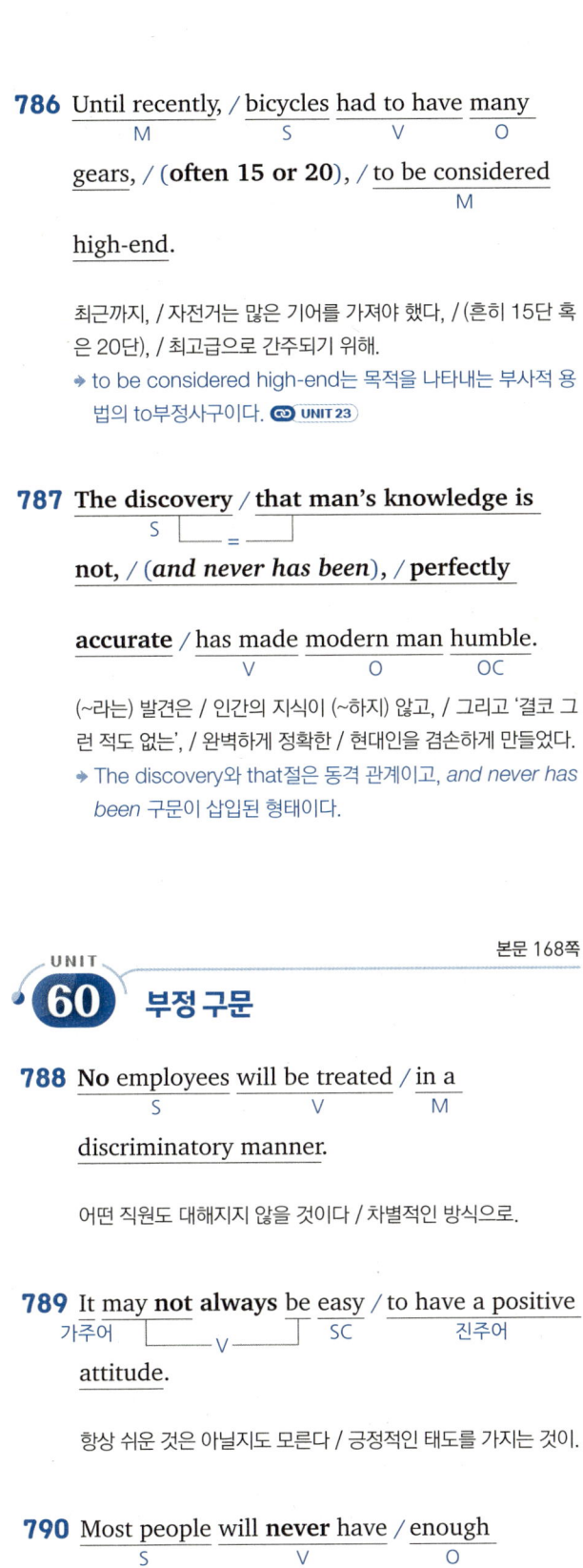 **UNIT 23**

787 The discovery / that man's knowledge is
　　　　　S　　　└─────=─────┘

not, / (and never has been), / perfectly

accurate / has made modern man humble.
　　　　　　　V　　　　　O　　　　OC

(~라는) 발견은 / 인간의 지식이 (~하지) 않고, / 그리고 '결코 그
런 적도 없는', / 완벽하게 정확한 / 현대인을 겸손하게 만들었다.
➡ The discovery와 that절은 동격 관계이고, and never has
been 구문이 삽입된 형태이다.

본문 168쪽

UNIT
60 부정 구문

788 No employees will be treated / in a
　　　　S　　　　　　V　　　　　M

discriminatory manner.

어떤 직원도 대해지지 않을 것이다 / 차별적인 방식으로.

789 It may **not always** be easy / to have a positive
　가주어　└──────V──────┘　SC　　진주어

attitude.

항상 쉬운 것은 아닐지도 모른다 / 긍정적인 태도를 가지는 것이.

790 Most people will **never** have / enough
　　　　S　　　　　　V　　　　　O

education / in their lifetime.
　　　　　　　M

대부분의 사람들은 결코 받지 못할 것이다 / 충분한 교육을 / 평
생.

791 **Not every** animal responds to / the same type
　　　　　　S　　　　　V　　　　　O

of pain / with the same behavior.
　　　　　　　M

모든 동물이 (~에) 반응하는 것은 아니다 / 똑같은 유형의 고통
에 / 똑같은 행동으로.

792 She is **not in the least** concerned / about the
　　S　V　　　　　　　　　SC　　　　M

outcome of the World Cup.

그녀는 결코 관심이 없다 / 월드컵의 결과에 대해.

793 Kevin literally had *nowhere* (to go) // if he
　　　S　　　　　V　　　　O　　　　　　S'

was fired / from his current job.
　V'　　　　　M'

Kevin은 말 그대로 (갈) 곳이 없었다 // 그가 해고되었다면 / 그
의 현재 일자리에서.

794 He had **never** realized / that an animal, too,
　　S　　　　V　　　　　　　　　　S'
　　　　　　　　　　　　O

felt the pain of loss.
　V'　　　O'

그는 결코 깨닫지 못했다 / 동물, 역시, 상실의 고통을 느낀다는
것을.

795 I have tried many alternative remedies, // but
　S'　V'　　　　　O'

none seems to have any noticeable effect.
　S²　　　V²　　　　　O²

내가 많은 대안 치료법을 시도해 보았다, // 그렇지만 조금이라
도 두드러진 효과를 내는 것처럼 보이는 것은 아무것도 없다.

796 Sometimes we may **not completely** agree /
　　M'　　S'　　└───────V'───────┘

with someone, // but we can accept some of
　　M'　　　　　　S²　　V²　　O²

their points.

때로 우리가 완전히 동의하지 못할지도 모른다 / 어떤 사람에게, //
그렇지만 우리는 그들의 몇 가지 요점을 받아들일 수 있다.
➡ their는 someone's를 대신한다.

797 Some scientific answers <u>can **never** be provided</u> /
<u>　　　　　　S　　　　　　</u>　<u>　　　V　　　</u>

<u>in black-or-white terms.</u>
<u>　　　M　　　</u>

몇몇 과학적 해답은 결코 제공될 수 없다 / 흑백 양자 택일 용어로.

798 <u>Scooter companies</u> <u>provide</u> <u>safety regulations,</u> //
　　<u>　　S¹　　</u>　<u>V¹</u>　<u>　　O¹　　</u>

but <u>the regulations</u> <u>are**n't always** followed</u> /
　　<u>　S²　</u>　<u>　　　V²　　　</u>

<u>by the riders.</u>
<u>　M²　</u>

스쿠터 회사는 안전 규정을 제공한다, // 그렇지만 그 규정이 항상 지켜지는 것은 아니다 / 스쿠터를 타는 사람들에 의해.

799 <u>In reality,</u> / <u>the large majority of supplements</u>
　<u>　M　</u>　　<u>　　　　S　　　　</u>

/ <u>may **not** be **completely** absorbed</u> / <u>by your</u>
　<u>　　　　　V　　　　</u>　<u>　M　</u>

<u>body.</u>

실제로, / 대부분의 보충제는 / 완전히 흡수되지 않을지도 모른다 / 여러분의 신체에 의해.

800 <u>A solid rubber ball</u> <u>would be</u> <u>too bouncy,</u> //
　<u>　　S¹　　</u>　<u>V¹</u>　<u>　SC¹　</u>

and <u>a *solid ball* (made of clay)</u> / <u>would **not**</u>
　　<u>　　　S²　　　</u>　<u>　V²　</u>

<u>bounce **at all**.</u>
<u>　　M²　　</u>

단단한 고무공은 굉장히 탄력이 있을 것이다, // 그리고 (점토로 만든) 단단한 공은 / 전혀 튀지 않을 것이다.

WORKBOOK 정답

PART 1 동사

01 문장의 기본 구조

UNIT 01 주어+동사

워크북 4쪽

A

01 Color exists only in the eye or mind

02 First impressions matter a lot

03 Our dog often lies on the sofa

04 The temperature rose quickly

05 I arrived at the park

06 The patient walked across a golf course on the way

07 A new understanding of the disease emerged

08 I grew up in a very small town

09 toward the past and future do not arise

10 Even creatures like trees moved with surprising speed

B

01 sleeps
나의 아내는 하루에 여덟 시간 잠을 잔다.

02 arrives
기차는 보통 정시에 도착한다.

03 bloom
꽃은 봄에 만개한다.

04 cried
그 아기는 밤새도록 울었다.

05 walked
나의 아들은 매일 걸어서 학교에 갔다.

06 mattered
너의 도움은 내게 정말 중요했다.

C

01 brightly   02 happy

03 softly   04 curious

05 beautifully   06 quickly

UNIT 02 주어+동사+주격 보어

워크북 6쪽

A

01 feel more powerful and positive

02 became a doctor last year

03 remain the primary socialization agents

04 seemed very tired

05 looked pale and uncomfortable

06 are quite ignorant about the surrounding environment

07 stay quiet during your classmates' presentations

08 get insensitive to the difficulty of a task

09 kept optimistic as he faced many challenges

10 tastes bitter because the cocoa varies widely

B

01 ×, warm   02 ○

03 ×, beautiful   04 ×, dark

05 ○   06 ○

C

01 S V   02 S V SC   03 S V SC   04 S V

05 S V SC 06 S V SC

UNIT 03 주어+동사+목적어

A

01 look forward to an improvement in this service

02 depends on the surface materials

03 will take care of your luggage

04 discussed the themes and characters of the book

05 attended Brooklyn College and majored in sociology

06 married the woman who had not only changed his life

07 got on the boat, she felt a sense of relief

08 think of a clear glass vase with fresh red roses

09 should contact a health care professional

10 answered the student's question about a complex philosophical issue

B

01 ×, discuss   **02** ×, married
03 ×, answered   **04** ○
05 ×, attended   **06** ○

C

01 S V O   **02** S V SC   **03** S V O   **04** S V O
05 S V O   **06** S V SC

UNIT 04 주어+동사+간접목적어+직접목적어

A

01 brought Leo some snacks

02 found her the pen

03 teaches me history

04 asked the expert a few questions about nutrition

05 send you a link to the website

06 give meaning to the things around them

07 gave the driver a five-dollar bill

08 asked his teacher some questions about math problems

09 gives a negative impression to some people

10 made a round table for her father as a gift

B

01 me, her new photos
그녀는 나에게 자신의 새로운 사진을 보여 주었다.

02 all the parents, invitation cards for Sports Day
선생님은 모든 학부모에게 운동회 초대장을 보냈다.

03 my friends and family, presents
나는 나의 친구들과 가족에게 선물을 사주었다.

04 its employees, a bonus
그 회사는 직원들에게 보너스를 주었다.

05 him, a basket of apples
나는 그에게 사과 바구니를 제공했다.

06 the teacher, a question about science
나는 선생님에게 과학에 관한 질문을 했다.

C

01 S V IO DO   **02** S V O
03 S V O   **04** S V IO DO
05 S V O   **06** S V IO DO

UNIT 05 주어+동사+목적어+목적격 보어

A

01 kept them awake all day

02 made his wish a reality

03 consider the movie a masterpiece

04 named the horse "Charlie" after my grandfather

05 makes him confident

06 call the highly flavored plant parts herbs and spices

07 has made so much free information available

08 keeps her workplace clean and organized

09 believed him a hardworking and trustworthy lawyer

10 consider talking on a cell phone and driving very dangerous

B

01 the answer, incorrect

선생님은 그 답이 틀렸다는 것을 알았다.

02 the soup, cold

상기시켜 주는 것이 수없이 많았음에도 불구하고, 요리사는 수프를 차갑게 두었다.

03 the fence, green

아무 상의 없이, 나의 아버지는 울타리를 초록색으로 칠했다.

04 her husband, a liar

Sally는 항상 그녀의 남편을 거짓말쟁이라고 부른다.

05 their first baby, Sylvia

그들은 자신들의 첫아기를 Sylvia라고 이름 지었다.

06 the meeting room, quiet

대통령의 갑작스러운 도착은 회의실을 조용하게 만들었다.

C

01 S V O OC	**02** S V IO DO
03 S V O OC	**04** S V O OC
05 S V IO DO	**06** S V O OC

CHAPTER

02 시제

워크북 14쪽

UNIT

06 현재 / 현재진행시제

A

01 makes perfect, and no one is perfect

---

02 is talking on the phone right now

03 are shrinking due to climate change and habitat loss

04 is worth two in the bush

05 goes to the park with her dog

06 adapt to their environment through various mechanisms

07 think of television as a way to relax

08 is gaining acceptance in the scientific community

09 am writing to inform you

10 advances our understanding of the universe

B

01 breathe

포유류는 공기에서 산소를 호흡한다.

02 is improving

의학 연구는 인체에 대한 우리의 이해를 향상시키고 있다.

03 are debating

전문가들은 인공 지능이 사회에 미치는 장기적인 영향에 대해 논쟁하고 있다.

04 boils

물은 섭씨 100도에서 끓는다.

05 are conducting

우리는 고객 만족도를 평가하기 위해 설문 조사를 진행하고 있다.

06 drink

나는 항상 아침에 커피 한 잔을 마신다.

C

01 is	**02** walks
03 rotates	**04** do
05 is	**06** drives

워크북 16쪽

UNIT

07 과거 / 과거진행시제

A

01 was reading a book in the library

02 were sitting in the shade

03 noticed a change in their postures and faces

04 hosted a dinner party at her home

05 improved the quality of participants' life

06 excelled at delivering messages on foot

07 brought a chair so that the soldier could sit

08 were buying their bread from stores or bakeries

09 was raining heavily when I arrived at the school

10 changed her original plan to do the assignment

 B

01 ×, organized **02** ○

03 ×, provided **04** ×, hiked[were hiking]

05 ○ **06** ×, had[were having]

 C

01 was **02** conducted

03 was snowing **04** decided

05 was **06** visited

 워크북 18쪽

UNIT 08 미래 / 미래진행시제

 A

01 will be predicting the impact of the new trade policy

02 will receive a certificate for entry

03 is departing on schedule, and there are no changes

04 are about to announce the winner of the competition

05 is going to visit her friend in London next month

06 is about to give up on her dream of making a living

07 is not going to change its menu during this season

08 will be in danger due to advances in automation

09 will be a food stand selling ice cream and snacks

10 will not be easy without consistent practice

 B

01 will arrive
비행기는 내일 오후 5시에 뉴욕에 도착할 것이다.

02 will be traveling
그들은 다음 달에 유럽을 여행하고 있을 것이다.

03 will be
2050년까지, 도로 위 차량의 약 70%가 전기차가 될 것이다.

04 is leaving
우리 가족은 이번 주말에 바닷가로 휴가를 떠날 것이다.

05 will be moving
우리는 이번 분기 말까지 새로운 본사로 이전할 예정이다.

 C

01 미래 **02** 미래 **03** 현재 **04** 미래

05 미래 **06** 현재

워크북 20쪽

UNIT 09 현재완료 / 현재완료진행시제

 A

01 heard the news about the new project

02 has been growing really fast

03 have worked as a sales assistant

04 have proved effective for some people

05 has fixed the broken door and tested it

06 has been living in Paris for 5 years

07 has been developing in favor of the new policy

08 has transformed a basic human experience for infants and mothers

09 have been the most creative beings

10 have hired many people based on human resources criteria

B

01 결과 **02** 경험 **03** 완료 **04** 계속

05 결과 **06** 경험

C

01 has studied **02** learned

03 has been painting **04** has worked

05 have been studying **06** have moved

CHAPTER 03 조동사

워크북 22쪽

UNIT 10 can/may

A

01 will be able to interact meaningfully and productively

02 may use their personal devices for work-related tasks

03 can speak English and several other languages

04 could come from the construction site across the street

05 tell me how to vote in the election

06 might find himself or herself thinking about the event

07 might tell you why we can't do something

08 may even cause mood problems

09 can't enter this room because it is a staff-only area

B

01 will be able to visit
우리는 다음 달에 새로운 박물관을 방문할 수 있다.

02 may require
그 요리법은 구하기 어려운 재료가 필요할 수도 있다.

03 could cause
폭풍으로 인해 해안 지역에 큰 피해가 발생할 수도 있다.

04 can climb
그 고양이는 저 높은 나무 꼭대기까지 쉽게 올라갈 수 있다.

05 will be able to communicate
그들은 그 강좌를 수강한 후에 더 효과적으로 의사소통을 할 수 있을 것이다.

C

01 능력 **02** 허가/요청

03 추측 **04** 허가/요청

05 능력 **06** 추측

워크북 24쪽

UNIT 11 must/should

A

01 must finish his homework by tomorrow

02 had better walk to the shop to improve your health

03 should respect other people's opinions and perspectives

04 must not exceed the speed limit on this road

05 must be popular because there's always a long line

06 don't have to bring anything to the party

07 had better not talk about the project for security reasons

08 should not judge others based on their appearance

09 should check the nutrition facts label before consumption

B

01 need not bring
학생들은 시험에 자신의 노트북을 가져갈 필요가 없다.

02 must preserve
우리는 미래 세대를 위해 역사적 랜드마크를 보존해야 한다.

03 must not forget
너는 떠나기 전에 문을 잠그는 것을 잊지 말아야 한다.

04 ought to apologize

당신은 회의에서의 당신의 행동에 대해 사과해야 한다.

05 had better bring

등산객들은 긴 산책로에 충분한 물을 가져오는 것이 좋다.

06 should respect

여행객들은 외국을 방문할 때 현지 관습을 존중해야 한다.

C

01 don't have to　　**02** ought to

03 had better not　　**04** don't have to

05 ought to　　　　**06** must

워크북 26쪽

UNIT 12 will / would / used to

A

01 buy some groceries on your way home

02 used to be a great singer, she lost her voice

03 open the window to let in some fresh air

04 would go to the beach on weekends

05 send a few toys for Fred

06 used to tell us stories about their old days

07 send a few smiles and laughs for my mother

08 would sit on the roof of his house

09 be able to pick me up from the airport

10 would go to the library to borrow books and study

B

01 미래　　　　　**02** 과거의 습관

03 요청　　　　　**04** 미래

05 과거의 습관　　**06** 요청

C

01 will　　　**02** used to

03 would　　**04** used to

05 would　　**06** would

워크북 28쪽

UNIT 13 조동사+have p.p.

A

01 could have taken the train instead of driving

02 must have seen the look on my face

03 shouldn't have stayed up so late

04 should have been more careful

05 may have missed the bus this morning

06 should have saved more money for my retirement

07 should have prepared you for this moment

08 cannot have been false, it is based on facts

09 may have made some mistakes in his painting

10 should have followed the recipe

B

01 must　　　　　**02** should

03 should not　　**04** cannot

05 must　　　　　**06** must

C

01 must　　　　　**02** should

03 should not　　**04** may

05 must　　　　　**06** should

CHAPTER 04 태

UNIT 14 수동태(주어+be동사+p.p.)

A

01 was opened by the wind

02 was displayed for a week

03 was introduced to the world of jazz by a schoolmate

04 is organized by the committee

05 was dominated by Americans

06 was conducted in a controlled environment

07 was sold on the first day of the gallery exhibition

08 was impressed by the latest book you wrote

09 consulted many doctors and was treated by several of them

10 was canceled because the road was blocked by heavy snow

B

01 The concert was attended by thousands of excited fans.

02 A major restructuring plan was announced by the company's CEO.

03 The charity event is organized by high school students.

04 Hundreds of trees were planted by volunteers

05 Endangered animals are protected by strict conservation efforts.

06 The actor's performance in the challenging role was praised by critics.

C

01 was analyzed

02 was revealed

03 interviewed

04 was launched

05 developed

06 were rescued

UNIT 15 시제에 따라 다양한 수동태

A

01 were being renovated in the neighborhood

02 will be held on the afternoon of Friday

03 are being watched at all times

04 should be adopted to respect the diversity of individuals

05 have been found by other researchers

06 must be made as soon as possible

07 am constantly being disrupted by individuals

08 has been delayed to next Wednesday

09 will be played at the school festival

10 has been transmitted through his body language

B

01 A new vaccine to combat the virus is being developed by researchers.

02 The annual report will be presented to the shareholders

03 A new species of deep-sea creature has been identified by marine biologists.

04 All safety rules must be followed by scientists

05 The new urban development project will be approved by the city council.

06 The essay could be improved by Sally with more detailed examples.

C

01 be renewed

02 selling

03 be introduced

04 translating

05 been expressed

06 been conveyed

UNIT 16 구동사의 수동태

A

01 was turned off by the staff

02 have been looked after by their grandparents

03 was laughed at by the judges

04 was looked down on by his colleagues because of his lack of experience

05 was brought up with a strong sense of responsibility

06 must be taken care of as babies

07 was turned down for the job

08 was looked up to by her students for her kindness

09 was asked for by the employees due to the long working hours

10 is made use of by businesses to automate tasks

B

01 His awkward dance moves were laughed at by the entire class.

02 The orphaned child was brought up by his loving aunt.

03 The annual festival is being looked forward to by the whole community.

04 All electronic devices are being turned off (by people)

05 The important decision was put off by them

06 The veteran scientist is looked up to by young researchers.

C

01 made
02 down
03 looked
04 being asked
05 taken
06 down

UNIT 17 주어+be 동사+p.p.+목적어

A

01 were shown a two minute documentary film

02 was bought for her as a birthday present

03 was made for her by a famous composer

04 was asked of the manager by the supervisor

05 was given some old pictures by my father

06 was awarded a gold medal for mathematics

07 was told the changes in the schedule

08 is given a few extra vacation days

09 will be given to all participants

10 were taught the importance of cultural diversity

B

01 An elaborate costume was made for the lead actor by the designer.

02 The hikers were shown the safest route by the guide.

The safest route was shown to the hikers by the guide.

03 The struggling employee was given a second chance by the supervisor.

A second chance was given to the struggling employee by the supervisor.

04 A beautiful necklace was bought for Sarah by her husband.

05 A special dinner was cooked for Kelly by the chef.

C

01 of
02 were shown
03 was found
04 to
05 was bought
06 were taught

UNIT 18 주어+be동사+p.p.+보어

A

01 were made clear by his final remarks

02 is called the Incan Empire

03 was elected the president of the company

04 were left speechless after the player's sudden retirement

05 was left alone in the wild

06 were found important evidence for the investigation

07 was made intellectually superior

08 was designated a historical landmark by the local government

09 is considered one of the greatest portrait photographers

10 was kept strong despite the challenges

B

01 The novel was called very influential by literary scholars.

02 The mission was considered impossible by analysts.

03 The project was declared a failure by management.

04 The statue was considered priceless by art collectors.

05 The experiment was proven[proved] successful by researchers.

06 The event was called a huge success by organizers.

C

01 was left **02** clear

03 was designated **04** safe

05 was made **06** remarkable

UNIT 19 by 이외의 전치사와 쓰이는 수동태 관용 표현

A

01 is composed of over 30 members

02 is known for its romantic atmosphere

03 am very satisfied with your cleaning service

04 could be related to the stress from her job

05 was worried about the results of his job interview

06 is made from organic ingredients

07 was interested in astronomy at an early age

08 was covered with leaves after the fall storm

09 was surprised at the high score that she received

10 is known to movie fans

B

01 as **02** in

03 to[with] **04** about

05 of **06** with

C

01 as **02** to **03** of **04** at

05 with **06** of

CHAPTER 05 to부정사

워크북 44쪽

UNIT 20 명사 역할을 하는 to부정사

A

01 To grow older is a natural part

02 likes to grow beautiful flowers

03 is not to control people

04 wanted to give the man a last blessing

05 hope to give some practical education

06 It is impossible to run away

07 is important to show kindness and empathy

08 expect to find toys for children

09 to learn to use the abundant source

10 to find food before the winter sleep

B

01 S	**02** SC	**03** O	**04** SC
05 O	**06** S		

C

01 to study	**02** demands
03 to ask	**04** to neglect
05 is	**06** to finish

A

01 know what to do with the data

02 is whom to invite to the party

03 When to book the flight

04 when to carry out religious ceremonies

05 suggest what restaurant to try

06 Determining which to select is

07 is precisely what to expect

08 Choosing which method to use is

09 Where to park the car

10 about how to approach a problem or situation

B

01 나는 그녀의 생일 선물로 무엇을 사야 할지 모르겠다.

02 회의를 언제 개최할지는 여전히 결정하는 중이다.

03 가장 가까운 주유소를 어디에서 찾을 수 있는지 알려주실 수 있나요?

04 그 팀은 그에게 새 지도자로 누구를 선출해야 하는지 물었다.

05 당신은 건강을 위해 어떤 음식을 먹어야 하는지 알아내야 한다.

06 문제를 해결하는 방법을 설명하는 것은 일반적인 교수법 중 하나이다.

C

01 to use	**02** to go
03 what	**04** to promote
05 which	**06** to start

UNIT 22 형용사 역할을 하는 to부정사

워크북 48쪽

 A

01 The lesson to remember is to be kind

02 a chance to read

03 surfaces to land on

04 has decided on a day to recycle

05 had no one to look after her

06 The pressure to conform to the standards

07 One way to get the word out

08 will have the opportunity to develop their musical abilities

09 a setting for a novel is not a decision to make

10 its ability to filter unimportant information

B

01 자신만의 보석을 만들 **02** 직장을 그만두기로 한

03 낯선 사람들에게 짖는 **04** 매우 빠르게 달리는

05 다양한 문화를 경험하고 싶은

C

01 의미상 목적어 **02** 의미상 주어

03 의미상 주어 **04** 의미상 목적어

05 의미상 주어

UNIT 23 부사 역할을 하는 to부정사

워크북 50쪽

 A

01 to see the famous beaches

02 was pleased to hear the good news

03 are more likely to make bad decisions

04 must be polite to say

05 was foolish not to listen

06 are very difficult to break down

07 the burger in order to get our daily nourishment

08 their names to reflect their position within their society

09 lucky to find a parking spot

10 happy to replace your faulty toaster

B

01 목적 **02** 감정의 원인

03 판단의 근거 **04** 감정의 원인

05 목적 **06** 판단의 근거

C

01 to go **02** to walk

03 To purchase **04** to hold

05 to explore **06** to be

UNIT 24 목적격 보어로 쓰이는 to부정사

워크북 52쪽

A

01 heard the soldier say a few gentle words

02 persuaded them to vote for

03 wants all of us to achieve good results

04 caused her hair to fall out

05 would watch people go through

06 allowed users to understand

07 can get you to be angry

08 ordered the workers to complete the task

09 had participants perform simple exercises

10 make all the camels sit

B

01 ○ 02 ○ 03 ×, to think
04 ○ 05 ×, clean 06 ○

C

01 run 02 to take
03 cross 04 to wear
05 to take 06 move

워크북 54쪽

UNIT 25 to부정사의 의미상 주어

A

01 very kind of you to help me
02 difficult to learn a new language
03 impossible for you to win
04 nothing for the beggar to eat
05 careless of her to leave
06 wait for the rain to stop
07 of you to donate to the charity
08 provide adequate space for air to travel
09 possible for a person to create
10 important for students to use and interact

B

01 ○ 02 ×, of 03 ○ 04 ×, for
05 ○ 06 ×, of

C

01 of 02 for 03 of 04 for
05 for 06 for

워크북 56쪽

UNIT 26 to부정사 구문

A

01 were too terrified to look
02 was hot enough to melt
03 It takes a great amount of money to build
04 began too soon to fully enjoy
05 wide enough for two people to walk
06 is too great to accept
07 for the scientist to examine the paper
08 enough time to do the job
09 used to take some effort to find
10 powerful enough to risk the social costs

B

01 ×, to stay 02 ×, patient enough
03 ×, to learn 04 ○
05 ○ 06 ×, It

C

01 too 02 enough
03 to complete 04 to climb
05 It 06 quickly enough

CHAPTER 06 동명사

워크북 58쪽

UNIT 27 명사 역할을 하는 동명사 1 (주어, 주격 보어)

A

01 Buying fire extinguishers is a good way

02 is strictly following the rules

03 is not scoring many goals

04 Singing the fight song is a tradition

05 is helping his cousin with

06 is watching movies together

07 Responding with a cool answer

08 catching the ball and scoring a goal

09 Being unbiased means that you have

10 Encouraging active discovery in class

01 스케이트를 타는 것은 균형 감각을 기르는 데 아주 좋은 방법이다.

02 성공의 핵심 요소는 긍정적인 태도를 유지하는 것이다.

03 사실, 벽에 그림을 그리는 것은 문화적 뿌리를 가진 예술 형식이다.

04 여행의 가장 좋은 부분 중 하나는 다양한 문화를 경험하는 것이다.

05 어느 스포츠에서든 규칙을 준수하는 것은 선수들의 책임이다.

06 그 부족의 가장 큰 과제는 새로운 환경에 적응하는 것이었다.

01 ×, shows

02 ×, improving[to improve]

03 ○

04 ×, singing[to sing]

05 ×, Playing[To play]

06 ○

워크북 60쪽

UNIT 28 명사 역할을 하는 동명사 2 (목적어)

A

01 enjoyed watching sunsets from

02 don't mind cleaning the garage

03 considering dropping out of school

04 to avoid using instruments altogether

05 working on his new assignment

06 wearing a couple of extra jackets

07 remember tasting the delicious food

08 will never forget making errors

09 gave up becoming a professional dancer

10 will stop using these areas

B

01 ○

02 ×, playing

03 ×, singing

04 ○

05 ○

06 ×, eating

C

01 getting

02 meeting

03 to send

04 painting

05 playing

06 persuading

워크북 62쪽

UNIT 29 동명사 관용 표현

A

01 felt like finding a quiet spot

02 are bad at dealing with stressful situations

03 is looking forward to camping

04 is worth watching

05 It goes without saying that

06 are busy organizing the charity event

07 can't help thinking about the differences

08 objected to building a new factory

09 devoted to improving specific dog breeds

10 have difficulty in making accurate judgments

B

01 ○

02 ×, saying

03 ×, reading

04 ○

05 ×, feeling

06 ○

C

01 saying   **02** getting

03 hearing   **04** helping

05 preparing   **06** leaving

CHAPTER

07 분사

워크북 64쪽

UNIT

30 명사 앞에서 꾸며주는 분사

A

01 A speeding car was spotted by the police car

02 refused to accept the damaged goods

03 The returned soldier is receiving support

04 to send a coded message

05 swept up the fallen leaves

06 prepared for the approaching concert

07 their growing brains exhaust them

08 a changing forest causes some plants and animals

09 see a person with crossed arms and think

10 any controlled communications or even

B

01 ×, entering   **02** ○

03 ×, broken   **04** ○

05 ○   **06** ×, painted

C

01 trembling   **02** completed

03 lost   **04** singing

05 dancing   **06** trained

워크북 66쪽

UNIT

31 명사 뒤에서 꾸며주는 분사

A

01 to a wide street crowded with

02 That newspaper blowing all over the yard

03 the car parked behind her

04 The team exploring different hiking trails

05 People walking in rocky areas

06 Plants called producers make

07 describing his experiences as a slave

08 achieving the rewards lying ahead of us

09 the new library planned for this neighborhood

10 a shelf lined with salty crackers and chips

B

01 ×, cheering   **02** ○

03 ×, wearing   **04** ×, prepared

05 ×, creating   **06** ○

C

01 lying   **02** taken

03 delivered   **04** blooming

05 mounted   **06** playing

워크북 68쪽

UNIT

32 목적격 보어로 쓰이는 분사

A

01 heard their phones ringing

02 left the windows closed during the hurricane

03 the young soldier standing next to him

04 had some of her stories published

05 felt the wind blowing softly

06 caught the cat playing with

07 make himself heard by all the people

08 kept the students working on their assignments

09 They found the door locked

10 find themselves returning to their old habits

B

01 ×, falling   **02** ○

03 ×, painting   **04** ×, fixed

05 ○   **06** ×, delivered

C

01 causing   **02** baked

03 moving   **04** cooled

05 approaching   **06** bound

UNIT 33 감정을 나타내는 분사

워크북 70쪽

A

01 Your amazing performance really moved us

02 are excited to announce our upcoming winter festival

03 The party was totally boring

04 became very annoyed with my attempts

05 The author's stories became interesting

06 remained scared of the dark

07 making our life rich and satisfying

08 may find it exciting to try new adventurous activities

09 Few people will be surprised to hear

10 to encounter two disappointing results

B

01 ×, annoying   **02** ×, disappointed

03 ○   **04** ×, touching

05 ○   **06** ○

C

01 interesting   **02** bored

03 amazing   **04** frightened

05 pleased   **06** satisfying

UNIT 34 분사구문

워크북 72쪽

A

01 Looking into the dolphin's eye, I felt

02 Feeling worried, I went outside

03 Smiling like a child, Marie handed the package

04 Having scored three points, he received praise

05 Not carrying much of water, we refilled our bottles

06 Being full of flowers, the basket created a gentle mood

07 Glancing at her competitors, she discovered

08 we bond with our friends, sharing interesting details

09 Noticing the dark clouds gathering overhead, Sarah decided

B

01 그 주제에 전문가가 아니어서, 그녀는 침묵을 지켰다.

02 나의 남편과 딸 찾기를 바라면서, 나는 그 건물로 들어갔다.

03 음악가들이 관객들을 감동시키며, 열정적으로 연주했다.

04 아이들은 뒷마당에서 놀면서, 웃고 기뻐서 소리쳤다.

05 활동적인 가정에서 성장해서, Carla는 많은 운동 기술을 습득했다.

C

01 Not blooming beautifully

02 Walking around the jungle

03 giving him words of encouragement

04 Having decided what to do next

05 Leaving the door unlocked

워크북 74쪽

UNIT 35 다양한 형태의 분사구문

 A

01 Faced with unfamiliar patterns, the expert's advantage

02 The game being over, we gathered

03 Judging from his facial expression, he seemed pleased

04 With their eyes closed, they listened

05 with each worker performing one task

06 Her cell phone broken, she forgot

07 Generally speaking, we are creatures of habit

08 The plane having flown over nine hundred miles, the mechanic gave

09 Disappointed by the loss of their team, the fans

10 followed by several laughing children, crossed

 B

01 ×, being　　　　**02** ○

03 ○　　　　　　　**04** ○

05 ×, trembling　　**06** ×, tied

 C

01 having broken　　**02** going

03 cleaned　　　　　**04** shining

05 disappointed　　　**06** Granting

PART 3 절

CHAPTER 08 명사절

UNIT 36 접속사 that이 이끄는 절

A

01 that the world is full of endless possibilities

02 that the universe is constantly expanding

03 that the stamp didn't stick to

04 that there are good and bad forces

05 consider it important that everyone participates in the discussion

06 that massive success requires massive action

07 that humans developed language for economic reasons

08 that understanding the basics is crucial

09 that being in one's "comfort zone" is good

B

01 나는 그녀가 퍼즐을 그렇게 빨리 푼다는 것이 놀랍다고 생각했다.

02 우리는 실험 전에 지침을 검토하는 것이 필요하다.

03 그들이 해결책을 찾을 수 있었다는 것은 그들의 팀워크를 보여준다.

04 그들은 새 제품이 다음 달에 출시될 것이라고 밝혔다.

05 그의 믿음은 모두가 제안된 변경 사항에 동의할 것이라는 것이었다.

C

01 S   **02** SC   **03** O   **04** SC

05 S

UNIT 37 접속사 whether/if가 이끄는 절

A

01 Whether we should invest

02 if we will meet the deadline

03 whether it will rain tomorrow

04 whether there's a large print version

05 if the black cloud was moving

06 whether she has enough experience

07 whether he should pursue a master's degree

08 if he should stay in his current role

09 whether or not they activate our doubt

10 if the habit of getting up early will actually make

B

01 ○   **02** ×, Whether

03 ×, depends   **04** ×, whether

05 ×, whether   **06** ○

C

01 S   **02** O   **03** SC   **04** O

05 SC   **06** O

UNIT 38 의문사가 이끄는 절

A

01 Who cooks dinner is

02 why most children hate vegetables

03 when they should stop painting

04 what we need to do

05 which way they came from

06 began to wonder how friendships form

07 Once we understand who our children really are

08 Whom we decide to trust in this critical situation

09 When we will be able to move to the new office

B

01 when **02** why **03** who **04** how

05 what **06** why

C

01 O **02** SC **03** SC **04** O

05 S **06** O

CHAPTER
09 관계사절

워크북 84쪽

UNIT
39 주격 관계대명사절

A

01 who prevents you from being let in

02 which will last for three hours

03 that satisfy those requirements

04 who are struggling academically

05 who had a great passion for hunting

06 that hunt and feed on other animals

07 who sacrifices himself for others

08 that have not happened

09 who have just done something to help

10 that are known as the conscious mind

B

01 ×, who[that] **02** ×, which[that]

03 ×, was **04** ○

05 ×, the chef who **06** ○

C

01 which **02** that **03** is **04** who

05 was **06** has

워크북 86쪽

UNIT
40 목적격 관계대명사절

A

01 the one who you trust most

02 which you can do today

03 a difference that others don't have

04 who people can count on

05 which I bought yesterday

06 that you face and deal with

07 do anything you want

08 that our restaurant will be offering

09 that natural light could not enter

10 you place on yourself to do well socially

B

01 ×, you borrowed 또는 which[that] you borrowed

02 ○

03 ×, the guitarist played 또는 which[that] the guitarist played

04 ○

05 ○

06 ×, are

C

01 adopted

02 specializes

03 praised

04 whom

05 her

06 have

워크북 88쪽

UNIT 41 소유격 관계대명사절

A

01 whose author was on TV

02 whose lives have been shattered

03 whose wall has fallen

04 whose ancient architecture is preserved for tourists

05 The company whose policy promotes diversity

06 whose production violates ecological standards

07 whose main character was inspired

08 whose research has changed our understanding

09 whose jobs are being automated

10 whose characteristics are best suited for telecommuting

B

01 We stayed at a hotel whose rooms have an ocean view.

02 Tomorrow we will climb a mountain whose peak is covered with snow.

03 The company whose products are eco-friendly is gaining popularity.

04 The website whose design has been recently updated is easier to navigate now.

05 The city whose landmarks attract many tourists each year is opening a new museum.

C

01 whose

02 is

03 whose

04 were

05 whose

06 wants

워크북 90쪽

UNIT 42 관계대명사 what절

A

01 What is important for you

02 What you've written

03 what you have learned

04 what you are *supposed* to do

05 what we all wish for to happen

06 what he said about the importance of the rules

07 what could be published

08 what the mysterious message they received

09 what was once considered the best experience

10 what it takes to be a leader

B

01 ○

02 ×, what 또는 the things that[which]

03 ○

04 ×, what

05 ×, what

06 ○

C

01 that

02 what

03 which

04 what

05 what

06 that

워크북 92쪽

UNIT 43 전치사+관계대명사절

A

01 for whom family is important

02 by which a person gains knowledge

03 from whom I learned the value of hard work

04 with whom I have worked for over 6 years

05 at which small amounts of energy are generated

06 in the way in which it was meant

07 at whom advertisements are aimed

08 to which people may expect to live

09 The speed at which one is traveling

10 in which you saw a fake smile

B

01 ×, to **02** ×, in which

03 ○ **04** ○

05 ×, on which **06** ×, under which

C

01 to which **02** on

03 are **04** in which

05 upon **06** which

워크북 94쪽

UNIT **44** 관계부사절

A

01 where the famous novelist was born

02 when the child is comfortable

03 why she had failed the exam

04 that the father wanted him to

05 that the brain responds to metaphors

06 why we humans are smarter

07 The reason why people love *The Little Prince*

08 when you need to stop fighting for your view

09 where people believe that they can have anything

10 a nation where everyone would be equal and free

B

01 ○ **02** ○

03 ×, where[in which] **04** ×, 삭제 또는 why

05 ×, 삭제 또는 that **06** ○

C

01 was **02** in which

03 when **04** why

05 that **06** in which

워크북 96쪽

UNIT **45** 콤마(,)+관계사절

A

01 who wanted to find the biggest liar

02 which are good for your health

03 which I first learned about

04 where Sarah built her first sandcastle

05 who helped him put the money in the bank

06 where she worked at a restaurant

07 when the cleaning people returned

08 which allowed her to learn painting

09 where he focused his efforts on political cartoons

B

01 ○ **02** ×, who

03 ×, which **04** ×, in which[where]

05 ○ **06** ○

C

01 when **02** where **03** who **04** loves

05 which **06** by which

CHAPTER 10 부사절

워크북 98쪽

UNIT 46 시간과 조건을 나타내는 부사절

A

01 When I listen to this song

02 if you never actually use it

03 left until the show starts

04 unless we leave now

05 in case you have any problems

06 as the poor man offered his small gift

07 When information in the story is missing

08 Since I was told that the apartment had been

09 As long as my mind and memories remain the same

10 when our energy is high and we are free

B

01 when **02** after

03 as soon as **04** unless

05 as long as

C

01 while **02** stops

03 until **04** if

05 improves **06** as soon as

워크북 100쪽

UNIT 47 이유와 양보를 나타내는 부사절

A

01 because you are tired

02 Although we rarely see each other

03 Since Emma did not make enough money

04 Even if we have some truth

05 While some people think Ted is funny

06 Although he was awake

07 as I have so much work to deal with

08 that she didn't get the job she applied for

09 in that we achieved all our goals within the deadline

10 Whereas the working-age population increased

B

01 콘서트에서 좋은 자리를 얻고 싶었기 때문에

02 모든 직원에게 평등한 기회를 제공한다는 점에서

03 매우 지치고 다리가 아팠지만

04 비록 그들이 논쟁을 했지만

05 그의 형은 실내에 있는 것을 선호하는 반면에

C

01 because **02** that

03 she heard **04** although

05 Even if **06** while

워크북 102쪽

UNIT 48 목적과 결과를 나타내는 부사절

A

01 so that I wouldn't forget them

02 so cheap that you use it

03 lest anyone see him

04 so there will be something for everyone

05 so inspiring a speech that

06 so that everybody can learn from them

07 such a long time that we don't see

08 in order that they can avoid an accident

09 can be designed so that it welcomes

10 so that we don't focus on particulars

B

01 그 건축가는 장애를 가진 사람들이 접근할 수 있도록 그 건물을 설계했다.

02 그 도시는 더 많은 녹지 공간을 확보하기 위해 거리에 나무를 심기로 결정했다.

03 그 부부는 옆방에서 자고 있는 아기를 방해하지 않도록 조용히 이야기했다.

04 그가 맞닥뜨린 문제는 너무나 예기치 않은 것이어서 그는 도움을 요청해야 했다.

05 그것은 너무나 흥미로운 영화여서 모든 사람이 며칠 동안 그것에 대해 이야기하고 있었다.

C

01 so that

02 should

03 in order that

04 efficiently

05 an intense storm

PART 4 주요 구문

워크북 106쪽

워크북 108쪽

CHAPTER 11 가정법

UNIT 49 가정법 과거 / 가정법 과거완료

A

01 If you knew the truth

02 If she had practiced more

03 If my grandmother were still alive

04 If I hadn't forgotten my umbrella

05 If the Earth had no atmosphere

06 I'd have left my house earlier

07 if we had to spell out chemical equations

08 you would never get anything done

09 I would have prepared my presentation in advance

10 If AI were given the ability to feel

B

01 현재   **02** 과거   **03** 현재   **04** 과거

05 현재   **06** 과거

C

01 were   **02** have been

03 float   **04** had not formulated

05 had failed

UNIT 50 if가 생략된 가정법

A

01 Were he more sensible

02 Had I read its reviews

03 Were it winter

04 Had Edison not invented the light bulb

05 Had she followed the doctor's advice

06 Were I able to speak French fluently

07 Had the prince offered the sour grapes

08 Were you afraid of standing on balconies

09 Were the educational system more flexible

B

01 ×, If I had   **02** ○

03 ×, would be

04 ×, Were the Internet[If the Internet were]

05 ○   **06** ○

C

01 If I had   **02** Were

03 Were   **04** have implemented

05 have been   **06** Had the workers

워크북 110쪽

UNIT 51 다양한 형태의 가정법

A

01 I knew how to play

02 as if he were an expert

03 people could only trade by bartering

04 hadn't said silly things at the interview

05 as if we were not part of ourselves

06 Were it not for the law

07 Had it not been for my family's support

08 all digital media would be unimaginable

09 I wish there were two of me

10 the Earth would become a strange land

07 lighter in color than the front wings

08 as well as we want to be treated

09 as good a medicine as pills for people

10 less likely to participate in unacceptable behavior

 B

01 ×, delicious   **02** ×, beautifully

03 ○   **04** ○

05 ×, brighter   **06** ○

 B

01 ○   **02** ×, you had checked

03 ×, she were   **04** ×, he were

05 ○

06 ×, Had it not been[If it had not been] 또는 But

 C

01 beautiful   **02** getting

03 less   **04** much

05 faster than   **06** those

 C

01 were   **02** had taken

03 had charged   **04** had been

05 would be   **06** But for

워크북 114쪽

 **UNIT 53** 최상급과 그 의미를 나타내는 원급/ 비교급

 A

01 the largest collection of Impressionist paintings

02 is so great as the wisdom

03 was the most prestigious designer

04 more complex than any other issue

05 is the most well-meaning of all

06 be as revolutionary as the Internet

07 the most significant factor for broadcasters

08 No other scientific discovery is more groundbreaking

09 a higher price than all the other artworks

10 a longer period of protected immaturity than any other

 **CHAPTER 12** 비교 구문

워크북 112쪽

 UNIT 52 원급/비교급

 A

01 is as great as that

02 are darker above than

03 as easy as recognizing it publicly

04 less powerful than the leader behind

05 a lot more abstract than positive numbers

06 less expensive to run and maintain than

B

01 more durable than denim, the most durable material

02 better than a homemade meal, tastes the best

03 more fragrant and colorful than the rose, the most fragrant and colorful flower

C

01 team member's **02** bodies
03 planet is **04** quickly
05 as **06** candidate

워크북 116쪽

UNIT 54 원급과 비교급 표현

A

01 stay as calm as possible
02 the more freedom he felt
03 twice as big as the old one
04 are getting shorter and shorter
05 is superior to that of canned fruit
06 He earns three times more than his brother
07 the instructions as clear as we can
08 the more you understand the world
09 the less effort we put into thinking about it
10 the more complicated it will become to solve

B

01 ×, to **02** ×, as much
03 ×, complex **04** ×, consistent
05 ○ **06** ○

C

01 to **02** as
03 more **04** difficult
05 accurately **06** fiercer

CHAPTER 13 it과 특수 구문

워크북 118쪽

UNIT 55 대명사/비인칭 주어 it

A

01 threw it back to me
02 How far is it
03 It seems that the line
04 and gave it to Odawa
05 it will be cancelled
06 But it was too late
07 it should be accessible for every child
08 It was an unbearably hot Chicago day
09 we give it as a gift
10 it is getting hotter and hotter

B

01 The movie
02 a kayak
03 a color mismatch in the layout
04 the race
05 The new policy
06 the advice given in the book

C

01 거리 **02** 날씨 **03** 시간 **04** 거리
05 시간 **06** 상황

워크북 120쪽

UNIT 56 가주어/가목적어 it

A

01 it is not easy

02 found it strange that

03 It was your careful preparation

04 found it easier to relax

05 It was still unclear when

06 made it difficult for them to arrive

07 it remains doubtful that the project

08 Most experts consider it reasonable that

09 to make it easier for dissatisfied customers

10 do not always make it clear whether

01 너를 직접 만나게 되어 기쁘다

02 좋은 품질을 유지하는 것이 필수적이라고 생각한다

03 학생들은 일찍부터 좋은 학습 습관을 기르는 것이 중요하다

04 그 역사적인 건물이 보존되어 온 것이 놀랍다고 생각했다

01 가주어   **02** 강조 구문

03 가목적어   **04** 가주어

05 가목적어

워크북 122쪽

UNIT 57 도치 구문

A

01 have I doubted

02 did he study hard

03 stood an ancient stone monument

04 will we overcome these challenges

05 do they consider the critical role

06 was a small and hidden park

07 is such a clear answer

08 did we expect such a quick and positive response

09 did she understand the true meaning

10 does my grandfather have the opportunity

01 ×, have I witnessed

02 ×, did we have a full understanding

03 ×, bloomed the most beautiful flowers

04 ○

05 ×, does he agree

06 ○

01 did he know   **02** did she become

03 sat a lone tree   **04** had we finished

05 did the team manage   **06** curled a cat

워크북 124쪽

UNIT 58 생략/공통 구문

01 and Martin is this evening

02 analyze and evaluate your failures

03 and Max in the living room

04 within and beyond your current role

05 while taking a deep breath

06 and you *have to*

07 before and after he was separated

08 that are both within and outside of our control

09 though facing many challenges

10 handling and playing the instruments for themselves

01 Suji는 스페인어를 할 수 있지만

02 자신의 약점을 평가하고 그 약점들을 해결해야 한다

03 최선을 다해 문제를 조사하고 해결할 것이다

04 나의 딸은 드라마를 보는 것을 좋아하지만

C

01 her brother the drums

02 review and learn from your mistakes

03 my sister biology

04 Greg on Tuesday

워크북 126쪽

 UNIT 59 삽입/동격 구문

A

01 is the main cause

02 the city of love

03 or the study of plants

04 the dream of becoming an actor

05 that our planet is getting warmer

06 that their culture is better than yours

07 the idea of building another sandcastle

08 professor of psychology at the University of California

09 what you think is best for

10 that water expands when it freezes

B

01 (a beautiful mansion on the hill)

그들의 새 집은 환상적인 전망을 가지고 있다.

02 (one of the city's landmarks)

그 다리는 최근에 보수되었다.

03 (a renowned scientist)

나의 어린 시절 친구가 다음 주에 나를 방문할 것이다.

04 (he imagined)

그가 작업하고 있던 발명품은 산업을 크게 변화시킬 것이다.

05 (director of marketing)

그녀의 새로운 역할은 많은 책임을 동반한다.

C

01 (or) Paris

02 (of) winning the lottery

03 (that) innovation is the key to business success

04 (of) becoming an astronaut

05 a skilled musician

06 (that) technology will transform education

워크북 128쪽

UNIT 60 부정 구문

A

01 No employees will be treated

02 It may not always be easy

03 will never have enough education

04 Not every animal responds to

05 is not in the least concerned about

06 Kevin literally had nowhere to go

07 none seems to have any noticeable effect

08 may not completely agree with someone

09 made of clay would not bounce at all

10 the regulations aren't always followed by the riders

B

01 ①   **02** ②   **03** ②   **04** ①

C

01 Neither   **02** most

03 Nothing   **04** None

05 some   **06** Not all

Memo

Memo